Optische Netze

Dr. Franz-Joachim Kauffels

Optische Netze

Die Deutsche Bibliothek –
CIP-Einheitsaufnahme

Ein Titeldatensatz für diese Publikation ist
bei Der Deutschen Bibliothek erhältlich

ISBN 3-8266-4090-X
1. Auflage 2002

Alle Rechte, auch die der Übersetzung, vorbehalten. Kein Teil des Werkes darf in irgendeiner Form (Druck, Fotokopie, Mikrofilm oder einem anderen Verfahren) ohne schriftliche Genehmigung des Verlages reproduziert oder unter Verwendung elektronischer Systeme verarbeitet, vervielfältigt oder verbreitet werden. Der Verlag übernimmt keine Gewähr für die Funktion einzelner Programme oder von Teilen derselben. Insbesondere übernimmt er keinerlei Haftung für eventuelle, aus dem Gebrauch resultierende Folgeschäden.

Die Wiedergabe von Gebrauchsnamen, Handelsnamen, Warenbezeichnungen usw. in diesem Werk berechtigt auch ohne besondere Kennzeichnung nicht zu der Annahme, dass solche Namen im Sinne der Warenzeichen- und Markenschutz-Gesetzgebung als frei zu betrachten wären und daher von jedermann benutzt werden dürften.

Printed in Germany
© Copyright 2002 by mitp-Verlag/ Bonn,
ein Geschäftsbereich der verlag moderne Industrie Buch AG & Co.KG/ Landsberg

Satz: Conrad Neumann, München
Umschlaggestaltung: Two B, Bonn
Druck: Media-Print, Paderborn

Inhaltsverzeichnis

Vorwort		11
Optische Netze auf dem Weg in die Anwendung		11
1	**Optische Netze – Einführung und Motivation**	**15**
1.1	Aufbau, Komponenten und Wirkungsbereiche Optischer Netze	21
1.1.1	Zur Entwicklung von Anforderungen und Märkten	23
1.1.2	Optische Netze, Überblick	24
1.1.3	Wichtige Technologien	31
1.1.3.1	Breitband-WDM	31
1.1.3.2	Optische Verstärker	32
1.1.3.3	Dense Wavelength Division Multiplexing DWDM	32
1.1.3.4	Schmalband-Laser und VCSELs	34
1.1.3.5	Fiber Bragg-Gitter	35
1.1.3.6	Dünnfilmsubstrate	35
1.1.3.7	Weitere Entwicklungen bei Komponenten	36
1.1.4	Anwendungen der Komponenten	37
1.1.5	Märkte für optische Netze	38
1.1.6	Design- und Planungsaspekte	39
1.1.7	Evolution der Netze	42
1.2	Anwendungsbereich: E-Business-feste Infrastrukturen	44
1.3	Anwendungsbereich: UMTS	63
1.4	Wege der Hersteller	68
1.4.1	Cisco Systems: IP & Optical	68
1.4.2	Nortel Networks: das lokale Internet	75
1.4.3	Ciena: das intelligente Optische Netz	79
1.4.4	Extreme Networks: Ethernet Everywhere	84
1.5	Zusammenfassung und Überblick über den Inhalt des Buches	85
2	**Strukturelle Aspekte Optischer Netze und Standards**	**89**
2.1	Grundüberlegungen	90
2.2	Schichtenmodell für Optische Netze	105
2.3	Synchronous Optical Network – SONET	113
2.3.1	SONET-Überblick	114
2.3.2	Warum Synchronisation?	116
2.3.3	Frame-Format-Struktur	117

2.3.4	Overheads	121
2.3.5	Pointer	128
2.3.6	SONET-Multiplexing	131
2.3.7	SONET-Netzelemente	132
2.3.7.1	Terminal-Multiplexer	133
2.3.7.2	Regenerator	133
2.3.7.3	Add/Drop-Multiplexer	133
2.3.7.4	Digitale Weitband-Cross-Connects	135
2.3.7.5	Breitband-Digital-Cross-Connect	136
2.3.7.6	Digital Loop Carrier	136
2.3.8	SONET-Netzkonfigurationen	137
2.3.8.1	Punkt-zu-Punkt	137
2.3.8.2	Punkt-zu-Vielpunkt	138
2.3.8.3	Hub-Netz	138
2.3.8.4	Ringnetz	138
2.3.9	Der SDH-Standard	139
2.4	ITU-T G.709	140
2.4.1	Motivation	140
2.4.2	Die G-709-Schnittstelle	145
2.4.3	Das G-709-Rahmenformat	148
2.4.4	Wertung und Ausblick	150
2.5	Zusammenfassung und Überleitung	151
3	**Optische Übertragungstechnologie**	**153**
3.1	Ausflug in die Physik	157
3.1.1	Zur Natur des Lichts	157
3.1.2	Weitere wichtige Effekte	167
3.1.2.1	Polarisation	167
3.1.2.2	Interferenz	168
3.1.2.3	Brechung	169
3.1.3	Wichtige Effekte aus der Festkörperphysik	170
3.1.3.1	Energiebänder in Festkörpern	170
3.1.3.2	Halbleiter	173
3.1.3.3	Zener- und Avalanche-Effekt	178
3.1.3.4	Laser	180
3.2	Grundaufbau optischer Übertragungssysteme	186
3.2.1	Einkanalsysteme	186
3.2.2	Mehrkanal-Wellenlängenmultiplex-Systeme	187
3.3	Strahlungsquellen und Modulatoren	191
3.3.1	Strahlungsquellen	191
3.3.2	Modulation	195
3.4	Lichtwellenleiter	197

3.4.1	Grundsätzliche Eigenschaften von Lichtwellenleitern	197
3.4.1.1	Dämpfungseffekte allgemeiner Natur	198
3.4.1.2	Dispersionseffekte auf Lichtwellenleitern	201
3.4.1.3	Weitere nichtlineare Effekte	205
3.4.2	Ausführungsformen von Lichtwellenleitern	207
3.4.2.1	Multimodefasern	208
3.4.2.2	Monomode-Fasern	212
3.5	Strahlungsempfänger	214
3.6	Aufbau und Eigenschaften von Lichtwellenleiterkabeln	215
3.7	Optische Verbindungstechnik	219
3.7.1	Spleißtechnik	220
3.7.2	Steckertechnik	221
3.7.2.1	FSMA-Stecker	222
3.7.2.2	ST-Stecker	223
3.7.2.3	FC/PC-Stecker	223
3.7.2.4	BNC- und Biconic-Stecker	224
3.7.2.5	DIN-Stecker	224
3.7.2.6	FDDI-MIC-Stecker	224
3.7.2.7	Duplex SC-Stecker	225
3.8	Einmessung von Lichtleiterverbindungen	225
3.9	Optische Sternkoppler	226
3.10	Optische Multiplexer	229
3.11	Verstärker	232
3.11.1	EDFAs	233
3.11.2	SOAs	239
3.12	Zusammenfassung und Überleitung	240
4	**Bausteine**	**241**
4.1	Schlüsselkomponenten	242
4.2	Integration optischer Komponenten	248
4.3	Optische Speicher	254
4.4	Optische Koppler und Switches	257
4.4.1	Raumswitcharchitekturen	257
4.4.2	Charakterisierung und Komplexität von Permutationsswitches	259
4.4.3	Wellenband-Raumswitches	265
4.4.4	Optomechanische Switches	267
4.4.5	Lithium-Niobat-Trioxyd- und andere optisch integrierte Koppler	270
4.4.6	Photonischer Bubble Jet-Switch	277
4.5	Zusammenfassung und Überleitung	281

5 Die Ethernet-Evolution — 283

5.1	Zur Entwicklung von Anforderungen und Märkten	284
5.2	10-Gigabit-Ethernet	290
5.2.1	Ziele bei der Entwicklung des 10-GbE-Standards	292
5.2.2	Struktur des Dokumentes IEEE 802.3ae	294
5.2.3	LAN-PHY	297
5.2.3.1	LAN-PHY-Übertragungstechniken, Übersicht	298
5.2.3.2	Parallele Übertragung	301
5.2.3.3	Serielle Übertragung	302
5.2.3.4	WWDM-Übertragung	304
5.2.3.5	Analoge Übertragung	306
5.2.3.6	10-GbE über Kupfer	306
5.2.4	IEEE 802.3ae-WAN-PHY	307
5.2.4.1	WAN-PHY-Terminologie	308
5.2.5	Das WAN-PHY-Layer-Modell	315
5.2.6	UniPHY	320
5.2.7	XAUI, XGSS und XGMII	325
5.3	Aktuelle Ausführungsformen von 10-Gigabit-Ethernet	331
5.4	Ethernet in the First Mile	332
5.5	Zusammenfassung und Überleitung	344

6 Optische Internet-Lösungen: die nächste Generation — 345

6.1	Einführung	346
6.2	Grundsätzliche Bemerkungen zum Aufbau optischer Weitverkehrsnetze	347
6.2.1	Das MPLS-Modell für die Kontrollebene	353
6.2.2	Exkurs Layer-2/3-Switching	357
6.3	Bausteine für Optische Netze der nächsten Generation	364
6.3.1	Vergleich von 2,5, 10- und 40-Gb/s-DWDM-Systemen	364
6.3.2	Optische Add/Drop-Multiplexer	367
6.3.3	Optische Cross-Connects	368
6.4	Der Weg zu vollständig optischen Netzen	369
6.4.1	Garantie von QoS in optischen Transportnetzen	369
6.4.1.1	Ultrabreitband-SDH	370
6.4.1.2	Voll transponderisierte Optische Netze	371
6.4.1.3	All-optical Networks	372
6.4.2	Schutz in optischen Transportnetzen	373
6.4.2.1	Schutz optischer Multiplex-Sektionen	374
6.4.2.2	Schutz von Subnetzverbindungen optischer Kanäle	375
6.4.2.3	Optical Channel Shared Protection Ring	375
6.5	Automatisch geswitchte Optische Netze (ASONs)	376
6.5.1	ASON-Grundkonzepte	377

6.5.2	Grundeigenschaften eines ASON	378
6.5.2.1	Neue Diensttypen	378
6.5.2.2	Automatische Bereitstellung von Dienstleistungen	378
6.5.2.3	Verbesserte Systemskalierbarkeit für Operations Support	379
6.5.2.4	Verteiltes Wiederaufsetzen nach Fehlern	380
6.6	Optische Terabit-Router	381
6.6.1	Grundüberlegungen	381
6.6.2	Konstruktive Alternativen	387
6.6.2.1	T-Router	388
6.6.2.2	Optical Cross-Connect (OXC)	390
6.6.2.3	Optical Burst Router (OBR)	390
6.6.3	Realisierungsbeispiel eines optischen Burst Routers	391
6.7	Zusammenfassung	399

7 Regional- und Metronetze — 401

7.1	Grundüberlegungen zur wirtschaftlichen Struktur moderner Netze	404
7.2	Ergebnisse von TELIA	411
7.3	Yipes	415
7.4	Konstruktive Überlegungen	425

Literaturverzeichnis — **431**

Stichwortverzeichnis — **441**

Vorwort

Optische Netze auf dem Weg in die Anwendung

Durch die enormen Anforderungen aus dem Internet und den erhöhten Wettbewerbsdruck ist die Welt der Telekommunikation in einem dramatischen Umbruch.

Je nach Quelle wird das Wachstum des Internet-Verkehrs unterschiedlich beurteilt, selbst die pessimistischsten Prognosen gehen von einer Verdopplung alle 12 Monate aus, allgemein wird aber ein noch kürzerer Zeitraum angenommen.

Die reine Datenübertragung mit hoher Geschwindigkeit findet ohnehin schon auf Glasfasern statt. Schon für Gigabit Ethernet mussten alle möglichen Techniken zusammen angewendet werden, um noch eine Übertragung mit dieser Rate auf metallischen Leitungen zu ermöglichen. Jenseits des Gigabit/s gibt es einfach keine sinnvolle Übertragung mehr ohne Fiber Optic. Auf Fernstrecken erreicht man mittlerweile Leistungen von bis zu 10 Terabit/s ohne die bislang erforderlichen teuren Zwischenverstärker mit opto/elektrisch/optischer Wandlung auf 100 km und mit rein optischen Zwischenverstärkern überwindet man sogar Entfernungen über 7000 km. Wesentlicher für den durchschnittlichen Anwender ist aber die Verfügbarkeit von Multigigabit-Billigtechnologie, die mit den ersten Produkten für 10 Gigabit Ethernet noch in diesem Jahr die unternehmensweiten Backbones in eine neue Leistungsdimension katapultiert. Denn der Standard für 10 Gigabit Ethernet ebnet mit Trunking auch den Weg zu 20, 40 und 80 Gigabit-Netzen.

Faszinierend ist besonders, dass diese Fortschritte unter Einführung einer Mehrkanaltechnik auf unterschiedlichen Wellenlängen, die zusammen über eine Glasfaser übertragen werden, bei der aber jede eigene Information tragen kann, realisiert werden konnten.

Wesentlich für den Vorschub in breite Anwendungsbereiche ist allerdings die erzielbare Dichte bei der Integration von Komponenten. Ein Laser für den Einsatz bei der Übertragung von 5 Gigabit/s z.B. , der noch vor fünf Jahren so groß wie eine kleine Zigarrendose war, ist jetzt kleiner als ein Stecknadelkopf. Statt einer singulären Struktur mit eigener Stromversorgung und Steuerelektronik passen jetzt Hunderte dieser Laser auf einen einzigen Wafer.

»Enorm« ist noch ein viel zu schwaches Wort für den Fortschritt bei der Entwicklung integrierter optischer Strukturen.

Elektronische Technologie, mit der auch die ganzen Switches und Router, die heute verwendet werden, gebaut sind, kann sich nur nach »Moore´s« Law« entwickeln, also ihre Leistung ca. alle 18 Monate verdoppeln. Man kann sich jetzt schon überlegen, wann dieses Wachstum von den Anforderungen des viel schneller wachsenden Internetverkehrs eingeholt wird. Klar formuliert gibt es Grenzen für den Einsatz elektronischer Switchtechnologie. Danach helfen nur noch Komponenten, die zu mindestens in der Ebene des Nachrichtentransportes rein optisch arbeiten. Zwar sind schon optische Switchmatrizen auf der Basis von Microspiegeln auf dem Markt, das kann aber nur eine Zwischenlösung darstellen. Zur Zeit arbeiten namhafte Hersteller an Terabit-Switches, die rein optische Switching-Verfahren mit elektronischer Steuerung kombinieren.

Ernsthafte E-Business Anwendungen stellen vor allem vor dem Horizont der Einführung leistungsfähiger mobiler Teilnehmeranschlüsse (UMTS) und der Standardisierung schneller Hausanschlüsse (Ethernet First Mile) erhebliche Anforderungen an die Netzwerk- und System-Infrastruktur eines Unternehmens. Sobald breite Datenwege auf dem Fernbereich verfügbar sind, wofür sicherlich alleine der in diesem Sektor tobende dramatische Wettbewerb sorgen wird, kommt man schnell auf den Gedanken, diese Anwendungen doch einfach auszulagern. Es entsteht eine neue Qualität des Begriffes Application Service Providing. Ebenfalls unter erhöhtem Druck stehen die Betreiber von Speicherlösungen. Die Konzepte SAN und NAS sind beide alleine nicht in der Lage, die gesamten Anforderungen abzudecken, vielmehr muss man zu einer unternehmensweiten Speicherlösung kommen, die auch ggf. das Auslagern von Speicher an entsprechende Memory Provider ermöglicht. Virtuelle Private Netze sind so ziemlich das phantasieloseste, was man mit den neuen ultraschnellen Netzen aufbaut.

Natürlich gibt es auch Risiken und Nebenwirkungen. Schon hinsichtlich der Übertragung auf Glasfasern kommen bei Mehrkanalsystemen nichtlineare Effekte zum Tragen , die bislang eher untergeordnet waren. Übertragungssysteme müssen in einer Ganzheitlichkeit aus Sender, Empfänger, Faserstrecke und Fehlerkorrekturalgorithmus gesehen werden. Alte Regeln und Verfahren verlieren plötzlich ihren Sinn, während mit dem allübergreifenden Ethernet-Päckchen offenbar ein neuer Unantastbarer generiert wurde.

Die integrierten optischen Schaltmatrizen sind ausgesprochen breitbandig, aber auch sehr träge. Ein paketweises Switchen, wie wir es von z.B. Ethernet Switches kennen, ist daher völlig ausgeschlossen. Neue Verfahren und Formate müssen gefunden werden. Für den Interessenten aus dem LAN-Bereich ergibt sich die Anforderung, die Technik der Optischen Netze frühzeitig zu verstehen, um für seinen eigenen Planungshorizont die Vorteile und Anforderungen abschätzen zu können. Durch die Überschreitung der Gigabit-Grenze wird er zwangsläufig mit dieser Problematik konfrontiert.

Im WAN Bereich ist zwar die Verwendung von Glasfasernetzen gang und gäbe, es gibt hier aber ein anderes, sehr schwerwiegendes Problem. Konventionelle Carrier haben in den letzten Jahren einen wirklich ungünstigen Stapel von Protokollen und Systeme aufgehäuft, der seine Ursprünge in der Telefonwelt hat. Telefongespräche verlieren aber zunehmend an Bedeutung und in den nächsten Jahren werden sie nur noch einen einstelligen prozentualen Beitrag zum Gesamtverkehr liefern. Ein an ihnen ausgerichtetes System steht also mehr im Weg als allen andere. Schon in 2000 gaben die klassischen Carrier mehr Geld für den Betrieb dieser maroden Gemische aus DWDM-Punkt-zu-Punkt-Verbindungen, SONET/SDH-Multiplexern, ATM Zwischenstrukturen und IP-Switches als für alles andere zusammen aus. Sie müssten gleichzeitig die Kosten senken und die Kunden mit neuen, intelligenten Dienstleistungen locken. Das ist mit der alten Infrastruktur aber völlig unmöglich. »IP über DWDM« lautet die Lösung, allerdings ist das leichter gesagt als getan.

In Europa trotz ihrer enormen Attraktivität weniger bekannt sind die Regional/Metronetze. Yipes und andere Betreiber in den USA machen uns vor, wie man einen Bereich mit dem Durchmesser von ca. 100 km mit reinen Ethernets auf optischer Technologie extrem preiswert versorgt und Teilnehmeranschlüsse von 100 Mbps für deutlich weniger als 1000 US$ im Monat realisiert. Die Gardner Group geht sogar davon aus, dass wir schon in 2002 den Gigabit-WAN/MAN-Anschluss für um 1000 US$ pro Monat bekommen.

Die Hersteller geben z.Zt. ein gemischtes Bild ab und Helden der klassischen Netzwelt müssen Marktanteile an kleine Herausforderer abgeben.

Seit fast zwanzig Jahren beschreibe ich in meinen Büchern moderne Netzwerk-Technologien und ihre Anwendungen. Beginnend mit »Lokale Netze«, welches in 2002 seine 14. Auflage erlebt, über Bücher zu PC-Vernetzung, Netzwerk-Management und Anwendungen. Ich verfolge damit das Ziel, den Leser frühzeitig auf Technologien vorzubereiten, die in den nächsten Jahren in seinem Umfeld eingesetzt werden.

Mit der Verfügbarkeit des Standards für 10 Gigabit Ethernet beginnen besonders fortschrittliche Anwender noch in 2001 mit dem Einsatz dieser Technologie. Sie überwinden damit die Barrieren, die die Übertragung auf metallischen Leitern mit sich bringt. Das notwendige Wissen ist allerdings wenigen Spezialisten vorbehalten. Um die Optischen Netze jedoch richtig einschätzen zu können, sollte man wissen, auf welchen Prinzipien sie beruhen, wie sie arbeiten, welche Sorten es gibt und was man damit machen kann.

Ende des Jahres 2000 habe ich damit begonnen, die optische Übertragungstechnologie für die Bedarfe der »Netzwerker« auch außerhalb des Kreises der Spezialisten für Fernnetze aufzubereiten und einen entsprechenden Kurs designt, der seither immer »brechend voll« ist. Das Interesse ist sehr groß. Im Kurs kann ich allerdings einige Dinge, die die Grundlagen betreffen, nicht in der Breite darstellen, wie ich das eigentlich möchte, denn manches geht doch stark in die Optoelektronik und vielen Teilnehmern fehlen hier Grundlagen, die ich in der zur Verfügung stehenden Zeit nicht schaffen kann. Ich habe versucht, auf dem Markt ein hinreichend breit angelegtes Buch über die Optischen Netze zu finden, welches sowohl die übertragungstechnischen Aspekte, als auch die Fortschritte in der Integration optischer Schaltkreise wie schließlich die Anwendung all dieser schönen Technologie bei den unterschiedlichen Arten von Netzen darstellt. Gefunden habe ich allerdings nur wunderschöne Physikbücher, sehr spezielle Bücher z.B. über DWDM und allgemeine Bücher über Netzwerke, bei denen die Optik allerdings nur eine sehr untergeordnete Rolle spielt. Außerdem, die brauchbaren Bücher waren alle in englischer Sprache geschrieben.

Diese Situation ist mir nicht neu, auch zu »Lokale Netze« gab es z.B. 1983 kein brauchbares deutsches Buch. Also musste ich den Sommer 2001 Sommer 2001 sein lassen und selbst ein Buch zum Thema »Optische Netze« schreiben.

Dabei habe ich Schwerpunkte auf die Themen gesetzt, die auch im Kurs für die Teilnehmer interessant sind und diese um die Darstellung der Grundlagen erweitert. Ich bin mir bewusst, dass ich dabei auch sicherlich Dinge vergessen habe oder die Darstellung hier oder dort verbesserungswürdig ist. Immerhin konnte ich mich nur an meiner Idee orientieren, wie ich so ein Buch machen würde und an den Kommentaren, die mir meine Teilnehmer gegeben haben.

Ich wünsche mir, dass dieses Buch weiten Kreisen den Zugang zu den Optischen Netzen erleichtert.

Ich bedanke mich beim Verlag für den Mut, das neue Thema frühzeitig aufzugreifen, meinen Teilnehmern für ihr Interesse und meinem privaten Umfeld für Verständnis und Unterstützung.

Ich würde mich über Anregungen, die ich im Rahmen einer Neuauflage bedenken könnte, sehr freuen.

Aachen, Herbst 2001

Dr. Franz-Joachim Kauffels

Optische Netze – Einführung und Motivation 1

Optische Netze sind die Zukunft der Datenverarbeitung. Sie stellen bisher ungeahnte Bandbreiten im Tb/s-Bereich zu einem enorm günstigen Preis pro Bit zur Verfügung. Sie übertreffen die kühnsten Visionen hinsichtlich der Verteilbarkeit von Anwendungen. Der Kapazitätsbedarf des Internets verdoppelt sich je nach geografischer Sichtweise alls sechs bis zwölf Monate. Eine Sättigung der Teilnehmerzahlen ist höchstens in Nordamerika zu erwarten, in allen anderen Teilen der Welt steht das enorma Wachstum erst noch bevor. Insgesamt besitzen noch keine 3% der Weltbevölkerung einen Internet-Anschluss. Die Internet-Bewegung würde völlig ins Leere laufen, wenn man sich bei der Übertragungstechnik auf die bekannten konventionellen Systeme verlassen müsste. Die elektronischen Switches können ihre Übertragungsleistung nämlich nur gemäß dem Moore´schen Gesetz erhöhen, was in etwa eine Verdoppelung der Möglichkeiten ca. 18 Monate vorsieht. Die Schere zwischen Anforderungen und Möglichkeiten geht also immer weiter auseinander.

Optische Datenübertragung gibt es theoretisch schon seit mehreren Jahrzehnten. Die Technologie hat aber grade in den letzten Jahren erhebliche Umbrüche mitgemacht und speziell für die Optischen Netze bedeuten diese Umbrüche, dass man nicht mehr wie bisher lediglich die Übertragung als solche auf optischen Medien vornehmen kann, sondern zunehmend auch die Funktionen des Kernnetzes, wie Routing und Switching, durch rein optische Technologien realisieren kann.

Bei den Fernnetzen ist der SONET-Standard allgegenwärtig. Er hat durch seine Eigenschaften dazu beigetragen, dass sich die weltweite Kommunikation im letzten Jahrzeht so enorm entwickeln konnte. Sein wichtigster Beitrag liegt sicher in der Herstellung der Interoperabilität der Lösungen unterschiedlicher Hersteller. SONET ist eine Entwicklung aus den USA und Kanada, die aber letztlich auch in ITU-Standards im Rahmen der synchronen optischen Netzwerkhierarchie eingebettet wurde. Ein weiterer Vorteil von SONET ist die enorme erreichbare Stabilität der nach dem Standard aufgebauten Netze, besonders durch das schnelle Wiederaufsetzen nach Fehlern.

Der synchrone Übertragungsstandard ist allerdings auch sehr komplex und bezieht einen Teil dieser Komplexität aus der Tatsache, dass er im Rahmen der durch die Telefonie geprägten Telekommunikationssysteme entworfen wurde. Es gibt im Standard eine Vielzahl von Möglichkeiten, Datenströme geringer Bandbreite, wie sie eben bei digitaler Telefonie entstehen, systematisch zu multiplexen, zu pflegen und zu übertragen. Das ist angesichts des Entwicklungshorizonts auch verständlich, führt allerdings zu einer starken Fixierung auf eben diesen Bereich.

Blickt man einige Jahre zurück, dann war der Hauptverkehr in Fernnetzen durch die Telefonie geprägt und der Datenverkehr hatte eine relativ untergeordnete Rolle. Das sieht man auch daran, dass der Datenverkehr oftmals in Telefonformate eingepackt wurde, wie das z.B. im privaten Bereich durch ISDN immer noch geschieht.

Man hat irgendwann gesehen, dass der Datenverkehr einen immer größeren Anteil haben würde, aber die Dinge dennoch falsch eingeschätzt. So kam es zur Entwicklung von ATM, bei dem Datenströme und anderer Verkehr störungsfrei übertragen werden sollten, und zwar auf der Grundlage von asynchronen Zellenströmen, die sich, zwar mit herben Verlusten in der Performance, aber immerhin, auf der SONET-Infrastruktur abbilden lassen. Die Datenraten in ATM und SONET wurden so gut wie es geht aufeinander abgestimmt.

Im Nachhinein ist man immer schlauer, aber man wird den Eindruk nicht los, dass die Entwickler von ATM völlig übersehen haben, dass sich ein anderer Standard entwickelt hat, der alles andere an sich zieht: IP. Zunächst wegen ISO-OSI von der Welt vergessen, feierte die IP-Protokollwelt ihre erste Renaissance im Rahmen der PC-Vernetzung, wo sich User von den proprietären Vorstellungen der Serversoftware-Hersteller wie Novell lösen wollten. Etwas später begann die Internet-Welle zu rollen. Warscheinlich würde aber auch heute immer noch niemand über die Entwicklung des Internets sprechen, wie wir sie heute sehen, wenn nicht die Kommerzialisierung einen wesentlichen Vortrieb gegeben hätte. Mittels neuer Marketing-Konzepte hat die Hoffnung auf das E-Business den Ausbau der Netze wesentlich vorangetrieben. Auch wenn dies in Wellen erfolgt, kann man davon ausgehen, dass der elektronische Handel vor allem im Busines-to-Business-Bereich blüht und ca. ab 2003 zu Umsätzen im Bereich von Trillionen US$ führen wird, einfach wegen der erheblichen damit einhergehenden Vereinfachungen.

Mit ähnlicher Dramatik verlief die Situation bei den Corporate Networks. Nach Jahrzehnten der Herstellerbindung hat sich der LAN-Standard Ethernet zusammen mit IP als einheitlichem Protokoll fulminant durchgesetzt und alle Alternativen in Rente geschickt. Die auf Nebenstellenanlagen basierte Sprachkommunikation in Unternehmen wird ebenfalls auf die IP-LANs vergelegt.

Sieht man sich aber in den Bereichen LAN und WAN die Verteilung der
Vekehrsarten an, so merkt man, dass der Sprachverkehr prozentual immer
weniger wird, einfach deshalb, weil jeder ein Telefon hat, die Anzahl der Telefonate nicht mehr wirklich steigerbar ist und daher insgesamt bezüglich
der aggregaten Datenrate praktisch konstant bleibt bzw. ganz schwach
wächst. Demgegenüber wächst der Datenverkehr immens und verdoppelt
sich im oben angegebenen Zeitraum. Lösungen, die den Sprachverkehr betreffen, sind also zunehmend Sonderlösungen.

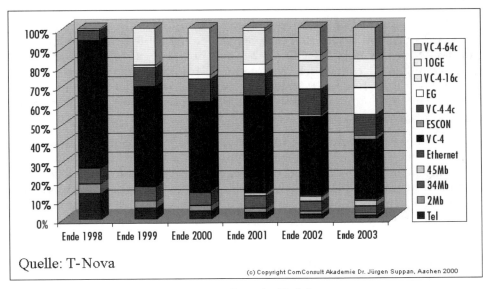

Abb. 1.1.1: Verteilung der Verkehrsarten

Dies trifft die Besitzer von SONET- oder ähnlichen Systemen, also die
klasischen Carrier besonders stark, denn sie haben eine Infrastruktur, die
optimal für etwas ist, was man eigentlich kaum noch benötigt, eben den konventionellen Sprachverkehr, und sind in keiner Weise darauf gerüstet, mit
den Anforderungen des Datenverkehrs zu wachsen. Aber es kommnt noch
schlimmer: alternative Carrier kaufen Equipment, welches nichts weiter
macht als IP-Pakete direkt mit optischen Datenübertragungsressourcen zu
verbinden. Damit können sie ein ganz anderes Preis/Leistungsverhältnis erzielen und die konventionellen Anbieter gehörig unter Druck setzen.

Der LAN-Standard Ethernet ist offensichtlich für die Anforderungen des
nächsten Jahrzehnts wesentlich besser gerüstet. Nachdem man mit GigabitEthernet auch hohe Übertragungsanforderungen innerhalb von Corporate
Networks sehr preisgünstig realisieren konnte und sich dies auch mit atem-

beraubender Geschwindigkeit im Markt durchgesetzt hat, ist mit 10-Gigabit-Ethernet zum ersten Mal ein Standard aufgetaucht, der die Perspektive dieses so erfolgreichen LAN-Standards auf größere Netze erweitert. Für Metroanwendungen wird einfach die Reichweite, die man mit vergleichsweise preiswerter optischer Übertragungstechnologie bei diesem System erzielen kann, drastisch erhöht. 40km laut Standard bedeuten in der Praxis durchaus auch 100km mit passenden Produkten. Ein Standard ist ja immer nur eine Menge von Minimalanforderungen, die von allen eingehalten werden können.

Für den Einsatz in WAN-Umgebungen bekommt der ehrenwerte Ethernet Standard nun zum ersten Mal eine SONET-kompatible Schnittstelle, direkt auf dem Niveau von SONET OC 192-c, also auch bei ca. 10 Gb/s Mit diesen Erweiterungen ist es möglich, Metro- und Fernnetze aufzubauen, die ihrer Art und Natur nach reine IP-Datennetze sind. Sprachverkehr wird man dann mit externer Adaption auf diese Netze bringen und somit werden sich die Rollen in Netzwerken endlich vertauschen.

Dies ist eine Kulturrevolution für die Netze, denn wenn man sich ansieht, wie die optischen Komponenten arbeiten, ist alles andere kalter Kaffee. Man kann davon ausgehen, dass die Technologie der Optischen Netze jetzt wirklich beginnt und in den nächsten Jahren alle elektronischen Komponenten großer oder sehr leistungsfähiger Netze aus dem Kern an den Rand verbannt werden. Dort hat die Elektronik nach wie vor ihre Aufgaben, vor allem in der Konzenration von langsamen Datenströmen. Man sieht auch, dass es für die nächsten Jahre nicht möglich sein wird, optische Switches mit optischen Signalen zu kontrollieren, sondern es zeichnet sich eine Trennung zwischen der Ebene der optischen Übertragung und der Kontrolle des Netzes durch eine ausgefeilte Elektronik ab. Mehr oder minder schnell aus leistungsfähigen oder großen Netzen verschwinden wird die Übertragung auf metalischen Leitern, weil sie einfach auf ca. ein Gb/s auf eine Entfernung von 100m ohne Zwischenverstärker limitiert ist. Metallische Leiter wird es aufgrund ihrer geringen Kosten weiterhin und auf viele Jahre gesehen in Versorgungsbereichen geben, sei es für private Endkunden oder Teilnehmer in einem Corporate Network. Eine wenn auch passive optische Technologie hat zumindestens für Europa noch keine tragfähige Marktreife hinsichtlich des Kosten/Nutzen-Verhältnisses erreicht. Dazu müssten auch die Bedarfe der privaten Haushalte derart ansteigen, dass man sie nicht mehr z.B. durch die Anwendung von Breitband-Koaxialkabel, befriedigen kann.

Es gibt ein ganz einfaches und nachvollziehbares Argument, weshalb die Entwicklung des Internets nur mit optischer Technologie im gewünschten Maße vorangetrieben werden kann. Der Datenverkehr im Internet verdoppelt sich alls 6-12 Monate, je nachdem, welche Prognose man zugrunde legt.

Elektronische Schaltkreise konnten in den letzten Jahrzehnten aber nur nach dem Gesetz von Moore wachsen, ihre Leistung also nur alle 18 Monate verdoppeln. Die Grafik 1.1.2 zeigt sehr anschaulich, dass die Leistung der optischen Übertragungstechnologie wesentlich schneller gewachsen ist. Wäre sie nur mit Moore´s Law gewachsen, stünden wir heute ca. bei 50 Gb/s für eine Leitung, möglich ist aber weit über ein Tb/s Denkt man die Szenarien zu Ende, ergibt sich daraus auch eine dramatische Senkung der Kosten pro übertragenem Bit.

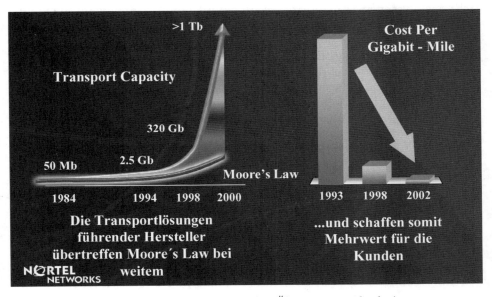

Abb. 1.1.2: *Wachstum der optischen Übertragungstechnologie*

Allerdings werden auch die Unternehmen von der optischen Technologie erfasst. Wenn man sich ansieht, wie viele Unternehmen auch in Deutschland schon Gigabit-Ethernet haben, kann man sich ausrechnen, wie der Verlauf für die Einführung von 10-Gigabit-Ethernet sein wird. Und exakt zwischen diesen Technologien vollzieht sich der »elektro-optische Bruch«: ein Gigabit kann man noch mit Ausnutzung aller Tricks der Nachrichtentechnik auf metallischen Leitern übertragen, 10 Gigabit definitiv und auch in begründeten Ausnahmefällen nicht mehr.

Durch den enormen Wettbewerbsdruck werden die Carrier in den nächsten Jahren die Struktur ihrer Teilnehmeranschlüsse massiv verändern. In den USA kann man schon sehen, was dabei herauskommt. In vielen Städten der USA gibt es schon ein sog. Yipes Metronetz. Ein solches Netz hat nur eine Sorte Teilnehmeranschluss, nämlich Ethernet mit 100 Mbit/s oder 1 Gb/s zu einem Preis von ca. 1000 US$ für den Gigabit-Anschluss. Extreme Standardisierung und die Beschränkung auf das Wesentliche machen es möglich. Der Betrieb eines Yipes-Netzes kann im Grunde von Personal durchgeführt werden, welches lediglich auf Ethernet geschult ist, aber nicht auf Fernnetze und SONET. Auch dieses Personal trägt zur Kostenreduktion bei.

Spaätestens dann, wenn solche Anschlussmöglichkeiten auch mit einer hinreichenden Flächendeckung in Deutschland verfügbar sind, wird den größeren Unternehmen klar, dass sie am besten fahren, wenn sie eine einheitliche Sicht des optischen Transportnetzes in einer Kombination aus ihren eigenen 10-Gigabit-Ethernets und den neuen WAN-Möglichkeiten erschließen. Es tun sich aber auch völlig neue Märkte auf, so z.B. für alle, die aus irgendwelchen Gründen leistunsgfähige Glasfaser-Infrastrukturen haben und diese im Rahmen von neu zu schaffenden Metronetzen mit relativ einfacher Technologie, nämlich 10-Gigabit-Ethernet mit Wellenlängenmultiplex, ganz anders nutzen können als bisher. Vor allem entsteht durch die Verwendung des Wellenlängenmultiplex in der ersten Zeit eine erhebliche Überkapazität, die man dann günstig weiterverkaufen kann, und sei es nur, um die Konkurrenz und die klassischen Carrier zu ärgern.

Persönlich sehe ich beim Schreiben dieses Buches erhebliche Parallelen zu »Lokale Netze«. Als ich dieses Buch 1983 geschrieben habe, gab es die LAN-Technologie in USA und Euopa bei nur wenigen Anbietern. Die Standardisierungssituation war etwas unübersichtlich, aber der Standard IEEE 802 begann langsam aber sicher zu entstehen. Damals herrschten in den Unternehmen Systeme wie SNA oder andere Multiplexsysteme sowie Nebenstellenanlagen, die dem Datenverkehr eine Menge von völlig unnötigen Beschränkungen auferlegt haben und ihre Historie in den alles steuernden Hostsystemen begründeten. Der Gedanke, lokale Netzwerke mit einer übersichtlichen und preiswerten Technologie zu schaffen, erschien revolutionär, und es hat noch eine Zeit lang gedauert, bis die frühe Majorität der Anwender wirklich den Mut gehabt hat, LANs zu installieren. Man wusste aber schon damals, dass sich bestimmte Anwendungen nur mit LANs realisieren ließen, ganz vorne an prominenter Stelle die PC-Vernetzung, ohne die der Einsatz von PCs in Unternehmen mangels eines Steuerungskonzeptes, wie es durch die Server gegeben war, noch chaotischer als ohnehin schon verlaufen wäre.

Heute stehen wir wieder an einer solchen Schwelle. Instinktiv ist vielen Netzwerkverantwortlichen bewusst, dass ihre Corporate-Netze an feste Grenzen stoßen werden und wenn sie die interne Verkehrsentwicklung der letzten Jahre lediglich linear auf die nächste Jahre projizieren, sehen sie, dass die Wand, gegen die die bisherigen Konzepte fahren, mit einer atemberaubenden Geschwindigkeit näher rückt. Dabei haben sie neue Anwendungen und Konzepte wie Voice over IP, UMTS-Integration oder Speicher-Revolution vorsichtshalber noch gar nicht auf ihren Performance-Wunschzettel geschrieben. Die Betreiber großer Netze haben weniger ein Performance-Problem als vielmehr ein Wirtschaftlichkeitsproblem, weil sie zu viele alte Technologien aufeinander gestapelt haben. Beide hatten übrigens aus unterschiedlichen Beweggründen ihre Hoffnung auf ATM als Universalwaffe gesetzt, was gründlich danebenging, wie wir wissen. Nun sind sie natürlich mit einer gewissen Berechtigung verschreckt und fassen nur schwer Vertrauen zu neuen Technologien.

Damit ist die Vergleichbarkeit mit der Situation 83/84 bei LANs wirklich gegeben: hier war es damals das Misstrauen gegenüber vollständig dezentralisierten Techniken und die Angst vor der Haltung IBMs. Angst vor einem Hersteller braucht heute niemand mehr zu haben, die Lektion mit den Standards ist gelernt.

Die Komponenten Optischer Netze sind eigentlich gar nicht so kompliziert, aber die Hersteller haben es bislang versäumt, das einem breiteren Publikum mitzuteilen. So werden die Möglichkeiten, Potenziale und Probleme der Optischen Netze meist völlig fasch eingeschätzt. Dabei treffen wir hier nicht auf einen luftleeeren Raum: in den USA gibt es bereits eine Reihe von Optischen Netzen, vom Wettrüsten mit DWDM-Strecken einmal ganz abgesehen.

Das Buch soll den Interessenten in die Thematik der Optischen Netze begleiten. Auch wenn vielleicht das »eigene« Netz noch nicht sofortigen Handlungsbedarf erfordert, kann es kein Fehler sein, sich frühzeitig zu informieren.

1.1 Aufbau, Komponenten und Wirkungsbereiche Optischer Netze

Die gesamte verteilte Informationsverarbeitung benutzt vorwiegend das Client/Server-Paradigma. Das führt zu einer Asymmetrie bei den Netzen, die besagt, dass in Richtung der Server die Bandbreite immer größer werden muss. Auch in Deutschland betreiben große Anwender bereits Gigabit-Ethernet-Systeme.

Die Zukunft der Datenübertragung liegt bei den Optischen Netzen. Die Informationen über Optische Netze sind bei den Betroffenen noch wenig verbreitet. Ich muss einfach konstatieren, dass ich z.B. der Ansicht bin, dass effektives E-Business in der Zukunft nur mit Optischen Netzen funktionieren kann.

Optische Netze sind der nächste, wesentliche Evolutionsschritt der Netzwerktechnik. Vielfach stellt man sich jedoch vor, dass diese Systeme an der technologischen Spitze ausschließlich im Wide Area-Bereich benutzt werden.

Das ist falsch. Wegen der enormen Anforderungen, die in den nächsten Jahren an Netze gestellt werden, und dem gleichzeitigen Kostenverfall der entsprechenden Komponenten rücken die optischen Netze bis in die Unternehmensnetze vor. Natürlich gibt es auch aufregende Entwicklungen im Bereich der Fern- und Metropolitan-Netze, die in diesem Buch sicher nicht zu kurz kommen werden.

Anwendungsorientierte Grunddienste wie UMTS, Multimedia und Internet ermöglichen ganz neue Geschäftsmodelle im E-Business. UMTS bedeutet aber z.B. bei 10.000 Teilnehmern eine Datenrate von 20 Gb/s zzgl. erheblichem Overhead. Diese Datenrate will und muss Serverfarmen erreichen, diese werden aber nur ausfallsicher und zuverlässig arbeiten können, wenn sie mit SAN (Storage Area Network) -Konzepten im Bereich mehrerer Dutzend Gb/s versorgt werden.

Die Basis aller Optischen Netze ist die Übertragung auf Glasfasern. Neue verbesserte Glasfasertypen verschiedener Hersteller ermöglichen eine wesentlich größere Reichweite oder die Verwendung günstiger Sende/Empfangskomponenten bei kürzeren Reichweiten. Strahlungssender werden immer kleiner und billiger, allen voran steht die Entwicklung der integrierten VCSELs, Laserdioden mit besonders gutem Wirkungsgrad in vollständig integrierter Technologie. Ein Kanal von 10 Gb/s ist Standard und entsprechende Übertragungssysteme werden von vielen Herstellen angeboten. Noch in diesem Jahr werden aber sehr viele auch 40 Gb/s-Kanäle anbieten. Diese Kanäle können einzeln gebündelt werden oder mittels der DWDM-Technik (Dense Wave Division Multiplex) gemultiplext. Ein DWDM-System hat dann 20, 40 oder noch mehr Kanäle, jeder mit 2,5, 10 oder 40 Gb/s So kommen letztlich aggregate Gesamtübertragungsraten im Terabit-Bereich zusammen.

Um diese nun nutzen zu können, bedarf es optischer Switches und entsprechender Add/Drop-Multiplexer, die das Ein- und Ausrangieren von Wellenlängen ermöglichen.

Viele Hersteller arbeiten heute noch vorwiegend auf dem WAN-Bereich, aber mit 10-Gigabit-Ethernet etabliert sich ein mächtiger Standard für die Integration bisheriger Systeme in die neue Welt der optischen Netze. 10GbE ist technologisch mittlerweile eher schon ein »alter Hut«, aber die Standardisierung konvergiert. Der Standard für 10-Gigabit-Ethernet ist seit Mitte 2001 fertig. Nun gibt es keine Entschuldigung für Sonderlocken oder lahme interne Netze mehr.

Verschiedene Hersteller, unter ihnen besonders Extreme Networks oder Foundry Systems, arbeiten an der vordersten Front der Integration. Es gibt jetzt schon Hochleistungsswitches mit integrierbaren WDM-Modulen, die letztlich genauso einfach zu benutzen sind wie andere Einschubmodule zuvor.

Was momentan bleibt, ist das Problem der Kontrolle der gemischten optisch/elektrischen Netze. Allerdings ist die Tendenz zu sehen, auf Firlefanz wie Priorisierung oder Multiprotokollstacks zu verzichten und stattdessen zu klaren Strukturen mit extrem hoher Leistung zu finden. Themen wie Delay oder Varianzen kann man in diesem Zusammenhang zunächst getrost abhaken.

Angesichts der zunehmenden Bedrohungen traditioneller, aber auch modernerner LANs stellt sich nun die Frage, wann und wie die optische Technik in die Unternehmensnetze vordringt. Ein größeres Unternehmen wird über kurz oder lang im Access-Bereich seine »eigenen Wellenlängen« für die Hochleistungskommunikation bekommen, einfach um die gewaltigen Datenmengen, die E-Business der nächsten Generation oder UMTS mit sich bringen, verarbeiten zu können. Wie geht es aber dann weiter? Direkt mit einem lokalen optischen Switch in einem lokalen optischen Backbone oder doch noch mit metallischen Leitern? Man muss sich immer überlegen, dass bei 1 Gb/s mit den Drähten endgültig Schluss ist.

Sicherlich werden die meisten Kunden in 2001 hier noch keine allzu großen Schritte machen, aber angesichts der dramatischen Geschwindigkeit dieser Entwicklungen sollte man sich schon recht frühzeitig über die Möglichkeiten und Funktionsweise der Optischen Netze informieren.

Das Potenzial der Optischen Netze kann man nicht einschätzen, wenn man ihre Wirkungsweise nicht versteht und den technischen Fortschritt durch die Integration optischer Komponenten nicht einordnen kann. Optische Sender und Empfänger, Switches und Speicher, die früher als Einzelteil einen 19-Zoll-Schrank gefüllt haben, passen heute auf einen Quadratzentimeter. Das ist die eigentliche Revolution, die uns die Anwendung dieser faszinierenden Technik heute zu vergleichsweise unvorstellbar geringen Kosten ermöglicht.

1.1.1 Zur Entwicklung von Anforderungen und Märkten

Hauptsächlich durch die neuen Anwendungen im Rahmen des E-Business und durch die allgemeine drastische Steigerung des Vernetzungsgrades entsteht ein allgemeiner Bedarf an Bandbreite vom LAN bis zum Fernbereich.

Hier beginnen die gravierenden Unterschiede zwischen Europa und den USA. B2B (Business-to-Business-E-Commerce) funktioniert natürlich nur dann reibungslos, wenn auch Fernverbindungen die nötigen Bandbreite haben. Während man in Deutschland noch auf ein paar lächerlichen Gigabit Bandbreite sitzt, haben die Amerikaner ihre Internet-Infrastruktur schon ganz öffentlich auf das Terabit getestet. Schon im Mai 2000 hat die bekannte Firma »Victorias Secrets«, Vertreiber äußerst geschmackvoller Damenunterwäsche, ihre Fashion-Show aus Cannes mitten im US-Arbeitstag über das Internet übertragen. Da bei einem vorhergehenden Versuch die Server des Anbieters völlig zusammengebrochen waren, hat man sich jetzt Hilfe bei Sun Microsystems, IBM, Yahoo usw. gesucht und diese auch bekommen. Durch eine immense Verstärkung der Serverkapazität haben schließlich 2,5 Millionen US-Bürger gleichzeitig die 20-minütige Show als Video-Stream der Bandbreite 200 Kb/s live gesehen, und zwar ohne nennenswerte Verzögerungen. Das macht ein halbes Tb/s! Aber es waren ja auch noch zwei oder drei andere Dinge im Internet unterwegs, sodass man von einer aggregaten Gesamtleistung des US-Internets jenseits des Terabit-Bereichs ausgehen kann. Etwa alle 100 Tage wird sich diese Leistung verdoppeln. Dies ist keine Zahl im luftleeren Raum, sondern lässt sich alleine aus den bekannten Entwicklungen und Projekten bei Carriern sowie durch eine aufmerksame Marktbeobachtung schließen, denn die Millionen Kilometer neuer Glasfasern werden ja sicherlich nicht zum Spaß verlegt.

Durch die mittelfristige Verfügbarkeit der Optischen Netze werden die Preise für Bandbreite dramatisch fallen, vielleicht auf Werte um 5% der heutigen Kosten auf die Sicht von ca. 5 Jahren. Die Gardner Group prognostiziert bereits für 2002 die Verfügbarkeit von WAN-Anschlüssen mit einer Leistung von 1 Gb/s für ca. 1000 US$ pro Monat in den USA. Vergleichen Sie das bitte mit Ihrem aktuellen Megabit-Preis.

1.1.2 Optische Netze, Überblick

Unter Optischen Netzwerken versteht man Telekommunikationsnetze, die auf optischer Übertragungstechnologie und entsprechenden Komponenten basieren und Weiterleitung von Informationen sowie Aufbereitung und Wiederherstellung von Signalen auf dem Niveau der Lichtwellen durchführen. Außerdem fasst man auch die durch solche Netze gelieferten Dienste mit diesem Begriff zusammen. Dies steht deutlich im Gegensatz zu bisherigen Definitionen z.B. auf dem Bereich der LANs, wo zwar die Datenübertragung auf Lichtwellenleitern, das Switching und die Signalaufbereitung aber in herkömmlicher Weise durch elektronische Komponenten durchgeführt werden.

Die Netzwerkdienstleistungsanbieter, Carrier oder Provider genannt, steht vor dem Problem, dass für immer größere Anforderungen hinsichtlich der Bandbreite immer weniger Kapazität in Lichtwellenleitern bereitsteht. Die Technologie, z.B auf der Basis elektronischer ATM-Switches mit Hilfe elektro-optischer Wandler Lichtwellenleiter zu benutzen, stößt im unteren Gb/s-Bereich an ihre Grenzen. Also muss man den revolutionären Schritt tun und Netze bauen, bei denen der gesamte Informationstransfer einschließlich Switching und Recovery von Signalen in rein optischer Technik ausgeführt wird. Man spricht hier in der Literatur auch von der Technologie »Optical Layer in Transport Networks«. Diese rein optische Technik erlaubt wesentlich höhere Bandbreiten und erhebliche Kostensenkungen für die Anwendungen des Informationszeitalters wie Internet, Multimedia, Video und andere weiterentwickelte digitale Dienste. Es stellt sich dann eine Reihe von Fragen, die hier beantwortet werden sollen. Wie unterschiedet sich ein Optisches Netz von herkömmlichen Netzen? Welche Anwendungen passen am besten zu Optischen Netzen? Welche Technologien gibt es, wie werden sie sich entwickeln und wie sind die Markttrends?

In den frühen Achzigern hat man begonnen, Lichtwellenleiter in Telefon- und Datennetzen einzusetzen. Von da an haben sich diese Systeme erheblich weiterentwickelt, was die Qualität anbetrifft, und sind dabei erheblich günstiger geworden. Im LAN-Bereich konnten sich verschiedene Vorteile der Lichtwellenleiter nicht so stark entfalten, sodass ihr Einsatz hier bis auf Ausnahmefälle auf den Backbone/Steig-Bereich beschränkt blieb. Im Grunde genommen kann man die Entwicklung der digitalen Telekommunikationsnetze in drei wesentliche Stufen einteilen: asynchron, synchron und optisch.

Die ersten digitalen Netze waren asynchron. In asynchronen Netzen wird das übertragene Signal von der internen Uhr eines jeden Netzwerkelements selbst gesteuert. Da sich diese internen Uhren und ihre Einstellungen alle erheblich voneinander unterscheiden konnten, konnten ankommende und abgehende Signale erhebliche Varianzen im Timing aufweisen, was vielfach zu Bitfehlern führte. Als die Technik der Lichtwellenleiter aufkam, gab es keine Standards darüber, wie die Netzwerk-Elemente die optischen Signale formatieren sollten. Tausende proprietäre Verfahren – nicht nur hinsichtlich der Informationsdarstellung, sondern auch hinsichtlich der Bitraten und Protokolle erschweren es den Providern, Equipment unterschiedlicher Hersteller miteinander zu verbinden und – zusammen zu betreiben.

Die Notwendigkeit, Standards zu schaffen, führte zur synchronen optischen Netzwerk-Hierarchie, SONET. SONET standardisiert Übertragungsraten, Codierungsschemata, Hierarchien von Bitraten sowie Betriebs- und Wartungsfunktionalitäten. Wir kennen aus diesem Umfeld die »OC«-Datenraten (Optical Channel), z.B. OC-3 mit 155 Mbps. SONET definiert auch die Arten von Netzwerkeinrichtungen, die man benötigt, Netzwerk-Architekturen, die die Hersteller implementieren können, und die Funktionalität, die jeder Knoten besitzen muss. Provider konnten jetzt Geräte unterschiedlicher Hersteller im Vertrauen auf eine gemeinschaftliche Grundfunktionalität benutzen. SONET hat für diesen Bereich eine ähnliche Bedeutung wie IEEE 802 für LANs und ist auch in dieser Zeit entstanden. Eine im Umfeld von SONET definierte Architektur ist der sog. SDH-Ring, ein ringförmiges Optisches Netzwerk. Wie der Begriff »synchron« schon nahe legt, sind alle Systeme nach SONET zentral getaktet. Im Gegensatz zu LANs weisen sie keine Pakete variabler Länge, sondern Basis-Formate fester Länge für die Übertragung auf. In diese Basis-Formate muss die Nutzlast eingepackt werden. Die Basis-Formate haben allerdings ordentliche Größen und sind nicht so aufgeteilt wie die ATM-Zellen.

Systeme nach den SONET-Definitionen gibt es schon eine geraume Zeit und der Aspekt, der ihnen ein langes Leben beschert hat, ist die Skalierbarkeit in der Netzwerk-Leistung, in letzter Zeit der Kernpunkt überhaupt. In SONET gibt es theoretisch die Möglichkeit, die Bitraten nach einem festen Entwicklungsschema immer weiter zu erhöhen. Die einzige Anforderung ist, dass Datenströme geringerer SONET-Bitraten in Datenströmen höherer Bitraten verlustfrei gebündelt und entsprechend wieder entbündelt werden können. So nimmt z.B. ein 622-Mbps-OC-4-Kanal 4 155-Mbps-OC-3-Kanäle auf. Daher auch die manchmal sehr »krumm« erscheinenden Bitraten mit mehreren Stellen hinter dem Komma. Allerdings, sobald man die höheren Bitraten implementieren möchte, stößt man an physikalische Grenzen der Laser-Lichtquellen und Glasfasern. Außerdem wird die Technik, mit der man Zubringersysteme an das Hauptnetz anschließt, immer komplizierter. Kunden verlangen mehr Service, höhere Bandbreiten und die Übertragung verschiedenster Informationsströme zu immer geringeren Kosten. Um Ende-zu-Ende-Connectivity für die unterschiedlichen Wünsche im Rahmen hoher Übertragungskapazität zu gewährleisten, wurde ein neues Paradigma benötigt: das Optische Netz, welches die geforderte hohe Bandbreite (im Tb/s-Bereich) mit wellenlängenorientierten Ende-zu-Ende-Dienstleistungen erbringt.

Es gibt drei Ebenen, die wir gleich weiter besprechen werden. Die äußerste ist die Access-Ebene, wo letztlich ein Multiplexer zum Kunden Zugriff auf ein relativ lokales System hat, welches mittels eines optischen Gateways in einen Regionalbereich eingekoppelt wird. Im Regionalbereich gibt es etwa 8-40 verschiedene Lichtwellenlängen. Die Knoten des Regionalbereiches wiederum klinken sich in einen entsprechenden Fernbereichs-Backbone ein, der nach heutigem Stand ca. 40-500 verschiedene Lichtwellenlängen hat. Dies ist schon seit langem die Grund-Struktur von Telekommunkationssystemen, der Unterschied ist aber jetzt, dass es von Kunde zu Kunde reine optische Ende-zu-Ende-Verbindungen gibt.

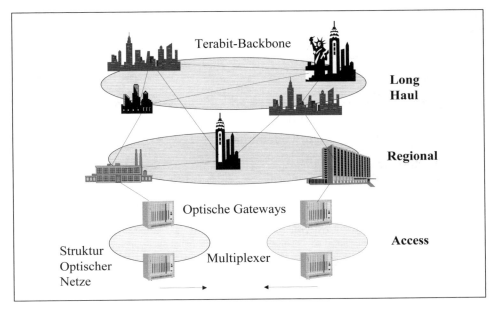

Abb. 1.1.3: Ende-zu-Ende-Wellenlängen-Services

In den Bildern 1.1.4, 1.1.5 und 1.1.6 sieht man die Entwicklung. Bei einem konventionellen Glasfaser-Übertragungssystem gibt es eine Informationsquelle, deren Gehalt auf ein Sendesignal, z.B. aus einem Laser, moduliert wird. Das Ergebnis wird dann über die Glasfaser übertragen und am Ende demoduliert. Bei diesen konventionellen Systemen haben sich schnell zwei Untergruppen herausgebildet: ausgesprochen preisgünstige Systeme mit vergleichsweise geringer Leistung und teure Hochleistungssysteme. Erstere bestehen z.B. aus einer Leuchtdiode als Sender, einer Multimodefaser als Medium und einem einfachen Fototransistor als Empfänger. Sie werden z.B. in LANs eingesetzt. Hochwertige Systeme arbeiten grundsätzlich mit Lasern, meist mit Singlemodefasern und Avalanche-Fotodioden als Empfänger. Sie werden dort eingesetzt, wo hohe Übertragungsleistung und Qualität wichtiger sind als die Kosten der einzelnen Leitung, also z.B. im WAN-Bereich und bei Backbones.

Die Leistung dieser konventionellen Systeme war für die Begriffe der letzten Jahre schon relativ hoch. Deshalb hat man Informationen aus mehreren elektrischen Datenquellen vor der optischen Übertragungsstrecke gemultiplext und das elektronische »Summensignal« dann als Grundlage für die Modulation des Lichtes genommmen. Die Informationen müssen in diesem Fall am Ende der Übertragungsstrecke nicht nur decodiert, sondern auch elektronisch demultiplext werden. Der Standard SONET/SDH ist die Zementierung dieser Art elektro/optischer Mehrkanalsysteme für den WAN- und Telefonie-Bereich.

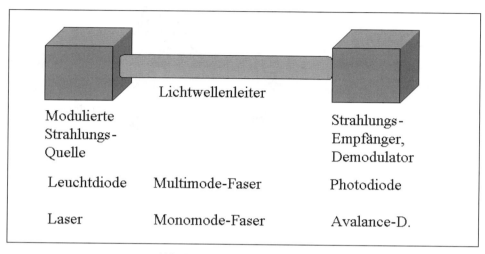

Abb. 1.1.4: Konventionelles System

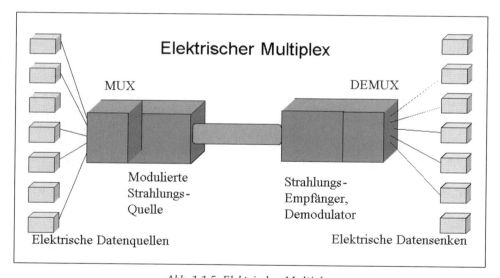

Abb. 1.1.5: Elektrischer Multiplex

Wellenlängenmultiplex bedeutet nun, dass für jede zu übertragende Information eine eigene Wellenlänge zur Verfügung steht. Wie bei einem einkanaligen System wird jede Information auf das Signal eines Lasers aufgeprägt.

Diese modulierten Signale unterschiedlicher Wellenlängen werden dann durch einen passiven optischen Multiplexer zu einem Summensignal zusammengeführt, welches auf der Glasfaser übertragen wird. Am Ende der Glasfaser zerlegt zuerst ein passiver Wellenlängendemultiplexer das Licht-Summensignal in die Lichtsignale der einzelnen Kanäle. Diese werden dann decodiert.

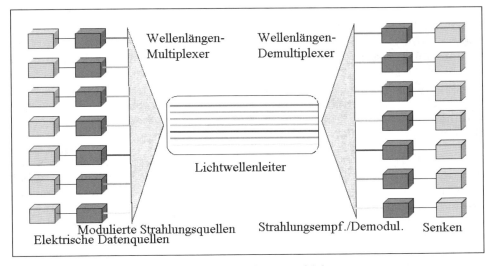

Abb. 1.1.6: Wellenlängenmultiplex

Wegen der enormen Bandbreite der einzelnen Wellenlängenkanäle von bis zu 40 Gb/s wird man ggf. verschiedene, vergleichsweise schmalbandige Informationsströme auf diese Kanäle wieder einzeln elektronisch multiplexen.

Optische Netze haben mit der Anwendung der WDM-Technik (Wavelength Division Multiplexing) begonnen, die auf herkömmlichen Glasfasern zusätzliche Kapazität bereitstellen kann. Heutige WDM-Systeme holen z.B. aus einer OC-3 Faser, die bisher mit 155 Mbps-ATM benutzt wurde, locker 40 Gb/s heraus, ohne zusätzliche Zwischenverstärker auf Distanzen bis zu 200km. Wie bei SONET bilden definierte Netzwerk-Elemente und Architekturen die Basis des Optischen Netzes. Im Gegensatz zu allen anderen Systemen, wo Bitraten und Frame-Strukturen als Grundbausteine angesehen werden, basiert das Optische Netz aber auf Wellenlängen. Die Komponenten des Optischen Netzes werden dadurch definiert, wie die Wellenlängen im Netz behandelt, übertragen oder implementiert werden. Sieht man das Telekommunikationsnetz im Rahmen einer schichtenorientierten Architektur, so verlangt das Optische

Netz die Hinzufügung einer optischen Schicht. Diese Layer sind allerdings etwas anders als im OSI-Modell. Die erste Schicht, der Services Layer, ist derjenige, wo die Dienste wie Datenübertragung, das Telekommunikationsnetz »betreten«. Die zweite Schicht, der SONET-Layer, sorgt für die Wiederaufbereitung von Signalen, Leistungsmonitoring und Übertragung. Sie ist transparent für den Services Layer. Mit dem Optischen Netz kommt nun eine dritte Schicht, den Optical Layer. Sie wird von den Standardisierungsgremien zurzeit festgelegt, wird aber wahrscheinlich eine ähnliche Funktionalität wie der SONET-Layer haben, nur eben rein optisch. Man stellt an das Optische Netz allerdings noch weitergehende Anforderungen: es soll auch optische Signale hoher Bitrate übertragen können, die nicht den SONET-Definitionen entsprechen, sodass die Optical Layer ihrerseits wieder transparent gegenüber dem SONET-Layer sein muss. Der Optical Layer stellt individuelle Wellenlängen statt elektrischer SONET-Signale bereit. Hintergrund dieser Definitionen ist u.a. der Wunsch nach einer rein optischen Übertragung von IP-Signalen.

Es gibt eine Reihe von Gründen, die die Entwicklung rein optischer Netze vorangetrieben haben. Die ersten Implementierungen Optischer Netze hat man auf Routen vorgenommen, bei denen die Fiber-Übertragungskapazität limitiert ist. Provider benötigten mehr Kapazität zwischen zwei Stellen, aber höhere Datenraten bzw. mehr Fiber Optic-Kabel waren nicht möglich. Die zusätzliche Installation von Kabeln ist immer sehr aufwendig und sehr teuer. Die einzige Möglichkeit besteht darin, mehr TDM-Signale auf einen Lichtwellenleiter zu packen. Dies kann die WDM-Technik. Dadurch, dass jede primäre Zeichenschwingung auf eine andere Lichtfrequenz aufmoduliert wird, können mehrere Signale parallel durch eine Faser geschickt werden, wobei jedes Lichtsignal so reist, als sei es allein. Wenn man nun immer mehr Daten auf einen einzigen Lichtwellenleiter legt, bekommt die Frage der Zuverlässigkeit einen immer höheren Stellenwert. Bei Netzen mit elektrischer Signalübertragung kann jedes Netzwerkelement die Signale wieder aufbereiten, z.B. durch Integration mit einem Schmitt-Trigger. Außerdem kann man die Netzwerkelemente redundant zusammenschalten und auf allen Ebenen Fehlerkorrekturen vornehmen.

In einem WDM-System mit vielen Kanälen auf einer einzigen Faser führt das Durchtrennen dieser Faser zu fürchterlichen Fehlern, die ggf. verschiedene unterschiedliche Systeme abstürzen lassen. Wenn man die Wiederherstellung von Signalwegen eher auf der optischen als auf der elektrischen Ebene durchführt, können Optische Netze Redundanzschaltungen schneller und wirtschaftlicher durchführen. Das kann man sogar so weit treiben, dass Optische Netze Redundanzfunktionen für solche Netze bieten, die selbst kein eigenes Schutzschema haben. Im Rahmen der Implementierung Optischer Netze können Provider somit Redundanzfähigkeiten bei asynchronen, eingebetteten

Systemen nachrüsten, ohne diese erst mit Hilfsmitteln im Bereich des elektischen Switchings auszurüsten.

In Systemen, die lediglich WDM benutzen, braucht jede Lokation, die Signale demultiplext, elektrische Netzwerk-Elemente für jeden einzelnen Kanal, auch wenn zurzeit gar kein Verkehr an dieser Stelle ist. Im Rahmen der Implementierung eines Optischen Netzes braucht man nur für diejenigen Wellenlängen, die an dieser Stelle Daten(verkehr) hineinbringen oder herausnehmen, entsprechende elektro-optische Umsetzer. Alle Wellenlängen, die Datenströme transportieren, die an dieser Stelle weder ankommen noch abgehen, können einfach durchgeschaltet werden, und man benötigt keinerlei Konverter. Systematisch angewandt, kann dies zu enormen Einsparungen im Equipment führen. Das Routen von Verkehr über Raumeinheiten und Wellenlängen spart die elektronischen Switches ein und vereinfacht die Verwaltung des Netzes.

Eine der wichtigsten Möglichkeiten, Gewinn aus einem Optischen Netz zu ziehen, ist es, Bandbreite zu verkaufen und keine Glasfaserverbindungen, wie dies ja meist heute geschieht. Durch die Maximierung der Bandbreite auf einer Faser können die Provider sogar Wellenlängen verkaufen, die der Kunde dann unabhängig von der Bandbreite (bis zu der oberen Kapazitätsgrenze) nutzen kann. Für die Kunden bedeutet das letztlich die gleichen Möglichkeiten, als ob sie direkt eine Faser mieten.

1.1.3 Wichtige Technologien

Basis eines Optischen Netzes sind fortschrittliche optische Technologien, die die notwendigen Funktionen in rein optischer Technik realisieren. Wir werden hier die wichtigsten jeweils kurz erläutern.

1.1.3.1 Breitband-WDM

Die erste Erscheinungsform von WDM ist Breitband-WDM. 1994 hat man zum ersten Mal bikonische Koppler verschmolzen und damit zwei Signale auf einer Faser kombiniert. Wegen der Begrenzungen der Technologie, besonders dem nichtlinearen Dämpfungsverhalten der Faser, mussten die Signalfrequenzen weit auseinander gehalten werden, um Interferenzen zu vermeiden. Typischerweise hat man Signale mit einer Wellenlänge von 1310 nm und 1550 nm benutzt und kam so auf 5 Gb/s auf einer Faser. Obwohl derartige Anordnungen nicht mit der Leistung modernster Systeme mithalten können, haben sie doch die Kosten bereits fast halbiert, dadurch dass man eine einzige Faser für die Übertragung von Signalen, die man sonst auf zwei Fasern verteilt hätte, nehmen konnte. In der Anfangszeit wurden WDM-Systeme mit wenigen Kanälen vor allem für die Einsparung von Zwischenverstärkern benutzt, siehe Abb. 1.1.7

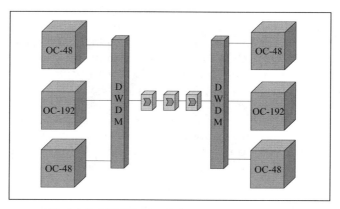

Abb. 1.1.7: SONET-Kanäle konzentriert über WDM

1.1.3.2 Optische Verstärker

Eine weitere wichtige Entwicklung, vielleicht sogar der wichtigste Meilenstein in der Entwicklung Optischer Netze, ist der Erbium-dotierte optische Verstärker. Durch die Anreicherung eines kleinen Stranges der Faser mit einem seltenen Edelmetall wie Erbium können optische Signale verstärkt werden, ohne das Signal in eine elektrische Darstellung zurückzubringen zu müssen. Solche Verstärker bringen erhebliche Kostenvorteile vor allem in Fernnetzen. Die Leistung optischer Verstärker hat sich wesentlich verbessert, bei signifikant geringerem Rauschen und günstigerer Verstärkung. Die Gesamtleistung konnte ebenfalls gesteigert werden, sodass heute Verstärkungsfaktoren von 20 dBm am Ausgang erreicht werden können, das ist etwa ein Faktor von 100. Eine weitere wichtige Entwicklung sind die integrierten optischen Verstärker, die Semiconductor Optical Amplifiers. Während man die Erbium-dotierten Verstärker vor allem zur Überwindung größerer Distanzen benötigt, sind die SOAs hervorragende Elemente bei der Konstruktion optischer Switches, Router und Add/Drop-Multiplexer, weil sie fast unauffälig in die optische Struktur integriert werden können.

1.1.3.3 Dense Wavelength Division Multiplexing DWDM

Mit der Verbesserung bei optischen Filtern und Laser-Technologie wurde die Möglichkeit zur Kombination von mehr als zwei Signal-Wellenlängen auf einer Faser Realität. DWDM kombiniert verschiedene Signale auf der gleichen Faser und kann heute 40-80 unterschiedliche Kanäle schaffen. Verschiedene

Hersteller sprechen schon von 400 bis 500 Kanälen. Durch die Implementierung von DWDM-Systemen und optischen Verstärkern können Netze eine Vielzahl von Bitraten (z.B. OC-48 oder OC-192) und eine Vielzahl von Kanälen auf einer einzigen Faser bereitstellen. Die benutzten Wellenlängen liegen alle in dem Bereich, wo die optischen Verstärker optimal funktionieren, also zwischen 1530 und 1565 nm.

Es gibt heute zwei Grundtypen von DWDM-Systemen: unidirektionale und bidirektionale. Bei unidirektionalen Systemen wandern alle Lichtwellen in der gleichen Richtung durch die Faser, während bidirektionale Systeme in zwei Bänder aufgeteilt sind, die in entgegengesetzten Richtungen laufen. Im definitorischen Gegensatz zu DWDM steht CWDM (Coarse WDM), bei dem weniger Kanäle mit größerem Abstand zwischen den Kanälen definiert werden als bei DWDM. Dadurch kann man eine stark vereinfachte Übertragungstechnologie benutzen, die immer noch wesentlich leistungsfähiger ist als alles, was wir an Übertragung auf metallischen Leitungen kennen, aber kaum teurer. So ist z.B. eine bekannte technologische Grenze die Übertragung von 1 Gb/s über 100 m auf Cat5/Cat6-UTP-Kabeln. Der entsprechende Transceiver ist für LAN-Verhältnisse recht aufwendig. Ein in Großserie hergestellter optischer Transceiver mit z.B. 4 Kanälen mit jeweils 2,5 Gb/s, also zusammen 10 Gb/s überwindet auf einem ebenfalls preiswerten Multimode-Glasfaserkabel locker 250-350 m; die Grenze dieser Technologie ist zum Zeitpunkt der Manuskripterstellung ein vollständig integrierter Transceiver mit acht Kanälen à 10 Gb/s, also zusammen 80 Gb/s auf ebenfalls ca. 300 m etwas besserem Multimode-Kabel. Hier haben wir eine Leistungssteigerung um einen Faktor von ca. 200 bei einer Kostensteigerung schlimmstenfalls um den Faktor 5.

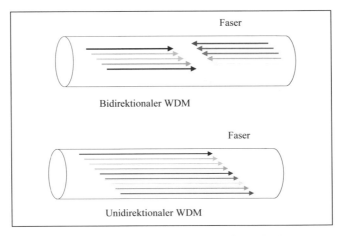

Abb. 1.1.8: Uni- und Bidirektionaler WDM

1.1.3.4 Schmalband-Laser und VCSELs

Ohne eine schmale, stabile und kohärente Lichtquelle wären die ganzen anderen Komponenten in einem optischen Netz nutzlos. Laser mit schmalen Bandbreiten liefern die monochromatische Lichtquelle mit dem schmalen Wellenlängenbereich, die in einem optischen Netz einen Kanal repräsentiert. Man unterscheidet zwischen Lasern, die extern moduliert werden, und sog. integrierten Laser-Technologien. Je nachdem, was man benutzt, kann der Präzisions-Laser Bestandteil des DWDM-Systems oder in ein SONET-Netzwerk-Element eingebettet sein. In letzterem Fall heißt dies eingebettetes System. Wenn der Präzisions-Laser in einem Modul namens Transponder Teil des WDM-Equipments ist, wird dies als offenes System bezeichnet, weil jeder Billig-Laser-Transmitter auf dem SONET-Netzwerk als Input benutzt werden kann. Weitere Verbesserungen hinsichtlich wesentlich engerer Packungsdichten und erweiterter Verwendungsmöglichkeiten ergeben sich durch die integrierte optische Technologie, die vor allem die sog. Vertikalemitter-Laserdioden hervorgebracht hat. Mit solchen VCSELs kann man z.B. sehr preiswerte Übertragungssysteme aufbauen, wie sie im LAN- und MAN-Bereich benötigt werden. Ein 10-Gigabit-Ethernet Adapter mit VCSELs kann für weit unter 500 US$ gebaut werden, die Leistungsgrenze liegt momentan bei der Übertragung von ca. 40 Gb/s auf einer Distanz von 310 m über preiswerte Multimodefasern. Derartige Systeme werden Verkabelung und Backbones interner Netze vollständig revolutionieren.

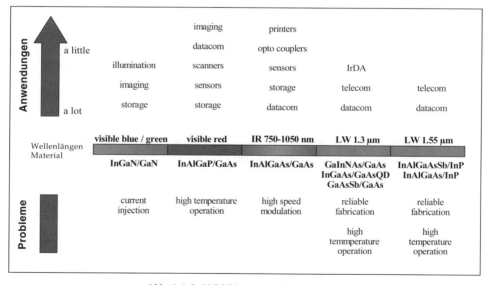

Abb. 1.1.9: VCSEL-Anwendungsbreiche

1.1.3.5 Fiber Bragg-Gitter

Kommerziell verfügbare Fiber Bragg-Gitter sind ganz wichtige Komponenten für WDM und Optische Netze. Ein Fiber Bragg-Gitter ist eine kleine Fasersektion, die so modifiziert wurde, dass sie periodische Änderungen des Brechungsindexes der Faser hervorruft. In Abhängigkeit vom Abstand zwischen diesen Änderungen wird eine bestimmte Lichtfrequenz – mit der sog. Bragg-Resonanz-Wellenlänge – zurückreflektiert, während alle anderen Wellenlängen durchgelassen werden. Diese wellenlängenspezifischen Eigenschaften des Gitters machen Fiber Bragg-Gitter nützlich für den Aufbau von Ein- und Auskoppelstellen bzw. -Multiplexern. Bragg-Gitter kann man aber auch für die Kompensation der Modendispersion und die allgemeine Signalfilterung benutzen. Mittlerweile gibt es auch integrierte Bragg-Gitter, die unmittelbar mit anderen integrierten optischen Strukturen zusammenarbeiten.

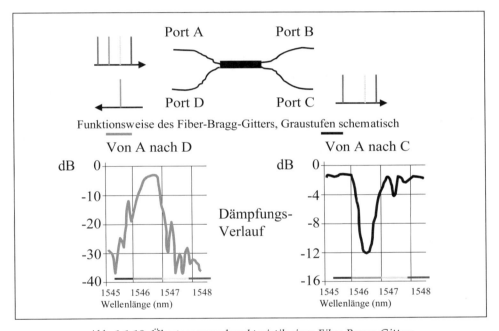

Abb. 1.1.10: Übertragungscharakteristik eines Fiber Bragg-Gitters

1.1.3.6 Dünnfilmsubstrate

Wenn man ein dünnes Glas oder ein Polymer-Substrat mit einem dünnen Interferenzfilm dielektrischen Materials einhüllt, kann das Substrat dazu gebracht werden, nur eine spzifische Wellenlänge durchzulassen und alle anderen zu reflektieren. Durch die Integration verschiedener derariger Komponenten kann man viele optische Elemente kreieren, wie z.B. Multiplexer, Demultiplexer und Einrichtungen zur Ein- und Auskopplung von Signalen.

1.1.3.7 Weitere Entwicklungen bei Komponenten

Es gibt eine Reihe von Schlüsselkomponenten für Optische Netze. Mit der Weiterentwicklung der Technologien werden diese Komponenten wie einstellbare Filter, Switches und Wellenlängenkonverter immer billiger und leistungsfähiger.

Man entwickelt zurzeit. eine sog. Gain-Switching-Technologie, also Elemente, die gleichzeitig vermitteln und verstärken. Zurzeit gibt es solchen Systeme schon für die Datenraten OC-48 (2,5 Gb/s) und OC-192 (10 Gb/s). Man erwartet auf dieser Basis aber bald sog. Electronic Time Division Multiplexing (ETDM) oder Optical Time Division Multiplexing (OTDM) -Technologien für die Datenrate OC-768 (40 Gb/s). Fortschritte machen momentan integrierte Laser-Modulatoren, die billigere Schmalband-Transmitter ermöglichen. Forschungen für die Verbesserung der Signalqualität durch Polarisations-Mode, Dispersions-Abschwächung, phasenoptimierte Binärübertragung (PSBT) und immer wieder verbesserte Filtertechnologien versprechen signifikante Verbesserungen hinsichtlich der gesteigerten Systemleistung und Netzwerk-Kapazität. Verschiedene dieser Entwicklungen werden zunächst dazu benutzt, die Signalqualität bei der Benutzung von Seekabeln zu steigern. Denn immer noch sind es Seekabel, die für weltweite Verbindungen mit sehr hoher Datenrate sorgen, und kaum irgendwelche Funknetze, deren Bedeutung in der Zukunft sogar weiter abnehmen könnte.

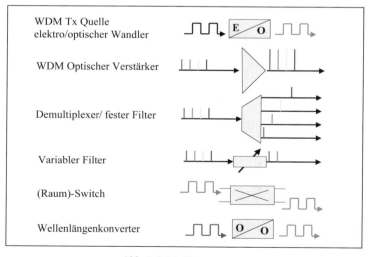

Abb. 1.1.11: Komponenten

Für die Zwecke dieser Einleitung stellen wir die wichtigsten Komponenten in einfachen Blockschaltbildern vor. Die detaillierte Erklärung der Funktionsweise wird in den Kap. 3 und 4 vorgenommen.

1.1.4 Anwendungen der Komponenten

Unabhängig von den im Einzelnen angewandten Komponenten muss ein Optisches Netz eine Reihe spezifischer Funktionen erbringen, um die gewünschte Effektivität zu erlangen. Das erste Kernelement in einem Optischen Netz ist der optische Multiplexer. Der Multiplexer kombiniert verschiedene Wellenlängen auf eine einzelne Faser; hierdurch können alle unterschiedlichen Signale auf einer Fiber übertragen werden. Die ersten Anwendungen sind, wie schon gesagt, Kapazitätserweiterungen einzelner Fasern bei Engpässen, aber die Multiplexer sind generell vielfältige Zutrittspunkte zum optischen Layer, z.B. zur Ein- und Auskopplung von Signalen oder als optischer Kreuzschienenverteiler. Weitere wichtige Komponenten sind die Wellenlängenswitches. Sie machen das Gleiche wie ein elektrischer Switch: dieser verteilt auf Ports ankommende Signale auf abgehende Ports. Ein Wellenlängenswitch kann zwischen unterschiedlichen Wellenlängen vermitteln. Es wurde bereits weiter oben ausgeführt, dass der beste Zugang zur Funktionsweise eines Optischen Netzes der ist, sich vorzustellen, die Wellenlängen seien die Ports, an die man Informationen übergibt. Ein Wellenlängenswitch nimmt also an seinen Eingangsports Informationen in Form von moduliertem Licht bestimmter Wellenlängen auf und »schaltet« diese Information auf moduliertes Licht einer anderen Wellenlänge. Diese Switches sind die kompliziertesten Einrichtungen im Optischen Netz. Schließlich braucht man Wellenlängenkonverter, die einfach von einer Wellenlänge auf eine andere umschalten, ohne hierbei aber eine Vermittlungsfunktion im Sinne eines Wellenlängenswitches auszuüben.

In Abb. 1.1.12 zeigen wir schon einmal einen optischen Add/Drop-Multiplexer. Er wird in Kap. 4 genau in seiner Funktionsweise beschrieben.

Kapitel 1

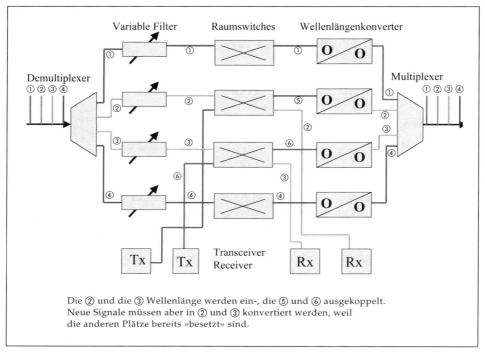

Abb. 1.1.12: Optischer ADD/DROP Multiplexer

1.1.5 Märkte für optische Netze

Die Evolution des optischen Layers in Telekommunikations-Netzwerken wird in Stufen in verschiedenen Teilmärkten ablaufen, weil die Verkehrstypen und Kapazitäts-Anforderungen in jedem dieser Märkte unterschiedlich sind. Alles in allem ist ein ganz enormes Wachstum zu sehen, schon in 2001 kann dieser Markt ca. 3 Milliarden US$ umsetzen. Der wichtigste Schub ist bei Fernnetzen zu verzeichnen, denn nirgendwo wird die schnelle Entwicklung von Bandbreite so dringend benötigt. Die Ausdehnung über teilweise mehrere tausend Kilometer, relativ große Strecken zwischen den Vermittlungsknoten und hohe Bandbreiteanforderungen vor allem durch die starke Benutzung des Internets haben schon früh zur Benutzung optischer Verstärker und von Breitband-WDM-Systemen geführt, hauptsächlich zur Kostenreduktion. Netze im MAN-Bereich sind typischerweise in höherem Grade verwoben und geografisch beschränkt. Die Aufgabe dieser Netze ist nicht nur die Gewährleistung der Kommunikation innerhalb der Metropolitan Area zu besonders geringen Kosten, sondern auch die effektive Anbindung an Fernverkehrsnetze. Technisch gesehen ist die Situation der MANs besonders interessant, weil die modernen Fiber Optic-Übertragungstechnologien die hier vorkommenden Distanzen von z.B. 20 km zwischen zwei Vermittlungseinrichtungen ohne weitere Zwischenverstärker überbrücken können. Wellenlängen-Ein- und Auskoppler sowie Wellenlängen-Switches werden hier für weitere Leistungssteigerungen sorgen. Schließlich benötigt man noch die Möglichkeit, die »letzte Meile« zum Kunden zu überwinden. Dafür gibt es direkt eine ganze Ansammlung unterschiedlicher Technologien, die auch in Zukunft koexistieren werden. Hierzu zählen viele der bislang gewachsenen Infrastrukturen wie xDSL, Breitbandkabelnetze, SONET-Ringe usw., aber auch Neuentwicklungen wie 10-Gigabit-Ethernet. Leider ziehen die meisten gewachsenen Strukturen unnütze Altlasten hiter sich her, sodass mittelfristig auch hier eine gewisse Vereinheitlichung zu sehen ist. Wichtig ist in jedem Falle ein asynchroner Transponder, der es einer breiten Spanne von Signalen unterschiedlicher Bitraten erlaubt, das Optische Netz zu betreten. Optische Netze, die für den Bereich der letzten Meile konstruiert werden, müssen billig sein und dennoch wirkliche Dienstleistung auf der Grundlage der Wellenlängen-Vermittlung anbieten.

Der größte Entwicklungsschub geht allerdings zurzeit von dem Wunsch aus, die Technologie der Fernnetze zu bereinigen und durch alleinige Anwendung des IP-Protokolls auf den Optischen Netzen zu einer einfacheren Gesamtstruktur zu kommen. Dies nennt man auch Layer-Konvergenz. Man entwickelt zurzeit vor allem 10-Gigabit-Ethernet vor diesem Hintergrund.

1.1.6 Design- und Planungsaspekte

Eine der größten Anforderungen bei der Planung Optischer Netze ist die Planung des optischen Layers. Dabei können nämlich eine Reihe von Schwierigkeiten auftreten. Idealerweise liefert das Optische Netz Ende-zu-Ende-Dienstleistungen vollständig in der optischen Domäne, ohne irgendwie zwischendurch Signale in ein elektrisches Format zu konvertieren. Unglücklicherweise wird es in den nächsten 5-10 Jahren nicht möglich sein, Signale auf großen Distanzen wirklich völlig ohne elektrische Zwischenverstärkung zu übertragen. Auch wenn optische Regeneratoren kommerziell breit verfügbar werden, müssen die Abstände zwischen den einzelnen Punkten des Netzwerks sorgfältig designt werden, um die Signalqualität über einen ganzen Pfad stabil zu halten. Viele Faktoren müssen hierbei in Betracht gezogen werden, z.B. das optische Signal/Rauschverhältnis (OSNR), die (multi)chromatische Dispersion und noch einige Dutzend weiterer nichtlinearer Effekte, die das Licht auf der Reise durch die Faser begleiten. Die chromatische Dispersion hat einen ähnlichen Effekt wie die Modendispersion. Bei der Modendispersion werden Signale dadurch verformt, dass die Teile des Lichtstrahls, der das Signal darstellt, in Abhängigkeit von ihrem Ausbreitungswinkel im Rahmen der unterschiedlichen Brechungsindizes im Lichtwellenleiter unterschiedliche Laufzeiten aufweisen. Die chromatische Dispersion entsteht dadurch, dass sich die Wellenlänge des Lichtes während der Übertragung über eine lange Strecke im Lichtwellenleiter hauptsächlich durch Mitschwingen in der atomaren Gitterstruktur leicht ändern kann. Ein Lichtstrahl besteht ja aus vielen Milliarden kleinster Strahlen, denen nun jeweils ein unterschiedliches Schicksal beschieden ist; bei manchen ändert sich die Lichtwellenlänge leicht nach unten, bei anderen leicht nach oben, wieder andere kommen praktisch unverändert durch. Dies führt tatsächlich dazu, dass das kohärente momochromatische Licht aus dem Laser am Ende einer langen Übertragungsstrecke nicht mehr momochromatisch und auch weniger kohärent ist. Neben dem primären Effekt der einfachen Signalverformung entsteht darüber hinaus noch ein weiteres, viel schwerwiegenderes Problem: wenn wir auf einer Faser viele Kanäle mit unterschiedlichen Wellenlängen übertragen wollen, haben die unmodulierten primären Trägerwellen keinen allzu großen Abstand untereinander. Dieser Abstand wird nach Modulation mindestens um die doppelte Frequenz der Zeichenschwingung reduziert. Muss man nun mit einer hohen chromatischen Dispersion rechnen, muss der »Sicherheitsabstand« zwischen den primären Trägerwellen untereinander umso größer sein. Praktisch bedeutet dies eine Senkung der Anzahl möglicher Kanäle auf der Faser und damit eine Verteuerung des einzelnen Kanals. Ein Effekt also, mit dem man grundsätzlich nicht spaßen kann. Hinsichtlich der Faser kann man übrigens wenig machen. Die Modendispersion kann man ja weitestgehend durch die Verwendung besonders dünner Glasfasern in Monomodekabeln eindämmen. Eine Einengung der möglichen nutzbaren Frequenzen wäre aber geradezu kontraproduktiv.

Die Grundeinheit in einem Optischen Netz ist die Wellenlänge. Wenn es in einem Netz verschiedene Wellenlängen gibt, wird es wichtig, jede einzelne verwalten und switchen zu können. Einer der Vorteile Optischer Netze ist es, dass die Netzwerkarchitektur für jede Wellenlänge anders sein kann. Z.B. kann eine Wellenlänge in einem Netz Bestandteil einer Ringkonfiguration sein, während eine andere Wellenlänge, die das gleiche Netz benutzt, eine Punkt-zu-Punkt-Verbindung herstellt. Diese Flexibilität hat zu zwei Definitionen von Ende-zu-Ende-Dienstleistungen des Optischen Netzes geführt: Wellenlängenwege (Wavelength Paths Wps) und virtuelle Wellenlängenwege (Virtual Wavelength Paths VWPs). Die einfachste Implementierung eines Wellenlängendienstes in einem Optischen Netz ist der WP. Im Rahmen der Benutzung eines WPs betritt und verlässt ein Signal den optischen Layer mit der gleichen Wellenlänge, und diese Wellenlänge wird auch innerhalb des Netzes beibehalten. Im Grunde genommen wird die Wellenlänge also nur dazu benutzt, zwei Punkte miteinander zu verbinden. Auch wenn ein WP einfach zu implementieren ist, kann dieser Ansatz zu Limitierungen in der Kapazität des Netzwerks und so zu unnötig hohen Kosten führen. Bei VWP kann ein Signalpfad in einem Optischen Netz mehrere unterschiedliche Wellenlängen haben. Durch die Vermeidung einer dedizierten Verbindung kann das Netz Wellenlängen immer wieder neu zuordnen und die Nachrichtenübertragung damit optimieren.

Einer der größten Vorzüge Optischer Netze ist die Möglichkeit, abgebrochene oder anderweitig zerstörte Verbindungen auf dem optischen Layer zu rekonfigurieren. Durch die Implementierung eines Redundanzschemas im optischen Layer können die optischen Knoten den Schutz für alle Wellenlängen eines Weges selbst übernehmen, wobei die Schaltzeiten in der Nähe der Schaltzeiten entsprechender Konfigurationen bei heutigen SONET-Ringen, also in der Größenordnung von 10-100 ms liegen. Die elektrische Rekonfiguration bei Wide AreaNetzen liegt heute in der Größenordnung 10-100 Sekunden. Da die Redundanzfunktionen auf dem optischen Layer stattfinden, benötigen die angeschlossenen elektronischen Switches keine aufwendigen Redundanzmechanismen mehr, die heute immense Kosten nach sich ziehen. Außerdem kann man mit optischer Rekonfiguration die Wellenlängen besser ausnutzen. Es gibt verschiedene Methoden für die Redundanz in optischen Systemen, die alle ihren eletronischen Gegenstücken ähnlich sehen. Am einfachsten ist die Redundanz für eine individuelle Verbindung, einen Link. Sie kann dadurch erreicht werden, dass es für einen Link einen Ersatzweg über ein anderes Kabel gibt. Das wird man aber nicht so machen, dass man grundsätzlich Kabel zieht, die dann anderweitig nicht benutzt werden. Vielmehr kann man auf Ersatzwegen Wellenlängen vordefinieren, die im Falle des Ausfalls für die Redundanz benutzt werden. Ein Link-Redundanzschema hilft aber nicht in allen Fällen weiter, sondern man benötigt eigentlich ein 1:n-Weg-Redundanzschema. Hier werden alle möglichen Wege von Ende zu Ende des Netzes betrachtet und man definiert, welche anderen Wege, Teilwege oder Wellenlängen im Falle des Ausfalls eines Weges oder Teilweges benutzt werden sollen. Natürlich stößt jedes dieser Verfahren irgendwann an Grenzen, wo die Hintereinanderwirkung multipler Fehler schließlich zu unerwünschten Ausfällen führt. Vielleicht die beliebteste Methode, Optische Netze zu konstruieren, ist der Ring. Optische Ringe arbeiten genau wie ihre elektronischen Gegenstücke. Obwohl man hier ggf. mehr und längere Glasfaserleitungen benötigt als bei anderen Redundanzschemata, sind Ringe beliebt, weil sie einen sehr hohen Grad von Verfügbarkeit gewährleisten können. Durch die Aufteilung von Wellenlängen in Gruppen können die Netzwerkplaner bestimmte Wellenlängen in den optischen Layer schalten, während andere Wellenlängen im Rahmen eines normalen SONET-Systems arbeiten. Diese Partitionierung erlaubt eine sanfte Migration von optischen

Ringsystemen. Für die nächsten Jahre bedarf es aber eines ausgeklügelten Management-Systems, um Optische Netze zu betreiben, weil diese zunächst meist unterhalb von SONET-Systemen betrieben werden. Diese haben aber ihr eigenes Kapazitäts-, Performance- und Redundanz-Management und es besteht einfach die Gefahr, dass hier etwas durcheinander gerät, was natürlich nicht wünschenswert ist. Außerdem muss zwischen dem Optischen Netz und dem SONET vermittelt werden. Im Optischen Netz muss es Netzwerk-Management-Systeme geben, die die Signalqualität hinsichtlich einzelner Wellenlängen und hinsichtlich gesamter Ende-zu-Ende-Verbindungen laufend überwachen. Mit der Einführung von Ein/Ausgangsmultiplexern und optischen Kreuzschienenverteilern wird das natürlich nicht gerade einfacher. Analysesysteme müssen für die Fehlersuche z.B. in der Lage sein, einzelne Wellenlängen herauszusondern und isoliert zu betrachten. Aber auch die Gesamtüberwachung von 40 oder mehr optischen Kanälen ist nicht so simpel und es bedarf neuer, ausgefeilter Methoden. Ein heutiger Netzwerkanalysator muss Datenraten von 10 oder 100 Mb/s verkraften können. Bei 1 Gb/s würde eine 100-Gbyte-Platte in weniger als 800 Sekunden überlaufen, bei einem Tb/s wären es nur noch Bruchteile einer Sekunde, aber so schnell kann die Platte ja gar nicht arbeiten. Es wird an dieser Stelle offensichtlich, dass die Überwachungsinstrumente, die für Terabit-Netze benötigt werden, völlig neuer und anderer Architekturen bedürfen, als dies heute der Fall ist. Parallelverarbeitung in höchstem Maße und die Anwendung intelligenter Regelwerke in Echtzeit wären eine Alternative zur Speicherung und Sichtung der Daten. Außerdem, wer soll sich schon ein Terabit absehen? Schließlich wird man noch dafür sorgen müssen, dass die schönen neuen Dienste auch bei den Kunden ankommen können.

1.1.7 Evolution der Netze

Mit der Entwicklung Optischer Netze sehen sich die Planer einem Dilemma hinsichtlich der bestmöglichen Ausnutzung des Netzes gegenüber: auf der einen Seite verlangen die Zugriffsnetze, mit denen Endteilnehmer oder andere Netze an das Optische Netz gebracht werden sollen, Transparenz hinsichtlich der Bitraten und der Formate. Dies würde für Flexibilität sorgen und den direkten reibungslosen Anschluss von Zubringernetzen mit ATM, TCP/IP, SONET oder irgendeinem anderen Format ohne zusätzliche Konversionsverluste bzw. Konversionskosten ermöglichen. Außerdem könnte man Wellenlängen hinzunehmen oder weglassen, ohne das originale Signalformat zu beeinflussen. Unglücklicherweise fällt dieses transparente Modell auf die Nase, wenn man es auf Metropolitan- oder Wide Area-Netze anwenden möchte. Wenn die Distanzen immer größer werden, müssen Carrier die Kapazität maximieren, um Kosten zu reduzieren, aber das Zulassen von beliebigen Datenraten und Formaten würde die Kosten wegen der vielen Fallunterscheidungen nach oben treiben. Das Dilemma besteht also darin, dass Netzwerke die Flexibilität brauchen, eine große Spannbreite von benutzerorientierten Leistungen anzubieten, dies aber ohne Effektivitätsverluste im Fernbereich. Die Lösung dafür ist das optische Gateway, welches mit existierenden optischen Netzwerk-Elementen zusammenarbeitet. Zunächst einmal haben die Carrier die Basis für weitere Aktivitäten durch die Einführung von DWDM-Systemen, meist mit 40 Kanälen, gelegt. Diese werden nunmehr ergänzt durch sog. Optical Add/Drop-Multiplexer, OADMs. Sie reichern die DWDM-Endstellen um einige zusätzliche Möglichkeiten an. Sie können in das System verschiedene von außen kommende/nach außen gehende Wellenlängen einkoppeln/auskoppeln und erfüllen damit eine wichtige Aufgabe.

Ganz wichtig ist, dass die OADM-Technologie asynchrone Transponder in das Optische Netz bringt, die es erlauben, direkt mit umsatzbringenden Diensten zu kommunizieren. So kann man ATM-Netze, breitbandige IP-Netze und passende LANs direkt via passende Wellenlänge in das optische Netz einkoppeln. Die Transpondertechnologie erweitert auch den Lebenshorizont älterer Glasfasernetze, indem einfach die Arbeitsfrequenz auf eine passende Wellenlänge umgesetzt wird, die Schutz-, Redundanz- und Managementfunktionen unterliegt. Der OADM ist außerdem das Grundelement optischer bidirektionaler liniengeschalteter Ringe (OBLSRs).

Um das Optische Netzwerk effizient benutzen zu können, die Bandbreitenkapazität zu maximieren und dabei die Protokolltransparenz zu bewahren, wird das optische Gateway ein kritisches Netzwerk-Element. Aus einer Vielzahl von Bitraten, Formaten und Protokollen von alten »Legacy«- Netzen mit wenigen Mb/s bis hin zu 10-Gb/s-SONET-Systemen muss eine gemeinsame Transportstruktur gebildet werden, die den Verkehr beim Zutritt zum optischen Layer steuert. Man hat lange Zeit gedacht, dies könne man mit ATM machen, aber der Grund für ATM lag mehr in der festen Zellenlänge als in anderen Merkmalen. Mittlerweile ist die Technologie aber so weit fortgeschritten, dass auch die Verarbeitung variabler Formate keine größeren Probleme mehr bereitet, sodass man jetzt eher an einer direkten IP-Steuerung arbeitet. Allerdings muss man sich noch überlegen, wo man die Steuerungsintelligenz hinlegt. Wenn nämlich das Optische Netz sehr intelligent ist, benötigt man wesentlich weniger Steuerung in den Zurbingernetzen als bisher. Ist das aber nicht so, muss man die Zubringernetze umso mehr aufrüsten.

Optische Ring-Architekturen nutzen rekonfigurierbare OADMs. Die Ring-Architektur ist ein in der TK-Industrie bekanntes und beliebtes Schema, welches jetzt auf die optische Domäne angewendet werden kann. Der optische Ring benutzt die gleichen Basis-Rekonfigurationsmechanismen wie z.B. ein FDDI-Ring, kann aber mehr. Günstig ist vor allem eine Kopplung zwischen optischen Ringen und bestehenden SONET-Fiber-Ringen. Netzwerk-Elemente haben eine intelligente Software, die einen Modulfehler oder einen Fiberbruch sofort bemerkt und den Verkehr automatisch in die andere Richtung über den Ring schickt. Diese Architektur ermöglicht es den Providern, ihren Kunden ausfallsichere Verbindungsdienste anzubieten. Aber die Netzwerk-Elemente unterstützen jetzt viele Wellenlängen. Im Falle des Fiberbruchs muss das Optische Netz 40 oder mehr verschiedene optische Signale in weniger als 50 Millisekunden rerouten. Da optische Ringe aber umso wirtschaftlicher werden, je größer sie sind, ist die Umschaltzeit kritisch. Eine Technologie, mit der man das schaffen will, ist das sog. Network Protection Equipment NPE, welches die Umschaltzeiten in großen optischen Netzen signifikant reduziert. Anstatt Verkehr von Netzwerkelementen, die Nachbarn einer Bruchstelle sind, umzuleiten, leitet der OBLSR mit NPE den Verkehr von dem Knoten aus um, wo der Verkehr das Netz betritt. Dies schützt den Verkehr davor, ggf. quer durch das ganze Netz gezogen zu werden, und verbessert so die durchschnittliche Schaltzeit.

In einer optischen Domäne, in der 40 optische Kanäle auf einer einzigen Faser transportiert werden können, braucht man ein Netzwerk-Element, welches verschiedene Wellenlängen an Input-Ports akzeptieren und sie an die passenden Output-Ports im Netz leiten kann. Dies ist der optische Kreuzverteiler OXC. Ein OXC benötigt drei Baueinheiten: Fiber Switch: die Möglichkeit, alle Wellenlängen von einer eingehenden Faser auf eine abgehende Faser zu bringen, Wavelength Switch: die Möglichkeit, spezifische Wellenlängen einer Faser auf verschiedene ausgehende Fasern zu legen, und Wellenlängen-Konverter: die Möglichkeit, ankommende Wellenlängen von einem Port entgegenzunehmen und auf andere Wellenlängen an ausgehenden Ports zu konvertieren. All dies muss zudem noch in einer streng nichtblockierenden Architektur aufgebaut sein.

All dies diskutieren wir in Kapitel 6 ausführlich weiter.

1.2 Anwendungsbereich: E-Business-feste Infrastrukturen

Vielfach wird E-Business oder E-Commerce lediglich mit durch das Internet realisierten Handelsstrukturen assoziiert, wobei immer wieder die gleichen Beispiele wie amazon.com strapaziert werden. Diese Perspektive ist allerdings sehr eingeschränkt und führt schnell in die Irre, da die Anwendungsbereiche für reine endverbraucherorientierte Handelssysteme schnell an ihre Grenzen stoßen und die Perspektive für weitergehenden Nutzen in allen anderen geschäftlichen Belangen verstellt werden. Auch eine Konzentration auf die neueren Marketingparadigmen erschließt das Potenzial von E-Business nicht vollständig.

Natürlich ist es ein wichtiger Schritt, Beziehungen zu Kunden und Zulieferern mit den neuen Hilfsmitteln wie Web-Technologie durch Installation entsprechender Server aufzubauen. Hiermit kann man vor allem relativ schnell zu positiven Ergebnissen kommen, was weitere Projekte in dieser Hinsicht fördert. Aber es ist wichtig, immer zu begreifen, dass dies nur der Anfang eines langen Weges ist.

B2C, B2B und B2E führen letztlich auf ein komplexes Geflecht von Beziehungen.

Basis für alle Realisierungen und Rückgrat der Lösungen ist aber ein erstklassiges, skalierbares, zuverlässiges, steuerbares und wirtschaftliches Netzwerk mit sehr hohen Leistungsreserven.

Denn wie wir in den vergangenen Jahren lernen konnten, kommen Anforderungen an die Netzwerk-Infrastruktur u.U. relativ plötzlich. Wenn eine Infrastruktur nicht von ihrer Konstruktion her auf Wachstum ausgerichtet ist, wird es manchmal schwierig, wenn nicht unmöglich sein, neue Dienste einzuführen. Manchmal ergeben sich auch zunächst Anforderungen durch die Technik selbst, wie bei UMTS. Wir werden beleuchten, was die Einführung von UMTS für die Unternehmen bedeutet, wenn man es richtig zu Ende denkt. Unsere Kunden entwickeln ihre Netze permanent weiter und sind damit im letzten Jahrzehnt sehr gut gefahren. Unternehmen, die diesem Punkt nicht so viel Aufmerksamkeit geschenkt haben, mussten üble Überraschungen erleben, die bis hin zur teuren Auswechslung der Netzwerk-Infrastruktur geführt haben. Wegen der enormen Wichtigkeit soll in diesem Kapitel nicht so sehr die Technik im Vordergrund stehen, sondern eine allgemeine Sensibilisierung. Es fällt immer wieder auf, dass in Unternehmen und Organisationen die Probleme und Möglichkeiten der Vernetzung nicht richtig kommuniziert werden. So entsteht z.B. bei vielen Führungskräften der Eindruck, dass ein Netz eine lästige Sache ist, die immer nur Geld kostet und deren Sinn eigentlich nicht so richtig einzusehen ist. Vor diesem Hintergrund wird es besonders schwierig, die notwendigen vorausschauenden Investitionen freizuklopfen. E-Business Projekte sollten generell auch dazu dienen, die Lage der Netzwerk-Verantwortlichen in dieser Hinsicht zu verbessern. Vor allem kann man nicht einfach hergehen und Projekte in guter Hoffnung ohne jede Prüfung auf die bestehende Struktur aufsetzen.

Übertragung über Lichtwellenleiter gibt es schon lange. Optische Netze systematisieren diese Möglichkeiten und bringen durchaus 120-1000 Kanäle auf jede Faser. Jeder dieser Kanäle hat 2,5, 10 oder 40 Gb/s rohe Übertragungskapazität. Können Sie sich vorstellen, wie preisgünstig Bandbreite im Fernverkehr werden wird? Man kommt ja heute schon ins Staunen, wenn man sich in Europa oder USA Carrier ansieht, die diese Technik bereits verwenden und damit Preise ermöglichen, die vor kurzem noch undenkbar gewesen wären. Diese Leistung steht auch irgendwann einmal vor Ihrer Tür. Und die allerwenigsten Netze, die heute installiert sind, können dann damit umgehen. Die optischen Netze werden die Business-Welt massiv verändern, weil jetzt endlich die Bandbreite da ist, die wir für die Geschäftsmodelle, die wir immer schon im Kopf haben, eigentlich benötigen. In diesem Umfeld können Handlungsempfehlungen erarbeitet werden, die die Grundlage für weitere Planungen bilden.

Interessant wird es für den Betreiber einer E-Business-Lösung dann, wenn wirklich Erfolg eintritt. Die meisten Betreiber ignorieren die Tatsachen, dass man mit dem Internet wirklich potenziell Millionen von Interessenten erreicht. Normalerweise werden sich diese nicht alle plötzlich auf dem Server versammeln, sondern zwar mit großer Streuung, insgesamt aber in einer übersichtlichen Bandbreite kommen. Allerdings, es gibt auch Spitzentage, die durch unterschiedliche Ereignisse ausgelöst werden können. Wird die Site in einer überregionalen Zeitung oder ein einer großen Fachzeitung beworben oder gar in irgendeinem redaktionellen Zusammenhang positiv erwähnt, geht die Post ab. Obwohl man genau ausrechnen kann, was in einem solchen Falle passiert und welche technologischen Randbedingungen erfüllt sein müssen, damit auch diese große Kundenschar bewältigt werden kann, hat dies irgendwie niemand ernsthaft gemacht. Das Ergebnis ist immer das Gleiche: große Betroffenheit und der kollektive Versuch, die eigenen Zehen zu hypnotisieren.

Was es bedeutet es, wenn ca. 100.000 Tageszugriffe bewältigt werden müssen? Neben der Kapazität der Multiprocessor-Server, für deren Optimierung es genügend Berechnungen gibt, muss auch die entsprechende Zugangskapazität aus dem Wide Area Network vorhanden sein. Nehmen wir ohne Berücksichtigung von Cache-Vorgängen an, dass jeder Kunde 10 Minuten auf dem Server verweilt und eine Ziel-Datenrate von 16 Kbit/s erhalten soll, was schon deutliche Grenzen bei der grafischen Gestaltung einer Site oder bei der Verwendung remote zu ladender Programmeinheiten nach sich zieht. Wir nehmen weiterhin an, dass der Kunde 30% seiner Verweildauer übertragungstechnisch aktiv ist. Diesen Wert kann man hierzulande beobachten, in den USA ist er deutlich geringer. Der Grund hierfür liegt in den immer noch recht hohen Kosten pro Minute für einen Internet-Zugang. Die Leute beeilen sich und versuchen, Inhalte schnell zu erfassen. Größere Inhaltsmengen werden heruntergeladen und später offline angesehen oder ausgedruckt (was natürlich teurer ist, aber darüber denkt kaum ein Endbenutzer nach). Pro Kunde müssen also insgesamt pro Besuch 2,88 Mbit übertragen werden. Bei 100.000 Kunden pro Tag sind dies 288 Gbit. Konzentrieren sich die Kunden auf eine

Kernzeit von drei Stunden, muss eine Übertragungskapazität von 26,7 Mbit/s zum Server vorhanden sein. Viele Chefs, die großzügig für den Internet-Anschluss eine ISDN-Leitung spendieren, würgen den Erfolg des Projekts also von vorneherein ab.

Gibt es überhaupt solche Systeme und Server, werden Sie jetzt vielleicht fragen. Von der Konstruktion der Server her ist die Datenrate weniger ein Problem als die Parallelität. Wir haben in größeren Enterprise-Umfeldern Intranet-Server stehen, die weit über den 100 Mbit/s-Bereich hinaus arbeiten, sonst wäre ja so eine Entwicklung wie Gigabit-Ethernet völliger Unfug. Die Teilnehmer an diesen Servern, also die eigenen Mitarbeiter, bleiben praktisch dauerhaft eingeloggt und führen ggf. je nach Verarbeitungsmodell ihre gesamten Transaktionen über die Server aus, natürlich besonders, wenn dünne Clients als Netzcomputer eingesetzt werden. Die Parallelität vieler Zugriffe führt jedoch manche Betriebssystemvarianten an ihren Grenzen. Dies gilt besonders für Windows NT und das allseits so beliebte LINUX. Das Betriebssystem muss in der Lage sein, parallele Zugriffe auf vielfache Prozessoren zu leiten. Dieses sog. Asymmetrische Multiprocessing funktioniert nicht bei allen Varianten gleich gut.

Systeme, die nach außen hin mit einer solchen Leistung betrieben werden, sind z.B. die der amerikanischen Börse Nasdaq-Amex. Im Falle von besonderen Ereignissen, die allgemeiner Natur oder auf eine bestimmte börsennotierte Firma bezogen sein können, wollen plötzlich Millionen von Benutzern weltweit auf die sich stetig verändernden Kurse schauen. Hier hilft nur noch brutale Power. Ähnliche Dramen können sich auf den Servern der Internet-Auktionshäuser abspielen, die auch sozusagen täglich ausgebaut werden müssen. An der Site der Comdirekt Bank können Sie die Tageszeit ablesen: zu den Haupthandelszeiten sind die Antwortzeiten in einem völlig uninteressanten Bereich, lediglich Mittags haben sie eine gute Chance, hineinzukommen.

Wir wollen mit den Zahlen noch etwas spielen. Mit einem normalen ISDN-Multiplexanschluss von 2,048 Mbit/s senken Sie nach der Modellrechnung die Zahl der möglicherweise gleichzeitig aktiven Kunden auf deutlich unter 10.000. Mit einer Verbreiterung der Kernzeit, wie sie z.B. bei den Internet-Banken zu sehen ist, auf ca. 8 Stunden, könnten Sie mit einem ISDN-Multiplexanschluss etwa 20.000 Kunden bedienen. Dies gilt aber nur für die angenommene schlappe Grafik und die Annahme der Pausen während des Surfens. Sobald sich am Benutzerverhalten etwas ändert, ändern sich auch die Randbedingungen. Wenn die Benutzer von normalen Modems weg zu ADSL gehen, ist die zu bedienende Datenrate nicht mehr 16 kBit/s, sondern über 1 Mbit/s, also das über 60-fache. Dennoch werden die Server nicht sofort davon sterben, denn mit einer erhöhten Datenrate wird sich die Aktivitätsrate von 30% deutlich senken. Allerdings ist dies kein dauerhafter Effekt, sondern nur eine Veschnaufpause, weil die ADSL-Kunden langsam aber sicher anfangen werden, mehr Grafik, mehr Qualität und mehr Video- und Audio-Streams zu verlangen.

Man weiß mittlerweile, dass die Internet-Kunden besonders ungeduldig sind, viele von ihnen kommen aus einer eiligen Motivation heraus auf den Gedanken, dieses Medium zu benutzen. Hat ein Anbieter einen Kunden erst einmal geworben, könnte er ihn bei schlechten Antwortzeiten auch schnell wieder los sein, vor allem bei vergleichbaren Angeboten. Selbst ein leichter Mehrwert wird aber selten als Ausgleich für schlechtes Antwortzeitverhalten akzeptiert. Ist der Kunde erste einmal von einem Konkurrenten gut bedient worden, kommt er nicht mehr zurück. Dann war der ganze Werbeaufwand für die Katz. Besonders ärgerlich ist es, wenn die eigene Kampagne Auslöser für das Problem ist:

erfolgreiche Kampagne = viele neue Interessenten

viele neue Interessenten = viel Verkehr und hohe Belastung

viel Verkehr und hohe Belastung bei schlechten Systemen = zu langsame Antwortzeiten

zu langsame Antwortzeiten = Verlust von Bestandskunden, also

erfolgreiche Kampagne = Verlust von Kunden !!!!!!!!!!

Das ist ja nun wirklich das Dümmste, was passieren kann.

Die genannten Datenraten können schon bei einfachen Shop-Systemen auftreten, denn der Schnittstelle zum Kunden hin ist es relativ gleichgültig, ob nun kundenspezifische Daten im Rahmen des One-to-One-Marketing fließen oder nicht.

Viele Kunden werden deshalb dazu übergehen, den Betrieb einfacher Server- und Shop-Systeme auf einen Provider zu verlagern. Hier wurden allerdings schon sehr schlechte Erfahrungen gemacht, weil die Provider sich gerne um die rechtsverbindliche Zusicherung von Bandbreiten drücken und in Deutschland auch äußerst unterschiedliche Flächendeckung haben.

Außerdem kann man sich sein eigenes Grab graben, wenn man einen einfachen Shop-Server auslagert und dann später in Richtung One-to-One-Marketing laufen möchte. Die Provider verwenden heute meist Shop-Software, die hierfür nicht ausgerichtet ist.

Optische Netze – Einführung und Motivation

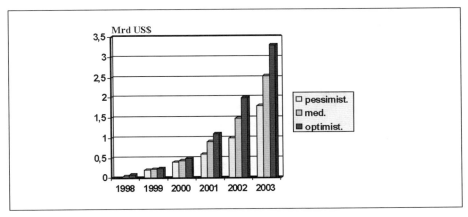

Abb. 1.2.1: E-Business Wachstum B2C

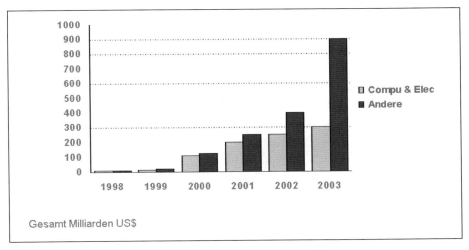

Abb. 1.2.2: E-Business Wachstum B2B

Für die Server und die internen Netze geht es aber mit der Integration betriebswirtschaftlicher Prozesse und perfekter Individualisierung des Kunden erst richtig los: der Merchant-Server bildet zwar die Schnittstelle zum Kunden, muss sich aber, um Anfragen beantworten oder Kundenprofile bearbeiten zu können, Informationen von anderen Systemen holen.

Steht der Merchant-Server beim Provider, muss dann eine umso schnellere Leitung zwischen Provider und Produkt/Dienstleistungsanbieter geschaltet werden.

Ein Merchant-Server stellt erhebliche Anforderungen an die nachgelagerte DV-Infrastruktur. Insbes. Datenbankabfragen sind problematisch, weil sie sozusagen immer in kleinen, in sich abgeschlossenen Zyklen laufen müssen. Für professionelle Lösungen, die eine Vielzahl von Kunden bedienen können, kommen hier nur UNIX-Cluster mit »möglichst wenig NT« in Frage, weil die notwendige Transaktionsrate normalen Servern die Leichenblässe auf das Gehäuse treibt. Wirklich hilfreich ist in diesem Zusammenhang auch der Rückgriff auf den Host. Es ergibt sich darüber hinaus noch der Vorteil, dass das Host-Personal schon seit vielen Jahren gewohnt ist, mit hohen Transaktionsraten umzugehen. Nicht nur an der Systemumgebung, sondern auch an der Geschicklichkeit des Personals liegt es nämlich, wie lange Systemausfälle wirklich dauern und wie viele Kunden in dieser Zeit verloren gehen. Es gibt bereits Erfahrungen über den Ausfall von Web-Servern, die einen Verlust von 10 Millionen Kunden nach sich gezogen haben. Wirklich kein guter Tag für das betroffene Unternehmen! Alle neuen Techniken, wie die Verbindung von mehreren leistungsfähigen Kleinsystemen zu Clustern, müssen erst einmal zeigen, dass sie die Zuverlässigkeit von Hosts erreichen.

An einem Host-Betriebssystem kann man genau einstellen, welche Leistung auf welche Prozesse verteilt wird und auch schnell Aussagen darüber machen, was das im Einzelnen kostet. Bei einem verteilten System stehen derartige Funktionen nicht immer so bereit, wie man dies gerne hätte, und außerdem können Redundanzforderungen zu recht unüberschaubaren Gesamtkosten führen.

Wesentliche Bereiche des Electronic Business sind zusammengefasst:

1. *Business over the Internet.* Ohne realistische Anforderungen und Randbedingungen kann das Design von E-Commerce-Lösungen die Bedarfe der Anwender nicht treffen. Modelle und Mechanismen von Forschungsgebieten wie Mikro-Ökonomie und Marketing-Theorie müssen zum Verständnis des Benutzerverhaltens und daraus resultierend zum Setzen von Entwicklungszielen herangezogen werden.

2. *Security & Payment.* Eine sichere Kommunikations-Infrastruktur ist eine lebenswichtige Vorbedingung für kommerzielle Transaktionen über weltweite Netze. Das Konzept der Sicherheit muss weiter reichen als bis zu den bekannten Fragestellungen um Autorisierung, Authentifizierung und Verschlüsselung. Die Zertifizierung öffentlicher Schlüssel, Merkmale für Dienstqualität, Kreditkartenzahlung usf. sind weitere Themen. Mit wenigen Ausnahmen bestehen E-Commerce-Transaktionen aus Warenfluss oder Dienstleistungen und Zahlungen hierfür. Sichere Zahlungsmöglichkeiten und -Dienste müssen leicht in Frameworks für E-Commerce integriert werden können.

3. *Inter-organisational Workflow Management.* Die Integration von Geschäftsprozessen über die Grenzen einer Organisation hinweg ist eine Herausforderung für das Management und die Technologie. Die Probleme der Prozessintegration betreffen die Sicherheit in heterogenen Umgebungen, Verwaltungs- und juristische Aspekte sowie die Software-Technologie.

4. *Middleware and Brokerage.* Die Middleware verteilter Systeme muss eine Brücke zwischen den grundsätzlichen Kommunikations-Subsystemen und der anwendungsspezifischen Software für Business-Einheiten bilden. Hier bilden sich zurzeit offensichtlich spezielle Standards heraus. Zum einen zeigt sich, dass nur die objektorientierte SW-Technologie überhaupt eine Möglichkeit bietet, zum gewünschten Erfolg zu kommen, und dass mit dem Standard CORBA (Common Object Request Broker Architecture) der OMG (Object Management Group) hier ein Konsens geschaffen wird, der, wie üblich, nur von Microsoft mit einem anderen Modell unterlaufen wird. Zum anderen haben aber auch wichtige Hersteller hier bereits etwas aufzuweisen, wie IBM mit den Elementen des San Francisco-Projekts oder – besonders eindrucksvoll – SAP mit einer Software, die den Besitzer einer R/3-Installation extrem schnell in die Lage versetzt, in erster Ausbaustufe einen Web-Laden und später noch mehr im Internet zu betreiben.

Weitere Unsicherheiten kommen aus dem juristischen Bereich, da insbesondere das elektronische Vertragswesen noch lückenhaft sein kann.

Klar ist aber mittlerweile, dass man in vielen Geschäftsbereichen nicht auf irgendwelche theoretischen Ergebnisse warten kann, sondern mit E-Commerce starten muss, weil die Anderen es auch tun und die viel beschworene Globalisierung hier zuerst stattfindet. Dann kommt man nicht zu einer Lösung, sondern startet einen kontinuierlichen Prozess der permanenten Änderungen und Verbesserungen. Es scheint wichtig zu sein, auch an Vorstände zu kommunizieren, dass man bereits in einer frühen Phase Profit machen kann, wenn man es geschickt anstellt, wie besonders Dell und Cisco eindrucksvoll belegen, die anders als das viel strapazierte Beispiel amazon.com sehr schnell in der dreistelligen Millionen-Gewinnzone waren.

Damit stellt sich jedoch für jede Organisation (Unternehmen, Behörde, Campus, ...) die Frage nach einer technischen Infrastruktur, die auch in Zukunft den verschiedenen identifizierten Problembereichen Rechnung tragen kann und ihren Besitzer/Betreiber stützt statt behindert: das »*E-Business-feste*« interne Netz, in diesem Buch ab jetzt kurz **EBF-LAN**. Ohne ein EBF-LAN sind theoretische Planungen und Abbildungen von Geschäftprozessen auf Clients und Servern sowie weitere Anstrengungen zum Scheitern verurteilt, weil früher oder später der unangenehme Moment kommt, in dem man feststellen muss, dass das interne Netz den neuerlichen Anforderungen nicht gewachsen ist. Wenn dann erst der Netzwerk-Redesign-Prozess beginnt, wird der Gesamt-Projektplan unerträglich zurückgeworfen.

Bei E-Business-Projekten muss man üblicherweise mit einer sich sehr schnell weiterentwickelnden Software-Technik arbeiten. Man wird auch ohne weitere Hindernisse vielfach Mühe haben, eine Projektphase so schnell abzuschließen, dass die darin verwendete Software noch aktuell ist. Nicht umsonst spricht man davon, dass ein Jahr 5-7 »Internet-Jahren« entspricht. Ein Netzwerk-Redesign kann, wenn die Ausgangssituation nur ungünstig genug ist, bis zu zwei Jahren dauern. Für die E-Business-Lösung sind dann schon 10-14 Internet-Jahre vergangen. Also muss das Netz relativ unabhängig von den angestrebten E-Business-Teillösungen weiterentwickelt werden. Diese Unabhängigkeit ist wichtig und sinnvoll, da man nicht erwarten kann, von den E-Business-Lösungen schon zu Beginn eines Planungsprozesses sichere Randbedingungen hinsichtlich der geforderten Leistung, Reaktionsfähigkeit und Zuverlässigkeit des Netzes zu erhalten. Dies ist eine schwerwiegende Änderung des bisherigen Planungsparadigmas für interne Netze.

Aus der Beratungspraxis ist bekannt, dass die meisten Organisationen weder das Problem erfassen noch in irgendeiner Weise vorbereitet sind.

Gerne redet man über die neuesten Technologien und diskutiert heiß Verfahren, die man in der Realität nicht benötigt. Es gibt in der Anwendung heute aber eine Reihe von Trends, die man nicht übersehen oder unterschätzen sollte. Es ist Sinn dieses Abschnitts, die wichtigsten Bereiche zu beleuchten.

Die weiträumige Einführung von Client/Server-Technologie wird allen Alternativen zum Trotz das Bild der nächsten Jahre bestimmen. Es ist zu erwarten, dass sich weder die Microsoft- noch die Intranet-Fraktion eindeutig durchsetzen können. Vielmehr wird es ein Nebeneinander von Maschinen, die wie üblich am Wintel-Wettrüsten teilnehmen, einfacheren Netz-Computern und gut ausgestatteten Workstations geben. Auch auf der Server-Seite ergibt sich kein einheitliches Bild. Nach wie vor werden sinnvollerweise Investitionen in Daten und Programme auf Großrechnern geschützt. Des Weiteren werden wegen der offensiven Intranet-Strategie die IBM-Großrechner auch vermehrt als Web-Server in den Fällen eingesetzt werden, wo es auf hohe Leistung für vielfache Zugriffe ankommt. Es ist also eher mit einer Steigerung der Anzahl der Großrechner zu rechnen als mit deren Ablösung. Neuere Großrechner verlangen aber eine erhebliche Bandbreite des Netzes, damit sie ihre Leistung auch »auf die Straße« bringen können. Die mittleren Systeme haben ebenfalls einen erheblichen Leistungsschub hinter sich, und für Serverfarmen gilt im Grunde das Gleiche wie für Großsysteme: sie benötigen massive Netzwerkleistung, denn das Netzwerk ist letztlich nichts anderes als der interne Bus der zufällig auf mehrere Gehäuse verteilten, in gewissem Maße parallel arbeitenden Rechensysteme. Diesen Aspekt sollte man sich auch für die Client-Anbindung immer vor Augen halten: die Clients gehören zur Peripherie der Netzwerk-Server. Leistung auf beiden Seiten nützt nichts, wenn die Verbindung leistungsschwach ist. Aber pure Leistung alleine reicht für zukünftige Anwendungen auch nicht aus: auch Reaktionszeit (Isochronität) und Qualität können wichtiger werden als heute.

Die Überlegungen führen aber ins Uferlose, wenn man immer weitere Anforderungen in den luftleeren Raum stellt. In einem wesentlich höheren Maße als bisher sollte ein Planungsprozess die Frage stellen: **Was benötigt meine Organisation wirklich?**

Aus der bisherigen Erfahrung muss man schließen, dass nur ein integriertes Netz- und Systemkonzept dauerhaft Erfolg haben kann, weil es nur noch durch gleichzeitige Planung möglich sein wird, die Komponenten so aufeinander abzustimmen, dass ein Gesamtgebilde mit den gewünschten Eigenschaften herauskommt. Der bisherige Weg der reinen Netzwerkplanung wird vermutlich immer weiter in die Irre führen, weil hierbei zu viele Fragestellungen von der Realität losgelöst diskutiert werden. Reduziert man aber das Netz vom allgemeinen Hype auf den internen Bus eines verteilten Rechensystems mit Clients und Servern, kann man es nicht mehr von diesen Systemen und den durch sie implizierten Anforderungen lösen. Da sich Netze und Systeme von der Entwicklung her neuerdings einigermaßen im Gleichtakt bewegen, ist es praktisch, auch zusammen zu planen.

Moderne Unternehmen und Organisationen haben alle oder wenigstens eine Reihe unterschiedlicher Zieldimensionen, die alle auf das Design zukunftssicherer Netze einwirken:

- Globalisierung der Märkte, Kampf ums Überleben
- Rightsizing
- Internet/Intranet
- Von der Web-Präsenz zum Web-Profit
- Beherrschbarkeit
- Service-Fähigkei
- Wirtschaftlichkeit
- Flexibilität
- Sicherheit der Unternehmensdaten und Prozessen

Die Globalisierung der Märkte wird oft unterschätzt, bzw. in der Beratungspraxis ist der Kunde oft unwillig, dies als Zieldimension zu akzeptieren. Dabei sollte klar sein, dass durch die Ausbreitung der elektronischen Medien nicht nur wie bislang die Produktivitätsfaktoren Kapital und Material weltweit beweglich sind, sondern auch die Information. Ernsthaft hindert nichts daran, Software in Indien und Usbekistan entwickeln zu lassen und anschließend weltweit zu vermarkten, unabhängig davon, wo man sich gerade als Unternehmen lokalisiert. Ich kann Kunde einer Bank oder Versicherung werden, die es nur im Internet gibt. Mitbewerber, die bisher durch geografische Distanz uninteressant waren, werden jetzt zu einer ernst zu nehmenden Bedrohung. Klar ist, dass alle Unternehmen diesen Zwängen mehr oder minder stark und früher oder später ausgesetzt sind.

Was hat dies alles mit Netzen zu tun? Es ist zu vermuten, dass derjenige, der nicht auf dem neuesten internationalen Stand ist, schnell ins Hintertreffen gerät. Wer nicht in der Lage ist, seine Geaschäftsprozesse hemmungslos via verteilten Komponenten und Netzwerk zu Re-Engineeren, hat eben »Pech gehabt«, wenn ein Mitbewerber schneller ist.

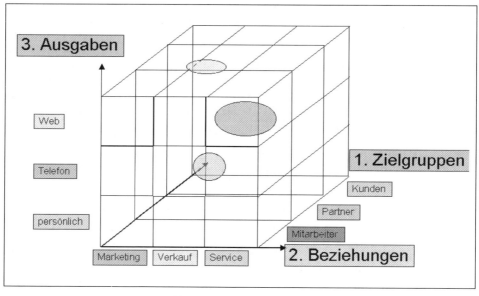

Abb. 1.2.3: XRM-Beziehungen

In ähnlichem Kontext ist auch das Rightsizing zu sehen. Niemand sollte durch das Netz daran gehindert werden, seine Geschäftsprozesse in einer verteilten Umgebung mit den Maschinen, die für diese Prozesse geeignet sind, durchführen zu können. Außerdem muss es möglich sein, die Basis schnell zu ändern. Natürlich bedeutet Rightsizing auch den Abschied von überholten Dingen, aber primär sollte man das Augenmerk auf die wirklich wichtigen Neueinführungen legen.

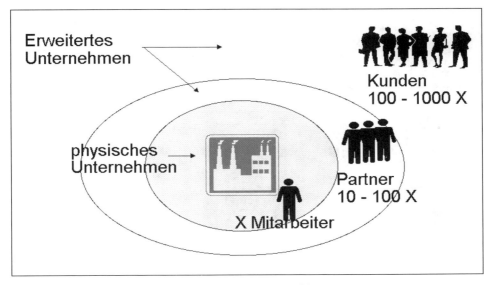

Abb. 1.2.4: XRM-Würfel

Hierzu ein kleines Beispiel: Der Autor ist der Überzeugung, dass die meisten Unternehmen die Vorteile einer Intranet-Struktur früher oder später einsehen werden. So kann man von einer dreistufigen Grundstruktur ausgehen, nach der die Arbeitsplatzrechner an das Intranet angeschlossen sind, welches seinerseits durch ein schnelles LAN mit darüber liegender geeigneter Software realisiert wird. Die Dienstleistungen des Intranets bestehen aus einer Menge logischer Server, z.B. Mail-Server und Web-Server, die für den zunächst internen Bedarf in einer Serverfarm zusammengeschlossen sind. Man wird dazu neigen, das Intranet zunächst mit kleinen Web-Servern aufzubauen. Das Intranet steht dann, ausgerüstet mit einer Firewall für Datenschutz und Datensicherheit, mit dem allgemeinen Internet in Verbindung. Nun kommt jemand auf die Idee, einen elektronischen Laden aufzumachen, um Kunden über das Internet anzusprechen. Ein Merchant-Server koordiniert und steuert die Zusammenarbeit mit den einzelnen involvierten Komponenten. So wird man auf unternehmenseigene Datenbanken zurückgreifen wollen oder die Antworten an die Kunden personalisieren oder den Rechner der Kreditkartengesellschaft hinsichtlich der Kunden-Solvenz befragen usw.

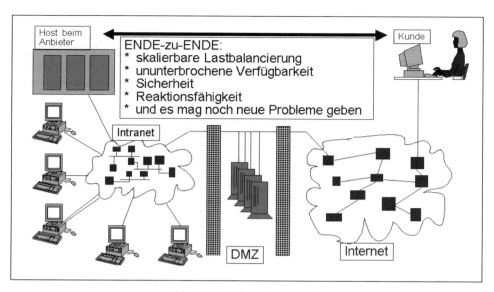

Abb. 1.2.5: Elektronischer Laden

Angesichts des immer stärker werdenden Wettbewerbs ist es dann nicht mehr machbar, Versäumtes in einer angemessenen Zeit nachzuholen. Die Planungs- und Realisierungsprozesse für LANs und Serversysteme sind viel zu lang, um noch zu reagieren. Es gibt keine Möglichkeit, noch die Kurve zu kriegen, wenn man bereits gegen die Wand gefahren ist!

Dies bedeutet über die Lebenszeit eines vernünftigen LANs die Möglichkeit erheblicher Änderungen auf der Seite der Server. Statt der Abrüstung der Hosts rechnet der Autor mit immer mehr Hosts für die Unterstützung wirklich interessanter Prozesse. Nicht mehr das System, sondern der Unternehmensprozess ist das Maß aller Dinge.

Dadurch kommt aber auf die LANs nicht nur die Dimension der sich ständig wandelnden Server-Maschinen zu, auch müssen die Netze ein wesentlich breiteres Spektrum von Endgeräten verkraften als bisher. Neben den normalen PCs und Workstations, die sich der üblichen Entwicklung gemäß fortentwickeln werden und eher für anspruchsvollere Aufgaben eingesetzt werden, wird man zunehmend auch andere Typen von Endgeräten in Netzen finden. Da ist zunächst einmal der Netzcomputer, der letztlich kurzfristig einen großen Teil der bestehenden Terminals ablösen wird. Dadurch, dass er alle seine Programme in Form von Java-Applets bekommt, wird das Netz eher mehr belastet, als dass eine Entlastung zu sehen ist. Der NC hat eine Reihe handfester Vorteile, insbesondere erwartet man durch ihn eine deutliche Senkung der Cost of Ownership.

Wenn immer mehr Geschäftsprozesse durch Netze und Systeme unterstützt werden, ist klar, dass ein einzelner Mitarbeiter immer weniger tun kann, wenn er nicht über entsprechende Hilfsmittel verfügt. Also wird der Anschluss von Laptops und mobilen Computern immer wesentlicher. Was die Anzahl der Endgeräte betrifft: je nach Branche werden fast alle Mitarbeiter PCs, NCs oder Ähnliches bekommen. Die Terminals verschwinden ganz, sodass auch noch die bisher z.B. über alte SNA-Netze laufenden Datenströme zu berücksichtigen sind. Gegenüber Bandbreitenfressern wie Video-Konferenz verblassen sie jedoch spürbar.

Die Entwicklung der Programmiertechnik befindet sich ebenfalls in einem erheblichen Umbruch. Durch die Verwendung objektorientierter Mechanismen, wie sie in Java zu finden sind, können letztlich alle Programme und beliebige Teile von ihnen wüst verstreut werden. Neben den heutigen Applets, die von kleinen Prögrammchen für bewegliche Bildchen in Browsern bis hin zu kompletten Sammlungen für die Realisierung von Bürosoftware reichen, sind bereits sog. Servlets definiert worden, die Dienstleistungen dadurch verfügbar machen, dass sie im Gegensatz zu den Applets nicht von den Servern zu den Clients, sondern von den Clients zu den Servern geschickt werden. Cisco Systems hat z.B. eine Reihe von Definitionen veröffentlicht, die die Schaffung kleiner, flexibler Netzwerk-Server für die unmittelbare Versorgung von NCs erleichtern soll. Alle wesentlichen Firmen, die heute Netzwerk-Management Produkte anbieten, migrieren langsam aber sicher in Richtung WWW-Technologie, sodass als Nächstes Manlets für die Ausführung von Management-Aufgaben zu erwarten sind. Man muss an dieser Stelle auch deutlich sagen, dass sich die Software-Entwickler äußerst großzügig bedienen, was die Netzressourcen betrifft. Keine moderne Software nimmt noch Rücksicht auf langsame Verbindungen. Das liegt daran, dass die meisten Pakete aus den USA kommen, wo ja sogar Fernverbindungen manchmal schneller sind als LANs hierzulande. Schließlich wird auch der Rechner-zu-Rechner-Verkehr auf allen Seiten zunehmen; kooperierende Clients und kooperierende Server tragen nicht gerade zur Verringerung der Netzlast bei.

Heute geht man davon aus, dass man nur wenige Kunden, einige Zulieferer und einen begrenzten Teil der Mitarbeiter mittels der modernen technischen Möglichkeiten erreicht. Aber das Wachstum ist überall zu spüren. Zur Jahrtausendwende werden alle für die Unternehmensprozesse wichtigen Mitarbeiter regelmäßig elektronische Medien nutzen und die Zulieferer werden eng in die Datentechnik des Unternehmens eingebunden sein, Stichwort: Extranet. Die Anzahl der ver»web«ten Kunden wird vielleicht ein Drittel ausmachen, weil viele Kunden noch nicht über die entsprechenden Möglichkeiten verfügen und Vorbehalte z.B. hinsichtlich der Sicherheit haben. Bestimmte Bereiche, wie Banken, werden diese Vorurteile aber systematisch ausräumen und gleichzeitig die Entwicklung wirklich sicherer Transaktionssysteme vorantreiben, weil sie einen erheblichen Profit dadurch erzielen, die Zweigstellen und die aufwendige Kundenbetreuung einstellen zu können. Gleichzeitig werden PCs oder ähnliche webfähige Geräte so selbstverständlich wie Telefone, sodass man in vielen interessanten Bereichen damit rechnen kann, in wenigen Jahren auch alle Kunden zu erfassen.

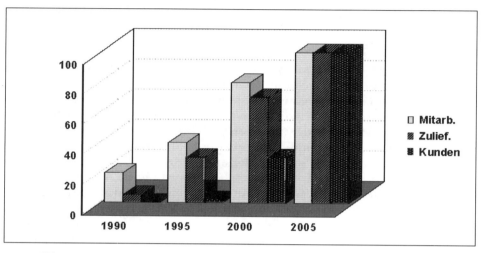

Abb. 1.2.6: Wachsende Anzahl von Mitarbeitern, Zulieferern und Kunden im Web

Die nächste Dimension formuliert eine Anforderung an den Netzwerk- und System-Betrieb. Um Qualität, Leistung und Verfügbarkeit sicherstellen zu können, benötigt man ein Betriebskonzept, mit Hilfe dessen man Betriebszustände erkennen und gezielt beeinflussen kann. Im Rahmen dieses Konzeptes kommt man dann zu Netz- und System-Management in konventioneller Denkweise. Eine noch so schöne Technik wird für sich gesehen einer Organisation keinen Nutzen bringen, wenn sie nicht beherrscht werden kann. Dies führt in der Realität dazu, dass geprüft werden muss, welches Personal im interessierenden Zeitraum überhaupt für den Netz- und System-Betrieb abgestellt werden kann und welche Voraussetzungen dieses Personal mitbringt. In vielen Projekten stellt sich nach Prüfung des Personals heraus, dass bestimmte angedachte Dinge nicht durchgeführt werden können, weil das Personal sie nicht beherrschen wird und auch nicht dafür geschult werden kann. Vielfach stellt sich auch die Frage, ob man lieber des Weg des Outsourcing geht oder auf den Einsatz bestimmter Technologien verzichten muss. Mit Ausnahme weniger Einzelfälle nehmen die Hersteller auf solche Randbedingungen keine Rücksicht. Streng genommen ist es wahrscheinlich auch nicht ihre Aufgabe.

Die Erwähnung der Anwender führt zum Begriff der Service-Fähigkeit, der sich in Qualität, Reaktionszeit und Zuverlässigkeit ausdrückt. Bislang war es ausreichend, Benutzern ab und an ein Datenpäckchen zu schicken. Für viele Benutzer wird das auch in Zukunft so sein. Andere Benutzer werden weitergehende Anforderungen haben, wie z.B. die Benutzung einer Video-Konferenz oder die Integration der Telefonie. Durch solche Wünsche werden Randbedingungen für die Konstruktion der Netze und Systeme festgelegt. Bestimmte Anforderungen führen z.B. dazu, dass man konventionelle Netze überhaupt nicht mehr benutzen können wird. Im Rahmen eines Planungsprozesses sollte klar werden, welche Service-Stufen mit welchen Qualitäten an welchen Arbeitsplätzen zur Verfügung gestellt werden sollen.

Professionelle Netzwerke, bei denen Kosten/Nutzen-Überlegungen im Vordergrund stehen, benutzen seit Jahrzehnten schon vergleichbare Planungsprozesse: wenn ein Telefonnetz ausgebaut werden soll, müssen vorher die Anforderungen, z.B. geplante Anschlusszahl und Anschlussqualität, auf dem Tisch liegen. Angesichts der vielfältigen unterschiedlichen Möglichkeiten auch der lokalen Datenkommunikation ist es nicht mehr ausreichend, wie bisher zu denken, denn bestimmte Dienstqualitäten werden von verschiedenen Netzwerktechnologien eben erreicht oder nicht. Setzt man die falsche Technologie ein, wird man nach kurzer Zeit wiederum Änderungen vornehmen müssen. Es besteht aber auch vielfach die Verlockung des Überpowerns aus Angst, etwas falsch zu machen. Aber gerade dies führt ggf. zu Kosten, die durch nichts zu rechtfertigen sind.

Durch die Globalisierung der Märkte werden die Unternehmen zu einem ganz anderen Kostenbewusstsein gebracht. Es muss immer eine Relation zwischen dem Profit aus einem Arbeitsplatz und den Kosten dafür geben. Wesentlich ist dauerhaft ein Abbau der Personalintensität und die Schaffung eindeutiger Abläufe und klarer Zuständigkeiten.

Ein weitere, immer noch viel zu sehr unterschätzte Zieldimension ist die Sicherheit der Unternehmensdaten und Prozesse. Der Schutz gegen Gefahren von außen und innen beginnt beim Design der Netze und Systeme.

Die neuen Anforderungen können nicht durch einfache Nachbesserungen kleinerer Details wie der Netto-Übertragungsrate erfüllt werden. Vielmehr muss ein Gesamt-Design der Netzwerk- und Systemlandschaft der neuen Rolle des Netzes als universeller Informationsbus gerecht werden. Zerfetzt man sich an dieser Stelle über die hinlänglich bekannten Fragestellungen, wird man keinen Schritt weiterkommen.

Man muss auch deutlich sagen, dass bisherige, traditionelle Netze so schwer wiegende und teure Defizite haben, dass ein weiterer Einsatz und Ausbau nach bislang geltenden Mustern vielfach nicht mehr sinnvoll erscheint. An allen Ecken und Enden sind technische, wirtschaftliche und organisatorische Defizite und Probleme zu finden, die man nur immer weiter vorantreibt, wenn man immer in der gleichen Art und Weise fortfährt. Viele Planer und Verantwortliche haben eine rosa Brille auf, die sie nach dem Kölschen Motto »Es hät immer noch jot jejange« (Es ist immer noch gut gegangen) verfahren lässt.

Aber alleine schon das veränderte Leistungsbild der verwendeten Client- und Server-Maschinen sollte aufhorchen lassen. Der Zenit der Pentium-Familie ist bereits überschritten. Viele Kunden möchten offensichtlich auch weiter mit fetten Clients arbeiten, statt die Richtung der Netzcomputer einzuschlagen. 2000 haben die Privatkunden alleine in Deutschland ca. 5,5 Millionen neue PCs gekauft. Da können die Unternehmen nicht nachstehen. Es ist psychologisch äußerst ungünstig, einen Mitarbeiter, der zuhause einen luxuriösen PC hat und sich auf diese Weise für das Unternehmen kostenlos fortbildet, im Unternehmen vor ein altes Hündchen zu setzen, welches Antwortzeiten im Halbstundentakt aufweist.

Es gibt eine Reihe von Trends, die die Planung von Netzen wesentlich beeinflussen.

Wir beginnen bei den Client-Systemen. Hier ist zu unterscheiden zwischen Pentium-Systemen und Nachfolgern sowie Workstations auf der einen und Netzcomputern auf der anderen Seite des Spektrums. Die Wintel-Systeme werden auf dem Weg zur 64-Bit-Architektur wachsen. Heutige Netze existieren eigentlich nur noch deshalb, weil die Clients an den Kommunikationsaufgaben relativ lange herumrechnen und somit trotz sehr hoher interner Busgeschwindigkeit kaum einige wenige Mbit/s in das Netz bringen. Anwendungs- und Systemfunktionen sind selten hinsichtlich der Kommunikation optimiert. Mittelfristig ist aber dennoch alleine aufgrund der hohen Prozessorverarbeitungsgeschwindigkeit bei den Low-End-Wintel-Systemen mit einer möglichen Dauerleistung um 30 Mbit/s zu rechnen. Dies ist eine Leistung, die von geswitchtem Fast Ethernet mühelos dauerhaft erbracht werden kann. Shared Medium-Systeme haben in diesem Zusammenhang überhaupt keine Bedeutung mehr. Auf den Servern sieht es dann noch anders aus; Dauerleistungen von 1 Gbit/s sind durchaus zu erwarten. Hierfür spricht auch z.B. die Clusterung konventioneller UNIX-Systeme oder der gewaltige Leistungsschub bei Massenspeichersystemen, die heute schon über 100 MB/s verarbeiten können. Angesichts dieser Verhältnisse ist der Ruf nach einer Gigabit-Technologie verständlich. Gigabit-Ethernet konnte sich sozusagen von jetzt auf gleich durchsetzen. Mitte 2001 haben schon mehr als die Hälfte unserer Kunden Gigabit-Ethernets in Betrieb, davon nutzt wiederum die Hälfte bereits die Möglichkeiten von Vollduplex und Trunking, sodass der Kern des Netzes 2,4 oder 8 Gb/s übertragen kann. Wiederum etwa die Hälfte dieser Kunden, also gesamt gesehen 10-12% werden noch in 2001 ernsthaft mit der Einführung von 10 Gb/s beginnen.

Durch den Kampf der Halbleiterhersteller ist der Preis für einen mit 100 Mbit/s geswitchten Fast Ethernet-Port weit unter 100 $ gefallen. So schön dies einerseits ist, hat es natürlich andererseits Konsequenzen für die Strukturierung der Backbones, denn es ist völlig abwegig, Endgeräte mit 100 Mbit/s anzuschließen und Server auch. Letztere benötigen eine höhere Leistungsstufe, sonst kommt es zu Engpässen, die die ganze Performance zerstören. Außerdem neigt man dazu, Server zu clustern. Server Farms haben eine Menge organisatorischer Vorzüge und sind auch aus der Perspektive von Datenschutz und Zuverlässigkeit günstiger zu bewerten als verstreute Abteilungssysteme.

Andererseits gibt es bei jedem Netzwerkprojekt noch eine groß_e Anzahl älterer Geräte, die irgendwie integriert werden müssen.

Es entsteht also der Bedarf nach stufenweise skalierbarer Netzwerk-Leistung. In einfacheren Fällen geht es nur um nackte Leistung, in komplexeren Fällen kommt noch die Backbone-Problematik und der Wunsch nach wählbarer Dienstgüte hinzu. Nach wie vor werden die Benutzer weiterhin nur einen geringen Anteil an der Gesamtlast stellen, aber die fortentwickelten Betriebssysteme bedienen sich ungehemmt der Netzwerkleistung.

Von der Anwendungsseite her sind vor allem verteilte Datenbankanwendungen und Video-Anwendungen als kritisch zu betrachten. Verteilte Datenbankanwendungen erzeugen ein Lastprofil mit ganz vielen kleinen Paketen. Sie sind der Schrecken der Switch-Anbieter, da alle diese Pakete einzeln vermittelt werden müssen. Mit alten Zugriffsmethoden wie Token Ring oder CSMA/CD-Ethernet sind größere verteilte Datenbankanwendungen nicht realisierbar. Für das Antwortzeitverhalten ist es nämlich maßgeblich, wie die Netzwerk-Verzögerung aussieht. Für eine Antwortzeit unter einer Sekunde ist bei ca. 1000 Päckchen eine Netzwerk-Verzögerung von weniger als einer Millisekunde erforderlich. Ein derartiger Wert ist mit den heutigen verbridgeten Systemen und starker Subnetzbildung unrealistisch. Ähnliches gilt auch für Video-Anwendungen. Es ist eine wesentliche strategische Entscheidung, ob in stärkerem Maße Video eingesetzt wird oder nicht.

Wir fassen also die Anforderungen an E-Business-feste Netzwerk-Infrastrukturen wie folgt zusammen:

Individuell skalierbare und stufenweise ausbaubare Netzwerk-Leistung

- Skalierbarkeit in den Dimensione-n:
  - Gesamt-Übertragungskapazit
  - Endgeräte-an-Netzwerk
  - Server-an-Netzwerk
  - Netzwerk-an-Netzwerk
  - Isochronität
- hohe Zuverlässigkeit/Ausfallsicherheit
- Wirtschaftlichkeit
- Beherrschbarkeit

Alte, bestehende Netze, neue Techniken und steigende Anforderungen aus den Anwendungen bringen die Planungsverantwortlichen in erhebliche Bedrängnis. Neben einfacheren Fragestellungen, die den puren Datentransport betreffen, wie Fast- oder Gigabit-Ethernet, treten neue Welten wie VLANs und verteiltes Routing mit jeweils einigen Dutzend schwer durchschaubaren Alternativen hinzu, die Planer und Anwender mit Recht verunsichern. Von vielen Dingen ist nämlich überhaupt nicht klar, ob man sie überhaupt benötigt, und wenn ja, in welcher Form. Während sich IEEE 802 bemüht, wenigstens die Grundfesten des Ethernet-Standards im Hinblick auf höhere Übertragungsgeschwindigkeiten zu erhalten, tummeln sich spätestens auf der Schicht 2 die unterschiedlichsten proprietären Verfahren, in denen nach Aussagen der jeweiligen Hersteller ganz bestimmt das Heil liegt. Leider sind aber gerade die Verfahren für VLANs und verteiltes Routing ziemlich kompliziert in ihrer Arbeitsweise, und das einzige, was man wirklich mit Bestimmtheit weiß, ist, dass Verfahren unterschiedlicher Hersteller nicht zusammenarbeiten und herstellerübergreifende stabile Realisierungen von Standards, die gerade dabei sind, sich als zartes Pflänzchen abseits der Herstellerinteressen durchzusetzen, nicht vor Ablauf von ca. mindestens zwei Jahren zu erwarten sind.

Womit wir bei der nächsten Zieldimension wären: der **Wirtschaftlichkeit** des Betriebes. Netz- und System-Konzept müssen von einer Vollkostenrechnung begleitet werden, die es erlaubt, z.B. den Fachabteilungen faire Preise für Dienstleistungen, Infrastruktur und Qualität zu machen, und die im Rahmen eines Controllings immer wieder die Ausgaben für die vernetzte DV zu den Unternehmenszielen korreliert. Hierbei ist besonders auf die massiven Personalkosten zu achten. Nach Ansicht des Autors sind Technologien besonders dahingehend zu bewerten, mit wie wenig Personal sie auskommen. Außerdem gibt es in der Praxis mittlerweile verschiedene sehr schöne Modelle, wie man durch Aufgabenzerlegung Personal über den Versorgungsprozess mit

DV-Leistung besser verteilt. So kann es z.B. anwendernahes »Datenverarbeitungsverbindungspersonal« geben, welches aus den Fachabteilungen kommt, vergleichsweise wenig kostet, aber vielleicht 98% der Grundprobleme der Anwender lösen kann, ohne dass diese teure Fachspezialisten behelligen müss_ten. Durch die Globalisierung der Märkte werden die Unternehmen zu einem ganz anderen Kostenbewusstsein gebracht. Es muss immer eine Relation zwischen dem Profit aus einem Arbeitsplatz und den Kosten dafür geben. Wesentlich ist dauerhaft ein Abbau der Personalintensität und die Schaffung eindeutiger Abläufe und klarer Zuständigkeiten.

1.3 Anwendungsbereich: UMTS

UMTS ist in der Netzwerkwelt momentan die wohl am meisten unterschätzte Gefahrenquelle für bestehende Infrastrukturen. Man hat sich daran gewöhnt, dass Kunden, Zulieferer und externe Mitarbeiter normalerweise mit ISDN, also ca 140 Kb/s oder ADSL bzw. TDSL mit ca. einem Mb/s auf die E-Business-Lösungen zugreifen. Insgesamt gesehen hat sich aber ADSL nicht in dem Maße durchsetzen können, wie dies prognostiziert wurde, sondern rangiert europaweit je nach Land zwischen 15 und 25% der Anschlüsse, auch wenn, wie z.B. in Großbritannien, eine Flächendeckung von 90% möglich wäre. Die Kunden sehen den Mehrwert nicht so recht ein, und auch aggressive Preismodelle ändern daran wenig. Außerdem dürfen die Preismodelle auch nicht zu aggressiv werden, denn British Telecom BT klagt über die fürchterliche Unwirtschaftlichkeit von xDSL. Für den Benutzer ändert sich mit xDSL eigentlich auch nicht sehr viel, weil er weiter zu Hause oder im Büro vor seinem Rechner hocken muss und lediglich schnellere Zugriff auf Web-Seiten erhält, was eigentlich nur bei umfangreichen Dateitransfers oder Videos wirklich interessant ist. Außerdem ändern sich natürlich auch laufend die Randbedingungen. Der überwiegende Teil der Privatleute, die in 2000 einen TDSL-Anschluss bestellt hatten, fanden vor allem den kostenlosen Download von Musik interessant, wie er z.B. von Napster (wieder) geboten wird. Gerade die MP3-Files sind in einer Größenordnung, die mit herkömmlichen ISDN-Anschlüssen wirklich sehr mühsam zu transportieren ist. Alle diese Leute müssen nun feststellen, dass sie spätestens ab Mitte 2001 doch für die Musikstücke bezahlen müssen und finden das gar nicht toll.

Vor allem scheint jedoch der Wunsch nach Mobilität wesentlich. Den ersten Ansatz mit WAP-Handys kann man getrost vergessen, schon 2001 werden diese Geräte zwar nicht ganz verschwinden, aber relativ bedeutungslos, denn als Zwischenschritt zu UMTS (Universal Mobile Telecommunication System) kommt zunächst einmal **GPRS – General Packet Radio System**. UMTS wird 31-mal schneller sein als ISDN und 200-mal schneller als WAP. GPRS ist da mit einer theoretischen Rate von bis zu 115 Kb/s zwar noch 20-mal langsamer als UMTS mit seinen 2 Mb/s, stellt aber schon wesentliche Weichen. Vor allem muss der Kunde nicht mehr in quälenden Minutenpreisen bezahlen, sondern nach Kilobytes geladener Daten. Das ist für viele Anwendungen deutlich günstiger, setzt aber bei den Designern der Seiten erhebliche Disziplin voraus, damit sie nicht wieder grafischen Unsinn einbauen, der schön, teuer und nutzlos ist. Generell erhöht sich die Nützlichkeit eines Endgerätes mit dessen Geschwindigkeit. Das kennen wir vom PC. Der eigentliche Boom hat erst mit den Pentium-Systemen eingesetzt, die in der Lage waren, die grafischen Benutzeroberflächen auch angemessen zu unterstützen.

UMTS wird es endlich ermöglichen, all das zu tun, was man schon lange mit mobilen Endgeräten tun wollte. Navigationssysteme in Autos werden mit UMTS genauso teurer Elektronikschrott wie spezielle Börsenterminals. Der Benutzer benötigt in Grunde genommen nur noch ein Endgerät, das vielleicht so groß wie eine Tafel Schokolade ist und einen vernünftigen Bildschirm und eine wirklich benutzbare Tastatur hat. Momentan findet man auf jeder Messe eine Reihe von solchen Geräten als Muster mal mit, mal ohne futuristisches Design. Ganz wichtig für die Wahl des Darstellungsstandards ist die Erkenntnis, dass die Leute äußerst unterschiedliche Geräte benutzen werden und wir hier nur mit einer generischen Darstellung weiterkommen, die im Moment des Aufrufs an das beim Aufrufer vorzufindende Format angepasst wird. Dies bietet uns XML. Faszinierend finde ich persönlich auch die Entwicklungen flexibler Bildschirmfolien, die man vor der Benutzung einfach ausrollt. Warum kann ein Endgerät in unbenutztem Zustand nicht so aussehen wie ein Knirps? Der Kreativität sind an dieser Stelle praktisch keine Grenzen gesetzt, bis auf vielleicht den Preis, den alle Entwickler momentan mit »um 300 US$ bei Großserie« angeben. Ich bin überzeugt, dass man nach einer anfänglichen Phase der Skepsis diese völlig neuen Endgeräte lieben und in großer Stückzahl kaufen und benutzen wird. Man kann jetzt lange über Zahlen streiten, allerdings sprechen die Wachstumsraten bei Handys eine deutliche Sprache. Man kann davon ausgehen, dass mindestens 30-50% der jetzigen Handy-Besitzer alleine über regelmäßigen Geräte-Upgrades zu UMTS-Benutzern werden. Hier ist z.B. die Navigation in Autos ein ganz wesentlicher Punkt. 2001 kostet ein ordentliches Navigationssystem je nach Ausstattung zwischen DM 2.000,– und DM 5.000,–, bei Gebrauchtfahrzeugen käme der Einbau noch hinzu. Das ist herausgeworfenes Geld, vor allem für die überwiegende Zahl von Nutzern, die das System nur gelegentlich nutzen, oder fahren Sie jeden Tag woanders hin? Ein Navigationssystem sollte auch eine dynamische Routenwahl beherrschen, um Staus zu umgehen. Dies wird ja heute schon angeboten und ist für den täglichen Normalfall viel nützlicher als ein Navigationssystem an sich. Warum aber diesen ganzen Aufwand treiben, wenn ich für einen Grundpreis von sagen wir 25 € im Monat ein Gerät bekomme, das ich im Bedarfsfall im Auto z.B. vor das Radio klebe und das dann für ein paar Pfennig als dynamisches Navigationssystem arbeitet und mir zwischendurch noch Börsenkurse durchgibt? Ein BMW-Tuner hat sich jetzt z.B. einmal der Frage von Bildschirmen für Fondspassagiere in Kopfstützen angenommen. Fragen Sie einmal Ihren Händler nach dem betreffenden Prospekt. Sie werden erstaunt sein, wie nahtlos und harmonisch sich so etwas in ein Gesamtdesign einbringen lässt. Was heute noch reisenden Geschäftsleuten und Börsenspielern vorbehalten ist, besänftigt vielleicht 2005 endlich die quengelnden Kleinkinder auf den billigen Plätzen.

Es ist falsch, davon auszugehen, dass Endkunden nur wesentlich teurere Services bekommen. Preislich wird sich ein Mix für Basisdienstleistungen ergeben. Dies kann auch von Unternehmen gefördert werden. Eine Bank hat z.B. hohes Inetresse daran, dass der Kunde bequem und mobil Geldgeschäfte tätigen kann und dabei die (wenigen verbliebenen) Mitarbeiter nicht weiter behelligt. Wenn die Bank die Hoffnung haben kann, den Personalstamm in der Kundenbetreuung für Standardfragestellungen weiter zu reduzieren, wird sie das zur Subventionierung der nötigen Endgeräte treiben, denn für das Gehalt auch nur eines Mitarbeiters kann man Hunderte mobile E-Business Online-Kunden fördern. Bei der Bank liegt das sonnenklar auf der Hand, in anderen Bereichen kann man aber ähnliche Kalkulationen machen. Daraus ergeben sich mittelfristig weitere Anforderungen.

Was bedeutet das für E-Business und für unser Unternehmen? Zunächst einmal bedeutet es die Möglichkeit, alle Geschäftsmodelle, von denen wir bislang in diesem Buch gesprochen haben, systematisch durchzusetzen und keine Rücksicht auf Orte mehr nehmen zu müssen. Es bedeutet aber auch, dass wir völlig neue Geschäftsmodelle entwickeln können. Ich will hier gar nicht die Phantasie überstrapazieren; das können sie selbst. Neben mobiler Präsentationstechnik kommen wir auch auf so praktische Dinge wie z.B. mobile Diagnosetechnik.

In diesem Kapitel geht es aber vor allem um die Infrastruktur eines Unternehmens. Und hier wird es wirklich bunt. Folgende Gefahrenbereiche sind auszumachen:

- Endgeräte-Gefahr
- WAN-Zugangs-Gefahr
- LAN-Gefahr
- Server-Gefahr
- Multimedia-Gefahr
- Speicher- und Backup-Problem
- Backbone-Problem

Ich kann diese ganzen Bereiche in diesem Buch nur streifen, weil die seriöse Behandlung ein ganzes Buch ergeben würde. Vielleicht muss ich das sogar bald schreiben.

Endgeräte-Gefahr. Die Unternehmen sollten sich heute schon überlegen, wie viele UMTS-Endgeräte sich bei ihnen ergeben könnten. Dabei sollte man nicht nur an die Kunden, sondern auch an die Geschäftspartner, den eigenen Außendienst und die sonstigen Leute denken, die ggf. mobil arbeiten können sollten. In Unternehmen, aber auch in stark frequentierten Bereichen wie Hotels oder Flughafenhallen stellt die Dichte der Geräte übrigens ein eigenes Problem dar. Man diskutiert heute schon darüber, ob in solchen Fällen ein eigenes optisches Netz verlegt werden muss. UMTS bringt aber auch endlich weitergehende Möglichkeiten für die Anbindung von Home-Offices, sodass, entsprechende Betriebsvereinbarungen vorausgesetzt, auch in diesem Sektor eine Menge passieren wird. Nur 1000 Benutzer erzeugen aber insgesamt 2 Gb/s Nutzdatenrate. Diese Datenrate hat eine üble Stochastik, sodass man gar keine Prognose für die Verteilung geben kann und letztlich immer davon ausgehen muss, dass im schlimmsten Falle alle gleichzeitig arbeiten. Dadurch kann man die Netze nicht irgendwie einschränken, sondern muss immer vom Maximum ausgehen. Außerdem haben wir noch mit einem heute unvorhersehbaren Overhead zu rechnen. Die UMTS-Anbindung wird aber NEBEN allen anderen Anwendungen laufen. Daraus kann man heute schon schließen, dass UMTS zwangsläufig bei großen Unternehmen zur Notwendigkeit eigener optischer Backbones mit mindestens 10 Gigabit Übertragungskapazität führt.

WAN-Zugangs-Gefahr. UMTS ist nur auf dem letzten Stück zwischen Benutzer und Basisstation ein Funksystem. Die gesamte Infrastruktur läuft über Leitungen. Da man aber schon absehen kann, dass die Übertragung auf metallischen Leitern diese enorme Belastung nicht mehr verkraftet, baut man heute schon an optischen Netzen für die Infrastruktur. Diese legt man aber direkt so großzügig aus, dass sie letztlich Leistungen im Bereich mehrerer Tb/s haben werden. Solche Netze werden heute vor allem für US-Kunden von Firmen wie Nortel und Ciena mit Komponenten z.B. von JDS Uniphase oder Corning aufgebaut. Sehen Sie mal unter www.nasdaq.com in die Unternehmensnachrichten dieser Firmen. Alleine das Aeria-Netzwerk, welches alle wichtigen US-Metropolen miteinander verbinden wird, verlegt zurzeit Hunderttausende Glasfaserkilometer, jede Faser mit Terabit-Leistung. UMTS wird endlich die Brücke sein, mit der E-Business-Datenflüsse zwischen Unternehmen und der sie umgebenden Umwelt möglich sind und stellt das letzte, fehlende Bindeglied im XRM-Modell dar. Manche Dinge wird man nun als Unternehmen an einen Provider auslagern, z.B. den Front-End-Katalog. Manche Dinge wird man aber auch nicht auslagern können. Das führt unmittelbar zur Notwendigkeit von WAN-Anbindungen im Bereich um 10 Gb/s. Die mittlerweile hierfür standardisierte Technologie ist 10-Gigabit-Ethernet.

Als Alternative könnte man auch direkt eine eigene Wellenlänge aus einem DWDM-System nehmen. Schließlich braucht auch die Datenübermitlung an Web-Hoster entsprechende Power. Damit kommen wir zur

LAN-Gefahr. Die Datenströme aus dem WAN müssen im Unternehmen weitervermittelt werden. Das heute so weit verbreitete Fast Ethernet mit 100 Mb/s kann nach Eva Klein höchstens 50 gleichzeitig aktive Benutzer unterstützen, darüber brauchen wir also gar nicht weiter zu reden. Endgeräte mit Gigabit-Karten sind Ende 2000 auf den Markt gekommen, so z.B. von Apple. Der Mehrpreis für die Gigabit-Ethernet-Karte lag deutlich unter 200 €. Meiner Ansicht nach ist es gar keine Frage mehr ob, sondern nur wann die ersten Großanwender eigene Optische Netze aufbauen. Das kann auch wichtig werden für Bereiche, in denen es heute überhaupt noch kein LAN gibt, wie z.B große Hotels. Überlegen Sie sich einmal, ob die Geschäftsleute in den Hotels wirklich auf UMTS in den Zimmern verzichten werden. Natürlich ab einer gewissen Hotelklasse nicht mehr. Nach Konstruktion von UMTS müssen dann aber für diese hohe Versorgungsdichte in den Hotels UMTS-Basisstationen aufgestellt und untereinander vernetzt werden. Die Technik ist längst da. Die Fa. Extreme Networks bietet für ihre Geräte der Black Diamond-Serie seit Mitte 2000 schon Einschübe an, die mit integriertem WDM-Modul mindestens 8 Gb/s schaffen und dabei unwesentlich teurer sind, als vier Vollduplexkarten.

Server-Gefahr. Es kommt zu einer dramatischen Erhöhung der zu speichernden und zu verarbeitenden Datenmengen. Die Lösungen sind nicht grade billig; man empfiehlt auch, multimediale Anwendungen vom Host wegzulegen. Es gibt schon seit 2000 entsprechende neue Geräte einer bislang nicht dagewesenen Leistungsklasse fürs Geld, wie z.B. die Superdomes von HP. Ein Superdome hat 64 Prozessoren und eine Backplane mit 400 Gb/s. Wie bekommen wir aber die Daten zu einem solchen Gerät? Selbst der flammneue 10-Gigabit-Ethernet-Standard erscheint hier vergleichsweise schlapp.

UMTS-Storage und -Backbone. Die zu erwartenden Datenmengen werden nur noch von reinen Storage Servern mit direkter Netzwerk-Anbindung bewältigt werden können, wie sie z.B. von EMC angeboten werden. Weder reine Network Attached Storages (NAS) noch Storage Area Networks (SANs) werden aber in Reinkultur allen Anforderungen standhalten. Vielmehr wird es zu einem Mix kommen. Bei Ausfällen kommt es zu zeitlichen Recovery-Problemen, und was überhaupt könnte ein geeignetes Backup-Medium sein?

Insgesamt können Sie leicht sehen, dass UMTS einen »Rattenschwanz« weiterer Investitionen nach sich zieht. Das ist gut so, denn davon leben wir. Andererseits muss man sich aber schon frühzeitig wappnen, um nicht irgendwann auf der Strecke zu bleiben.

1.4 Wege der Hersteller

Natürlich sind alle Hersteller, die im Feld der Optischen Netze arbeiten, zunächst einmal gleich wichtig. Aber dann gibt es darüber hinaus noch »besonders gleich wichtige« und »weniger gleich wichtige«. Zu Letzteren gehören an dieser Stelle ganz tolle Firmen wie z.B. JDS Uniphase, deren Aufgabe es aber nicht ist, Visionen zu entwickeln, sondern Einzelteile. Und in diesem Unterkapitel geht es primär um Visionen. Ich stelle die Visionen von Cisco Systems, Nortel Networks, Ciena und Extreme Networks vor, weil sie jeder für sich charakteristisch sind und in ihrer Gesamtheit ein schönes rundes Bild der Facetten geben, die das Thema optische Netze liefert. Nicht in diesem Unterkapitel enthalten ist z.B. die Firma Alcatel, die in einigen Sektoren wie z.B. bei den ausgelieferten DWDM-Systemen oder bei den optischen Switches zur Zeit der Manuskripterstellung Maktführer ist und deswegen an anderen wichtigen Stellen im Buch noch oft genug vorkommt. Überhaupt mischt der Markt der Optischen Netze die Hersteller ganz ordentlich durch. Cisco Systems, die lange Zeit absoluter Marktführer auf ihrem Sektor waren, haben hier wesentlich weniger Einfluss. Das kommt natürlich auch daher, dass der Markt rein vom Volumen her noch stark durch Kontrakte auf dem Gebiet der WANs beeinflusst wird, und hiervon profitieren natürlich Firmen wie Alcatel oder Siemens in weitaus stärkerem Maße als die LAN-Helden.

1.4.1 Cisco Systems: IP & Optical

Cisco Systems ist nach wie vor ein sehr wichtiger Hersteller auf dem Netzwerkmarkt und die Meinung dieser Firma hat einfach Gewicht, auch aufgrund der großen installierten Basis. Cisco sieht, dass die wichtigste Herausforderung für Service-Provider die Skalierbarkeit des Internets und der Intra-/Extranets ist. Die Service-Provider müssen simultan Kosten reduzieren und mit neuen Services schnell Profite erzielen. Nach Ansicht von Cisco Systems bringt Optical Networking alleine keinen Vorteil, sondern muss mit IP verbunden werden. IP steht für die schnelle Erbringung von Value Added Services und die optische Vernetzung senkt die Kosten dramatisch. Grundlage für alle Anstrengungen ist eine Konnektivität für beliebige Technologien. Man sieht neue Märkte daduch entstehen, dass die Provider neue Aufgaben übernehmen. Hier stehen vor allem E-Business Lösungen im Vordergrund, die ggf. in Leistungsklassen vorstoßen können, für die der jeweilige originäre Betreiber gar kein Equipment mehr vorhalten kann oder möchte. Auch die erhöhten Anforderungen an Datenschutz und Datensicherheit machen es für einen normalen Corporate-Betreiber immer schwieriger, eine sinnvolle Lösung zu fahren. Der Service-Provider hingegen sitzt an der Stelle, wo ohnehin alle Informationen zusammenlaufen. Es wäre also duchaus denkbar, dass er

Aufgaben übernimmt, die weit über das hinausgehen, was man heute vom Web-Hosting her kennt und in Richtung Application Service Providing geht. Das macht er natürlich nicht umsonst, sondern gegen Gebühr. Weil die Voraussetzungen beim Service-Provider jedoch viel günstiger sind als beim Corporate-Endkunden, kann sich eine solche Verlagerung durchaus rechnen. Voraussetzung dafür sind Übertragungsdienste mit hoher Leistung für wenig Geld. Es wäre übrigens auch denkbar, dass eine dritte Organisation außer dem Service-Provider oder dem Corporate-Kunden eigenständig als Application Service-Provider auftritt.

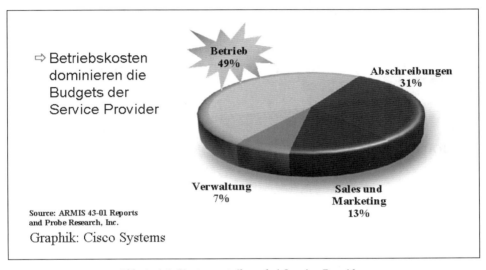

Abb. 1..4.1: Kostenverteilung bei Service-Providern

Ein weiteres Problem sind die Speicher. Es gibt eine Reihe von Entwicklungen, die heute schon starten und die eine Reihe erheblicher Auswirkungen auf den benötigten Speicherplatz haben. Grob geschätzt hat sich die Anzahl der privaten Teilnehmer im Internet jährlich mindestens verdoppelt. Im Business-to-Business-Bereich ist die Steigerung noch dramatischer. Die Geschwindigkeit der internen Backbones steigt von 100 Mb/s in 1997 auf 10 Gb/s in 2002; das bedeutet eine Steigerung um den Faktor 100 in fünf Jahren. Die aggregate Gesamtleistung nationaler Backbones in Europa steigt von der Größenordnung einiger bis einiger Dutzend Gb/s heute auf ein Tb/s oder mehr in 2005. Das haben wir heute schon in USA. Insgesamt kann man davon ausgehen, dass die aggregate Gesamtbandbeite auf der Welt bis 2005 von heute aus um den Faktor 1.000.000 wächst. Und wo kommen die ganzen Daten her? Und wo müssen sie wieder hin? Natürlich auf irgendwelche Speicher. Also kann man davon ausgehen, dass das Wachstum der Speicherkapazität in etwa im gleichen Rahmen liegt, wenn nicht sogar darüber. Neben der wesentlichen Steigerung der Anzahl der Personen, die DV-gestützt arbeiten, spielt natürlich auch der Platzbedarf der Dokumente an sich eine tragende Rolle bei dieser Entwicklung. Unter dem alten Präsentationsprogramm Harvard Graphics belegten 100 Folien höchstens 300 KB, meistens weniger. Die genau gleichen Folien benötigen in Power Point etwas das Zehnfache, aber man schmückt es ja hier und da gerne aus, sodass locker 5-10 MB zusammenkommen. Meine Power Point-Präsentation für das Optische Netzwerk Forum 2000 braucht mehr Platz als mein PC vor zehn Jahren als Festplatte insgesamt hatte. Denkt man jetzt noch an Video-Clips und Audio-Daten, liegt schon der private Bedarf bei mehreren Dutzend Gigabyte.

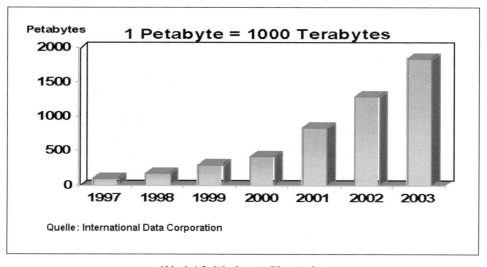

Abb. 1.4.2: Wachstum Plattenplatz

Heute reichen einer großen Bank ca. 50-100 Terabyte Plattenplatz. Darauf kann man 50 Trillionen Buchstaben speichern, das ergibt 25 Millionen Bücher. Aber wer liest schon Bücher? In einer Welt, in der täglich drei Millionen Web Pages entstehen und platzfressende Medien wie Musik, Photos und Video benutzt werden, ist ein Terabyte Peanuts.

Heute geben die Unternehmen für Plattenplatz in etwa genauso viel Geld aus wie für Rechner. Man geht davon aus, dass sie schon in zwei Jahren das Dreifache der Rechner-Investitionen für Speicher ausgeben.

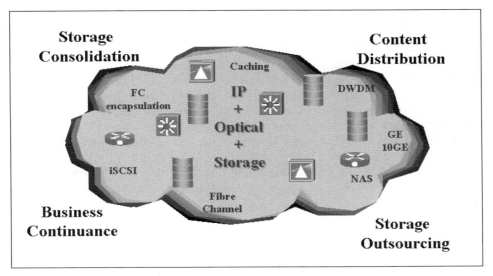

Abb. 1.4.3: Strategie für Speichervernetzung, z.B. Cisco

FedEx und Excite@Home haben heute schon weit über 100 Terabyte. Der drahtlose Web Service NTT Docomo hat alleine in den letzten 18 Monaten über 265 Terabyte dazugekauft. IDC geht davon aus, dass große Speicherpools entstehen werden, bei denen man sich Speicherplatz genauso mietet wie Energie beim Stromversorger. Dieser Markt der »Storage Service Provider« könnte in den nächsten drei Jahren auf 5 Mrd. US$ wachsen.

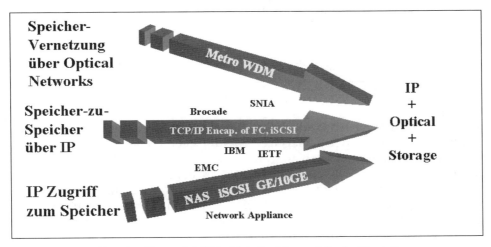

Abb. 1.4.4: Unterschiedliche Netz/Speichermodelle der Hersteller

Key Player in diesem Markt sind EMC, Network Appliance und Brocade Communications. Neben ihren unterschiedlichen Modellen ist vor allem die Standardisierung durch IETF interessant, die mit dem iSCSI-Protokoll eine Brücke zwischen den Storage Area Networks, die auf der Grundlage von SCSI auf Blockebene mit meist proprietärer Technologie oder Fiber Channel arbeiten, und den Network Attached Storages, die mit ihren »Kunden« über ein IP-Netz kommunizieren, schlagen. Das iSCSI-Protokoll packt SCSI-Information in IP-Pakete, die dann ganz normal über ein entsprechend leistungsfähiges IP-Netz übertragen werden können. Man muss konstatieren, dass kein Unternehmen alleine mit einer SAN oder NAS-Lösung glücklich werden kann, sondern dass die unterschiedlichen Technologien auch unterschiedliche Anwendungsbereiche haben, sodass man sie schließlich kombinieren muss.

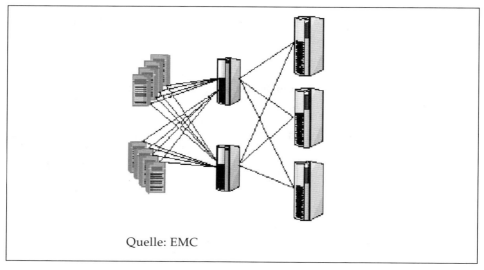

Abb. 1.4.5: Storage Area Network

Aber analog zum eben angedachten Modell für die Verlagerung von Diensten könnte es auch Speicherservice-Provider geben. Diese haben dann z.B. einen alten Bunker innen neu angestrichen, klimatisiert und mit den schwarzen Kästen von EMC vollgestopft. Sie haben viel geringere Kosten pro Bit als ein durchschnittliches Unternehmen und bieten darüber hinaus noch eine wesentlich gesteigerte Sicherheit. Auch hier kommen größere Unternehmen in Zukunft ins Grübeln, ob sie überhaupt noch eigene Ressorcen im bisher bekannten Maße vorhalten sollen. Sinnvolle Lösungen erfordern aber auch hier eine sehr hohe Bandbreite.

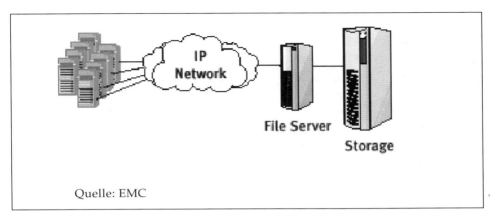

Abb. 1.4.6: Network Attached Storage

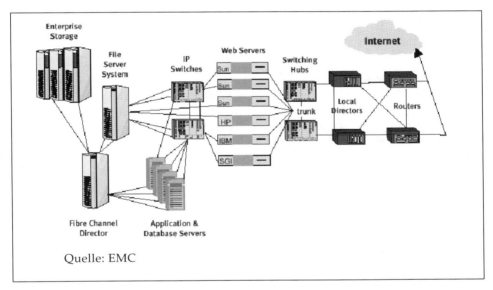

Abb. 1.4.7: NAS/SAN-Mix

Kapitel 1

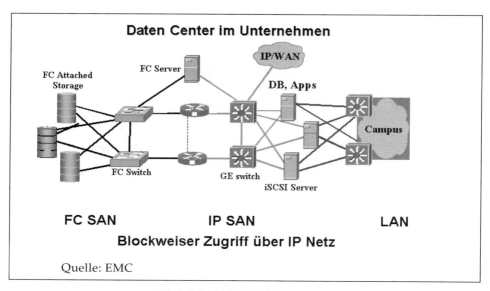

Abb. 1.4.8: NAS/SAN-Mix mit iSCSI

Neue Internet-Geschäftsmodelle auf der Grundlage gegenüber dem heutigen Niveau deutlich erhöhter Konnektivität können auch Elemente wie Content Networking, Security und VPNs inkorporieren. Besonders das Content-Networking stellt sehr hohe Anforderungen an Flexibilität und Reaktionszeit von Netzen, weil es ja grob gesprochen darum geht, einer bestehenden Internet-Verbindung permanent aktuelle Inhalte einzuspielen, die auf die Charakteristika der Verbindung abgestimmt sind. Beispiele dafür gibt es schon heute. Wenn Sie von hier aus die Homepage der US-Technologiebörse Nasdaq aufrufen, erhalten Sie in einem kleinen Fenster deutsche Werbung, z.B. für Direktbanken oder Bücher. Zwischen dem Rechner der Nasdaq und ihrem System steht nämlich noch ein Rechner von Akamai, das ist der führende Ad-Broker im Internet. Dieser Server »sieht«, wohin die Verbindung geht, und spielt passende Werbung auf. Das tut er nicht völlig blind, sondern merkt sich auch noch, was er im Laufe der Zeit getan hat, um sie nicht zu langweilen. Content Networking ist einer der großen wirklichen Wachstumsfaktoren im Web.

All dies ist aber nichts ohne Bandbreite.

Sorgen bereiten Cisco und anderen Herstellern auch die Kosten der Service-Provider, die nämlich explodieren. Schon Mitte 2000 war es so, dass Provider mindestens die Hälfte der Kosten aus dem Betrieb ihrer Systeme erzeugten, während die eigene Verwaltung nur 7%, Sales und Marketing ca. 13% und die Abschreibungen für die Geräte knapp ein Drittel der Gesamtkosten ausmachten. Andererseits tobt ein heftiger Preiskampf, der auf die Margen drückt und letztlich für weitere Probleme der Provider sorgt. Mitte 2001 muss man leider den Eindruck haben, dass die Gesamtentwicklung der Optischen Netze, die ja eigentlich eine Lösung für all diese Probleme sein könnten, dadurch ins Stocken gerät, dass die klassischen Provider, besonders in Europa, am Hungertuch nagen. Aktienkurse schmelzen wie Butter in der Sonne, und das trifft natürlich auch die Ausrüster, die nicht mehr wie bisher mit dreistelligen Wachstumsraten glänzen können.

Eigentlich (und uneigentlich) helfen hier nur noch radikale Umstellungen. Die Fa. Cogent in USA macht es z.B. vor, wie es geht und bietet einen Ethernet-Anschluss mit 100 Mb/s fü weit unter 1000 US$ pro Monat. Bezogen auf das übertragene Bit ist das ein Hunderstel des Preises für eine DS-1-Verbindung, dem US-Äquivalent für Schmalband-ISDN. Die Gardner Group sagt voraus, dass spätestens in 2002 der WAN-Access mit einer Datenrate von einem Gb/s und Ethernet-Datenstrom für ca. 100 US$ zu haben sein wird. In all diesen Fällen ist Ethernet das dominierende Subscriber Interface. Auf die Yipes-Netze hatte ich ja schon hingewiesen. Das tut Cisco Systems natürlich nicht, denn in diesen werden nur Komponenten von Juniper und Extreme Networks verwendet J. Aber auch in Europa gibt es schon Versuche mit Ethernet WAN-Infrastrukturen, und die Fa. TELIA Networks überzieht zurzeit ganz Schweden mit einer Ethernet-Struktur, weil räumlich begrenzte Versuche überragende Kosten- und Betriebsvorteile von Ethernet im Versuchsbereich gezeigt haben.

1.4.2 Nortel Networks: das lokale Internet

Nortel Networks ist sicherlich der Hersteller, der in den USA die meisten DWDM-Systeme mit hoher Datenrate ausgeliefert hat. Meist arbeitet man hierbei mit der Fa. Corning zusammen. Für Glasfasern höchster Leistungsklasse gibt es überhaupt nur 2-3 ernst zu nehmende Hersteller, nämlich Alacatel, Corning und Lucent. Sie haben die interessante Vision des lokalen Internets entworfen. Meilensteine des Internet sind für Nortel Networks das intelligente optische Internet (auf das wir im Rahmen der Visionen von Ciena Systems noch kommen), die drahtlose Internet-Revolution (die wir mit UMTS eigentlich schon hinreichend berücksichtigt haben), E-Business-Services und -Anwendungen, die wir ebenfalls schon beleuchtet haben, und eben das lokale Internet. Man geht davon aus, dass auf die Darstellungsformen Text, Bilder, Sound und Video unabhängig von der Lokation, an der man sich befindet, zugegriffen werden kann. Neben ganz festen und mobilen Benutzern hat man noch die Gruppe der »Road Warriors« eingeführt, das sind Leute wie der Autor, die zumindestens über bestimmte Perioden des Jahres viel

Zeit unterwegs und in Hotels verbringen und dabei natürlich auch komfortable Arbeitsmöglichkeiten vorfinden möchten. Diese können generisch, personalisiert oder segmentiert sein. Generische Dienste stehen für alle Teilnehmer an einem Netz zur Verfügung, während personalisierte Dienste auf einzelne Benutzer genau zugeschnitten sind. Das Mittelding zwischen diesen Alternativen sind die segmentierten Dienste, die auf Gruppen zugeschnitten sind, gleichgültig ob im beruflichen Umfeld oder eher privat.

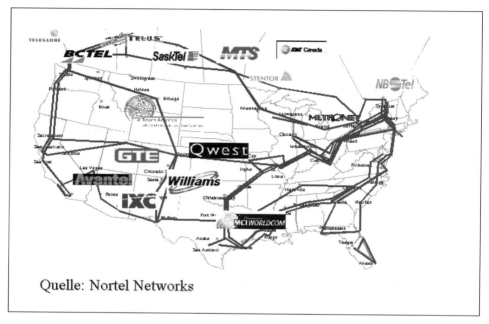

Abb. 1.4.9: Nortel US-10-Gigabit-Auslieferungen

Auch Nortel Networks weist darauf hin, dass der E-Business-Verkehr in den nächsten Jahren zum überwiegenden Teil aus Business-to-Business-Verkehr bestehen wird. Im eigenen Unternehmen hat man interessante Messungen angestellt. Diese besagen, dass der Netzwerk-Verkehr dramatisch ansteigt, was nicht weiter überrascht. Überraschend ist das starke Ansteigen des Intranet-Verkehrs, der alle anderen Verkehrsarten deutlich dominiert. Der Sprachverkehr ist zwar vorhanden, wächst aber nur sehr mäßig, während der Internet-Verkehr nach außen zwar stark wächst, aber insgesamt hinter dem Intranet-Verkehr sehr deutlich zurückbleibt. Der Grund dafür ist ein ausgeprägtes Lokalitätsverhalten der Nutzer. Man interessiert sich für die Dinge, die im Unternehmen passieren, mehr als für die Dinge, die außerhalb des Unternehmens passieren. Man kommuniziert mit den Mitarbeitern des eigenen Unternehmens viel intensiver als mit Fremden. Und man tauscht innerhalb des Unternehmens viel mehr Daten in durchschnittlich viel größeren Dateien aus. Neben dem Intranet ist natürlich das E-Mail-System ein ganz wichtiges Kommunikationsmittel und wurde dem Intranet-Verkehr zugeschlagen, weil es letztlich nur eine andere Ausprägung des gleichen Vorgangs ist. Ein ähnliches Verhalten lässt sich nun auch für das Internet feststellen. Nach Untersuchungen von Marktforschungsunternehmen sind 90% aller Telefonate Ortsgespräche. Nicht genug damit, auch 80% allen E-Commerces mit kleinem oder mittlerem Umfang verbleibt lokal. Das mag zunächst absurd klingen, aber es ist einfach so, dass z.B. beim E-Banking die Bank bevorzugt wird, für die es auch eine lokale Niederlassung möglichst um die Ecke gibt, oder dass man Waren bei Läden bestellt, wo man sie zur Not auch selbst abholen kann. Das Ganze hat damit zu tun, dass Menschen dazu neigen, in ihrer Umgebung zu leben und sich, je länger sie das tun, in dieser Umgebung ein Wissen aneignen, auf dessen Nutzung sie nicht verzichten mögen, und auch besser Vertrauen zu Dingen und Unternehmen aufbauen, die sie »anfassen« können. Erst bei Geschäften größeren Umfangs orientert man sich nach außen, z.B. hinsichtlich möglicher besserer Konditionen.

Abb. 1.4.10: Nortel: Dienstarten

Kapitel 1

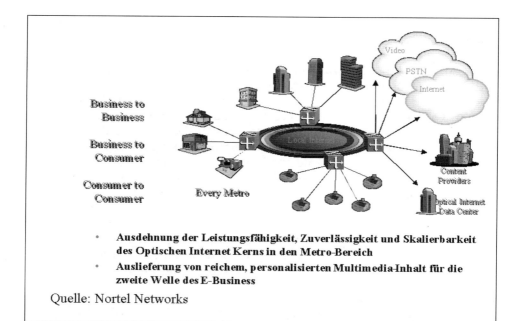

Abb. 1.4.11: Nortel: Das lokale Internet

Wenn die Annahme des hohen Lokalitätsverhaltens und der entsprechenden örtlichen Konstanz stimmt und über längere Zeit stabil ist, ist das Internet leider völlig falsch konstruiert. Es hat nämlcih heute einen sehr stabilen Kern mit exrem hoher Leistungsfähigkeit auf der Basis optischer Komponenten. An den Rändern dieses Kerns geht es jedoch mit relativ beliebigen Netzwerktechnologien weiter, die letztlich alle möglichen Verbesserungen wie verbesserten Kundendienst, den Zuschnitt von Angeboten auf Kunden oder die Schaffung neuer Dienstleistungen und die Kontrolle darüber wesentlich erschwert. Kein Anbieter einer E-Business-Site ist heute in der Lage, die Qualität seiner Verbindungen bis zum Kunden hin zu überwachen, sondern ist auf Gedeih und Verderb einer Kette von Providern mit äußerst unterschiedlichem Equipment und einem weiten Spektrum möglicher Leistungen und Fehlleistungen ausgesetzt. Nach Aussagen des Herstellers reisen 75% der Daten des Internets auf optischen Netzwerkkomponenten von Nortel Networks. Das ist vor allem dadurch zu begründen, dass dieser Hersteller ca. 90% der sehr schnellen Backboneverbindungen mit 10 Gb/s pro Lambda-Kanal in den USA und Kanada geliefert hat und das natürlich auch die Bereiche des weltweiten Internets sind, auf denen der meiste Verkehr herrscht. Man möchte das, was man im Kern erreicht hat, durch entsprechende Verteilmechanismen nach außen bringen und die Leitungsfähigkeit, Zuverlässigkeit und Stabilität des optischen Kerns auch in den Metropolitan Area-Bereich und auf die Zubringerstrecken für die Endkunden bringen. Ziel ist es, mit diesen Verbesserungen reiche, personalisierte und multimediale Inhalte an die Endteilnehmer bringen zu können, die für die nächste E-Business-Welle dringend benötigt werden.

1.4.3 Ciena: das intelligente Optische Netz

Ciena Systems macht es ebenfalls große Sorgen, dass Carrier heute mehr für Betrieb als für alle anderen Kostenbereiche zusammen ausgeben müssen. Man kann sich z.B. in quicken.com die Ergebnisse und die Kostenfaktoren von Carriern ansehen. Da gibt es Erschreckendes zu finden. Aus rechtlichen Gründen darf ich in Deutschland nicht Ross und Reiter nennen, aber es gibt Carrier, deren Ausgaben vier- bis siebenmal so schnell wachsen wie die Einkünfte. Sie können ja unter der angegeben Quelle selbst nachsehen und die entsprechenden Zahlen eintragen. Das sind schon sehr tragische Ergebnisse, denn man kann sich leicht vorstellen, wann diese Carrier ein wirkliches Problem bekommen werden.

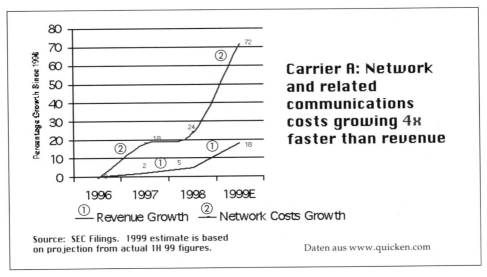

Abb. 1.4.12: Kostensituation Carrier A

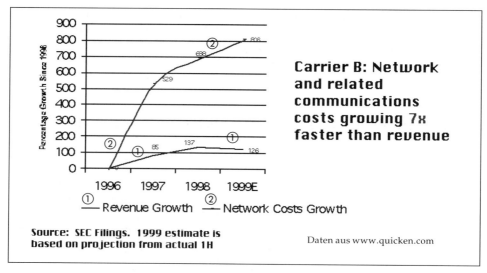

Abb. 1.4.13: Kostensituation Carrier B

Ciena Systems sieht folgende Möglichkeiten, diese Situation zu entschärfen:

- Schlauere Netzelemente
- Einfachere Netze
- Weniger manuelle Intervention
- Schnelleres Bereitstellen von Diensten und
- Geringere Kosten im Betrieb

Das macht es aber nicht alleine, sondern es sollten auch systematisch neue Umsatzbereiche erschlossen werden. Dazu gehören optische VPNs genauso wie kundenangepasste Quality of Service und Bandweiten-Trading. Man sieht bei Ciena die Notwendigkeit der Unterstützung von snchronen Zeitmultiplexdiensten, z.B. SONET und SDH aus der Vergangenheit als ebenso wichtig an wie die Öffnung der Dienstleistungen in Richtung 1- und 10-Gigabit-Ethernet.

Wichtigste Voraussetzung ist jedoch eine ausgeprägte Netzwerk-Intelligenz. Ausgehend von einer voliegenden Netzwerk-Infrastruktur muss man Methoden aufsetzen, die im Rahmen optischer Signalsierung und im Rahmen optischer Routingverfahren Topologie Discovery, Ende-zu-Ende-Routing und Traffic Engineering liefern. Diese Informationen helfen bei der schnellen Bereitstellung von Diensten und der so genannten Maschenrestauration, dem Wiederaufsetzen nach Fehlern in einer großzügigeren Art und Weise, als das bei SONET-Systemen üblich ist.

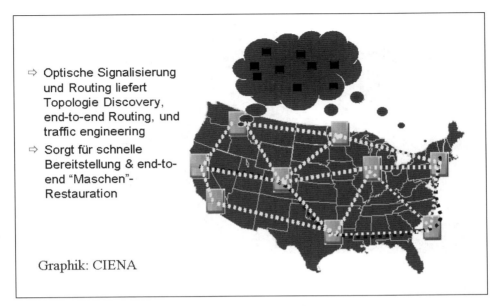

Abb. 1.4.14: Netzwerk-Intelligenz

Mit Intelligenz kann man aber auch unterschiedliche Qualitätsklassen realisieren und letztlich verkaufen. Wünscht ein Kunde z.B einen »Platin-Service« mit einem sehr schnellen Wiederaufsetzen nach Fehlern, so kann man diesen Service so aufbauen, dass man zwischen Eingangs- und Ausgangsknoten eine Route durch das Netz wählt, die entlang möglicher Ringschaltungen zwischen den Knoten im Netz läuft. Tritt dann ein Fehler auf, kann sofort über den Ring, in dem der Fehler aufgetreten ist, ein sehr kurzer Ersatzweg geschaltet werden, wobei man mindestens auf die Reaktionsgeschwindigkeit des SONET, also maximal 50 Millisekunden kommen möchte.

Kauft ein anderer Kunde einen »Economy-Service«, hat er in diesem keinen Anspruch auf eine Reaktionsgeschwindigkeit wie im Platin-Service. Im Falle eines Fehlers sucht das Netz einen beliebigen Ersatzweg, der völlig anders aussehen kann als der bisher benutzte Weg, mit Ausnahme der Ein- und Ausgangsknoten natürlich. Der sog. Maschenschutz ist viel billiger zu realisieren und man braucht auch nicht immer die Hälfte der Netzwerkressourcen freizuhalten. Also kann man diesen Kostenvorteil teilweise an den Kunden weitergeben.

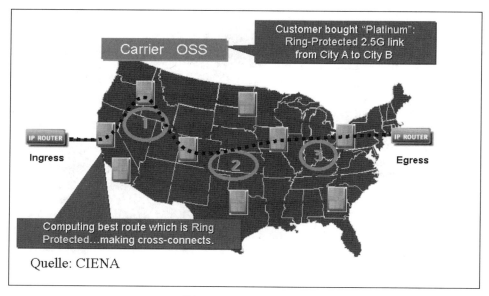

Abb. 1.4.15: Platin-Service

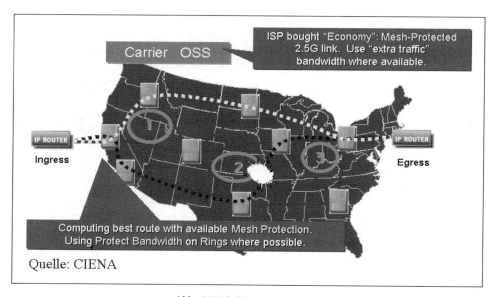

Abb. 1.4.16: Economy-Service

Ciena sieht darüber hinaus wie Nortel Networks die Notwendigkeit der Bereitstellung massiver Kapazität im Metropolitan Area-Bereich. Nur so kommt man letztlich zu einem massiv skalierbaren intelligenten Optischen Netz.

In Abb. 1.4.17 sehen wir zunächst rechts die Gerätschaft beim Kunden, in diesem Fall handelt es sich offensichtlich um einen Kunden, der nicht völlig verarmt ist und schon für den Anschluss eine optische Technologie hier einen Ring benutzt. Außerdem hat er einen Host direkt mit DWDM an den lokalen DWDM-Metro-Ring angeschlossen. Dabei übergeht er den lokalen Dienstleistungsanbeiter, der für die über den Access Ring hereinkommenden Daten Konversionen wie z.B. Anpassung von Sprach- und ATM-Datenströmen sowie IP-Routing vornimmt und die Daten dann anschließend an den Metro-Ring bringt. Der Metro-Ring seinerseits ist mit einem intelligenten optischen Switch des DWDM (WAN-) Transportnetzes verbunden. Oberhalb des intelligenten optischen Switches sieht man weitere Einheiten, die mehr traditionelle Verkehrsformen für die Übertragung im optischen Netz konvertieren bzw. einen transparenten virtuellen optischen Kanal benutzen, wie einen IP Kernrouter, einen Voice Switch der Klasse vier oder einen alten ATM-Switch.

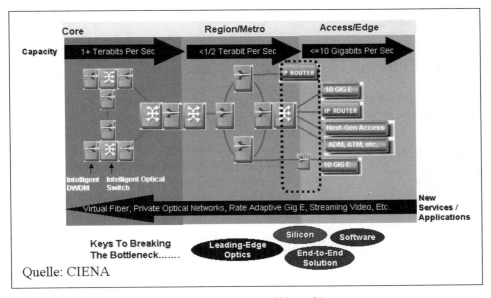

Abb. 1.4.17: Netzwerkhierarchie

Bisherige »legacy«-Transportnetze können durch folgende Eigenschaften charakterisiert werden:

- statische Kapazität
- eine einzige Dienstqualität
- Bandbreiten diktiert von SONET und/oder SDH
- Linearer oder Ringschutz
- Schlechte Skalierbarkeit
- Langsame Bereitstellung von Diensten in der Größenordnung von Stunden oder Tagen.

Demgegenüber haben intelligente Optische Netze nach den Vorstellungen von Ciena folgende Eigenschaften:

- dynamische kundenfreundliche Kapazitäten
- flexible Bandbreiten von STM bis Gigabit-Ethernet
- Maschenschutz
- Skalierbarkeit in weitem Bereich
- Schnelle Bereitstellung von Diensten in der Größenordnung von Sekunden oder Minuten.

1.4.4 Extreme Networks: Ethernet Everywhere

Da wir dieser Thematik ein ganzes Kapitel (5) widmen, wollen wir uns hier etwas kürzer fassen. Extreme Networks sieht folgende Stufen für die Konstruktion der nächsten Generation von Netzen:

- Ethernet Everywhere
- IP Everywhere
- Policy-based Switching

Mit dem auf Standards basierenden Policy-based Switching möchte man die Datenströme, mit denen man Geld verdienen kann, von denen, mit denen das leider nicht möglich ist, trennen. Man sagt bei Extreme Networks, dass die Möglichkeiten der Standards von IEEE und aus der IP-Welt in jedem Falle für die gängigen Einsatzszenarien ausreichen. Unterhalb dieser Policies sieht man den durchgängigen Einsatz von IP, und das wird seinerseits wiederum unterstützt von Ethernet, und zwar überall. Mit 10-Gigabit-Ethernet kommt das Ethernet ins WAN, mit den aktuellen Projekten wie den Yipes-Netzen kann man zeigen, dass Ethernet im Metrobereich erfolgreich eingesetzt werden kann, und im LAN ist Ethernet ohnehin der dominierende

Standard. Fehlt eigentlich nur noch die letzte Meile für die Versorgung von Endteilnehmern in Netzen, dann ist die Ethernet-Welt komplett. Und genau mit dieser fehlenden Standardisierung hat man 2001 begonnen. Man hat schon einmal gehofft, mit einem System alle unterschiedlichen Bedarfe erfüllen zu können, nämlich mit ATM. Aus ATM ist nichts geworden, weil es in weiten Bereichen ein Papiertiger war. Ethernet ist aber eine überaus erfolgreiche, erprobte Technologie und erfüllt heute alle Versprechen, die einmal im Zusammenhang mit ATM gemacht wurden:

- Kapazität: 10, 100 Mb/s, 1, 10 100 Gb/s
- Skalierbarkeit: problemloser Übergang zwischen den Geschwindigkeiten
- QoS: Standardisierung von IEEE 802.1p und DiffServ Mapping
- Bandbreitenmanagement: garantierte minimale und maximale Bandbreite
- Datenklassifikation auf jedem Switch im Netzwerk
- Eliminierung von Jitter durch IP-Zeitmultiplex
- Entfernungen: mehr als 100 km mit Gigabit-EtherneWAN-Anbindung mit 10-Gigabit-Ethernet
- Wiederaufsetzen nach Fehlern langsam mit Spanning Tree oder schnell mit herstellerspezifischen Verfahren
- Reduktion von Betriebskosten im Rahmen einer durchgängigen Technologie

1.5 Zusammenfassung und Überblick über den Inhalt des Buches

Durch die enormen Anforderungen aus dem Internet und den erhöhten Wettbewerbsdruck ist die Welt der Telekommunikation in einem Umbruch, der an Dramatik nichts mehr zu wünschen übrig lässt.

Je nach Quelle wird das Wachstum des Internet-Verkehrs unterschiedlich beurteilt; selbst die pessimistischsten Prognosen gehen von einer Verdopplung alle 12 Monate aus, allgemein wird aber ein noch kürzerer Zeitraum angenommen.

Die reine Datenübertragung mit hoher Geschwindigkeit findet ohnehin schon auf Glasfasern statt. Schon für Gigabit-Ethernet mussten alle möglichen Techniken zusammen angewendet werden, um noch eine Übertragung mit dieser Rate auf metallischen Leitungen zu ermöglichen. Jenseits des Gigabit-Bereichs gibt es einfach keine sinnvolle Übertragung mehr ohne Fiber Optic. Auf Fernstrecken erreicht man mittlerweile Leistungen von bis zu 10 Tb/s ohne die bislang erforderlichen teuren Zwischenverstärker mit optoelektrisch/optischer Wandlung auf 100 km, und mit rein optischen Leitungsverstärkern überwindet man sogar Entfernungen über 7000 km. Wesentlicher für den durchschnittlichen Anwender ist aber die Verfügbarkeit von Multigigabit-Billigtechnologie, die mit den ersten Produkten für 10-Gigabit-Ethernet noch in diesem Jahr die unternehmensweiten Backbones in eine neue Leistungsdimension katapultiert. Denn der Standard für 10-Gigabit-Ethernet ebnet mit Trunking auch den Weg zu 20-, 40- und 80-Gigabit-Netzen.

Faszinierend ist besonders, dass diese Fortschritte unter Einführung einer Mehrkanaltechnik auf unterschiedlichen Wellenlängen, die zusammen über eine Glasfaser übertragen werden, bei der aber jede eigene Information tragen kann, realisiert werden konnten. Die WDM-Technik (Wave Division Multiplex) gibt es in zwei Geschmacksrichtungen: CWDM (C=Coarse) für den Aufbau preiswerter Übertragungssysteme mit bis zu 8 Kanälen und einer Leistung z.B. von 80 Gb/s auf Multimodefaser, und DWDM (D=Dense) für hochwertige Lösungen mit momentan bis zu 320 Kanälen, jeder Kanal mit einer Leistung von 2,5, 10, 20 oder 40 Gb/s

Wesentlich für den Vorstoß in breite Anwendungsbereiche ist allerdings die erzielbare Dichte bei der Integration von Komponenten. Ein Laser für den Einsatz bei der Übertragung von 5 Gb/s z.B., der noch vor fünf Jahren so groß wie eine kleine Zigarrendose war, ist jetzt kleiner als ein Stecknadelkopf. Statt einer singulären Struktur mit eigener Stromversorgung und Steuerelektronik passen jetzt Hunderte dieser Laser auf einen einzigen Wafer.

In diesem Kapitel standen natürlich die Grundbegriffe im Vordergrund, und der Leser konnte sich einen ersten Überblick darüber verschaffen, was Optische Netze nun sind, wie sie arbeiten und was sie für ihn tun können.

Im Kapitel 2 steht ein Stukturmodell für Optische Netze im Vordergrund, das sich aus der Perspektive der Anwendung optischer Übertragungssysteme in WANs ergibt. Das ist für die weitere Termninologie leider unverzichtbar. Ebenfalls im Kapitel 2 findet der Leser einen Überblick über den SONET-Standard, vom dem zwar »irgendwie« wegmigriert werden soll, blickt man aber genauer hin, sieht man, dass der Standard eine Menge wirklich überragender Eigenschaften hat, die durch andere Systeme mindestens ersetzt werden müssten, was sicherlich nicht so einfach sein wird. Außerdem folgen in Kapitel 2 Ausführungen zur Weiterentwicklung der internationalen Standardisierung.

Das dritte Kapitel setzt sich mit der optischen Übertragungstechnologie im Einzelnen auseinander, und zwar ausgehend von einkanaligen Systemen zu den interessanten Mehrkanalsystemen mit Wellenlängenmultiplex. Es gibt unterschiedliche Leistungsklassen für derartige Systeme und eine spannende Entwicklung bei den Strahlungsquellen. Ebenfalls sehr interessant sind die Verstärker, die sowohl innerhalb einer Glasfaser benutzt werden können als auch als integrierte Halbleiterverstärker ausgeführt werden. Man kann an den Verstärkern einige Effekte diskutieren. Insgesamt ergeben sich zusätzliche Anforderungen an die Übertragungssysteme, wenn man vom einkanaliger zu mehrkanaliger Übertragung kommt. Wir verstärken optische Signale natürlich unmittelbar und nicht im Rahmen einer Rückwandlung in elektrische Signale. Diese so genannte 3R-Regeneration ist eine Technik, die aus den rein optischen Netzen langsam aber sicher aus Kostengründen verschwindet.

Während im dritten Kapitel die Punkt-zu-Punkt-Verbidnungen im Vordergrund standen, geht es im Kapitel 4 um die Konstruktion von Transportnetzwerken aus Basiskomponenten. Optische Speicher sind die Voraussetzung dafür, Datenpakete ordentlich behandeln und forwarden zu können, weil der Inhalt des Datenpaketes wenigstens so lange zwischengespeichert werden muss, bis der Paketkopf decodiert und die mit ihm verbundenen Berechnungen initiiert sind. Ganz faszinierend sind dann die optischen Schaltmatrizen, allerdings müssen wir vor ihrer Besprechung auf die Konstruktion großer Switchmatrizen aus kleinen Basiselementen eingehen. Das ganze Kapitel steht unter dem Zeichen der Integration optischer Komponenten. Nur mit ihnen ist die Erzielung völlig neuer Preis/Leistungsverhältnisse bei Routern und Switches möglich.

Fast schon konservativ ist dann der Blick auf die Entwicklung des Ethernet-Universums. Wir beginnen mit dem Standard für 10-Gigabit-Ethernet und setzen alles andere, was zu niedrigeren Datenraten und Ethernet zu sagen ist, als bekannt voraus. Zusammen mit diesem Buch werden die ersten Komponenten am Markt erscheinen, die den Standard in die Praxis umsetzen. Noch in 2001 ist damit zu rechnen, dass die ersten Power-Kunden 10-Gigabit-Ethernet produktiv einsetzen. Fast genauso wichtig erscheint mir der neue Standard für Ethernet in der First Mile. Hier geht es nicht so sehr um optische Datenübertragung, sondern um die Vorstellungen der Hersteller und Standardisierungsgremien darüber, wie die Versorgung privater Endteilnehmer in Zukuft aussehen wird. Und wenn man sieht, dass zum einen das Ethernet-Paket das einzige und dominierende Datenformat werden soll und andererseits eine Datenrate von 100 Mb/s pro Haushalt das absolute Minimum darstellt, über das man reden möchte, kann man sich vorstellen, wie sich die Infrastukturen entwickeln müssen, die eine solche Teilnehmerlast tragen können.

Im Kapitel 6 stehen die Entwicklungen im Vordergrund, die aus den Komponenten der Kapitel 3 und 4 das Internet der nächsten Generation formen helfen. Man sieht, dass es hierbei eine Reihe zusätzlicher Anforderungen gibt und auf dem Weg bis zu einer vollständigen Lösung noch etwas Arbeit liegt.

Insgesamt geht es auch um die Lösung des Problems der Funktionenverteilung zwischen elektronischen und optischen Komponenten. Die neuen rein optischen Schaltmatrizen haben zwar pro Kanal eine enorme Datenrate von bis zu 40 Gb/s, die Schaltzeiten sind jedoch relativ träge. Verfahren wie beim Ethernet-Switching, die auf Grundlage jedes ankommenden Paketes sofort über die Weiterleitung desselben entscheiden, sind schlicht nicht nutzbar, sondern man muss sich überlegen, wie man diese Grenzen anderes überwindet. Wir werden am konkreten Beispiel der Konstruktion eines Terabit-Switches sehen, wie man das im Einzelnen machen kann.

Im Kapitel 7 schließlich kommen wir zu den faszinierenden Möglichkeiten der Regional/Metronetze, die letztlich eine vereinfachte WAN- oder eine etwas aufgewertete LAN-Technologie verwenden können, um für die Kunden sehr preiswerte Anschlüsse zu realisieren.

Die üblichen Servicebereiche schließen das Buch ab.

Strukturelle Aspekte Optischer Netze und Standards 2

Eine als Optisches Netz bezeichnete Menge von Einrichtungen besteht heute und sicherlich auch noch in den nächsten Jahren aus einer Mischung rein optischer, optoelektrischer und elektrischer Technologien. Die Grenzen sind hier sehr schwammig, im Allgemeinen spricht man aber dann von einem Optischen Netz, wenn mindestens die üblicherweise mehrkanalige Übertragungstechnologie optisch ist. Problematisch ist heute jede Art von Zwischenknoten, weil Funktionalitäten wie Switching und Routing nur teilweise wirklich optisch realisiert werden können. Große Switches für Optische Netze haben daher ein Mehrstufenkonzept, bei dem z.B. die Signale, die von den DWDM-Leitungen kommen und nur auf eine andere Faser vermittelt werden sollen, nicht in elektische Signale umgewandelt werden, sondern wirklich mit optischen Schaltelementen verarbeitet werden, Signale jedoch, die von der Kunden- bzw. Anwendungsseite kommen oder vom DWDM-System zu ihr gehen, zunächst einmal optoelektrisch vorverarbeitet werden. Die Untergliederung der Funktionalitäten innerhalb eines Switches ist sehr schwierig, weil die rein elektronische Technologie für verschiedene Funktionen viel billiger ist und eine wesentlich höhere Packungsdichte hat. Allerdings ist die elektronische Technologie in ihrer Verarbeitungs-und Taktgeschwindigkeit begrenzt. Diese Beschränkungen bestehen bei optischer Technologie nicht in diesem Maße, allerdings sind die Komponenten (noch) größer und teurer. Ein weiterer Problembereich ist der Speicher. Jeder Switch benötigt Speicher, um arbeiten zu können. Rein optische Speicher in der Reaktionsgeschwindigkeit, wie man sie für ein Optisches Netz benötigt, sind jedoch heute noch nicht so weit entwickelt, wie man möchte. Besonders die Entwicklung integrierter optischer Speicher steckt noch in den Kinderschuhen.

Um die Struktur eines Optischen Netzes sauber betrachten zu können, benötigt man ein filigranes Schichtenmodell, welches zwar die unteren zwei ISO-OSI-Schichten abdeckt, dabei aber besonders in der physikalischen Schicht genauer ist.

Das in Abschnitt 2.2 vorgestellte Modell kommt zwar nicht direkt von einem Standardisierungsgremium, sondern hat sich eher im Zuge einer einheitlichen Terminologiebildung im Rahmen internationaler Konferenzen entwickelt, und eingentlich hält sich heute jeder daran. Um es aber verstehen zu können, bedarf es einiger Vorbemerkungen.

Die Welt der Optischen Netze wird auch in den nächsten Jahren stark vom SONET-Standard geprägt sein. Es ist daher notwendig, die wesentlichen Grundkonzepte dieses Standards zu verstehen, um die aus ihnen kommenden Neuentwicklungen, aber auch den Wunsch nach Beibehaltung bestimmter Funktionen richtig werten zu können. Viele Leser dieses Buches werden aus der Welt der Local Area oder Corporate Networks kommen. In dieser sind die mit SONET zusammenhängenden Begriffe Fremdwörter. Das merkt man auch ganz deutlich, wenn man im Rahmen von 10-Gigabit-Ethernet über diese Dinge spricht. 10-Gigabit-Ethernet besitzt eine Ausprägung der PHY, die so genannte WAN-PHY, die eine minimale SONET-Teilfunktionalität unterstützt und daher in einem SONET-Netzwerk auch eingegliedert werden können soll. Es ist daher wichtig, sich auch dann mit SONET zu beschäftigen, wenn alle Welt von der SONET-Ablösung spricht. Wenn man genau hinsieht, wird diese nämlich nicht so einfach vorzunehmen sein. Wir besprechen SONET in Abschnitt 2.3

Natürlich entwickelt sich auch die Standardisierung weiter. Wir können im Rahmen dieses Buches nicht auf alle Entwicklungen eingehen, vor allem weil erfahrungsgemäß auch viele Papiertiger darunter zu finden sind. Ein optisches Transportnetz wird aber zumindest in den ersten Jahren seiner Existenz eine Vielzahl von »legacy«-Diensten unterstützen müssen, die ihre eigenen, alten Datenformate haben, bis endlich vielleicht einmal in ein paar Jahren völlig transparente IP/DWDM-Netze überall Anwendung gefunden haben. Es muss aber eine Stelle geben, wo diese unterschiedlichen Formate in ein einheitliches Format für ein Optisches Transportnetz überführt werden. ITU-T G.709 hat einen entsprechenden Standard kreiert, der nicht nur eine Migration zu IP/DWDM-Netzen vorbereitet, sondern auch eine systematische Behandlung von Informationen über mehrere Transport-Domänen hinweg erleichtert. Diesen Standard sehen wir uns in Abschnitt 2.4 an

2.1 Grundüberlegungen

Wenn auch die optische Übertragungstechnologie in alle Netzwerkbereiche vordringen wird, so sind optische Netze zunächst vornehmlich in Weitverkehrs-Umgebungen eingesetzt worden und auch heute wird ihr Einsatz vor allem hier vorangetrieben. Während im LAN-Bereich die Anzahl der Kunden, die wirklich 10-Gigabit-Ethernet benötigen, eher überschaubar ist, gibt es eigentlich keinen Wide Area-Netzbetreiber oder Carrier, der um optische Technologie herumkommt, das ergibt sich alleine aus den täglich steigenden Bandbreiteanforderungen. Allerdings gibt es auch noch eine Reihe weiterer technischer und wirtschaftlicher Aspekte in diesem Zusammenhang.

Zunächst wurde die optische Mehrkanal-Übertragungstechnik dort eingesetzt, wo aus Kosten- oder anderen Gründen keine neuen Glasfasern gelegt werden konnten, sondern bestehende Fasern eben mit mehr Übertragungskanälen besser ausgenutzt werden sollten. Es können mitunter ganz triviale Gründe sein, die an der Verlegung von mehr Fasern hindern. So besteht z.B. ein großer Teil des Backbones von VIAG Interkom aus Glasfasern, die nicht in den Boden verlegt, sondern an Hochspannungsmaste gehängt wurden. Das löst auf der einen Seite ganz viele Probleme, die Erweiterung der Verkabelungsinfrastruktur ist allerdings nicht so ohne weiteres möglich. Kostenrechnungen zeigen dann auch, dass es einfach billiger ist, Vermittlungsknoten zu verwenden, die mit einer Mehrkanaltechnik arbeiten. Man mag vielleicht irgendwann an Grenzen der Mehrkanaltechnik stoßen, die dann doch wieder die Verlegung neuer Glasfasern erzwingen, aber bei mehreren Hundert möglichen Kanälen und einer sozusagen jährlichen Verdopplung der möglichen Leistung auf einem Kanal rückt das Problem einer neuen Faser wirklich ganz weit weg.

Das Problem, das wir heute aber vielfach haben, ist die alte Strukturierung eines Carrier Backbones. Man hat nämlich einfach zunächst aus einer gewissen Bequemlichkeit heraus die DWDM-Systeme unter die bestehenden Strukturen gelegt. Da wo früher eine einzelne Faser benutzt wurde, steht heute eben eine DWDM-Punkt-zu-Punkt-Strecke. Sonst ist die Struktur gleichgeblieben. In den USA hat sich die synchrone optische Netzwerkhierarchie SONET seit vielen Jahren als Standard etabliert. SONET-Systeme bestehen aus Glasfaser-Ringen oder Liniennetzen, die im Sinne einer Zentralsteuerung einer festen Taktung mit der Taktlänge 125 µs unterliegen. Je nach zur Verfügung stehender Übertragungsleistung packt man in diesen Takt so viele Bits hinein wie möglich. Die Basisübertragungrate eines SONET-Systems ist ca. 51 Mb/s. Dem entspricht das Basisdatenformat DS-1, das ist ein grundsätzliches Datenpaket fester Länge auf dem Übertragungskanal (Optical Channel) OC-1. Höhere zulässige Übertragungsgeschwindigkeiten sind grundsätzlich ganzzahlige Vielfache der Basisrate. So entsprach die bei ATM immer wieder genannte Datenrate von 155 Mb/s dem Übertragungsganal OC-3 mit dem Datenformat DS-3. Ein DS-3-Datencontainer enthält etwa dreimal soviele Daten wie ein DS-1-Container, die Taktung bleibt jedoch gleich. Heute spricht man über 10 Gb/s, und das entspricht bis auf ca. ein halbes Mb/s dem optischen Kanal OC-192. Die Nutzdatenraten der SONET-Hierarchie sind immer recht krumme Zahlen und passen zu nichts anderem. So müssen andere Systeme immer mit einer Konversion an SONET angepasst werden und vice versa. Auch beim Standard für 10-Gigabit-Ethernet ist dieses Problem aufgetaucht und man hat es mit einer dualen Ausführung der PHY gelöst: einmal mit reinen 10 Gb/s für den LAN/MAN-Bereich und zum anderen mit einer SONET-OC 192-C-Datenrate von ca. 9.94 Mb/s. Die Synchronität des Netzes erlaubt ein vergleichsweise sehr schnelles Wiederaufsetzen nach Fehlern und eine zentrale Steuerung durch ein so genanntes OAM&P-Netz. Die Abkürzung steht für »Operations And Maintenance & Provisioning«. Das Steuerungsnetz ist also auch für die Bereitstellung von Datenwegen zwischen den Anschlüssen der Kunden zuständig. SONET hat sich als Standard durchgesetzt und erlaubt den interoperablen Betrieb von Systeme unterschiedlicher Hersteller. Das Wiederaufsetzen nach Fehlern wie z.B. dem Ausfall einer optischen Übertragungsstrecke dauert weit weniger als eine Sekunde. Dies ist ein Wert, der bis zum Zeitpunkt der Manuskripterstellung von keinem anderen standardisierten System erreicht wird. Betreiber heterogener LANs müssen sich auch heute immer noch mit dem Spanning Tree-Verfahren zufriedengeben, lediglich herstellergebundene, proprietäre Methoden sind deutlich schneller. So existiert in den USA Personal für den Betrieb von SONET-Systemen in hinreichender Menge.

Wir werden im übernächsten Unterkapitel auf SONET zurückkommen. In Europa haben sich durch die Marktführer Siemens und Alcatel andere Standards durchgesetzt, besonders das EWSD-System. Diese alten Standards zur digitalen Telefonie spielen aber bei der Diskussion um optische Netze keine große Rolle.

Ausgehend von der bestehenden SONET-Struktur hat man die optische Übertragungstechnik zunächst mit Mehrkanalsystemen auf Punkt-zu-Punkt-Basis eingesetzt. Dabei entsteht das Poblem des optsichen Routens und Switchens nicht, denn die gesamte Vorverarbeitung wird von den bestehenden SONET-Knoten vorgenommen. Dadurch ist die Gesamtleistung des Netzes natürlich durch die Gesamtleistung dieser Switchknoten begrenzt. Die synchronen SONET-Container passen zwar hervorragend zu digitalen Nebenstellenanlagen, aber nur schlecht zu den Anforderungen des asynchronen Datenverkehrs mit stochastischem Verkehrsaufkommen. Daher hat man zu Beginn der Neunzigerjahre einen Konvergenzstandard zwischen der Telefon- und Datenwelt gesucht und geglaubt, diesen mit ATM, dem Asynchronen Transfermode, gefunden zu haben. ATM arbeitet mit ganz kleinen Zellen fester Länge, die für die Übertragung asynchroner Dienste genutzt werden können, sich aber dennoch auch einigermaßen den SONET-Containern anpassen lassen, einfach indem man eine bestimmte Maximalzahl von Zellen pro Container zulässt. So hat man denn begonnen, über die SONET-Struktur eine ATM-Struktur zu legen. SONET und ATM haben allerdings ganz andere Steuerungsmechanismen, die jede für sich gesehen schon komplex und anspruchsvoll sind. Insbesondere passen sie überhaupt nicht zueinander, sodass umfangreiche und verlustreiche Konversionen notwendig sind. Dies hat man jedoch hingenommen, weil die Konvergenz gewünscht wurde und die Datenrate der damaligen Glasfaserstecken ausreichend erschien. Heute weiß man, dass ATM alleine aufgrund seiner Komplexität im Markt gescheitert ist, besonders Betreiber von LANs und MANs können mit dem komplexen, verlustreichen System nichts anfangen. Viele Carrier haben jedoch in diese Richtung investiert und sitzen heute auf dem Equipment. Die meisten ATM-Switches gehen von einer Streckenleistung von 155 - 622 Mb/s, aus, der Leistung eben, die während der Einführung von ATM maßgeblich war.

Mitte der Neunzigerjahre, also eigentlich dann, als die meisten Carrier eine ATM-Infrastruktur über die SONET-Infrastuktur gelegt hatten, wurde offenbar, dass die Entwicklung der Kommunikation einen ganz anderen Weg nehmen würde, nämlich den Weg des praktisch reinen Datenverkehrs mit IP als hauptsächlichem Übertragungsprotokoll. Man konnten denn auch schon schnell sehen, dass die reine Telefonie in einem Netzwerk immer weniger Anteil hat, man geht davon aus, dass in den allermeisten Netzen bis 2005 dieser Anteil unter die 5%-Marke gefallen sein wird. Das Dumme ist nur, dass die Carrier nun Netze haben, die von der Telefonie geprägt sind. Als letzte Verzweiflungstat hat man nun die bestehenden SONET/ATM-Netze wiederum mit einer IP-Schicht versehen. Dabei hat man sich auf den RFC 1577 gestützt, der die Etablierung von IP-Schaltkreisen über ATM ermöglicht. Damit hat man in einem Netz drei verschiedene Infrastrukturen mit drei verschiedenen Sätzen Steuerungsmechanismen, drei verschiedenen Sätzen Datenformaten usw., und das Ganze knirscht vorne und hinten nur noch ganz fürchterlich. Ein Datenpaket wird also diesem dreischichtigen Netz als IP-Paket mit einer IP-Adresse übergeben. Dann muss dieses Datenpaket in eine Menge von 48-Byte-Häufchen zerlegt werden und gleichzeitig muss die IP-Adresse in eine ATM-Adresse umgerechnet werden und ein ATM-Schaltkreis muss aufgebaut werden. Aus diesen Informationen müssen die Steuerbytes für die ATM-Verbindung berechnet werden und mit den Datenhäufchen zu ATM-Zellen der festen Länge 53 Byte zusammengefügt werden. Diese Zellen werden dann aber nicht direkt übertragen, sondern kommen bei der SONET-Schicht an. Dort müssen sie wieder gesammelt werden, bis man wenigstens einen DS-1-Container vollbekommt, wozu man knapp eine Million ATM-Zellen benötigt, und dann werden die Daten tatsächlich übertragen. Jede Schicht erzeugt eigene Kontrollinformation, jede Konversion ebenfalls. Alle diese Informationen müssen zusätzlich übertragen werden. Aus Versuchen weiß man nun schon lange, dass man mit dem RFC 1577 aus einer ATM-Strecke mit einer bestimmten Nominalleistung höchstens die Hälfte dieser Nominalleistung für die Übertragung von IP-Paketen bekommt, also z.B. von einer 155 Mb/s-ATM-Strecke kann man eine Leistung von ca. 70 Mb/s für die Übertragung von IP-Paketen bekommen, aber nur unter günstigen Voraussetzungen. Die Abbildung von ATM auf SONET funktioniert ebenfalls nicht reibungslos, man muss mit einem Overhead von mindestens 35% rechnen, meist jedoch mit viel mehr. Hat man also z.B. eine 155 Mb/s-SONET-Strecke mit

OC-3, kann man darüber im günstigsten Falle eine ATM-Leistung von 100 Mb/s erzielen, welches einer IP-Leistung von max. 50 Mb/s entspricht. Man verliert also etwa ein Drittel der Leistung. »Macht nichts!«, haben sich die Carrier gedacht, weil man ja in diesem wunderbaren Gesamtgebilde seit ca. 1995 statt einfacher Glasfaserübertragungssysteme Mehrkanalsysteme benutzen und somit den Overhead verkraften kann. So entsteht die in Abb. 2.1.1 dargestellte Struktur.

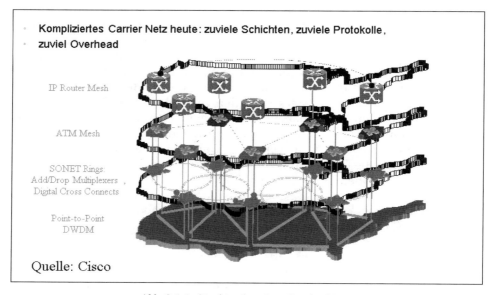

Abb. 2.1.1: Struktur heutiger Carrier-Netze

Abgesehen davon, dass eine solch verschwenderische technische Lösung einfach unschön ist, treibt diese Stuktur die Carrier heute in eine Kostenfalle, auf die wir in einem späteren Kapitel noch eingehen werden. Ein Carrier muss im Grund genommen drei Sätze Personal vorhalten: SONET-Spezialisten, ATM-Spezialisten und IP-Spezialisten. Jede dieser Systemgruppen ist nämlich so komplex, dass für die Behandlung von Fehlern in der Reaktionszeit, wie sie bei einem Carrier erwartet wird, kein x-beliebiges Administrationspersonal mit einer breiten Grundausbildung eingesetzt werden kann. Die Switches selbst sind vielfach veraltet und überholungsbedürftig, die Leistung ist zu gering, Außerdem befindet sich der Markt für ATM-Switches schon seit Jahren auf einem relativ statischen Niveau, weil niemand mehr an eine weitere Ausbreitung dieser Technik glaubt, sondern vielmehr nur noch Ersatzteile geliefert werden – kein besonderer Anreiz für Neuentwicklungen. Die Carrier müssten also Kosten sparen, was sie mit der bestehenden Struktur praktisch nicht können. Aber damit nicht genug. Die alte Struktur ist darauf abgestellt, hauptsächlich Telefonverkehr zu bewältigen. Dieser hat aber insgesamt nur noch einen geringen Anteil. Die traditionellen Carrier werden von neuen Firmen bedroht, die eine ganz andere, vereinfachte Struktur benutzen, nämlich IP über DWDM. Man nutzt die Übertragungsmöglichkeiten von DWDM unmittelbar für die Übertragung von IP-Päckchen. Eventuell ankommender Telefonverkehr wird ebenso in IP konvertiert wie ggf. aus anderen Protokollwelten stammende Datenpakete. Dies ist genau die gleiche Methodik, wie sie Unternehmen für die Bereinigung ihrer eigenen internen Netze verwenden. Abb. 2.1.2 zeigt das bereinigte Netz.

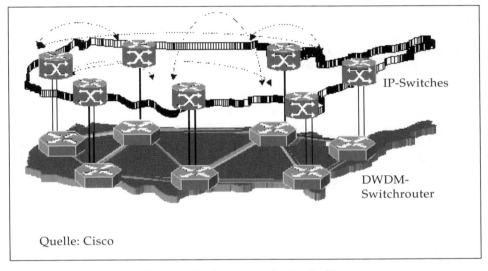

Abb. 2.1.2: Struktur neuer Carrier Backbones

Die Hauptaufgabe bei der Schaffung einer Stuktur nach Abb. 2.1.2 ist die Aufteilung der Funktionalität zwischen den elektrischen IP-Switche und den elektrooptischen DWDM-Switchroutern, die natürlich jetzt nicht mehr mit statischen Punkt-zu-Punkt-Verbindungen auskommen, sondern »denken« und switchen können müssen. Wir werden auf diese Aufteilung noch mehrmals im Buch zurückkommen, an dieser Stelle aber den Standpunkt einnehmen, dass alle derartigen Probleme lösbar sind. Das bereinigte Netz besteht also aus Standardkomponenten, die eigentlich jeder hat, nämlich den IP-Switches und neuen Komponenten, den DWDM-Switchroutern. Mit der zunehmenden Verbreitung von IP gibt es auch genügend Personal für den Betrieb der IP-Switches. Die DWDM-Switchrouter, die heute bereits auf dem Markt sind, lassen sich ebenfalls recht leicht bedienen. Insgesamt unterliegt die Struktur den Gesetzmäßigkeiten eines IP-Netzes mit einigen Abweichungen, die durch die optische Switchtechnologie bedingt sind. Die Leistung der neuen Struktur wird durch die DWDM-Switchrouter limitiert. Diese liegt allerdings bei führenden Produkten jetzt schon im Bereich von Tb/s. Die bereinigte Struktur ist nicht nur wegen der möglichen Kostensenkungen und Vereinfachungen interessant, sondern auch wegen der Möglichkeit, neue, interessante Dienstleistungen, wie sie sich im standardisierten IP-Umfeld ergeben, schnell zu etablieren und an die Kunden weiterzugeben. Außerdem passt die neue Struktur optimal zur sich ergebenden allgemeinen IP-Welt.

Die Besitzer der alten Struktur sind natürlich darüber nicht besonders glücklich, weil neue Carrier mit der neuen Struktur ganz andere Dienstleistungen zu ganz anderen Preisen bereitstellen können. Der Preisdruck ist hier wirklich ruinös; ohne dies an dieser Stelle weiter zu vertiefen, spricht die Gardner Group davon, dass ein Gigabit-Anschluss in 2002 ca. 1000 US$ pro Monat kosten dürfte. Dazu sind noch weitere Standardisierungen notwendig, auf die wir später noch zu sprechen kommen. Also sucht man nach einem Migrationspfad. Dieser besteht darin, dass man eine der überflüssigen Zwischenschichten weglässt, entweder ATM oder SONET. Da ATM aber den meisten Schaden anrichtet und kaum zur Funktionalität beiträgt, und SONET wegen der Möglichkeit des schnellen Wiederaufsetzens nach Fehlern heute noch vielfach beliebt ist, wird der Zwischenschritt aus einem IP/SONET/DWDM-Netz bestehen.

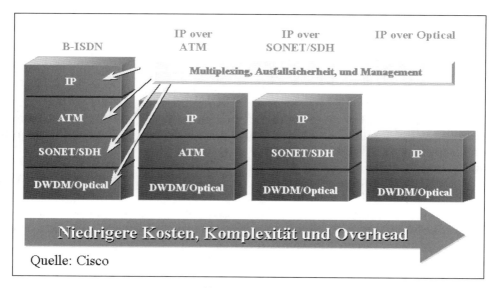

Abb. 2.1.3: Migration

Optische Netze werden also in den nächsten Jahren in völlig unterschiedlichen Zusammenhängen und mit völlig unterschiedlichen »Überbauten« verwendet werden. Seit über 30 Jahren weiß man aber, wie man mit einer solchen Situation konstruktiv umgeht: mit einem Schichtenmodell. Das ISO-OSI-Referenzmodell hat die Architektur eines Datenkommunikationssystems in sieben Schichten unterteilt. Die Besonderheiten bei Optischen Netzen sind in den unteren zwei Schichten, besonders in der Schicht 1, dem Physical Layer zu finden. Abweichend vom ursprünglichen OSI-Modell muss man bei Optischen Netzen auch das Übertragungsmedium mitbetrachten. Das OSI-Modell hatte dies ja ursprünglich nicht beinhaltet, weil man zur Zeit der Schöpfung des Modells noch davon ausging, dass alle Informationen über metallische Leiter übertragen würden.

Das Besondere an Optischen Netzen ist die Spektralpartitionierung, bei der auf unterschiedlichen, benachbarten Wellenlängen unterschiedliche Informationen aufgeprägt werden. Statt einzelner, durch die Geometrie und weitere Eigenschaften der Glasfasern gegebenen Wellenlängen benutzt man Bereiche um diese Wellenlängen herum. Pro Frequenzband erzeugt man 4,8,20,40 oder mehr Kanäle. In 2001 hat Nortel Networks Systeme mit 230 Kanälen vorgestellt, in der Forschung sind bereits Systeme mit 1000 Kanälen oder mehr in Arbeit.

Was in einem Kanal übertragen werden kann, hängt von der optischen Sende- und Empfangstechnik ab. Hier sind besonders die integrierten Vertikalemitterhalbleiterlaserdioden VCSELs interessant. Wir besprechen die optische Übertragungstechnik im nächsten Kapitel noch genau, aber bis dahin sei festgehalten, dass VCSELs für Übertragungsleistungen von 5 und 10 Gb/s in 2001 bereits verkauft und benutzt werden und VCSELs für 20, 40 und 100 Gb/s unmittelbar bevorstehen.

Jeder optische Übertragungskanal besteht aus einem Sender, z.B. einer solchen VCSEL, einem Modulator, mit dem der von dem Lichtsender erzeugte Laserstrahl im Sinne der zu übertragenden Zeichenschwingung moduliert wird, der optischen Übertragungsstrecke und einem entsprechenden Empfänger mit Demodulator. Die optischen Übertragungskanäle werden durch im Wesentlichen passive optische Einheiten auf die Glasfaser gemultiplext bzw. aus der Faser demultiplext. Man kann sich das passive optische Multiplexen und Demultiplexen wie bei einem Prisma vorstellen, welches ja weißes oder anders gemischtes Licht in seine Bestandteile zerlegt (Demultiplex) bzw. in der anderen Richtung aus Lichtquellen unterschiedlicher Frequenz bzw. Wellenlänge ein Mischsignal erzeugen kann (Multiplex).

Dies ist der fundamentale Unterschied zu den bisherigen optischen Übertragungssystemen, bei denen der Multiplex auf der elektrischen Ebene stattfindet und nur ein Lichtsignal erzeugt wird. Ich weiß, dass wir diese Bilder im letzten Kapitel schon einmal hatten, aber da sie so wichtig sind, kommen sie hier nochmals:

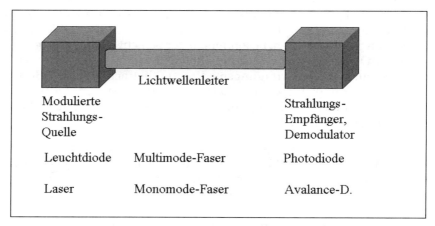

Abb. 2.1.4: Einfacher optischer Übertragungskanal

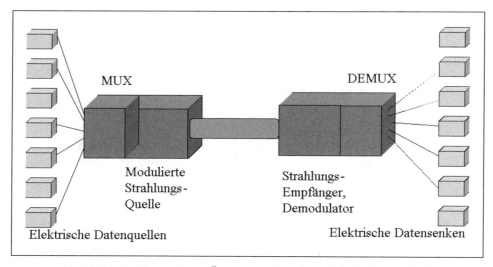

Abb. 2.1.5: Einfacher optischer Übertragungskanal mit elektrischem Multiplex

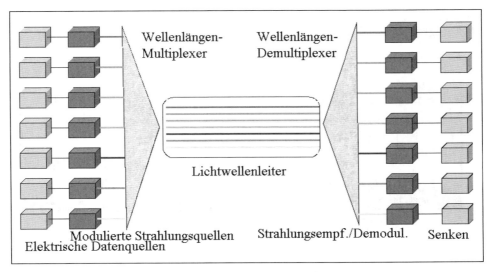

Abb. 2.1.6: Optischer Multiplex

Seit es optische Übertragungssysteme gibt, gibt es auch zwei Klassen: preiswerte und aufwendige Systeme. Die ersten preiswerten Systeme arbeiteten mit Leuchtdioden als Strahlungsquellen und Fototransistoren als Strahlungsempfänger. Übertragungsmedium ist meist eine preiswerte Multimode-Gradientenindexprofilfaser. Es gibt sie heute noch. Praktisch alle im LAN-Bereich installierten Systeme mit bis zu 1 Gb/s arbeiten mit der »Billigtechnologie«. Daneben hat sich, vor allem für den Einsatz bei Carriern, eine hochwertige Technologie mit speziellen Lasern entwickelt. Hier werden Single Mode-Fasern verwendet, die zwar teurer sind und wesentlich präziser behandelt werden müssen, aber auch eine wesentlich höhere Leistung haben.

Diese Unterteilung hat sich aber auch für die Mehrkanalsysteme etabliert: es gibt preiswerte Systeme mit wenigen Kanälen und teurere, aufwendige Systeme mit vielen Kanälen, sehr hoher Leistung und erheblicher Reichweite. Die einfacheren Systeme werden auch als CWDM (Coarse Wavelength Division Multiplex) bezeichnet und haben bis zu acht Kanäle. Die aufwendigeren Systeme sind die DWDM (Dense WDM) -Systeme mit mehr als acht bis hin zu tausend Kanälen. 2001 liegt die Leistung von CWDM-Systemen bei bis zu 8 Kanälen mit je 10 Gb/s, insgesamt also 80 Gb/s auf ca. 300 m optimierter Multimodefaser, während DWDM-Systeme bis zu 10 Tb/s auf bis zu 100 km optimierter Singlemodefaser überwinden können. Diese Systeme werden im nächsten Kapitel eingehend besprochen und ich möchte hier nicht allzu weit vorgreifen. In Abb. 2.1.7 sehen wir die mögliche Leistung eines einfachen CWDM-Systems, während Abb. 2.1.8 einen Ausschnitt aus der Kanalaufteilung nach den Normen der Internationalen Telekommunikations-Union ITU zeigt.

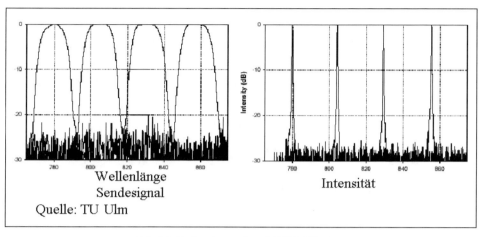

Abb. 2.1.7: Leistung eines CWDM-Systems

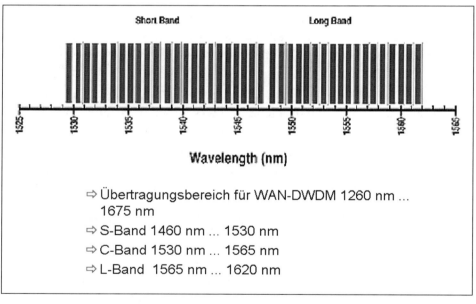

Abb. 2.1.8: Ausschnitt der ITU-DWDM-Kanalaufteilung

Geht man also von einem üblichen mehradrigen Glasfaserkabel aus, so erzeugt die Spektralpartitionierung einen dreidimensionalen Multiplex:Im Kabel befinden sich mehrere Fasern (Raummultiplex). Jede Faser unterstützt mehrere Wellenlängenbereiche, auch wenn davon in der Praxis meist nur einer benutzt wird (Wellenlängenmultiplex, grob). Jeder Wellenlängenbereich lässt sich in einzelne Kanäle aufteilen, die auch in Anlehnung an das in der Physik benutzte Symbol für die Wellenlänge als Lambda-Kanäle bezeichnet werden (Wellenlängenmultiplex, fein). Jeder Lambda-Kanal hat auch in einem Billigsystem eine Leistung weit jenseits des Gb/s, meist 10 oder mehr Gb/s, und kann deshalb noch elektrisch aufgeteilt werden (TDM-Kanäle, Zeitmultiplex).

Große Carrier-DWDM-Systeme nutzen alle drei Multiplexdimensionen. Kleine Systeme wie z.B. ein 10-Gigabit-Ethernet nutzen ggf. einen festen CWDM-Multiplex mit 4 x 2,5 Gb/s, treten aber dem Benutzer gegenüber als einfache Kanäle in Erscheinung.

Möchte man Optische Netze verstehen und sicher in der Terminologie sein, muss man diese unterschiedlichen Multiplexdimensionen berücksichtigen. Aber damit noch nicht genug.

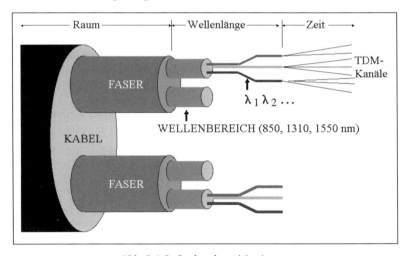

Abb. 2.1.9: Spektralpartitionierung

Aus der Historie der Fernnetze ist ein größeres Optisches Netz in mindestens zwei Teilen organisiert: dem Kernnetz und dem Zubringernetz. Die konventionelle WAN-Grundstruktur besteht aus dem Kommunikations-Subsystem mit seinen Interface Message Processors (IMPs) und der »Äußeren Welt«. Die Menge der IMPs und die Verbindungen zwischen ihnen bilden das Kommunikations-Subsystem. Ein Teilnehmer bekommt vom Dienstleistungsanbeiter,

Kapitel 2

dem das WAN gehört, eine wohl definierte Schnittstelle zu einem IMP. Der IMP realisiert die Kommunikation zum Teilnehmer. Das angeschlossene Gerät beim Teilnehmer wird auch als Datenendeinrichtung (DEE), die Schnittstelle am IMP auch als Datenübertragungseinrichtung (DÜE) bezeichnet. Der Teilnehmer »sieht« vom WAN nur die DEE/DÜE-Schnittstelle und muss auch nur ein einziges Protokoll beherrschen, um mit dieser Schnitstelle zu kommunizieren. Ein frühes Protokoll für eine derartige Kommunikation war z.B. X.25. Heute erreicht man einen IMP z.B. mit Frame Relay, ATM, PPP oder direkt mit IP. Innerhalb des Kommunikation-Subsystems kann dessen Besitzer machen, was er möchte, Hauptsache, die den Kunden angebotenen Übertragungsleistungen werden erbracht.

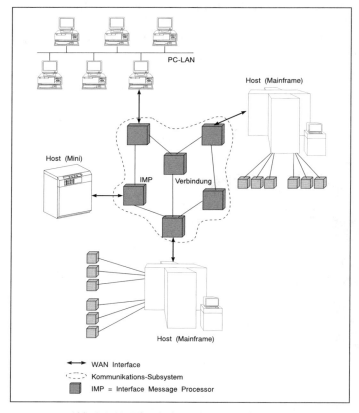

Abb. 2.1.10: Klassische WAN-Grundstruktur

Da sich nun die Optischen Netze zunächst in diesem Zusammenhang entwickelt haben, ist es nahe liegend, dass die Struktur des Kommunikations-Subsystems in diesem Zusammenhang wieder auftaucht. An die Stelle der Leitungen und IMPs treten nun die Glasfaserverbindungen und die ONNs, die Optical Network Nodes. Ein ONN kann (D)WDM-Signale erzeugen und decodieren sowie optische Signalströme switchen und routen. Zur Außenwelt besitzt der ONN Schnittstellen, die seiner hohen Leistungsfähigkeit entsprechen. Die in einem späteren Kapitel besprochenen so genannten Terarouter sind ONNs.

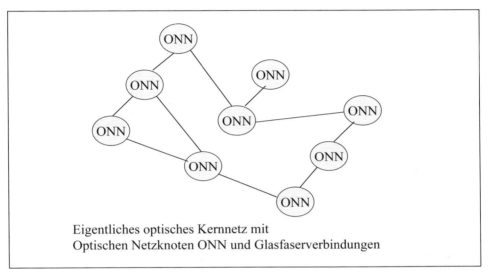

Abb. 2.1.11: Optisches Kernnetz

Die Kanaldichte im optischen Kernnetz ist üblicherweise hoch, z.B. 320 Kanäle auf einer Verbindung. Dazu muss eine hochwertige Übertragungstechnik eingesetzt werden. Man kann von Kunden aber nicht verlangen, ebenfalls eine so teure Technik für den Zugriff auf das Optische Netz zu verwenden. Vielmehr wird man ihnen einfache, preiswerte optische oder elektrische Schnittstellen anbieten. Dazu benötigt man elektrooptische Zubringerkonzentratoren. Sie haben in Richtung der ONNs zwar WDM-Übertragungstechnik, aber vereinfacht und mit geringerer Kanaldichte, also z.B. CWDM und zu den Kunden elektrische konventionelle Schnittstellen oder eine einfache standardisierte Schnittstelle wie Gigabit-Ethernet (elektrisch) oder 10-Gigabit-Ethernet (optisch). Diese Zubringerkonzentratoren werden in der Literatur auch als NAS, Network Access Station bezeichnet.

Nichtsdestotrotz gibt es auch die Möglichkeit, besonders leistungsfähige Endsysteme oder ganze Netze, die das DWDM-WAN als Backbone nutzen wollen, direkt anzuschließen. Dadurch ergibt sich die in Abb. 2.1.13 sichtbare WAN-Grundstruktur mit einem DWDM-Kommunikaions-Subsystem.

Kapitel 2

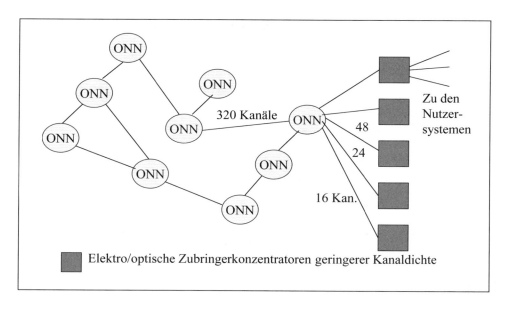

Abb. 2.1.12: Kernnetz erweitert um Zubringerkonzentratoren

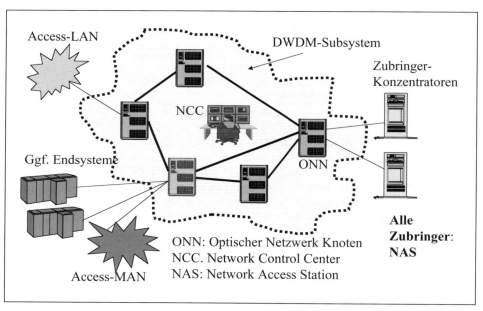

Abb. 2.1.13: WAN-Grundstruktur mit DWDM

2.2 Schichtenmodell für Optische Netze

Wie angekündigt wollen wir jetzt ein Schichtenmodell für optische Netze entwerfen, welches durch eine Reihe von Subschichten den Gegebenheiten der neuen Technologien angemessen Rechnung trägt. Der Logical Layer bleibt eigentlich unverändert, da sich die wirklichen Innovationen in der Physik abspielen. Hier haben wir nach wie vor eine Unterschicht für den logischen Weg, Logical Path Sublayer, und eine für die logische Verbindung, Logical Connection Sublayer. Unter einer logischen Verbindung versteht man einen unidirektionalen Weg zwischen zwei Zubringerkonzentratoren (NAS), während ein logischer Weg eine Ende-zu Ende-Verbindung der Schicht 2 zwischen durch eine Kette von NAS und logischen Verbindungen gebildeten NAS bezeichnet. Dies gilt für die Modellierung eines DWDM-WAN. Für die Modellierung eines LAN gilt nach wie vor in der Schicht 2 die Unterteilung zwischen LLC, Logical Link Control, und MAC, Medium Access Control, mit den hinlänglich bekannten Funktionalitäten. Für andere Netztypen wie MANs richtet sich die Unterteilung der Schicht 2 danach, ob das MAN eher wie ein großes LAN aufgebaut ist, eine Konstruktionsform, die sich in den letzten Jahren als besonders erfolgreich herausgestellt hat, oder wie ein kleines WAN, was immer dann zum Tragen kommt, wenn man z.B. eine SONET-Infrastruktur benutzt.

Der Physical Layer wird in einen Fiber Layer und einen Optical Layer unterteilt. Der Fiber Layer dient der Integration des Übertragungsmediums in die Spezifikation, während der Optical Layer die Aufteilung und Nutzung der Ressourcen der physikalischen Medien beschreibt.

Der Fiber Layer ist unterteilt in Fiber Section und Fiber Link. Der Optical Layer ist unterteilt in die Sublayer Optical/Waveband Path, Lambda Channel, Optical Connection und Transmission Channel.

Abb. 2.2.1 zeigt die Schichtenstruktur in gewohnter Notation.

Die Funktionen der einzelnen Schichten lassen sich am besten erklären, wenn man eine Verbindung zwischen zwei Zubringerkonzentratoren näher unter die Lupe nimmt. Wie man in Abb. 2.2.2 sieht, hat man zwischen den Zubringerkonzentratoren NAS und den optischen Netzknoten ONN zunächst eine Zugriffsverbindung oder Access Link. Die Verbindung zwischen zwei ONNs wird als Netzwerk-Verbindung (Network Link) bezeichnet. In Abb. 2.2.2 ist diese Struktur dargestellt, wobei wir zunächst zur Vereinfachung annehmen, dass es keine weiteren ONNs auf der Netzwerk-Verbindung gibt. Die einzelnen Sublayer beziehen sich nunmehr auf bestimmte Teile der gesamten Verbindung. Wie man sofort sieht, müssen in den Zubringerknoten bestimmte Einheiten herausdifferenziert werden, um die Begrifflichkeit entsprechend zu klären.

		Virtuelle Verbindung
Logical Layer		Logical Path
		Logical Connection
Physical Layer	Optical Layer	Übertragungskanal
		Optische Verbindung
		Lambda-Kanal
		Optischer Wellenlängenpfad
	Fiber Layer	Fiber Link
		Fiber Section

Abb. 2.2.1: Schichtenstruktur

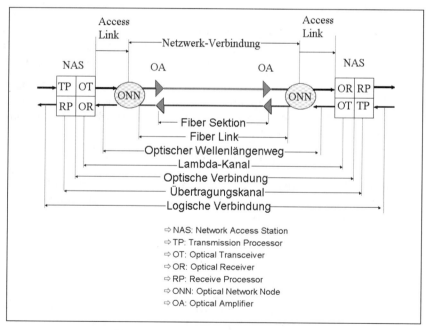

Abb. 2.2.2: Layering eines Optischen Netzes

Wir gehen jetzt die Funktionalitäten der einzelnen Sublayer durch. Der Fiber Section Sublayer (Glasfaser-Abschnitt-Teilschicht) beschreibt ein Stück Glasfaser in seinen Spezifikationen und, falls anwendbar, die Spezifikation eines optischen Verstärkers, Optical Amplifier (OA). Die Ausdehnung eines Glasfaser-Abschnittes ist einige wenige Meter bis mehrere hundert Kilometer, abhängig vom Fasertyp und der Übertragungstechnologie. Der optische Verstärker ist in den meisten Fällen ein so genannter Inline-Verstärker, der das optische Signal verstärkt, ohne dass es in ein elektrisches Signal und zurückverwandelt werden muss. Solche Inline-Verstärker sind z.B. die Erbium-dotierten Verstärker. Die Transporteinheit im Glasfaser-Abschnitt wird durch die gesamten Wellenlängenbänder gebildet. Verstärker in diesem Zusammenhang sind in der Regel Breitbandverstärker.

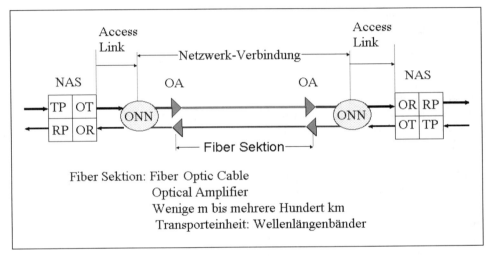

Abb. 2.2.3: Fiber Section

Der Fiber Link ist die Verbindung zwischen zwei optischen Netzknoten (ONN). Der Fiber Link Sublayer (Glasfaser-Verbindungs-Teilschicht) beschreibt hintereinander geschaltete Glasfaser-Abschnitte mit Zwischenverstärkern. Bei einem WAN kann die Länge des so entstandenen Fiber Links mehrere tausend Kilometer betragen, während bei einem LAN normalerweise Link und Section zusammenfallen, weil hier auf wenigen hundert Metern ganz ohne Zwischenverstärker gearbeitet wird. Die Transporteinheit bilden auch in dieser Teilschicht die gesamten Wellenlängenbänder.

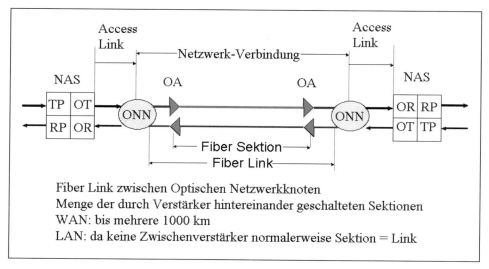

Abb. 2.2.4: Fiber Link

Optische Netzknoten (ONNs) routen und switchen Wellenlängen-Kanäle. ONNs bündeln die aus anderen Netzen, Endgeräten und Zubringerkoten kommenden Signale zu DWDM-Signalströmen und packen sie wieder aus. Im Gegensatz zu Abb. 2.2.5 kann es in der Realität mehrere ONNs in Reihe geben, bevor zu einem NAS verzweigt wird. Der Optical/Waveband Path Sublayer (optische Wellenlängen-Teilschicht) beinhaltet eine innere und eine äußere Sichtweise. Die innere Sichtweise ist die der Netzwerk-Verbindung (Network Link). Die Transporteinheit dieses Link sind DWDM-Ströme. Die äußere Sichtweise ist die der Zugriffsverbindung (Access Link). Die Zubringerknoten erzeugen optische Signale, aber wie bereits weiter oben ausgeführt ggf. mit einer anderen Kanalaufteilung und einer anderen Kanaldichte als im inneren DWDM-System, z.B. mit einem CWDM-System. Die ONNs sind in der Lage, dies ineinander umzusetzen und letztlich den gewünschten optischen Wellenlängenweg zwischen den Access Links zu realisieren. Der Autor ist der Auffassung, dass diese Vermengung für eine Terminologiebildung sehr ungünstig ist, da gerade an der einzigen Stelle, an der wirklich Unordnung mit den Wellenlängen geschehen kann, und an der erhebliche Konversionen gemacht werden müssen, die Terminologie zusammengeworfen wird. Der Leser achte bitte immer darauf, an welcher Stelle des Optischen Netzes er sich gerade befindet.

Strukturelle Aspekte Optischer Netze und Standards

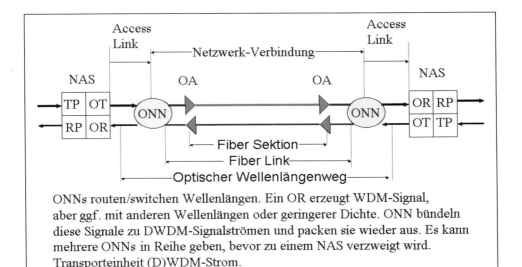

Abb. 2.2.5: Optical/Waveband Path

Die Abb. 2.2.6 beleuchtet die Problematik nochmals von einer anderen Seite. Die rund gezeichneten optischen Netzknoten (ONNs) bilden zusammen mit den Links und den Verstärkern das optische Kernnetz. Das Kernnetz stellt optische Verbindungen zwischen den quadratisch gezeichneten Zugriffsknoten her. Auf den Links zwischen den ONNs werden andere (D)WDM-Zuordnungen gemacht als auf den Access-Links zwischen den Zugriffsknoten und den ONNs. In der Praxis werden die Zugriffsknoten ihrerseits von den sechseckig gezeichneten »logischen« Switches benutzt, das sind ganz normale herkömmliche elektrische Switches, die einen elektrischen oder optischen Uplink zu den Zugriffsknoten haben. Die Switches bilden sozusagen die äußere Logik des betrachteten Teils des Optischen Netzes. Kunden werden nämlich über ein optisches Netz vornehmlich ihre Switch-Infrastruktur mit transparenten Verbindungen unterstützen statt eine komplexe Schnittstelle zu benutzen. Im gezeichneten Bild wird die Verbindung zwischen dem linken und dem rechten logischen Switch durch den mittleren logischen Switch hergestellt. Das Optische Netz unterstützt diese logische Verbindung durch zwei unterschiedliche optische Verbindungen. Diese Verbindungen werden durch das optische Netz implementiert, ohne dass dieses wirklich Wissen darüber benötigt, dass diese Verbindungen zusammengehören. Das kommt daher, dass sich die Optischen Netze aus Systemen entwickelt haben, die zunächst nur DWDM-Punkt-zu-Punkt-Verbindungen unterstützen. Eine Verbindung zwischen Endsystemen wird im Allgemeinen als logischer Pfad bezeichnet. Dieser logische Pfad geht über die Menge der logischen Switches hinweg und wird von ihnen implementiert. Das Problem, welches sich zwischen Modell und Praxis ergibt, ist die Verteilung der genannten Funktionen auf Komponenten. Natürlich kann man die Trennung zwischen ONN, Zugriffsknoten und logischem Switch in elektronischer Ausführung so durchführen, wie dies gerade besprochen wurde. Man könnte aber auch die logischen Switches mit den für den Zugriff auf die ONNs notwendigen Funktionen ausstatten oder die ONNs so ausführen, dass sie zur Not auch elektrisch switchen können. Das Problem der Zerlegung von Komponenten ergibt sich hauptsächlich bei sehr großen Netzen. Je kleiner das Netz wird (MAN, LAN), desto mehr wird man auf eine Zerlegung der Funktionalität zugunsten einer überschaubareren Lösung verzichten.

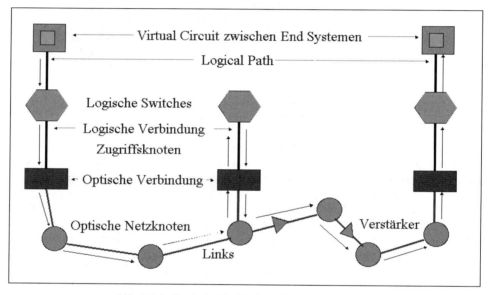

Abb. 2.2.6: *Typische Verbindung im Optischen Netz*

In den Zugriffsknoten (NAS) sitzen optische Transceiver und Receiver, d.h. Sender und Empfänger. Diese bauen über die Access Links zu den ONNs die benutzernahen Lambda-Kanäle auf. Ein solcher Lambda-Kanal hat z.B. eine Nominalleistung von 2, 2,5, 4,5, 8, 10, 20 oder 40 Gb/s, je nach verwendeter Technologie. Neben diesen Lambda-Kanälen gibt es natürlich auch noch die Lamda-Kanäle zwischen den ONNs, die ähnliche Eigenschaften haben, aber dichter gepackt werden. Die Transporteinheit ist die einzelne individuelle Wellenlänge. Die Lambda-Kanal Teilschicht (Lambda-Channel Sublayer) befasst sich mit Einzelheiten dieser Art von Verbindungen. Ganz wichtig ist, festzuhalten, dass auf einem Weg zwischen zwei NAS normalerweise unterschiedliche Wellenlängen benutzt werden und der ONN diese switcht und routet.

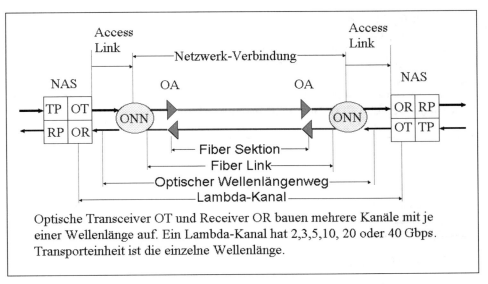

Abb. 2.2.7: Lambda-Kanal

Die Lambda-Kanäle bieten eine Schnittstelle für optische Verbindungen an. Diese optischen Verbindungen werden in der Teilschicht für optische Verbindungen (Optical Connection Sublayer) verwaltet.

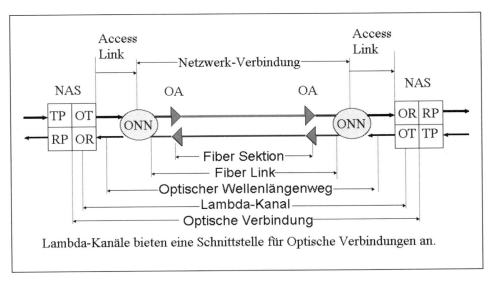

Abb. 2.2.8: Optische Verbindungen

In den Zugriffsknoten gibt es elektrooptische Sende- und Empfangs-Prozessoren. Diese nutzen die optische Verbindung für einen ggf. gemultiplexten Übertragungskanal. Steuerung und Regelung werden in der Teilschicht für den optischen Übertragungskanal (Transmission Channel Sublayer) festgelegt. Die Oberkante des Transmission Channel Sublayers bietet die Dienstprimitive an, die für eine logische Verbindung genutzt werden können. Erst über diese logische Verbindung kann man LLC, IP oder Ähnliches schicken.

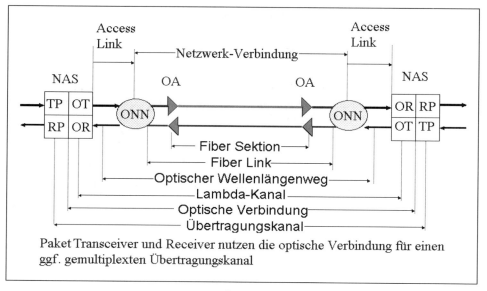

Abb. 2.2.9: *Übertragungskanal*

Das Modell erfasst alle wesentlichen Aspekte eines Optischen Netzes. Die äußere Struktur mit den elektrischen Switches wird auch dazu benutzt, ein so genanntes Overlay über das eigentliche Optische Netz zu legen. Ein Hauptproblem besteht nämlich heute darin, dass die optischen Switches in ihren Switch- und Routingfähigkeiten mitunter sehr eingeschränkt sind. Das liegt einfach daran, dass die Technik noch nicht so weit ist, wie wir das vielleicht gerne hätten. Der einfachste Fall eines Optischen Netzes liegt dann vor, wenn die ONNs lediglich Punkt-zu-Punkt-Verbindungen zu anderen ONNs aufnehmen können und die gesamte Logik und Steuerung außerhalb der optischen Ebene vorgenommen werden muss. Das ist sehr unbefriedigend, aber vielfach einfach Stand der Technik. Eine Verbesserung ergibt sich durch optische Schaltmatrizen, die wenigstens in der Lage sind, optische Wege untereinander zu verschalten, ohne dass die optischen Signale elektrisch umgewandelt werden müssen. Leider ist es so, dass diese Matrizen wesentlich langsamer schalten, als dies angesichts der gesamten Geschwindigkeit im

Netz wünschenswert wäre. Zurzeit muss man sich von dem Gedanken des fallweisen Switchens wie in einem elektrischen, z.B. Ethernet-Switch, völlig verabschieden. Man kann lediglich virtuelle Leitungen switchen, um sie dann später zu benutzen. Wir kommen auf die Switch-Problematik noch in einem eigenen Kapitel zu sprechen.

Praktische Untersuchungen von NTT Docomo haben aber eindringlich gezeigt, dass es falsch wäre, zu kapitulieren und IP-Netze mit Punkt-zu-Punkt-Verbindungen zu implementieren. Ab einer relativ geringen Netzgröße ist die Verwendung von Switches in jedem Fall günstiger.

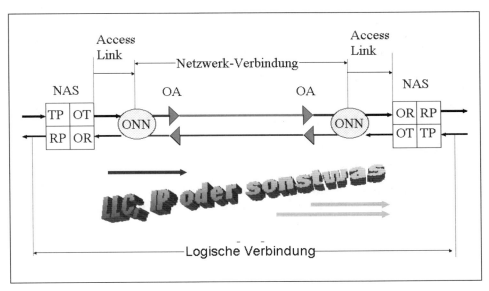

Abb. 2.2.10: Logische Verbindung

2.3 Synchronous Optical Network – SONET

SONET ist ein Standard für optische Telekommunikation, der von der Exchange Carriers Standards Association (ECSA) für das American National Standards Institute (ANSI), welches die Industrie- und Telekommunikationsstandards in den USA setzt, definiert wurde. Der SONET-Standard hat die weltweite Telekommunikation der letzten Dekade erheblich geprägt und es ist zu erwarten, dass er dies noch eine Zeit lang tun wird. Der SONET-Standard wird immer weiterentwickelt. Die Information in diesem Unterkapitel basiert auf den Informationen, wie sie über die ITU (International Telecommunications Organisation) erhältlich sind.

Bevor wir darüber reden, SONET abzuschaffen, sollten wir uns ansehen, was Systeme nach dem SONET-Standard leisten können. Spätestens dabei wird klar, dass die Ablösung nicht so einfach ist, wenn man nicht auf eine Vielzahl interessanter Funktionen verzichten möchte.

Die erhebliche Flexibilität in der Konfiguration und die verfügbare Bandbreite von SONET bietet gegenüber anderen, vor SONET konstruierten Telekommunikationssystemen eine Reihe erheblicher Vorteile:

- Reduktion der Anforderungen an Geräte und Erhöhung der Zuverlässigkeit des Netzes.

- Definition von Overhead- und Payload-Bytes. Die Overhead Bytes ermöglichen das Management von Payload-Bytes auf einer individuellen Basis und erleichtern die zentralisierte Fehlerisolation.

- Definition eines synchronen Multiplexformates für die Übertragung von Datensignalen niedriger Ordnung (Geschwindigkeit) und eine Synchronisationsstruktur, die die Schnittstelle zu digitalen Switches, digitalen Cross-Connects und Add-Drop-Multiplexern erleichtert.

- Verfügbarkeit einer Menge generischer Standards, die die Interoperabilität von Geräten unterschiedlicher Hersteller ermöglichen

- Definition einer flexiblen Architektur, die auch die Unterstützung zukünftiger Anwendungen mit einer Vielzahl unterschiedlicher Datenraten erlaubt.

2.3.1 SONET-Überblick

SONET definiert so genannte Optical Carrier (OC) -Level und elektrisch äquivalente synchrone Tranportsignale (STS) für die glasfaserbasierte Übertragungshierarchie.

Natürlich gab es auch schon vor SONET Fiberoptic-Übertragungssysteme im öffentlichen Telefonnetz. Diese nutzten allerdings proprietäre Architekturen, Geräte, Line Codes, Multiplexformate und Wartungsprozeduren. Die Benutzer dieser Einrichtungen, regionale Telefongesellschaften und Interexchange Carrier in den USA, Canada, Korea, Taiwan und Hong Kong, wollten Standards, die es ihnen erlaubten, Geräte unterschiedlicher Hersteller zu mischen. Die Standardisierung wurde 1984 begonnen.

Um die Konzepte und Details von SONET richtig zu verstehen, ist es wichtig, die Bergiffe synchron, asynchron und plesiochron auseinander zu halten. In einer Menge synchroner Signale geschehen die digitalen Transitionen innerhalb der Signale exakt mit der gleichen Taktrate. Es darf aber eine Phasendifferenz zwischen den Transitionen der zwei Signale geben, solange sie innerhalb spezifizierter Grenzen liegt. Diese Phasendifferenzen können durch Verzögerungen in der Ausbreitung des Signals oder Jitters liegen, der im Übertragungsnetz entsteht. In einem synchronen Netz können alle Uhren (Takte) auf eine zentrale Referenzuhr (Takt) PRC zurückgeführt werden. Die Genauigkeit der PRC ist höher als +/-1 in 10 exp. 11 und wird von einer Cäsium-Atomuhr abgeleitet. Bei zwei plesiochronen Signalen geschehen die Transitionen meist mit der gleichen Rate, wobei jede Abweichung in Grenzen liegen muss. Das tritt z.B. dann auf, wenn zwei Netze zusammenarbeiten müssen, die auf verschiedenen Referenzuhren basieren. Obwohl diese Uhren extrem genau sind, gibt es Unterschiede zwischen ihnen. Dies ist als plesiochrone Differenz bekannt. Man kann sich das auch anders merken: im Altgriechischen heißt plesiochron, »vieluhrig«. Bei asynchronen Signalen müssen die Transitionen der Signale nicht notwendigerweise in den gleichen Nominalraten geschehen. Asynchron bedeutet in diesem Fall, dass die Differenz zwischen zwei Uhren wesentlich größer ist als im plesiochronen Fall. Das ist z.B. der Fall, wenn zwei Uhren von verschiedenen frei laufenden Quartzoszillatoren abgeleitet werden.

SONET definiert eine Technologie für die Übertragung vieler unterschiedlicher Signale unterschiedlicher Kapazitäten durch eine synchrone, flexible optische Hierarchie. Dies wird durch das Konzept eines byteüberlappenden Multiplex-Schemas begleitet. Die Byte-Überlappung vereinfacht das Multiplexing und bietet Ende-zu-Ende-Netzwerk-Management. Der erste Schritt beim SONET-Multiplex-Prozess ist die Erzeugung des untersten Levels oder Basis-Signals. In SONET heißt dieses Basis-Signal »synchroner Transport-Signal-Level-1« oder einfach STS-1 und arbeitet mit 51,84 Mb/s. Signale höheren Niveaus sind ganzzahlige Vielfache von STS-1, die eine Familie von STS-N-Signalen erzeugen, wie sie in der Tabelle 2.3.1 wiedergegeben ist.

Signal	Bit Rate (Mbps)	Capacity
STS-1, OC-1	51.840	28 DS-1s or 1 DS-3
STS-3, OC-3	155.520	84 DS-1s or 3 DS-3s
STS-12, OC-12	622.080	336 DS-1s or 12 DS-3s
STS-48, OC-48	2,488.320	1,344 DS-1s or 48 DS-3s
STS-192, OC-192	9,953.280	5,376 DS-1s or 192 DS-3s

Note:
STS = synchronous transport signal
OC = optical carrier

Tabelle 2.3.1: SONET-Hierarchie

Ein STS-N-Signal wird aus N-Byte überlappten STS-1-Signalen zusammengesetzt. Die Tabelle enthält auch das optische Gegenstück für jedes STS-N-Signal, das auch als Optical Carrier-Level N (OC-N) bezeichnet wird. Synchrone und nichtsynchrone Line-Rates und ihre Beziehungen werden aus den Tabellen 2.3.1 und 2.3.2 deutlich.

Signal	Bit Rate (Mbps)	Channels
DS–0	0.640	1 DS–0
DS–1	1.544	24 DS–0s
DS–2	6.312	96 DS–0s
DS–3	44.736	28 DS–1s

Tabelle 2.3.2: Nichtsynchronie Hierarchie

2.3.2 Warum Synchronisation?

Normalerweise sind Übertragungssysteme asynchron, wobei jedes Gerät im Netz seine eigene Uhr benutzt. Bei der digitalen Übertragung ist die Taktung eine der wichtigsten Überlegungen. Die Taktung steht für eine Reihe von sich wiederholenden Impulsen, die die Bitrate konstant halten und anzeigen, wo im Datenstrom die Nullen und Einsen zu finden sind. Da in asynchronen Netzen die Uhren vollständig frei laufen, gibt es große Abweichungen in der Taktrate und somit auch in der Signal-Bitrate. So kann z.B. ein DS-3-Signal, welches bei 44,736 Mb/s + 20 Teilchen pro Million (ppm) definiert ist, eine Abweichung von bis zu 1.789 Bit pro Sekunde zwischen einem ankommenden DS-3-Schaltkreis und einem anderen ankommenden DS-3-Schaltkreis produzieren.

Asynchrones Multiplexing benutzt verschiedene Stufen. Signale wie asynchrones DS-1 werden gemultiplext und Extra-Bits (Stuffing) werden hinzugefügt, um die Abweichungen zwischen den individuellen Datenströmen zu kompensieren, und mit anderen Bits kombiniert, um einen DS-2-Strom zu bilden. Dann braucht man wieder Bit-Stuffing, um aus diesen DS-2-Datenströmen DS-3-Datenströme zu formen. DS-3s werden auf die gleiche Art in höhere Multiplexstufen gebracht. Auf die Datenströme in einer höheren asynchronen Multiplexstufe kann man demzufolge nicht ohne stufenweises Demultiplexen zugreifen.

In einem synchronen System wie SONET ist die Mittelfrequenz aller Uhren im System gleich (synchron) oder fast gleich (plesiochron). Jede Uhr kann auf einen hochstabilen Referenzstandard zurückgeführt werden. So bleibt die STS-1-Rate nominal bei 51,84 Mb/s und erlaubt die Stapelung vieler synchoner STS-1-Signale ohne irgendwelches Bit-Stuffing. Daher kann man auch auf Signale einer hohen STS-N-Rate einfach zugreifen.

Langsame synchrone Signale, wie Virtual Tributary (VT) -Signale, können ebenfalls leicht überlappt und bei höheren Datenraten übertragen werden. So kann man z.B. bei geringen Geschwindigkeiten DS-1-Signale mit synchronen VT-1.5-Signalen bei einer konstanten Bitrate von 1,728 Mb/s übertragen. Multiplexen in einem Schritt zu STS-1 erfordert kein Bit-Stuffing, und man kommt leicht an die VTs.

Unterschiede bei Referenz-Quellenfrequenzen und Phasenwanderungen können durch Pointer angezeigt werden. So können Frequenzdifferenzen, die zu Synchronisationsfehlern führen, vermieden werden.

Digitale Switches und digitale Cross-Connect-Systeme werden normalerweise in einer digitalen Netzwerk-Synchronisations-Hierarchie eingesetzt. Das Netzwerk ist im Rahmen von Master-Slave-Beziehungen organisiert, wobei Uhren auf den Knoten höherer Niveaus Timing-Signale an die Uhren auf Knoten untererer Hierarchiestufen geben. Alle Knoten können sich einer primären Referenzquelle, einer Stratum-Atomuhr mit extrem hoher Stabilität und Genauigkeit bedienen. Weniger stabile Uhren sind geeignet, Knoten unterer Hierachiestufen zu bedienen.

Die interne Uhr eines SONET-Terminals kann ihr Taktsignal von einem Building Integrated Timing Supply (BITS), wie es von Switching-Systemen benutzt wird, oder einem anderen Gerät ableiten. So kann das Terminal als Master für andere SONET-Knoten dienen, indem es Taktinformationen mit dem ausgehenden OC-N-Signal übermittelt. Andere SONET-Knoten arbeiten in einem Slave-Modus, der Loop Timing genannt wird, indem sie ihre internen Uhren mit dem Takt des ankommenden OC-N-Signals abgleichen.

2.3.3 Frame-Format-Struktur

SONET hat als Basisrate STS-1 mit 51.84 Mb/s. Signale höherer Level sind ganzzahlige Vielfache dieser Basisrate. STS-3 z.B. ist die dreifache Rate von STS-1, also 155,52 Mb/s, STS-12 wäre 622,08 Mb/s. Das Frame-Format von STS-1 wird in Abb. 2.3.3 gezeigt:

Generell kann der Frame in zwei Bereiche eingeteilt werden, den Transportoverhead und den synchronen Umschlag für die Nutzlast (Synchronous Payload Envelope SPE). Der SPE kann wieder in zwei Teile aufgeteilt werden, den STS Path Overhead und die Payload. Die Payload (Nutzlast) ist der umsatzerzeugende Verkehr, der über das SONET-Netz transportiert und geroutet wird. Sobald die Nutzlast in den SPE gemultiplext ist, kann sie durch das SONET-Netz transportiert und geswitcht werden, ohne das man nochmal nach ihr sehen müsste und sie dazu ggf. in Zwischenknoten demultiplexen müsste. Daher kann man SONET auch als dienstunabhängig oder transparent bezeichnen.

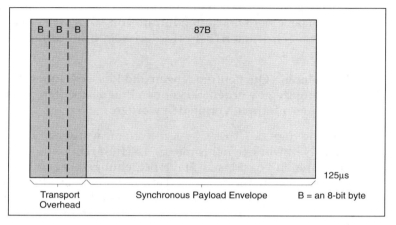

Abb. 2.3.3: STS-1-Frame-Format

Der Transportoverhead besteht aus Section Overhead und Line Overhead, die Bedeutung von Section und Line sehen wir weiter unten. Der STS-1-POH ist Teil des synchronen Nutzlast-Umschlags. Die STS-1-Payload kann jeweils Folgendes transportieren:

- bis zu 28 DS-1-Schaltkreise
- einen DS-3-Schaltkreis
- bis zu 21 2.048 Mb/s-ISDN-Basisratensignale
- beliebige Kombinationen bis zur Errreichung von 51,48 Mb/s

Der STS-1-Rahmen ist eine spezifische Sequenz von 810 Bytes (6480 Bits), die verschiedene Overhead-Bytes und eine Umschlagkapazität für den Transport von Nutzlast enthält. Man kann STS-1 als 90 Spalten einer neunzeiligen Struktur zeichnen. Mit einer Framelänge von 125 µs (8000 Frames pro Sekunde) hat STS-1 eine Bitrate von 51,840 Mb/s. Die Übertragungsordnung für Bytes ist Zeile für Zeile von oben nach unten und von links nach rechts (das am meisten signifikante Bit zuerst). Wie man in Abb. 2.3.3 sieht, sind die ersten drei Spalten des STS-1-Frames für den Transport-Overhead reserviert. Die drei Spalten enthalten je 9 Bytes, also zusammen 27 Bytes. Von ihnen sind 9 Bytes Overhead für den Section Layer und 18 Bytes Overhead für den Line Layer. Die verbleibenden 87 Spalten stellen die STS-1-Umschlagkapazität dar (Nutzlast und POH).

Wie zuvor schon angesprochen, ist STS-1 das Basissignal von SONET. Nochmals zusammengerechnet:

9 x 90 Bytes/Frame x 8 Bits/Byte x 8000 Frames/s = 51.840.000 Bit/s = 51,840 Mb/s

Diese STS-1-Signalrate ist die elektrische Signalrate und primär für den Datentransport in spezifischer Hardware gedacht. Das optische Äquivalent zu STS-1 ist OC-1 und wird für die Übertragung über eine Glasfaser benutzt. Das STS-1-Frameformat besteht aus einem Overhead plus dem SPE (siehe Abb. 2.3.4). Die ersten drei Spalten eines jeden STS-1-Frames bilden den Transportoverhead, und die letzten 87 machen den SPE aus. SPEs können eine Ausrichtung innerhalb des Frames haben, und diese Ausrichtung wird mit den H1- und H2-Pointer-Bytes im Overhead bezeichnet.

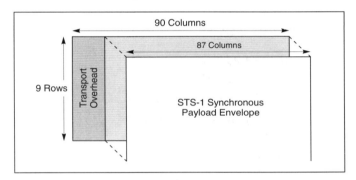

Abb. 2.3.4: STS-1-Frame-Elemente

Abb. 2.3.5 zeigt den STS-1-SPE (Synchronous Payload Envelope), der die STS-1-Umschlagkapazität besetzt. Der STS-1-SPE besteht aus 783 Bytes und kann als Struktur mit 87 Spalten in 9 Zeilen gezeichnet werden. Die Spalte 1 enthält die 9 Bytes, die als STS-POH bezeichnet werden (Payload Overhead). Zwei Spalten, nämlich 30 und 59, werden nicht für die Payload benutzt, sondern sind als Festpufferspalten vorgesehen. Die 756 Bytes in den verbleibenden 84 Spalten sind die STS-1-Nutzlastkapazität.

Der STS-1-SPE kann irgendwo im STS-1-Umschlag beginnen, siehe Abb. 2.3.6. Üblicherweise beginnt er in einem STS-1-Frame und endet im nächsten. Der STS-Payload Pointer im Transportoverhead zeigt auf die Stelle des Bytes, wo der STS-1-SPE anfängt. STS-POH gehört zu jeder Nutzlast und wird benutzt, um Information von der Stelle, an der die Payload auf den STS-1-SPE abgebildet wird, zu der Stelle, wo sie abgeliefert wird, zu übertragen.

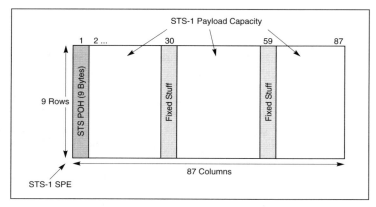

Abb. 2.3.5: STS-1-SPE-Beispiel

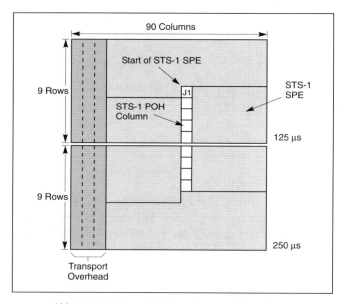

Abb. 2.3.6: STS-1-SPE-Position im STS-1-Frame

Ein STS-N ist eine spezielle Sequenz von N x 810 Bytes. STS-N wird durch Byteüberlappung der STS-1-Module gebildet (siehe Abb. 2.3.7). Der Transportoverhead der individuellen STS-1-Module wird vor der Überlappung ausgerichtet, aber die zugehörigen STS-SPEs müssen nicht ausgerichtet werden, weil jeder STS-1 einen Payload Pointer zum Anzeigen der Lokation eines SPE oder zur Anzeige der Konkatenation hat.

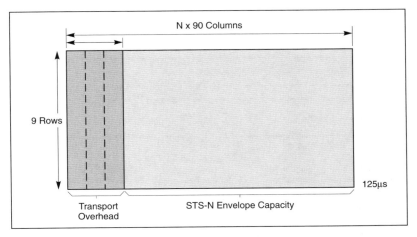

Abb. 2.3.7: STS-N-Basisformat

2.3.4 Overheads

SONET liefert substanzielle Overhead-Information, um das Multiplexen zu vereinfachen und die Fähigkeiten für Operation, Administration, Wartung und die Bereitstellung von Dienstleistungen (Operations, Administration Maintenance & Provisioning, kurz OAM&P) zu erweitern. Die Overhead-Information hat verschiedene Schichten, die in Abb. 2.3.8 zu sehen sind. Path-Level Overhead gilt von Ende zu Ende. Er wird z.B. auf DS-1-Signale aufgeprägt, wenn sie in VTs abgebildet werden oder auf STS-1-Payloads, die von Ende zu Ende laufen. Line Overhead ist für das STS-N-Signal zwischen STS-N-Multiplexern reserviert. Section Overhead wird für die Kommunikation zwischen unterschiedlichen Netzwerk-Elementen wie Regeneratoren benutzt. Im Overhead ist genügend Information, um das Netz laufen zu lassen und um OAM&P-Kommunikation zwischen einem intelligenten Netzwerk-Controller und den individuellen Knoten laufen zu lassen.

Die folgenden Abschnitte detaillieren die verschiedenen SONET-Overhead-Informationen.

Der Section Overhead enthält 9 Bytes des Transport-Overheads, auf die vom Section-Terminating-Equipment zugegriffen wird und die er erzeugt und bearbeitet. Dieser Overhead unterstützt Funktionen wie Leistungsüberwachung des STS-N-Signals, Realisierung von Datenkommunikationskanälen für die Informationsübertragung für OAM & P sowie Framing. Es kann zwei Regeneratoren geben, ein Line Terminating-Equipment (LTE) und einen Regenerator oder zwei Sets Line Terminating Equipment. Der Section Overhead befindet sich in den ersten drei Zeilen der Spalten 1 bis 9, siehe dazu Abb. 2.3.9.

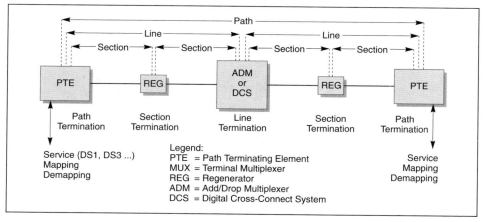

Abb. 2.3.8: Overhead Layer

		1	2	3	Path Overhead
Section Overhead	1	A1	A2	J0/Z0	J1
	2	B1	E1	F1	B3
	3	D1	D2	D3	C2
Line Overhead	4	H1	H2	H3	H4
	5	B2	K1	K2	G1
	6	D4	D5	D6	F2
	7	D7	D8	D9	Z3
	8	D10	D11	D12	Z4
	9	S1/Z1	M0 or M1/Z2	E2	Z5
		Transport Overhead			Path Overhead

Abb. 2.3.9: Section Overhead

A1 und A2 sind Framing Bytes und bezeichnen den Beginn eines STS-1-Frames. JO ist der Section Trace und Z0 ist der Section Growth. Das Byte in jedem der STS-1 in einem STS-N, das formal als das STS 1 ID (C1) Byte definiert war, wurde eher als das Section Trace Byte im ersten STS-1 des STS-N oder als Section Growth Byte im zweiten bis N-ten STS-1 des STS-N bezeichnet. B1 ist das Section Bit-Interleaved Parity Code (BIP-8) -Byte. Das ist ein Parity Code (Even Parity) der für die Prüfung von Übertragungsfehlern auf einer Regenerator-Sektion benutzt wird. Sein Wert wird über alle Bits des vorhergehenden STS-N-Frames nach dem Scrambling und dann in das B1-Bit des STS-1 vor dem Scrambling gesetzt. Das bedeutet, dieses Byte ist nur für den STS-1 No. 1 eines STS-N-Signals definiert. Auf das Scrambling kommen wir später. Das E1 ist das Section Orderwire-Byte und wird als lokaler Kanal für die Sprachkommunikation zwischen Regeneratoren, Hubs und entfernten Terminals benutzt. F1 ist das Section User Channel-Byte. Es kann für die Bedarfe des Benutzers gesetzt werden und endet jeweils am Section-Terminating Equipment (STE) innerhalb einer Line. Es kann von jedem STE in dieser Line gelesen und beschrieben werden.

Der Line Overhead besteht aus 18 Bytes, die vom LTE erzeugt werden und auf denen das LTE arbeitet. Der Overhead unterstützt Funktionen wie Lokalisierung des SPE im Frame, Multiplexen oder Konkatenieren von Signalen, Leistungsüberwachung, automatische Schutzschaltung und Wartung der Line. Der Line Overhead ist in den Zeilen 4-9 der Spalten 1 bis 9 zu finden, siehe Abb. 2.3.10.

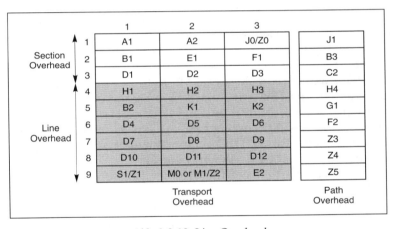

Abb. 2.3.10: Line Overhead

H1 und H2 sind die STS-Payload Pointer. Man organisiert zwei Bytes zu einem Pointer, der den Abstand in Bytes zwischen dem Pointer und dem ersten Byte des STS-SPEs angibt. Die Pointer-Bytes werden in allen STS-1 innerhalb eines STS-N benutzt, um den STS-1-Transportoverhead in den STS-N auszurichten und Frequenzüberwachung durchzuführen. Diese Bytes werden weiterhin dazu benutzt, eine Konkatenation anzuzeigen und STS Path Alarm Indication-Signale anzuzeigen. Das Pointer Action-Byte H3 wird für SPS-Frequenzüberwachungszwecke eingesetzt. Das H3-Byte wird in allen STS-1 innerhalb eines STS-N benutzt, um das Extra-SPE-Byte im Fall einer negativen Adjustierung zu tragen. Wenn das Byte nicht für einen SPE benutzt wird, ist es undefiniert. B2 ist das Line Bit-überlappende Parity Code-Byte (BIP-8) und wird zur Erkennung eines Übertragungsfehlers in der Line benutzt. Es muss gerade Parität haben und wird über alle Bits des Line-Overheads und STS-1-SPEs des vorhergehenden STS-1-Frames ohne Scrambling berechnet. Der Wert kommt in das B2-Byte des Line Oberheads, bevor gescambled wird. Dieses Byte kommt in allen STS-1 Signalen eines STS-N-Signals vor. K1 und K2 sind die Bytes für die automatische Schutzschaltung (Automatic Protection Switching (APS) Channels). Diese zwei Bytes werden zur Schutzsignalisierung zwischen Line Terminating-Einrichtungen im Rahmen des bidirektionalen automatischen Schutzschalters und für die Anzeige des Alarm Indication-Signals (AIS-L) und des Remote Defect Indication Signals (RDI) benutzt. D4 bis D12 sind die Bytes des Line Data Communications Channels (Line DCC). Diese 9 Bytes formen eine 576-Kb/s-Nachricht von einer zentralen Stelle für OAM&P-Information (Alarme, Kontrolle, Wartung, entferntes Bereitstellen von Diensten, Monitoring, Verwaltung usf.) zwischen Line-Geräten. Sie sind für intern generierte, extern generierte und herstellerspezifische Nachrichten gedacht. Ein Protokoll-Analysator wird z.B. auf die Line DCC-Information zugreifen. S1 gibt den Synchronisationsstatus an und das Byte befindet sich im ersten STS-1 eines STS-N. Die Bits 5 bis 8 des Bytes sind für die Darstellung des Synchronisationszustandes des Netzes. Das Growth-Byte Z1 ist im zweiten bis N-ten STS-1 eines STS-N zu finden und ist für zukünftige Zwecke reserviert. Das M0-Byte ist nur für einen STS-1 in einem OC-1 oder einem STS-1 mit elektrischen Signal definiert.Die Bits 5 bis 8 dienen der Remote Error Indication-Funktion, die den Error-Zähler, der ein LTE mittels des BIP-8-Codes erzeugt hat, an der anderen LTE darstellt. Das M1-Byte ist im jeweils dritten STS-1 in den byteüberlappenden STS-N zu finden und wird für die REI-L-Funktion benutzt. Das Z2-Growth-Byte ist im ersten und zweiten STS-1 eines STS-3 und im 1, 2. und 4.-N-ten STS-1 eines STS-N zu finden und für spätere Erweiterungen reserviert. Das Orderwire-Byte E2 wird für einen 64 Kb/s Sprachkanal zwischen den Technikern benutzt und ignoriert, wenn es durch die Regeneratoren läuft.

Der STS-Path Overhead (STS-POH) enthält 9 verteilte POH-Bytes pro 125 µs und beginnt am ersten Byte des STS-SPEs. STS-POH dient der Kommunikation zwischen dem Punkt der Generierung eines STS SPE und dem Punkt seiner Zerlegung. Der Overhead untertützt Funktionen wie Leistungsüberwachung des STS-SPEs, Signal-Labeling, Path Status und Path Trace. Der POH ist in den Zeilen 1-9 der ersten Spalte des STS-1-SPEs zu finden (siehe Abb. 2.3.11).

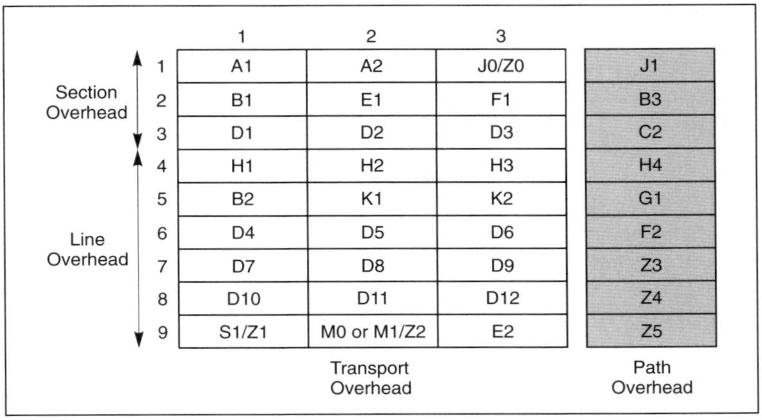

		1	2	3	
Section Overhead	1	A1	A2	J0/Z0	J1
	2	B1	E1	F1	B3
	3	D1	D2	D3	C2
Line Overhead	4	H1	H2	H3	H4
	5	B2	K1	K2	G1
	6	D4	D5	D6	F2
	7	D7	D8	D9	Z3
	8	D10	D11	D12	Z4
	9	S1/Z1	M0 or M1/Z2	E2	Z5
		Transport Overhead			Path Overhead

Abb. 2.3.11: STS-POH

J1 ist das STS Path Trace Byte. Dieses benutzerdefinierbare Byte überträgt einen 64-Byte oder 16-Byte E-164 Format String. Das erlaubt dem Empfangsterminal auf einem Path die Dauerhaftigkeit der Verbindung mit dem für es bestimmten sendenden Terminal zu verifizieren. B3 ist, wie man sich schon fast denken kann, das STS Path Bit-überlappte Parity Code Byte, welches dazu benutzt wird festzustellen, ob auf einem Path ein Übertragungsfehler aufgetreten ist. Sein Wert wird über alle Bits des vorhergegangenen SPEs vor dem Scrambling berechnet. C2 ist das STS-Path Signal Label-Byte und zeigt auf den Inhalt des STS-SPEs, einschließlich dem Status der abgebildeten Payloads. G1 ist das Path Status-Byte und wird für den Path-Terminating-Status und die Leistungsüberwachung in Rückrichtung benutzt. Daher kann der Duplex-Path in seiner Gesamtheit von einem der Endpunkte oder aber auch von einem Punkt mitten auf dem Path überwacht werden. Bits 1-4 sind für die STS Path REI-Funktion vorgesehen, 5,6, und 7 für das Path-RDI-Signal. F2 ist ein Byte für die Benutzerkommunikation zwischen Path-Elementen. Das H4-VT-Multiframe Indicator-Byte liefert einen generellen Multiframeindikator für Payload-Container.

Der VT-Path Overhead, (VT-POH) enthält vier gleich verteilte POH-Bytes pro VT-SPE und beginnt am ersten Byte des VT-SPEs. Der VT-POH dient der Kommunikation zwischen dem Entstehungs- und dem Terminierungspunkt eines VT-SPEs. Vier Bytes, V5, J2, Z6 und Z7 sind für den VT-POH vorgesehen. Das erste Byte eines VT-SPEs (das ist das Byte in der Lokation, auf die der VT-Payload Pointer zeigt, ist das V5-Byte, während die J2-, Z6- und Z7-Bytes die entsprechenden Stellen in den folgenden 125-µs-Frames des VT-Superframes besetzen.Das V5-Byte liefert die gleichen Funktionen für VT-Paths wie die B3-, C2- und G1-Bytes dies für STS-Paths tun, nämlich

Fehlerprüfung, Signal-Label und Path-Status. Die Bitzuordnungen für das V5-Byte sind in Abb. 2.3.12 dargestellt.

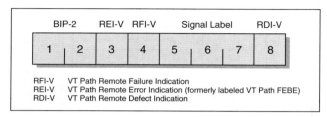

Abb. 2.3.12: VT-POH-V5-Byte

Bits 1 und 2 des V5-Bytes sind für das Error Performance Monitoring reserviert. Bit 3 steht für die VT-Path Rei-Funktion, Bits 4 und 5 dienen der Remote Failure Indication in der bytesynchronen DS-1-Abbildung. Bits 5-7 dienen dem VT-Path Signal-Label, um den Inhalt des VT-SPEs darzustellen. Bit 8 schließlich ist für das RDI-V-Signal reserviert.

Die SONET-Frame-Struktur wurde entworfen, um eine hinreichende Menge von Overhead-Information enthalten zu können. Die Overhead-Information unterstützt eine Menge von Management- und anderen Funktionen wie

- Error Performance Monitoring
- Pointer Alignment-Information
- Path Status
- Path Trace
- Section Track
- Remote Defekt-, Error- und Fehleranzeigen
- Signal Label
- Datenkommunikationskanäle (DCC)
- Kontrolle der automatischen Schutzschaltung (APS)
- Orderwire
- Synchronisations-Status-Nachricht

Ein Großteil dieser Overhead-Information gehört zu Alarmen und Monitoring der verschiedenen SONET-Sektionen. Es gibt drei Gruppen von SONET-Alarmen:

- Anomalität: das ist die kleinste Diskrepanz, die zwischen dem tatsächlichen und gewünschten Verhalten einer Einrichtung beobachtet werden kann. Das Auftauchen einer einfachen Anomalie bedeutet keine Unterbrechung in der Fähigkeit, eine gewünschte Funktion auszuführen.

- Defekt: die Dichte von Anomalien hat ein Niveau erreicht, bei dem die Fähigkeit, eine gewünschte Funktion auszuüben, unterbrochen wird. Defekte werden als Input für das Performance Monitoring, die Kontrolle entsprechender Aktionen und die Terminierung der Fehlerursache benutzt
- Fehler: das ist die Unfähigkeit einer Funktion, innerhalb eines vordefinierten Zeitrahmens eine gewünschte Aktion auszuführen.

Das Reaktionssystem für die Reaktion auf Fehler im SONET ist als endlicher Automat definiert. Dies ist die Grundlage dafür, in der Realität schnelle Restauration nach Fehlern implementieren zu können. Alle anderen Methoden sind zu schwammig. Deshalb spricht man bei den Alarmen auch von Charakterisierungen für Fehlerzustände, die bei bestimmten Ereignissen auftreten und bei anderen Ereignissen wieder aufgehoben werden. Wir stellen hier die wichtigsten Alarme vor:

- Loss of signal (LOS) wird gegeben, wenn der Level des synchronen STS-N-Signals unter einen Schwellenwert fällt, bei dem sich eine Bitfehlerrate von 10^{-3} ergeben würde. Eine besonders exzessive Dämpfung tritt auf, wenn ein Kabelbruch vorliegt oder ein Gerät ausfällt. Der LOS-Status wird wieder aufgehoben, wenn zwei aufeinander folgende Rahmenmuster empfangen werden konnten und keine neuen LOS-Bedingungen aufgetreten sind.
- Out of Frame Alignment (OOF) tritt auf, wenn vier von fünf aufeinander folgenden SONET-Frames mit beschädigten Frame-Mustern (A1 und A2 Bytes) empfangen wurden. Die maximale Zeit bis zur Entdeckung von OOIF ist 625 µs. Der Status wird aufgehoben, wenn zwei aufeinander folgende SONET-Frames mit korrekten Mustern empfangen wurden.
- Loss of Frame Alignment (LOS): der Status tritt auf, wenn der OOF-Status für eine bestimmte Zeit in Millisekunden existiert. Der Status wird aufgehoben, wenn für eine gewisse Zeit ordentliche Frames auftreten.
- Loss of Pointer (LOP) tritt auf, wenn N aufeinander folgende invalide Pointer oder N aufeinander folgende neue Data Flags empfangen werden, die nicht denen im Konkatenations-Indikator entsprechen, wobei N = 8, 9 oder 10 ist. Der LOP-Status wird aufgehoben, wenn drei heile Pointer oder drei aufeinander folgende AIS-Indikatoren empfangen werden. LOP kann es auch für STS-Path Loss (SP-LOP) und VT Path Loss (VP-LOP) geben.
- Alarm Indication Signal (AIS) ist eine allgemeine Charakteristik oder ein adaptiertes Informationssignal. Es wird erzeugt, um das normale Datensignal zu ersetzen, wenn eine Fehlersituation auftritt, um aus dieser Fehlersituation hervorgehende Folgefehler zu vermeiden. Es gibt unterschied-

liche Formen des AIS: Line Alarm Indication Signal (AIS-L), STS Path Indication Signal (SP-AIS) und VT-Path Indication Signal (VP-AIS).

- Remote Error Indication (REI) wird an einen sendenden Knoten (Quelle) gegeben mit der Information, dass am Zielknoten (Senke) ein fehlerhafter Informationsblock aufgetaucht ist. REI gibt es wieder in den drei Geschmacksrichtungen für Line Error (REI-L), STS Path Remote Error (REI-P) und VT Path Remote Error (REI-V).

- Remote Defect Indication (RDI) ist ein Signal, welches zum sendenden Terminating Equipment nach Entdeckung eines Signal- oder Frameverlustes oder AIS-Defektes gesendet wird. Auch hier gibt es wieder die drei Formen für Line (RDI-L), STS Path (RDI-P) und VT Path (RDI-V).

- Remote Failure Indication (RFI). Ein Fehler ist ein Defekt, der über die maximale Zeitdauer hinweg lebt, die den Schutzmechanismen für das Übertragungssystem für die Erledigung ihrer Aufgaben erlaubt ist. Tritt diese Situation auf, wird ein RFI an das äußerste Ende geschickt und initiiert einen Schutzschwitch, falls es einen gibt. RFI ist sozusagen die Notbremse des SONET-Systems. Und es gibt ihn auch wieder in den drei Typen für Line (RFI-L), STS Path (RFI-P) und VT-Path (RFI-V).

- B1, B2, B3 und BIP-2 Error. Wir haben erklärt, an welchen Stellen und über welche Elemente des Frames diese Kontrollbytes erzeugt werden. Ist auch nur eines von ihnen falsch, nimmt man an, dass der gesamte Block falsch ist.

- Loss of Sequence Synchronisation (LSS). Bitfehlermaße, die unter Benutzern von Pseudo-Random-Sequenzen erzeugt werden, können nur dann wirken, wenn die Referenzsequenz, die auf der Synchronisationsempfangsseite der Testkonfiguration liegt, korrekt mit dem Objekt, welches geprüft werden soll, synchronisiert ist. Um kompatible Messresultate zu erzielen, ist es notwendig, die Charakteristika der Sequenz-Synchronisationsspezifika zu bestimmen.

2.3.5 Pointer

SONET benutzt ein Konzept mit dem Namen Pointer für die Kompensation von Frequenz- und Phasenvariationen. Pointer erlauben den transpaenten Transport von synchronen Payload-Umschlägen (entweder STS oder VT) über plesiochrone Grenzen, z.B. zwischen Knoten mit separaten Netzwerkuhren, die fast das gleiche Timing haben. Die Benutzung der Pointer vermeidet Delays und den Verlust von Daten durch die Benutzung von Zwischenpuffern, die so groß wie ein 125-µs-Frame sind. Pointer sind eine einfache und effektive Methode für die dynamische und flexible Phasenanpassung von STS- und VT-Payloads und erlauben so das Hinzufügen, Wegnehmen und Verschalten dieser Payloads im Netz. Signalverzerrungen und Jitter können ebenfalls durch diese Pointer leicht minimiert werden. Abb. 2.3.13 zeigt einen STS-1-Pointer (H1- und H2-Bytes), der es erlaubt, den SPE vom Transport-Overhead zu trennen. Der Pointer ist einfach ein Offset-Wert, der auf das Byte zeigt, bei dem der SPE anfängt. Abb. 2.3.13 zeigt den typischen Fall der SPE-Überlappung auf zwei STS-1-Frames. Wenn es irgendwelche Frequenz- oder Phasendifferenzen zwischen dem STS-1 Frame und seinem SPE gibt, wird der Pointerwert verringert oder vergrößert, um die Synchronisation zu erreichen.

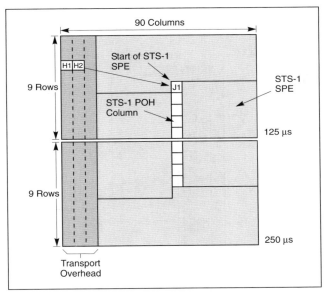

Abb. 2.3.13: *Pointer-SPE-Position im STS-1-Frame*

Für zukünftige Dienste könnte es sein, dass der STS-1 nicht genug Payload für bestimmte Dienste hat. SONET bietet die Flexibilität der Konkatenierung von STS-1 für die bereitstellung der notwendigen Bandbreite. STS-1er können bis zu STS 3c konkateniert werden. Darüber hinaus wird die Konzentration in Vielfachen von STS-3c vorgenommen. VTs können bis zu VT-6 konkateniert werden.

Gibt es eine Differenz in der Phase oder der Frequenz, wird der Pointer-Wert nachgestellt. Um das zu erreichen, gibt es einen Prozess namens Bit-Stuffing. Der SPE-Payload-Pointer zeigt auf die Stelle, an der in der Container-Kapazität ein VT beginnt, und der Bit-Stuffing-Prozess erlaubt eine dynamische

Ausrichtung des SPEs in dem Fall, dass er über die Zeit »verrutscht«. Wenn die Frame-Rate des SPEs zu langsam in Relation zu der Rate des STS-1 ist, werden die Bits 7, 9, 11, 13 und 15 des Pointer-Wortes in einem Frame invertiert. Diese Bits sind als I-Bits (Increment) bekannt. Wenn der SPE ungefähr ein Byte hinterherhängt, werden diese Bits invertiert und zeigen an, dass ein so genanntes positives Bit-Stuffing stattfinden muss. Es wird ein zusätzliches Byte hinzugenommen, um der Ausrichtung im Container zu ermöglichen, in der Zeit zurückzurutschen. Das heißt positives Bit-Stuffing und dieses Stuff-Byte wird aus Bits gemacht, die keine Information tragen. Das positive Stuff-Byte folgt unmittelbar auf das H3-Byte, was bedeutet, dass das Stuff-Byte innerhalb des SPEs liegt. Der Pointer wird im nächsten Frame um eins heraufgezählt, und die darauf folgenden Pointer enthalten den neuen Wert. Wenn der SPE-Frame langsamer läuft als der STS-1-Frame, bedeutet das Extra-Byte ein 1-Byte-Delay im Nachrichtenfluss, siehe dazu Abb. 2.3.14.

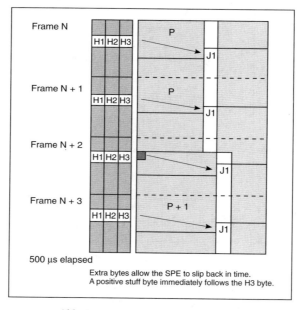

Abb. 2.3.14: Payload Pointer-Positive

Wenn, im Gegensatz dazu, die Framerate des SPE-Frames zu schnell in Relation zur Rate des STS-1-Frames ist, werden die Bits 8, 10, 12, 14 und 16 des Pointer-Worts invertiert. Diese Bits heißen D-Bits oder Decrement Bits. Wenn der SPE-Frame ungefähr ein Byte aus der Synchronisation hängt, werden diese Bits invertiert und zeigen an, dass ein negatives Stuffing vorgenommen werden muss. Da die Ausrichtung der Container mit der Zeit nach vorne schreitet, muss die Umschlag-Kapazität ebenfalls nach vorne bewegt werden.

Deshalb schreibt man tatsächlich Daten in das ansonsten leere H3-Byte. Duirch diese Übertragung von (Nutz-) Daten in ein Overhead-Feld »gewinnt« man sozusagen ein Byte, um das man abkürzen kann. Dieser Vorgang wird als negatives Stuffing bezeichnet. Der Pointer wird im nächsten Frame um 1 heruntergezählt und die darauf folgenden Pointer enthalten den neuen Wert. Dadurch »reist« der SPE-Frame schneller als der STS-1-Frame, weil man ab und an ein Byte aus dem Datenfluss nimmt und es in den Overhead stopft, sodass der SPE einen »1-Byte-Vorsprung« bekommt. In jedem Fall müssen in mindestens drei aufeinander folgenden Frames die Pointer konstant bleiben, bevor man eine neue Stuffing-Operation und somit eine erneute Änderung der Pointer-Werte vornehmen kann.

Zusätzlich zu den Definitionen beim STS-1-Basisformat definiert SONET auch komplexe Synchronisierungsformate auf den Sub-STS-1-Levels, die durch die VTs und DS-1 gebildet werden. Da dieses Buch sich aber mit Höchstgeschwindigkeitskommunikation befasst, wollen wir an dieser Stelle nicht weiter darauf eingehen, sondern befassen uns mit dem SONET-Multiplexing.

2.3.6 SONET-Multiplexing

Die Multiplexing-Prinzipien von SONET sind:

- Mapping: wird benutzt, wenn ankommende Daten durch die Hinzufügung von POH-Information auf VTs gebracht werden.

- Ausrichtung: wird benutzt, wenn ein Pointer im STS Path oder im VT POH steht, der das erste Byte des VTs lokalisieren kann.

- Multiplexing: wird benutzt wenn verschiedene Signale einer geringeren Ordnung aus dem Path Layer in ein Signal höherer Ordnung des Path Layers gebracht werden sollen oder wenn die Path-Signale der höheren Ordnung in den Line Overhead eingepasst werden.

- Stuffing: SONET kann mit einer Vielzahl von Eingangs-Signalraten aus asynchronen Quellen umgehen. Werden diese Eingangssignale gemultiplext und ausgerichtet, gibt es im SONET-Frame eine Art Reservekapazität, damit man genug Platz für all diese unterschiedlichen Datenraten hat. Diese Ersatzkapazität muss an verschiedenen Stellen der Multiplexhierarchie systematisch mit Leerzeichen aufgefüllt werden.

Einer der Vorteile von SONET ist die Verwendbarkeit für Signale weit jenseits der 50 Mb/s. Für den Investitionsschutz ist es aber auch wichtig, wenn Signale kleinerer Datenraten aus existierenden Lösungen berücksichtigt werden können. Um das zu unterstützen, kann der SONET-Frame eben in die

Untereinheiten VTs unterteilt werden und so Daten mit einer geringeren datenrate als die STS-1-Rate transportieren. Alle Services unterhalb der DS-3-Rate werden in der VT-Struktur transportiert.

Abb. 2.3.15 zeigt die grundsätzliche Multiplex-Struktur von SONET. Jeder Typ von Dienstleistungen, von der Sprachübertragung bis hin zur Hochgeschwindigkeits-Datenübertragung, kann durch verschiedene Typen von Service-Adaptern realisiert werden.Neue Services können dazukommen, wenn man an den Kanten des SONET-Systems neue Service Adapter hinzufügt.

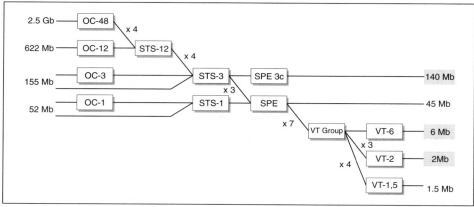

Abb. 2.3.15: SONET-Multiplex-Hierarchie

Außer im Fall konkatenierter Signale werden alle Inputs auf das STS-1 Rahmenformat gebracht, wenn es von der Datenrate her möglich ist. Datenströme geringerer Geschwindigkeit, wie DS-1, werden erst mit Bit- oder Byte-Multiplexing auf die VTs gebracht. Verschiedene synchrone STS-1 werden dann in einem ein- oder zweistufigen Prozess auf das elektrische STS-N-Signal gebracht. Das STS-Multiplexing wird in einem byteüberlappenden synchronen Multiplexer durchgeführt. Die Bytes werden so zusammen in einem Format überlappt, dass die Signale geringerer Geschwindigkeit sichtbar bleiben. Außer einer direkten elektrooptischen Konversion geschieht nichts weiter, um hieraus ein OC-N-Signal zu machen.

2.3.7 SONET-Netzelemente

Die Funktionen von SONET werden systematisch durch die SONET-Netzelemente implementiert, die zusammen ein SONET-Netzwerk bilden. Die Teilnahme an einem SONET-Netzwerk bedeutet die Implementierung eines

Teils dieser Elemente. Das sieht man besonders im Zusammenhang mit der 10-Gigabit-Ethernet-WAN-PHY.

2.3.7.1 Terminal-Multiplexer

Das Path Terminating Equipment (PTE) ist ein Terminal-Multiplexer auf Eintrittsniveau, der den Path anschließt und als Konzentrator für DS-1-Schaltkreise sowie andere einkommende Signale dient. Seine einfachste Awendungsform wären zwei Terminal-Multiplexer, die mit oder ohne dazwischen liegenden Regenerator in der Verbindung mit einer Glasfaser untereinander verbunden sind. Diese Implementierung verkörpert den einfachsten SONET-Link, siehe Abb. 2.3.16.

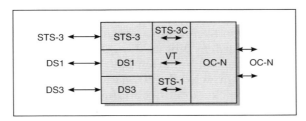

Abb. 2.3.16: Terminal-Multiplexer

2.3.7.2 Regenerator

Ein Regenerator wird dann benötigt, wenn der Signal-Level in der Glasfaser aufgrund der Distanz zwischen zwei Multiplexern zu groß wird. Der Regenerator taktet sich selbst aus dem Empfangssignal und ersetzt die Secion Overhead-Bytes, bevor er das Signal weiterleitet. Line Overhead, Payload und POH werden hingegen nicht verändert.

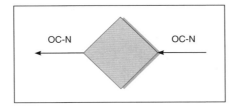

Abb. 2.3.17: Regenerator

2.3.7.3 Add/Drop-Multiplexer

Netzelemente können auf dem OC-N-Level kompatibel sein und sich dennoch von Hersteller zu Hersteller in bestimmten Eigenschaften unterscheiden. SONET schränkt die Hersteller nicht auf einen bestimmten Produkttyp ein und verlangt auch nicht, dass ein Hersteller alle Typen von Equipment herstellt. Ein Multiplexer/Demultiplexer mit einer Stufe kann verschiedene Inputs auf ein OC-N-Signal mutiplexen. An der Stelle, wo Add/Drop-Funktionalität ausgeübt wird, werden nur diejenigen Signale benötigt, die gedroppt oder hinzugefügt werden. Der verbleibende Verkehr läuft weiter durch das Netzelement, ohne spezielle Durchlaufeinheiten oder eine andere Form der Signalverarbeitung zu benötigen. Es gibt unterschiedliche Konfigurationsmöglichkeiten für ADMs. In ländlichen Gebieten kann man einen ADM an der Terminal Site oder an irgendeiner Zwischenstation aufbauen, um den Verkehr aus weit auseinander liegenden Lokationen zu konsilidieren. Eine Reihe von ADMs kann auch als Ring mit erhöhter Überlebensfähigkeit konfiguriert werden. SONET ermöglicht das Hinzufügen von Informationen und damit letztlich auch Diensten im laufenden Betrieb, was nicht nur bei Daten-, sondern auch bei anderen Kommunikationsnetzen wie Telefon oder Kabel-TV von Nutzen ist. Außerdem gibt es die »Drop & Repeat«-Fähigkeit, die man auch in allen broadcastorientierten Netzen brauchen kann: ein Signal terminiert in einem Knoten, wird dupliziert und dann an die nächsten und folgenden Knoten verschickt. In Anwendungen zur Steigerung der Überlebensfähigkeit von Ringsystemen liefert Drop & Repeat die Möglichkeit für alternatives Routing. Wenn eine Verbindung nicht durch einen der Knoten aufgebaut werden kann, z.B. weil dieser ganz oder teilweise ausgefallen ist, kann das Signal auf einer alternativen Route zum Ziel geschickt werden. Bei Verteilapplikationen mit vielen Knoten kann ein Transportkanal Verkehr zwischen unterschiedlichen Knoten effektiv übertragen. Beim Transport z.B. von Video wird jeder Programmkanal an einem Knoten gedroppt und gleichzeitig für die Auslieferung an den nächsten und dem diesem folgenden Knoten repeated. Nicht an allen Knoten muss die gesamte Bandbreite (alle Programme) terminiert werden. Programme, die an bestimmten Knoten weiterlaufen sollen, werden einfach nicht gedroppt, sondern ohne physikalische Intervention weitergeleitet.

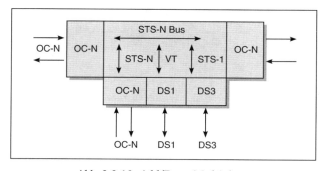

Abb. 2.3.18: Add/Drop-Multiplexer

Der Add/Drop-Multiplexer liefert Schnittstellen zwischen den verschiedenen Netzwerk-Signalen und den SONET-Signalen. Multiplexen/Demultiplexen in einer Stufe kann eines oder mehrere Eingangssignale, z.B. DS-1, auf und von einem STS-1-Signal nehmen. Das kann in Endstellen (Terminal Sites) benutzt werden, aber auch in Zwischenstellen (Add/Drop Sites) oder bei Hub-Konfigurationen. Auf der Add/Drop-Seite können Datensignale niedriger Bitrate für den Abtransport auf verschiedenen Wegen herausgezogen oder von diesen Wegen auf das STS-N-Signal gebracht werden. Der Rest des Verkehrs läuft einfach durch.

2.3.7.4 Digitale Weitband-Cross-Connects

Ein SONET-Weitband-Cross-Connect akzeptiert unterschiedliche Datenraten von optischen Trägern, greift auf die STS-1-Signale zu und switcht auf diesem Niveau. Er wird gerne als SONET-Hub benutzt. Ein wichtiger Unterschied zwischen einem Cross-Connect und einem Add/Drop-Multiplexer ist, dass ein Cross-Connect zur Verbindung einer viel größeren Zahl von STS-1n benutzt werden kann. Ein Breitband-Cross-Connect kann für die Konzentration und Konsolidierung von STS-1n oder für breitbandiges Verkehrsmanagement benutzt werden. So könnte der Cross-Connect z.B. Verkehr hoher Bandbreite von Verkehr niedriger Bandbreite trennen und diese Verkehrsarten zu unterschiedlichen Switches schicken. Er ist im Grunde genommen das Äquivalent zu einem ISDN-Switch und unterstützt zentralisierte Netzwerkstrukturen. Der Weitband-Cross-Connect ist in seinem Konzept dem Breitband-Cross-Connect ähnlich, nur das das Switchen hier auf der Grundlage der VT-Level geschieht. Ein großer Vorteil der Weitband-Cross-Connects ist es, dass das Multiplexen und Demultiplexen nicht so einen großen Raum einnimmt, da nur auf die Teilnehmerkanäle zugegriffen und deren Information geswitcht wird. Ein digitaler Weitband-Cross-Connect (W-DCS) ist ein digitaler Cross-Connect, der SONET- und DS-3-Signale terminiert und die grundsätzliche Funktionalität von Cross-Connects auf der Basis von VTs- oder DS-1-Verbindungen hat. Er ist das SONET-Äquivalent zum DS-1/DS-3-Cross-Connect und akzeptiert optische OC-N-Signale genauso wie STS-1n, DS-1n und DS-3n. Da SONET synchron arbeitet, sind die Teilnehmerkanäle geringer Geschwindigkeit sichtbar und man kann auf sie im Rahmen des STS-1 Signals zugreifen. Daher kann man sie switchen, ohne sie demultiplexen zu müssen. Außerdem verbindet der W-DCS DS-1n und DS-3 und vermittelt zwischen DS-3- und DS-1-Endpunkten. Die Eigenschaften des W-DCS machen ihn für verschiedene Anforderungen nutzbar. Da er VTs und DS-1n automatisch miteinander verbinden kann, kann er auch im Rahmen des Netzwerk-Managements benutzt werden.

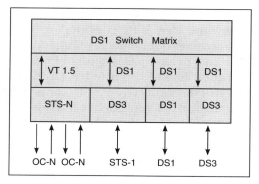

Abb. 2.3.19: Weitband-Digital-Cross-Connect

2.3.7.5 Breitband-Digital-Cross-Connect

Der Breitband-Digital-Cross-Connect ist eine Schnittstelle zwischen SONET-Signalen und DS-3n. Er greift auf die STS-1-Signale zu und switcht auf diesem Niveau. Er ist das synchrone Äquivalent des DS-3-Digital-Cross-Connects, außer dass der digitale Breitband-Cross-Connect optische Signale akzeptiert und Overhead für ein integriertes OAM&P-System akzeptiert. Ein solches Gerät stellt bidirektionale Verbindungen auf den DS-3-, STS-1- und STS-Nc-Leveln her. Man benutzt ihn am besten als SONET-Hub, wo er für die Versorgung der STS-1n, für die Wiederherstellung von Breitbandleistung oder für das Routing benutzt werden kann.

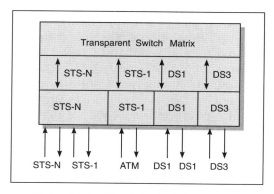

Abb. 2.3.20: Breitband-Digital-Cross-Connect

2.3.7.6 Digital Loop Carrier

Der Digital Loop Carrier kann als Konzentrator für Low-Speed-Services betrachtet werden, bevor sie in das lokale Central Office kommen, um weiterverteilt zu werden. Würde man auf diese Konzentration verzichten, wäre die Anzahl von Teilnehmern, die ein CO bedienen könnte, auf die Anzahl von Lines, die durch den CO realisiert werden, beschränkt. Der DLC ist ein System von Multiplexern und Switches, die dazu gemacht sind, diese Konzentration durchzuführen. Wo immer ein SONET-Multiplexer im Kundenbereich aufgestellt wird, ist ein DLC empfehlenswert.

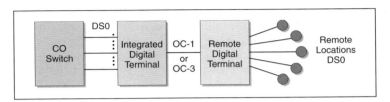

Abb. 2.3.21: Digital Loop Carrier

2.3.8 SONET-Netzkonfigurationen

Die SONET-Netzelemente müssen in systematischer Art und Weise zusammengeschaltet werden, wobei sich verschiedene Netzwerk-Konfigurationen ergeben, die auch nach gewissen Regeln, auf die wir hier nicht näher eingehen wollen, kombiniert werden können.

2.3.8.1 Punkt-zu-Punkt

Der SONET-Multiplexer, ein pfadbegrenzender Terminal-Multiplexer des Eintrittsniveaus arbeitet als Konzentrator für DS-1n und andere Teilnehmer-Datenströme. Die einfachste Ausführungsform ist die Verbindung zwischen zwei PTEs mit Glasfasern mit oder ohne Regenerator. Diese Implementierung ist gleichermaßen die einfachste SONET-Konfiguration. In dieser Konfiguration sind der SONET Path und der Service Path für die DS-1- und DS-3-Links identisch und diese synchrone Insel kann innerhalb eines asynchronen Netzwerks existieren.

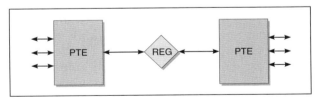

Abb. 2.3.22: Punkt-zu-Punkt.

2.3.8.2 Punkt-zu-Vielpunkt

Eine Punkt-zu-Vielpunkt (lineare Add/Drop) -Architektur umfasst das Hinzufügen und Wegnehmen von Schaltkreisen über den Weg. Der SONET-ADM ist ein einzigartiges Netzwerkelement, welches speziell für diese Aufgabe entworfen wurde. Es vermeidet die normalerweise aufwendige Netzwerk-Architektur mit Demultiplexen, Cross-Connects, Hinzufügen und Droppen von Kanälen und dann erneutem Multiplexen. Der ADM wird normalerweise mitten in einem SONET-Link platziert, um das Ein- und Auskoppeln von Informationen an beliebigen Stellen des Netzes zu erleichtern.

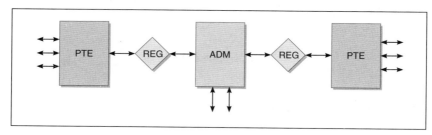

Abb. 2.3.23: Punkt-zu-Vielpunkt

2.3.8.3 Hub-Netz

Die Hub-Netz-Struktur (Abb. 2.3.24) erlaubt unerwartetes Wachstum und leichtere Änderungen als bei Punkt-zu-Punkt Netzen. Ein Hub konzentriert Verkehr an einer zentralen Stelle und erlaubt leichtes Bereitstellen von Schaltkreisen. Es gibt zwei Alternativen, ein solches Netz aufzubauen, nämlich die Benutzung von zwei oder mehr ADMs mit einem Weitband-Cross-Connect, wo die Verbindungen auf dem Niveau der Teilnehmerverbindungen gemacht werden, oder die Verwendung eines Breitband-Cross-Connects, der es erlaubt, Cross-Connects auf dem SONET-Niveau vorzunehmen.

2.3.8.4 Ringnetz

Der SONET-Baustein für eine Ring-Architektur ist der ADM. Viele ADMs können zu einem Ring zusammengeschaltet werden und entweder unidirektional oder bidirektional benutzt werden. Der Hauptvorteil der Ringtopologie ist ihre Überlebensfähigkeit. Wird ein Glasfaserkabel zerstört haben die Multiplexer die Intelligenz, die betroffenen Dienste über einen Ersatzweg zu schalten. Die Forderung nach überlebensfähigen Services, diversifiziertem Routing von Fiber-Facilities, Flexibilität bei der Zuordnung von Diensten zu dienstleistenden Knoten und die automatische Restauration in Bruchteilen von Sekunden haben Ringe zur populären SONET-Topologie gemacht.

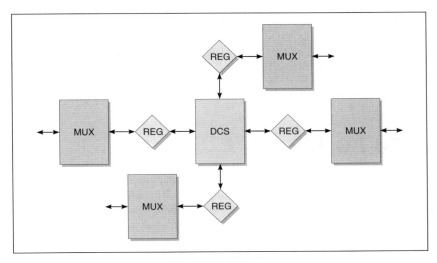

Abb. 2.3.24: Hub-Netz

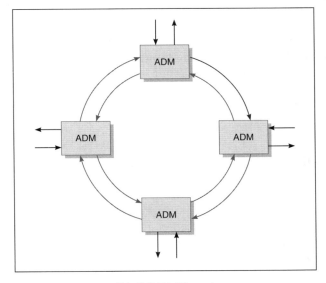

Abb. 2.3.25: Ringnetz

2.3.9 Der SDH-Standard

Nachdem SONET durch ANSI standardisiert wurde, hat CCITT 1989 die synchrone digitale Hierarchie (SDH) entworfen, um die bisherigen Ansätze für die Standardisierung synchroner Systeme zu harmonisieren. SONET kann letztlich als Untermenge der SDH angesehen werden. ANSI-TDM multiplext vierundzwanzig 64-Kb/s-Kanäle (DS-0s) in einen 1,54 Mb/s-DS-1 Kanal. ITU-TDM multiplext zweiunddreißig 64 Kb/s-Kanäle (E0s) in ein 2,048 Mb/s-E1-Signal. Erst bei der einer Basisrate von 155 Mb/s für SONET konvergieren diese Datenraten einigermaßen.

2.4 ITU-T G.709

Mit den steigenden Anforderungen an Telekommunikationssysteme sind die Definitionen der SONET-Hierarchie alleine nicht mehr hinreichend, weil sich ein Netz aus einer großen Anzahl hintereinander geschalteter Teilnetze zusammensetzen kann. Ein Netzbetreiber, der eine entsprechende Übertragungsleistung anbieten möchte, sollte in der Lage sein, die Transportsignale kontinuierlich zu überwachen und eine Fehlereingrenzung an den Grenzen einer Transportdomäne oder Ende-zu-Ende über eine Verbindung hinweg vorzunehmen. Insgesamt wird auch eine höhere Signalqualität gefordert, zum Beispiel eine Bitfehlerrate besser als 10 exp -12. Auch wenn IP über DWDM das Fernziel aller Entwicklungen sein mag, muss man in einer Übergangszeit damit rechnen, dass ziemlich viele unterschiedliche Signale wie STS-n, ATM, Gigabit-Ethernet, 10-Gigabit-Ethernet und eine Reihe anderer »geerbter« Formate in den einzelnen Subnetzen einer geografisch verteilten Hintereinanderschaltung von Subnetzen im Rahmen einer Verbindung auftreten. Das erschwert das Erreichen des Zieles einer besseren Überwachung natürlich ungemein.

2.4.1 Motivation

Um hier in gewisser Weise »aufzuräumen« und eine gewisse Einheitlichkeit zu erzeugen, wurde von ITU-T eine neue Familie von Standards für das Optsiche Transportnetz OTN ins Leben gerufen. Wir können in diesem Buch diese Standards nicht alle wiedergeben, vor allem, weil vieles noch im Fluss ist. Einer der wichtigsten Standards ist aber die Empfehlung G.709 mit dem Titel »Network Node Interface for the Optical Transport Network«, die ab Mitte 1999 basierend auf Vorüberlegungen für einen so genannten »Digital Wrapper« erarbeitet wurde.

Nach dem Standard ist ein Transportdienst dann gegeben, wenn ein Carrier für einen Kunden digitale Nutzdaten überträgt. Die Nutzdaten werden in fünf Gruppen eingeteilt:

- SDH
- ATM
- IP
- Ethernet
- Sonstige

Ein normaler Kunde hat üblicherweise nur einen Carrier als Ansprechpartner. Dieser Carrier setzt aber in seinem Netz Geräte unterschiedlicher Hersteller ein. Das tut er üblicherweise nicht blindlings, sondern bildet aus den Geräten eines Herstellers eine zusammenhängende Struktur, die so genannte Herstellerdomäne (Vendor Domain). Innerhalb einer solchen Domain steht das gesamte Spektrum der erweiterten Steuerungsfähigkeiten der Geräte eines Herstellers zur Verfügung. Mit diesen zusätzlichen Fähigkeiten differenzieren sich die Hersteller ja gerne. Damit nicht genug: für eine Verbindung ist es oft notwendig, dass zwei oder mehr Carrier zusammenarbeiten. An den Schnittstellen zwischen den Vendor-Domains und erst recht an den Schnittstellen zwischen den Carriern sind genaue Spezifikationen einzuhalten. Das ist aber an sich nichts Neues, denn bei internationalen Daten- und Telefonverbindungen gab es dieses Problem schon immer.

Abb. 2.4.1: Prinzpielle Carrier-Kundenbeziehung

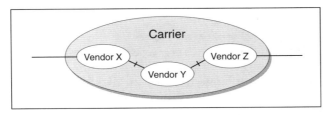

Abb. 2.4.2: Herstellerdomänen

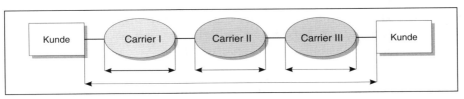

Abb. 2.4.3: Transport eines Kundensignals über seriell angeordnete Carrier-Domänen

Die Liberalisierung des Telekommunikationsmarktes hat es mit sich gebracht, dass sich lokale Carrier entwickelt haben, die für einen begrenzten Bereich, z.B. eine Stadt oder einen Ballungsraum, entsprechende Transportleistung anbieten. Dies wird sich durch die Verfügbarkeit preiswerter Komponenten für den Aufbau Optischer Netze noch wesentlich erweitern, weil hier jeder wirklich jeder, der eine geschlossene Topologie aus Glasfasern sein Eigen nennt, mit geringem Aufwand einsteigen kann. Weiterhin hat es sich ergeben, dass Netzbetreiber Teile von Netzen ehemaliger Monolopisten oder anderer Telekommunikationsanbieter im Ausland übernommen haben. Auch das ist ein Effekt, der sich im Zuge der immer weiter fortschreitenden Marktbereinigung fortsetzen wird. Daher kommen wir vermehrt zur Situation in Abb. 2.4.4: für einen Kunden sei der Carrier A der Vertragspartner für den Transport von Nutzdaten. Dieser Carrier mietet Leitungen von anderen Netzbetreibern an, z.B. von den Carriern B und C. Deren Domänen werden aber geografisch von der Domäne des Carriers A umgeben. Außerdem laufen die Daten über geografisch getrennte Domänen, die aber auch noch dem Carrier A gehören, was besonders bei internationalen Verbindungen der Fall sein kann. Dazwischen können wieder Domänen anderer Carrier liegen.

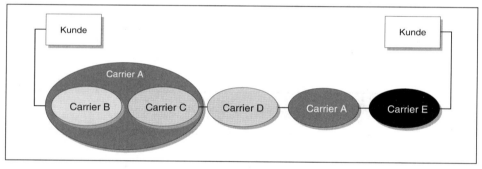

Abb. 2.4.4: Transport eines Kundensignals über serielle und verschachtelte Carrier-Domänen

Man kann jetzt versuchen, lange darüber zu diskutieren, ob diese Situation wirklich sinnvoll ist. Diese Diskussion ist jedoch völlig substanzlos, weil sich diese Situation in der Vergangenheit so ergeben hat und in der Zukunft außer vielleicht durch Pleitewellen kleinerer Carirer hier keinerlei Vereinheitlichung zu erwarten ist. Im Gegenteil ist es z.B. in Deutschland so, dass der Bereich der kleinen Metro- oder City-Carrier mit wenigen Ausnahmen noch nicht besonders ausgeprägt ist und sicherlich in den nächsten Jahren noch ein erhebliches Wachstumspotenzial aufweist.

Die Rechte und Pflichten zwischen Carrier und Kunde werden vertraglich geregelt. Gegenstand der vertraglichen Vereinbarung wird in Zukunft in verstärktem Maße auch eine Aussage über die Qualität der zu erbringenden

Dienstleistung sein, insbesondere was die Verfügbarkeit und Signalqualität betrifft. Dadurch geht der Kunde eigentlich eine ganze Reihe von Kontrakten ein, was ihm in der Praxis nicht zuzumuten ist. Hauptkontraktpartner ist der Telekommunikationsanbeiter, an dessen Equipment er seine Endgeräte anschließt. Also müssen an einer Verbindung beteiligte Carrier ganz sorgfältig Verträge untereinander abschließen, die ohne eine entsprechende technologische Basis allerdings Schall und Rauch sind. Insbesondere müssen sie die Signalqualität an ihren Domänengrenzen überwachen und einhalten können. Der Hauptkontraktpartner muss darüber hinaus Qualität und Verfügbarkeit des Signals an allen Übergabepunkten überwachen können, weil er sonst seiner Nachweispflicht gegenüber dem Kunden im Zweifelsfall nicht nachkommen kann.

Leider gibt es noch eine Reihe weiterer technischer Faktoren, die das Gesamtszenario weiter komplizieren. Das Netz besteht, wie wir in den vorangegangenen Abschnitten diskutiert haben, nicht nur aus Punkt-zu-Punkt-Verbindungen, sondern Datenströme werden in Multiplexern und Demultiplexern zusammengeführt und getrennt, in Cross-Connects weitervermittelt und geswitcht, in Hierarchien eingebunden und geroutet. Nimmt man das Problem ernst, muss die Qualität des Signals in allen diesen Komponenten und Teilstücken überwacht werden.

Die SDH-Überwachungstechnik erscheint ja auf den ersten Blick sehr umfangreich zu sein, aber in Wahrheit bietet sie im Rahmen dieses Problems nur zwei Überwachungsebenen an, nämlich den Ende-zu-Ende-Pfad und einen Carrier-Abschnitt im Rahmen des so genannten Tandem Connection Monitoring (TCM).

Abb. 2.4.5 zeigt, welche Ebenen überwacht werden müssen, wenn man ein vollständiges Bild der Verbindungen im Fall des Transports eines Kundensignals über seriell und verschachtelt angeordnete Carrier-Domänen haben möchte, jeweils durch Pfeile angedeutet.

Wie wir schon mehrfach ausgeführt haben, hat die rasante Steigerung des Bedarfs an Transportkapazitäten ihre Antwort in der Entwicklung der DWDM-Technik gefunden. Das Problem der Bandbreiten wurde mit DWDM sogar auf Jahre hinaus grundsätzlich und systematisch gelöst, da die heute technisch zur Verfügung stehende Kanalzahl in keinem Fall ausgenutzt werden kann und andererseits sowohl die Kanalzahl als auch die Datenrate pro Kanal in der Zukunft relativ einfach gesteigert werden kann. Man hat sich allerdings bei der Entwicklung dieser Systeme vor allem um den Datentransport als solchen gekümmert, während die Möglichkeiten zur Überwachung der Signalqualität, zur Fehlererkennung und zur Fehlereingrenzung vergleichsweise kaum weiterentwickelt wurden.

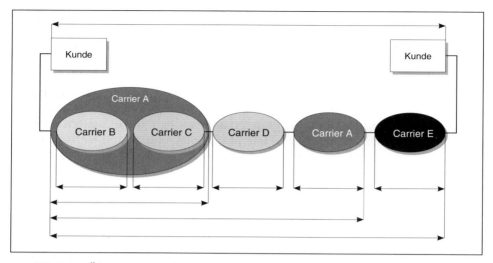

Abb. 2.4.5: Überwachung des Kundensignals über seriell und verschachtelt angeordnete Carrier-Domänen

Dies erinnert an die Situation bei lokalen Netzen (LANs), die ja schon eine beachtliche Übertragungskapazität erreicht hatten, bevor sich jemand um die Probleme des Netz- und System-Managements gekümmert hat.

Wie wir im nächsten Kapitel noch ausführlich erläutern werden, gibt es eine Reihe von Einflussfaktoren, die die Signalqualität auf einer Übertragungsstrecke verschlechtern. Sender, Empfänger und Modulatoren sind dabei vergleichsweise harmlos, die eigentlichen Probleme liegen in der Glasfaser-Übertragungsstrecke und in den Zwischenverstärkern. Die Ausnutzung einer Faser durch unterschiedliche Kanäle führt im Rahmen von Nichtlinearitäten, chromatischer Dispersion und Polarisationsmodendispersion sowie Four-Wave-Mixing (Erklärungen dieser Effekte im nächsten Kapitel) zu einer Herabsetzung der Signalqualität gegenüber der Übertragung mit einem Kanal, weil viele dieser Effekte erst dadurch auftreten, dass man eng benachbarte Kanäle unabhängig voneinander betreiben möchte. Die Steigerung der Datenrate auf einem Kanal trägt auch nicht gerade dazu bei, diese Dinge zu beheben.

Die bislang aufgebauten Netze sind im Grunde genommen in ihrem Übertragungsverhalten für SONET- oder ATM-Signale optimiert, die ihrerseits den gemischten Sprach/Datenverkehr subsummiert haben. Durch die neuen Entwicklungen kommen aber Signaltypen wie Ethernet-Päckchen oder IP-Ströme, aber auch Signale aus der Welt der Großrechner, wie ESCON, oder der Welt der Speichersysteme, wie Fiberchannel FC, hinzu.

Zusammenfassend stellt man folgende Anforderungen an Lösungen im Zusammenhang mit den sich durch die bisherige Entwicklung ergebenden neuen Strukturen:

- Monitoring an Domänen-Schnittstellen über mehrere Ebenen hinweg unter gleichzeitiger Verwendung der WDM-Technik

- Wirtschaftlicher Einsatz von FEC (Forward Error Control) für terrestrische Systeme

- Nutzung eines einheitlichen Rahmenformates für die wachsende Anzahl verschiedener Nutzsignale

Bei ITU-T wurde hierfür das Konzept des Optical Transport Networks (OTN) mit einer ganz neuen Schnittstellendefinition entwickelt, nämlich dem Network Node Interface (NNI) for the Optical Transport Network OTN« in der Empfehlung G.709. Es handelt sich um das Pendant zum NNI for the SDH nach ITU-T-G.707.

2.4.2 Die G-709-Schnittstelle

OTN-NNI wurde zunächst als »Digital Wrapper« bezeichnet. Dies hat man aber mittlerweile in die Bezeichnungen Optical Data Unit ODU und Optical Transport Unit OTU abgeändert. In Bild 2.4.6 sehen wir die einzelnen Schichten des OTN-NNI.

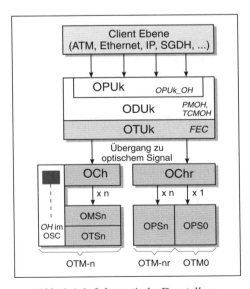

Abb. 2.4.6: Schematische Darstellung

Der »Client«-Layer ist die höchste Schicht und repräsentiert wie im richtigen Leben die unetrschiedlichen Nutzdatentypen wie SDH, ATM, IP, Ethernet usf. Die Nutzdaten werden dann in die so genannte »Optical Channel Payload Unit-k« (OPUk) überführt, die mit dem Overhead (OH) zusammen ein weltweit einheitliches Signal bildet, nämlich die ODUk (Optical Channel Data Unit-k). Der Index k bezeichnet verschiedene nach Datenraten geordnete Signalklassen, nämlich die Klasse k=1 für die nominelle Datenrate 2,5 Gb/s, k=2 für die nominelle Datenrate 10 Gb/s und schließlich k=3 für die nominelle Datenrate 40 Gb/s. Diese Datenraten zeigen gleichzeitig ganz deutlich, dass sich die Hersteller auf die Entwiclung dieser Stufen geeinigt haben und keine anderen Stufen, z.B. 20 oder 25 Gb/s zu erwarten sind. Es zeigt aber auch deutlich, dass 10 Gb/s die einzige Datenrate für einen Ethernet-«Zubringerstandard« ist, weil Datenraten von 1 Gb/s gar nicht betrachtet werden.

Im Overhead der OPUk wird der Typ des Overheads spezifiziert. Zur Überwachung einer ODUk wird ein ODUk-Overhead erzeugt, der sich aus dem Path Monitoring Overhead (PMOH) und dem Tandem Connection Monitoring Overhead (TCMOH) zusammensetzt. Der PMOH ist für den Ende-zu-Ende-Pfad zuständig, also für den Pfad zwischen den Teilnehmereinrichtungen des Kunden, während mit dem TCMOH die abschnittweise Überwachung an den Grenzen der einzelnen Carrier-Domänen realisiert wird. Man kann, wenn es nötig ist, damit auch Vendor-Domänen oder bestimmte so genannten Protection-Domänen damit überwachen.

Die genannten Überwachungsfunktionen können nach ITU-T G.872 in die Gruppen

- Continuity (Erkennung von Unterbrechungen)
- Connectivity (Erkennung von geswitchten Wegen) und
- Quality of Service (Erkennen von Bitfehlern)

eingeteilt werden. Die OTUk (Optical Transport Unit-k) bereitet die ODUk für die Übertragung auf. Die OTUk ist ein Übertragungsabschnitt, der durch vollständige Signal-Regeneration, und zwar vollständige 3R-Regeneration mit der Wandlung des optischen in ein elektrisches Signal, dessen Aufbereitung und Rückwandlung in ein optisches Signal, abgeschlossen wird. Die OTUk beginnt und endet also mit einem Regenerator. Dazwischen kann sie aus einem oder mehreren WDM-Multiplexern, einem oder mehreren Glasfaserabschnitten, keinem, einem oder mehreren Glasfaserverstärkern und ggf. rein optischen Cross-Connects bestehen. Am Ende der OTUk wird die Überwachungsinformationen des OTUk-Headers (OTUk-OH) ausgewertet und eine Vorwärts-Fehlerkorrektur (FEC) durchgeführt. Die FEC lässt sich mehrfach nutzen, z.B. kann man die Dämpfung einer Strecke lassen wie sie ist und die FEC zur Verbesserung der Dämpfungsreserve nutzen oder die Bitfehlerrate verringern. So kann man sogar in gewissen Grenzen die Bitfehler korrigieren, die durch nichtlineare Effekte auf den Fasern, z.B. Polarisationsmodendispersion, entstehen. Man kann aber auch die BER konstant halten und die FEC nutzen, um eine größere Streckendämpfung bzw. größere Distanzen ohne Zwischenverstärker zuzulassen.

OPUk, ODUk und OTUk bilden unter der Client-Ebene die zweite Schicht des Modells. Unterhalb dieser zweiten Schicht werden die eigentlichen optischen Signale gebildet. Die OTUk-Bitfolge wird in ein analoges optisches Signal umgewandelt, welches die Bezeichnung »Optical Channel« (OCh) hat. Ein optischer Kanal ist ein einzelner WDM-Kanal, der durch eine Reihe physikalischer Größen wie Bandbreite oder optisches Signal/Rauschverhältnis (Optical Signal-to-Noise Ratio – OSNR) gekennzeichnet wird. Die Schichten unterhalb des Optical Channels bilden eine Darstellung für ein WDM-Signal. Das ist eine Gruppe von n einzelnen WDM-Kanälen und einem optionalen Überwachungskanal, dem Optical Supervisory Channel (OSC).

WDM-Signale kann man danach unterscheiden, ob sie mit einem OSC ausgestattet sind oder nicht. Der OSC ist ein zusätzlicher Kanal, in dem zusätzliche DWDM-Overhead-Information übertragen wird.

Ein optisches Signal mit OSC durchläuft die Schichten Optical Multiplex Section (OMS) und Optical Transmission Section (OTS) und bildet schließlich ein optisches Transport-Modul-n (OTM-n), während ein optisches Signal ohne OSC eine reduziertere Funktionalität hat, was mit dem Buchstaben r gekennzeichnet wird, als Ochr und OTM-nr. Außerdem wird im Falle des Fehlens eines OSC der Begriff OTM Physial Section (OPS) anstelle von OMS und PTS gebraucht. Schließlich gibt es noch den OPS0. Das ist eine standardisierte Einkanalschnittstelle ohne OSC und ohne festgelegte optische Trägerfrequenz. Die scheinbar verwirrenden Verhältnisse klären sich, wenn man sie auf Abb. 2.4.6 geordnet sieht.

Die Optical Data Units und die Optical Channels repräsentieren die beiden Schaltebenen eines optischen Transport-Netzes, die in OTN-Cross-Connects realisiert werden. Das Modell befasst sich nicht mit Datenraten unterhalb 2,5 Gb/s und nimmt an, dass kleinere Zerlegungen des Datenstroms auf der Client-Ebene geschehen. Wenn ein Carrier, wie in den meisten Fällen heute noch üblich, SONET- oder SDH-Equipment benutzt, kann er diese Zerlegung ebenfalls für den Kunden vornehmen, was aber auch außerhalb des Sichtbereichs von G-709 steht.

2.4.3 Das G-709-Rahmenformat

Momentan ist G-709 auch mangels anderer Alternativen dabei, sich als Transportsystemstandard duchzusetzen. Das Ethernet-Format ist noch zu neu und bietet keinerlei Möglichkeiten für eine systematisierte Abbildung anderer Datenformate, besonders der Telefonie. Das ATM-Format ist ein Auslaufmodell, das niemand mehr möchte. Das SONET-Format kann über OC-192-c auch in den Bereich von 10 Gb/s vorstoßen, ist dann allerdings sehr geschachtelt. Das ESCON-Format ist herstellerabhängig, dem Fiberchannel-Format fehlt es an allgemeinem Bekanntheits- und Beliebtheitsgrad und das IP-Format ist als Format der OSI-Schicht 3, des Network Layers, darauf angewiesen, von einem anderen Format in der Schicht 2 »mitgenommen« zu werden. Also ist keines dieser Formate wirklich geeignet, als einheitliches Datenformat in Optischen Netzen zu wirken und langfristig die Dominanz des SONET-Formates abzulösen. Das G-709-Format hat als speziell auf DWDM-Systeme abgestimmtes Format allerdings das Zeug dazu. Das einheitliche Format kann dazu benutzt werden, bestehende Formate der OSI-Schicht 2 wie STM-n-Frames, ATM-Zellen oder Ethernet-Pakete zu vereinheitlichen und auf die optische Domäne abzubilden. Dabei müssen wir uns natürlich vor Augen halten, dass damit im Rahmen einer Verbindung zwei unterschiedliche Formate für das nichtoptische und das optische Transportnetz benutzt werden, nämlich das ursprüngliche Layer-2-Format und das »eingepackte« Layer-2-Format. Dies ist, wie der Kölner sagen würde, doppelt gemoppelt und keineswegs optimal, entspricht aber dem, was in der Realität gemacht werden muss. Viel wünschenswerter ist es, ein IP-Paket direkt auf die optische Transporteinheit (OTU) abzubilden. Ein IP-Paket ist eine Einheit der OSI-Schicht 3 und kann ohnehin nicht direkt auf eine datenübertragende Physik gebracht werden, sondern benötigt nach schichtenorientierter Konstruktion einen geeigneten Zwischenträger, z.B. ein Ethernet-Paket. Das Spannende an G-709 ist aber, das genau dieser Weg geebnet wird: man lässt zwar auch die Abbildung von Schicht-2-Datenformaten in der OTU aus Kompatibilitätsgründen zu, unterstützt aber auch die direkte Abbildung eines IP-Frames. Damit wird eindeutig ein technisch sauberer Weg für die Benutzung von DWDM-Strecken durch IP-Pakete geebnet.

Das Rahmenformat einer OTU enthält drei Blöcke, nämlich den Overhead (OH), die Nutzdaten und die Fehlerkorrektur (FEC). Wir sehen in Bild 7 ein Beispiel für ein solches Paket. Im Nutzdatenblock (Payload) befinden sich die Daten aus der Client-Ebene, z.B. ein STM-64-Signal, ein (Gigabit-) Ethernet-Paket oder, noch günstiger weil direkt aus der Schicht 3 kommend, ein IP-Paket), der ODUk-Overhead, also ODUk-PMOH und ODUk-TCMOH, der OTUK-OH und das Frame Alignment.

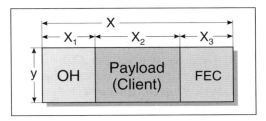

Abb. 2.4.7: Prinzipielles Rahmenformat der OTU

Der Rahmen hat eine Größe von y Zeilen und x Spalten, wobei eine Spalte ein Byte breit ist. Für den OH sind x1 Spalten vorgesehen, für Payload x2 und für FEC x3 Spalten. Wie man leicht sieht, gilt

x = x1 + x2 + x3. Die zeitliche Übertragung erfolgt zeilenweise von links nach rechts. Bei vorgegebener Bitrate für die Payload, BPL, werden die Datenraten BODU für die ODU bzw. BOTU für die OTU wie folgt berechnet:

BODU = BPL * (x1 + x2)/x2

BOTU = BPL * (x1 + x2 + x3)/x2

Das in Abb. 2.4.7 dargestellte grobe Rahmenkonzept reicht natürlich in keiner Weise aus, um die Interoperabilität von Geräten unterschiedlicher Hersteller und zwischen Carrier-Domänen zu gewährleisten. Es kann aber durchaus als Intra-Vendor-Domain-Schnittstelle eingesetzt werden, bei der jeder Hersteller die genaue Anzahl von Zeilen und Spalten für seine Produktfamilie selbst bestimmen kann, ohne darauf Rücksicht nehmen zu müssen, wie dies ein anderer Hersteller macht. Allerdings birgt die allzu große Gewährung von Freiheitsgraden immer das Problem, dass an den Übergängen zu streng normierten Schnittstellen erhebliche Konversionen gemacht werden müssen.

Eine solche streng definierte Schnittstelle ist das Inter Domain Interface (IrDI), welches in Abb. 2.4.8 zu sehen ist.

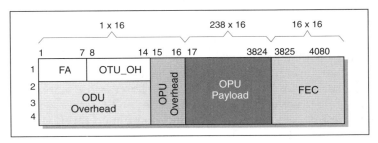

Abb. 2.4.8: IrDI

Das IrDI ist die standardisierte Schnittstelle für volle Interoperabilität zwischen unterschiedlichen Herstellen und verschiedenen Carrier-Domänen. Der Rahmen des IrDI besteht aus vier Zeilen zu je 4080 Spalten, wobei jede Spalte mit einem Byte gefüllt wird. Dabei hat der Overhead 16 Spalten, für die Payload stehen 3808 Spalten zur Verfügung und der FEC-Algorithmus darf 256 Spalten benutzen, das ist vergleichsweise sehr viel und ermöglicht die Anwendung hochkomplexer Algorithmen mit erheblicher Wirkung. Die Spalten 1 bis 14 sind mit Frame Alignment, OTU-Overhead und ODU-Overhead ausgefüllt. In den Spalten 15 und 16 steht der OPU-Overhead. Die genannten Overhead-Bereiche sind noch weiter feinunterteilt, auf diese Unterteilungen wollen wir aber an dieser Stelle nicht weiter eingehen, sondern verweisen den Interessierten auf das Originaldokument der ITU-T G-709-Empfehlung. Die Datenraten der OPUk-Payload werden etwas kompliziert festgelegt, nämlich als etwas »krumme« Vielfache der Basisrate für STM-16-Signale, das ist BSTM16 = 2,48832 Gb/s.

BOPU1 = BSTM16

BOPU2 = BSTM16 * 4 * 238/237

BOPU3 = BSTM16 * 16 * 238/236

Die Datenraten von OPU1 und STM-16-Signalen sind daher identisch, d.h. in diesem Fall kann der Payload-Block 1:1 mit einem STM-16-Signal gefüllt werden. Die Nutzlastbereiche der OPU2 und OPU 3 sind jeweils 64 Byte bzw. 128 Byte größer als das entsprechende STM-N-Nutzlastsignal. Das hat man so gemacht, um sich für die Zukunft die Option nicht zu verstellen, das Multiplexen von ODUs zu standardisieren. In der ersten Version des Standards wurde das Mappen/Multiplexen von ATM, IP, Ethernet, SDH und von anderen Testsignalen festgelegt. Der OPU-OH enthält Reservierungen für weitere standardisierte Mappings von Client-Signalen und auch hinreichende Reserven für die Definition herstellerspezifischer Abbildungen.

2.4.4 Wertung und Ausblick

Mit der Definition einer Architektur für das optische Transportnetz und den dazugehörigen Schnittstellenbeschreibungen für das OTN-NNI nach der ITU-T-Empfehlung G-709 wurde ein wesentlicher Meilenstein in der Entwicklung Optischer Netze gesetzt, weil die bislang erfolgreiche Reihe von Standards für die plesiochrone und synchrone Netzwerkhierarchie sinnvoll und kontinuierlich festgelegt wwerden konnte. Mit diesem Standard wird im Grunde genommen die Lücke zwischen SDN und den neuen DWDM-Technologien geschlossen. Aufgrund der Informationen im Header können Kontrollmechanismen für Ende-zu-Ende-Verbindungen aufgesetzt werden, die die Möglichkeiten von Systemen, die lediglich auf den hintereinander geketteten Informationen aus SONET basieren, wesentlich betreffen. Man erwartet Lösungen in folgenden Bereichen:

- kontinuierliche Überwachung und Gewährleistung von Verfügbarkeit und höchster Signalqualität über mehrere verschachtelte und kaskadierte Domänen hinweg,
- Nutzung eines einheitlichen Rahmens für die verschiedenen Nutzsignale,
- Unterstützung eines glatten Übergangs zu IP-DWDM-Netzen.

Der Zeitpunkt für den Standard ist sehr gut gewählt, weil die DWDM-Technik eine hinreichende Stabilität erreicht hat und die Technik der Optischen Netze an der Schwelle zu rein optischen Transportlösungen steht. Der Standard ermöglicht wesentliche Basisfunktionen, lässt aber auch noch genügend Spielraum für weitere Entwicklungen.

Der Standard basiert auf Techniken und Formaten, die von den Herstellern prinzipiell schon implementiert wurden, aber eben in unterschiedlichen Ausprägungen. Es kann daher schon in 2002 mit entsprechenden Implementierungen gerechnet werden.

2.5 Zusammenfassung und Überleitung

In 2.2 wurde ein relativ komplexes Strukturmodell entwickelt. Wie man sofort sieht, beziehen sich SONET und der Standard G.709 nur auf die unteren Ebenen des optischen Transport-Subsystems. Man geht einfach davon aus, dass die Steuerung der Switches und Cross-Connects, z.B. im Rahmen eines Routing-Verfahrens, »vom Himmel fällt«. Diese Trennung zwischen Netzwerk-Steuerung und optischer Transportdomäne findet man auch bei allen wichtigen Herstellern. Die im Kap. 1 angegebenen Funktionen eines intelligenten Optischen Netzes können in der optischen Transportebene nicht erreicht werden, sondern sind der Steuerungsebene vorbehalten.

Allerdings gibt es auch einen großen Bereich von Netzwerken, in denen das alles nicht so problematisch ist, nämlich die lokalen Netze, bei denen die Wegfindung im Allgemeinen keinen besonderen Aufwand darstellt.

Deshalb setzen wir die Weiterverfolgung dieser Thematik sozusagen an dieser Stelle aus und kümmern uns in den nächsten zwei Kapiteln zunächst einmal um die wichtigen »Einzelteile« der Optischen Netze, wobei im Kapitel 3 die Punkt-zu-Punkt-Verbindungen mit den Komponentengruppen Sender, Empfänger, Modulatoren, Glasfasern und Verstärker im Vordergrund stehen, während im Kapitel 4 die Komponentengruppen für die Schaffung Optischer Switches und die sich aus ihnen ergebenden architekturellen Überlegungen den Schwerpunkt bilden. Im Kapitel 5 kommen wir dann zum ersten »vollständigen« Optischen Netz, dem 10-Gigabit-Ethernet. Damit die Besprechung dieses Standards nicht so »alleine« steht, fügen wir dort noch einige Ausblicke auf die generelle Entwicklung von Ethernet, vor allem auf der »First Mile« hinzu, die die Ausführungen zum Thema »Ethernet Everywhere« weiter detaillieren.

Optische Übertragungstechnologie 3

Zurzeit entwickelt sich die optische Übertragungstechnologie zur generellen Übertragungstechnik der Zukunft. Offen ist lediglich die Frage, welchen Stellenwert diese Technologie auf der Gebäudeetage und im Arbeitsplatzbereich haben wird. Ab dem Geländebereich ist die Lichtleitertechnologie heute ohne Konkurrenz.

Außerdem findet die Übertragung auf metallischen Leitern bei 1 Gb/s ihre absolute Grenze. Beim Gigabit Ethernet-LAN über Twisted Pair müssen wirklich alle möglichen Tricks aufeinander gestapelt werden, um diese Datenrate auf dem metallischen Medium noch zu erreichen. Wir sprechen aber schon von 10-Gigabit-Ethernet. Ein solches System arbeitet ausschließlich mit Glasfaserübertragungstechnologie.

Generell kann man sehen, dass die Übertragung auf metallischen Leitungen nur noch für den Endsystembereich in Unternehmen, Organisationen und anderen privaten Netzen sowie im Bereich der »letzten Meile« für den Anschluss von Haushalten und Büros an öffentliche Netze benutzt wird. Alle anderen Versorgungsbereiche in LANs, MANs, WANs und GANs werden mit der optischen Übertragungstechnik realisiert. Sozusagen täglich neue Fortschritte bei den Komponenten und Systemen schrauben die erreichbaren Leistungen immer höher.

Die Fortschritte in der Herstellung optischer Komponenten machen diese immer kleiner und billiger. Ein Laser, der vielleicht vor fünf Jahren noch so groß war wie ein Schuhkarton, wird so klein wie ein Zuckerwürfel. Durch die enormen Entwicklungen in der Herstellung integrierter optischer Schaltkreise können Komponenten wie Halbleiterlaser, Verstärker und Empfänger enorm verkleinert werden. Dadurch senken wir neben den Volumina auch die Kosten pro übertragenem Bit dramatisch. Die konventionelle Übertragungstechnik auf Glasfasern sieht nur einen Kanal vor, der eben durch Licht einer Wellenlänge gebildet wird, welches mit der zu übertragenden Information moduliert wird. Mittlerweile hat sich aber auch eine Mehrkanaltechnik (Wellenlängenmultiplex) entwickelt, die Licht unterschiedlicher Wellenlängen in einem Lichtwellenleiter koexistent überträgt. Jeder dieser einzelnen Lichtstrahlen bekommt seinen eigenen Informationsgehalt. So können über eine Faser viele Informationen parallel übertragen werden. Da letztlich die verlegte Übertragungsstrecke in den meisten Fällen viel teurer ist als die Geräte, mit denen man sie betreibt, führt diese Mehrkanaltechnik zu einer erheblichen Kostensenkung pro übertragenem Bit und wird in den nächsten Jahren die Übertragungssysteme in allen Bereichen revolutionieren.

Die Vorteile optischer Übertragungstechnik sind generell:

- *hohe verfügbare Bandbreite*, die prinzipiell bis in den Multigigabit- bzw. in den Terabit-Bereich reicht,

- *geringe (annähernd frequenzunabhängige!) Signaldämpfung:* Diese Eigenschaft erlaubt die Überbrückung großer Distanzen zwischen aktiven Netzkomponenten,

- *Störsicherheit:* Lichtwellenleiter sind unempfindlich gegenüber Interferenz im gesamten elektrischen und optischen Spektralbereich,

- *Abhörsicherheit:* Lichtwellenleiter strahlen so gut wie kein Licht an die Umgebung ab und sind lediglich durch Spezialeinrichtungen abhörbar,

- *Isolation:* Lichtwellenleiter zeichnen sich durch die Unabhängigkeit von dem elektrischen Potenzial verbundener Stationen aus. Durch die elektrische Entkopplung der Stationen ist keine gemeinsame Betriebserde erforderlich. Außerdem sind Lichtwellenleiter unempfindlich gegen Blitzschlag,

- *Erweiterbarkeit:* Die sehr hohe Datenrate, die prinzipiell über Lichtwellenleiter übertragen werden kann, erspart eventuell Neuverkabelung beim Übergang von einem existierenden Netzwerk auf einen (leistungsfähigeren) Nachfolger bzw. bei Hinzunahme weiterer Funktionalitäten,

- *Relativ geringe Kosten* eines (virtuellen) Kanals,

- *Handlichkeit:* Optische Übertragungseinrichtungen sind in der Regel kleiner und leichter als vergleichbare elektrische Anlagen.

Nachteile optischer Übertragungstechnik können sein:

- hoher Konfektionierungsaufwand,
- Schwachstelle Steckertechnik,
- kostenintensive Gerätetechnik (Dämpfungsmessung, Spleiß etc.)

Abb. 3.0.1 veranschaulicht exemplarisch den Vorteil von Lichtwellenleitern gegenüber metallischem Kabel in Bezug auf die Streckendämpfung der Signale (aus [ATC 89]).

Optische Übertragungstechnologie

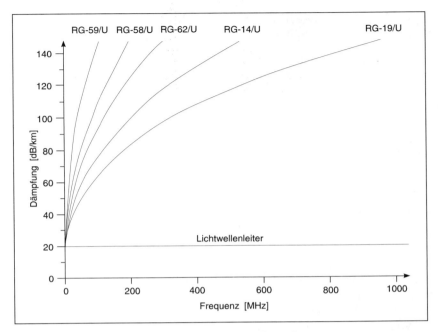

Abb. 3.0.1: Bandbreite vs. Dämpfung

Einige Punkte aus obiger Tabelle wie etwa die Abhörsicherheit und die Immunität gegenüber elektrischen Feldern, sind z. B. im Sicherheitsbereich (Militärbereich, Innenministerien usw.) von besonderem Interesse. Bei den Anwendern von Datennetzen steht allerdings mehr die Möglichkeit im Vordergrund, eine leistungsfähige Hintergrundvernetzung selbst ausgedehnter Gebiete zu realisieren.

Es werden laufend neue Leistungsmarken und Rekorde aufgestellt. Im LAN-Bereich führt zurzeit das 10-Gigabit-Ethernet. Im MAN-Bereich entwickeln sich preiswerte Backbones, die auf einer Ausdehnung von einigen hundert Kilometern eine Leistung von 500 Gb/s bis zu 1 Tb/s haben. Im WAN-Bereich setzt sich dies mit Netzen einer Ausdehnung von über 1000 km und einer Leistung von 1-2 Tb/s pro Übertragungsstrecke fort.

Traditionell gibt es bei optischen Übertragungssystemen ausgesprochen preiswerte Ausführungen, die eine nicht so hohe Leistung haben, dafür aber in einem weiten Bereich, besonders bei LANs, günstig eingesetzt werden können, und teure, hochwertige Ausführungen. Der »Billigtechnologie«-Rekord steht zurzeit bei 40 Gb/s über 300 m Multimode-Gradientenindexprofilfaser mit Vertikalemitter-Laserdioden (VCSELs), während die hochwertige Technologie z.B. im Bereich der Seekabel 1,8 Tb/s auf 6000 km Monomode-Stufenindexprofilfaser mit abgestimmten Lasern bzw. 10,2 Tb/s auf 100 km ohne 3D-Regeneration, also vollständige Zwischenverstärkung erreicht.

Bei den Kosten sieht es so aus: das 10-Gigabit-Ethernet kostet in den wesentlichen Komponenten nur etwa das Dreifache vom Gigabit-Ethernet. Dieses war seinerseits ca. dreimal so teuer wie ein 100 Mb/s-Fast-Ethernet, welches bei seiner Einführung ca. das Dreifache des Standard-Ethernet mit 10 Mb/s kostete. Den Leitungssprung um den Faktor 1000 müssen wir also nur mit den 27-fachen Kosten bezahlen. Dies bedeutet, dass die Übertragungskosten pro Bit nur noch ein Vierzigstel betragen. Im WAN-Bereich ist das noch viel dramatischer und wir können mit Kosteneinsparungen um den Faktor 250 rechnen.

Vergleichsweise hat sich die Übertragungstechnik im optischen Bereich also wesentlich schneller entwickelt als die anderen Technologien, die dem Gesetz von Herrn Moore folgen (Speicher, Prozessoren usf.)

Die Wunschvorstellung einer punktförmigen Lichtquelle und paralleler Strahlen einer Wellenlänge sowie ein verlustloses Ein- und Auskoppeln von Licht in bzw. aus dem Lichtwellenleiter kann allerdings technisch nicht realisiert werden. Vielmehr erzeugen die Strahlungsquellen Lichtanteile unterschiedlicher Wellenlänge. Darüber hinaus treten Dämpfungsverluste sowohl beim Einkoppeln als auch innerhalb der Lichtwellenleiter auf. Ein wichtiger Aspekt bei optischen Systemen ist daher die Anpassung der einzelnen Komponenten aneinander.

Bevor ich in diesem Kapitel auf die einzelnen Ausführungsformen von Sendern, Lichtwellenleitern, Empfängern usw. sowie im nächsten Kapitel auf die Konstruktion komplexerer Baugruppen wie Add/Drop-Multiplexer und Switchmatrizen eingehe, möchte ich diesen Ausführungen einen Ausflug in die Physik voranstellen. Ich habe nämlich bei Kursen zu »Optische Netze« feststellen müssen, dass nur ganz wenigen Teilnehmern die aus der Physik notwendigen Grundlagen und Effekte bekannt sind. Das mag am hohen Grad von Quereinsteigern in den Bereich Netzwerke liegen. Man kann versuchen, die Optischen Netze auch ohne diese Grundlagen zu verstehen. Das ist sicher bis zu einem gewissen Grad möglich, führt aber doch dazu, dass man gewisse Dinge einfach hinnehmen muss. Ein solches Problem gab es schon einmal in der Vergangenheit. Bei Lokalen Netzen hat sich lange niemand für die zugrunde liegende Nachichtentechnik interessiert, weil die erreichte Übertragungsrate in keinem Verhältnis zu dem stand, was man auf den Übertragungsmedien wirklich erzielen konnte. So hat sich jeder mit Kochbuchegeln angefreundet, nach denen man ein LAN einfach zusammenstecken kann. Diese Kochbuchregeln haben auch den Bereich der optischen Datenübertragung erfasst, sobald diese im LAN-Umfeld benutzt wird. Erst als man auf normalem Kabel 100 Mb/s oder mehr übertragen wollte, war auf einmal der Bedarf nach Information groß und es gab ungläubiges Staunen angesichts längst bekannter Naturgesetze. Mit den Optischen Netzen, von denen in diesem Buch die Rede ist, kommen wir teilweise an die Grenze des physikalisch Machbaren. Je mehr wir uns dieser Grenze nähern, desto wichtiger ist es zu wissen, wie bestimmte Effekte wirken. Ich merke jetzt schon wieder die Tendenz, nach Kochbuchrezepten zu rufen, was sich z.B. in Längenempfehlungen für 10-Gigabit-Ethernet-Installationen niederschlägt. So kommt man aber nie ans High End. Dieses Buch kann kein ordentliches Physikbuch oder Buch zur Optoelektronik ersetzen, davon gibt es aber auch genug. Ich kann lediglich versuchen, die Zusammenhänge, die für das Verständnis wirklich erforderlich sind, zusammenzustellen. Ich würde mir wünschen, dass sich mancher Leser hierin weiter vertieft. Leser mit dem entsprechenden Hintergrund können das Unterkapitel 3.1 vollständig überspringen.

3.1 Ausflug in die Physik

Wir beginnen unseren Ausflug bei der bivalenten Natur des Lichtes und kommen dann zu einigen wichtigen optischen Effekten. Die Energiebänder bei atomaren Strukturen sind wichtig für das Verständnis der Halbleiterstrukturen, wie wir sie u.a. bei der Herstellung von integrierten optischen Schaltkreisen benötigen.

3.1.1 Zur Natur des Lichts

Während des siebzehnten Jahrhunderts wurden zwei Theorien über die Natur des Lichtes entwickelt, nämlich die Wellentheorie von Hooke und Huygens und die Korpuskulartheorie von Newton. Beobachtungen von Young, Malus, Euler und anderen stützten die Wellentheorie. Im Jahr 1864 kombinierte Maxwell die Gleichungen, die man bis dahin zum Elektromagnetismus gefunden hatte, zu einer allgemeinen Form, und zeigte damit, dass es nahe liegend ist, an eine Existenz transversaler elektromagnetischer Wellen zu glauben. Die Ausbreitungsgeschwindigkeit dieser Wellen im Vakuum des freien Raumes wurde als Wurzel des Reziproks des Produkts der Dielektrizitätskonstante und der Permeabilitätskonstante des Vakuums berechnet. Damit konnten früher experimentell bestimmte Werte für die Ausbreitungsgeschwindigkeit des Lichtes ungefähr bestätigt werden. Das »ungefähr« kommt von den damaligen Messmethoden für diese Experimente. Maxwell nahm daher an, dass Licht eine elektromagnetische Welle mit der Geschwindigkeit von ca. $3 \cdot 10^{-8}$ m pro Sekunde und einer Frequenz von ca. $5 \cdot 10^{14}$ Hz bei einer Wellenlänge von ca. 500 nm ist. Maxwell´s Theorie legte nahe, dass die

Möglichkeit der Erzeugung elektromagnetischer Wellen mit einem weiten Bereich von Wellenlängen bzw. Frequenzen möglich sein müsste. 1887 konnte Hertz zum ersten Mals nicht sichtbare elektromagnetische Wellen mit einer Wellenlänge von ca. 10 m erzeugen, indem er in einer Induktionsspule eine Funkenlücke ließ und damit oszillierende elektrische und magnetische Felder erzeugte. Sichtbares Licht und Hertzsche Wellen sind Bestandteile des elektromagnetischen Spektrums, welches sich über Wellenlängen von 1 Picometer bis zu 100 km erstreckt. Durch diese Forschungen wurde die Wellentheorie zur allgemein anerkannten Theorie für die Natur des Lichtes.

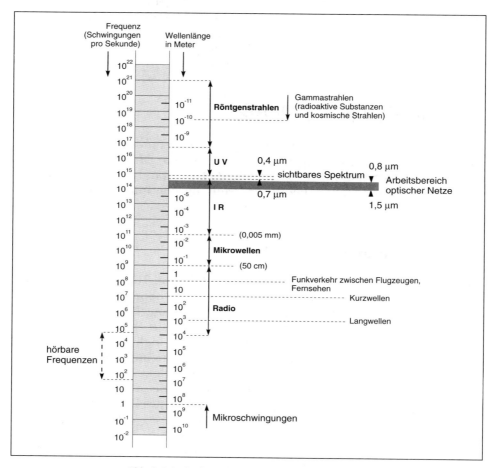

Abb. 3.1.1: *Spektrum elektromagnetischer Wellen*

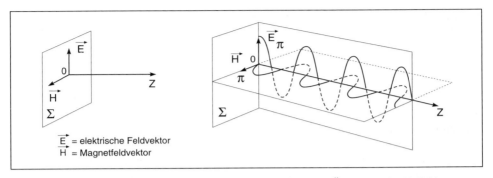

Abb. 3.1.2: Ebene ektromagnetische Welle und räumliche Änderung des H-Feldes

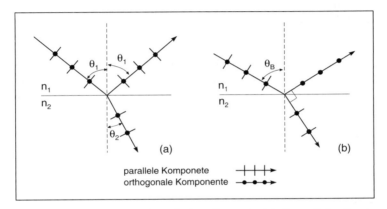

Abb. 3.1.3: a) Ein Lichtstrahl, der an der Schnittstelle zweier Medien mit den Brechungsindices n1 und n2 reflektiert, wird teilweise linear polarisiert, wobei mehr an paralleler Komponente als an orthogonaler Komponente betroffen ist.
b) Fällt das Licht mit dem Brewster-Winkel ein, wird der reflektierte Anteil vollständig linear polarisiert.

Die Wellentheorie liefert gute und beständige Erklärungen optischer Phänomene wie Interferenz und Brechung, scheitert aber völlig, wenn man Phänomene erklären will, bei denen Energie ausgetauscht wird, wie bei der Emission und Absorption von Licht oder dem photoelektrischen Effekt. Der photoelektrische Effekt ist im Allgemeinen die Emission von Elektronen aus Oberflächen von Festkörpern, wenn diese bestrahlt werden, und konnte erst 1905 von Einstein erklärt werden. Einstein hatte die Annahme, dass die Energie eines Lichtstrahles nicht gleichmäßig verteilt, sondern in bestimmten Regionen konzentriert ist, die sich wie Partikel benehmen. Diese Energie-»Partikel« wurden 1926 von G.N. Lewis als **Photonen** bezeichnet. Einstein wurde bei der Findung des Konzepts der Photonen von den Arbeiten Ernst Plancks über die Abstrahlung von Licht von heißen Körpern beeinflusst. Planck fand heraus, dass die Lichtenergie in Vielfachen einer minimalen Energieeinheit emittiert wird. Die Größe dieser Einheit, die als **Quantum** bezeichnet wird, hängt von der Frequenz ν der Strahlung in der einfachen Beziehung

E = hν

ab, wobei h in Erinnerung an den Entdecker dieser Beziehung als **Planck´sche Konstante** bezeichnet wird. Die Hypothese von Planck konnte mit großen Schwierigkeiten in Übereinstimmung mit der Wellentheorie gebracht werden, weil sie keine Konzentration der Energie in bestimmten Punkten verlangte. Als Einstein aber zeigte, dass es notwendig zu sein scheint, anzunehmen, dass es bei der Reise einer Welle durch den Raum Energiekonzentrationen in Form von Partikeln gibt, war eine Wellenlösung auszuschließen. So wurde die Partikeltheorie bestätigt und in der Tat ist es so, dass das Licht eine *duale* Natur hat. Es ist Welle und Partikelstrom. Diese zwei Theorien für die Natur des Lichtes stehen nicht im Widerspruch zueinander, sondern ergänzen sich eher. Für unsere Zwecke ist es hinreichend zu akzeptieren, dass in vielen Experimenten, speziell in denen, die den Austausch von Energie betreffen, die Partikelnatur des Lichts die Wellennatur dominiert. In anderen Fällen, wie Brechung oder Interferenz, wo Licht mit Licht interagiert, ist die Wellennatur wichtiger.

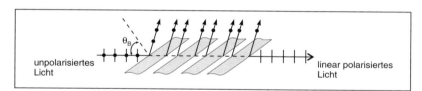

Abb. 3.1.4: Schematische Darstellung der Produktion linear polariserten Lichtes mit einem »Stapel« von Scheiben. Das Licht fällt im Brewster-Winkel auf die Scheiben, sodass eine immer stärkere lineare Polarisation erreicht wird.

Für die Erklärungen von Effekten verwenden wir in diesem Buch manchmal das sehr anschauliche **Bohrsche Atommodell**. Im Jahre 1913 entwickelte Niels Bohr eine Theorie des Wasserstoffatoms, die letztlich einen neuen Zeitabschnitt in der Geschichte der Physik markiert. Er nahm an, dass das Wasserstoffatom aus einem Kern der Ladung +e besteht, in dem praktisch die gesamte Masse konzentriert ist, und einem Elektron der Ladung -e, das sich in einer Kreisbahn vom Radius r um den Kern bewegt. Da die Ladungen dieser Teilchen entgegengesetzte Vorzeichen haben, übt der Kern eine anziehende Kraft auf das Elektron aus. Das ist die **Coulomb-Kraft**. Da das Elektron sich mit einer Geschwindigkeit v auf einer Kreisbahn vom Radius r bewegt, erfährt es außerdem eine Zentrifugalkraft. Das Elektron kann nur dann auf dem Kreis bleiben, wenn diese beiden Kräfte genau gleich sind. Würde die Anziehung überwiegen, würde es auf den Kern hinunterfallen, überwiegt die Zentrifugalkraft, würde es die Kreisbahn verlassen. Bei seiner Bewegung um den Kern erfährt das Elektron aber eine so genannte Normalbeschleunigung oder **Zentripetalbeschleunigung,** und folglich muss es wie jede Ladung, wenn sie beschleunigt wird, eine Strahlung emittieren. Dann würde es aber Energie verlieren und doch in den Kern stürzen. Wir wissen aber, dass das nicht passiert. Bohr nahm einfach an, dass die Gesetze der Elektrodynamik im atomaren Bereich nicht mehr gelten und formulierte zwei Postulate: die Elektronen beschreiben Kreisbahnen, ohne dabei Energie zu emittieren, und es sind nicht alle Kreisbahnen möglich, sondern nur solche, für die der Drehimpuls des Elektrons ein ganzzahliges Vielfaches von h/2π (h = Plancksche Konstante) ist. Wenn das Elektron auf einer bestimmten Bahn ist, besitzt es einen Energiezustand, der die Summe aus seiner kinetischen und potenziellen Energie ist. Die potenzielle Energie eines Elektrons ist gleich Null, wenn es sich in einem unendlich großen Abstand vom Kern befindet. Um das Elektron vom Kern zu entfernen, muss man Energie aufbringen, was in der Konsequenz der Betrachtung zu negativen Energien führt. Die potenzielle Energie ist gleich der Arbeit der Kraft, wenn das Elektron vom Unendlichen auf die Kreisbahn mit dem Radius r gebracht wird. Die kinetische Energie bestimmt sich durch die Kreisbahn und die Geschwindigkeit auf ihr. Die Summe aus kinetischer und potenzieller Energie ist die **Bindungsenergie** des Elektrons. Das ist die Energie, die man aufbringen muss, um das Elektron von seiner Kreisbahn ins Unendliche zu befördern.

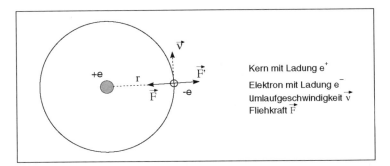

Abb. 3.1.5: Wasserstoffatom nach Bohr

Wie schon gesagt gibt es keine beliebigen Kreisbahnen, sondern nur bestimmte, die durch die entsprechenden Energieniveaus der Elektronen gekennzeichnet sind. In Abb. 3.1.6 sehen wir die Energieniveaus des Wasserstoffatoms.

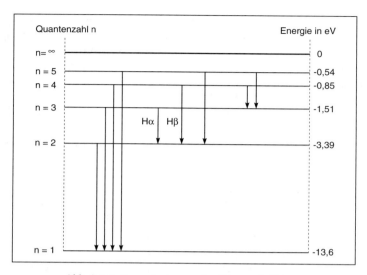

Abb. 3.1.6: Energieniveaus des Wasserstoffatoms

In einem nicht angeregten Wasserstoffatom ist das Elektron auf dem niedrigsten Energieniveau n = 1. Wenn es Energie empfängt, geht es auf ein höheres Niveau über. Das kann auf mehrere Arten geschehen. Wenn sich die Wasserstoffatome z.B. in einem von einer elektrischen Ladung herrührenden Feld befinden, kann ein durch das elektrische Feld beschleunigtes freies Elektron das Elektron eines anderen Atoms anstoßen und ihm Energie mitteilen. Die Wärmebewegung, die durch eine Temperaturerhöhung erzeugt wird, kann den Elektronen der Atome ebenfalls Energie durch Stoß mitteilen. Wenn man den Wasserstoff z.B. mit Photonen beschießt, können diese absorbiert werden, und die Atome gehen demnach in einen höheren Energiezustand über. Nehmen wir an, das Elektron absorbiert eine Energie von 20 eV (Elektronenvolt). Die Abb. 3.1.6 zeigt, dass in diesem Falle das Elektron dem Atom entrissen wird (n = Unendlich), weil die maximale Energie, die man dazu benötigt, nur 13,6 eV beträgt. Man spricht dann auch von einer **Ionisierung** des Atoms, es ist jetzt nämlich hinsichtlich seiner Ladung gegenüber der Umgebung unausgeglichen. Das Elektron behält in diesem Falle eine Energie von 6,4 eV in Form von kinetischer Energie übrig. Damit könnte es im Vakuum ziemlich weit kommen, aber das interessiert hier nicht mehr. Viel interessanter für die Erklärung der Optischen Netze ist was passiert, wenn man eine Energie, die kleiner als 13,6 eV ist, auf das Elektron anwendet. Es kann dann nur eine der erlaubten Energien absorbieren, die den Niveaus n = 2, n = 3 usw. entsprechen. Das Atom wird in diesem Fall nicht ionisiert, weil das Elekron ja dableibt, aber angeregt, d.h. auf ein höheres Energieniveau gebracht. Das ist aber ein instabiler Zustand und das Atom fällt sehr schnell in einen niedrigeren Energiezustand zurück, wobei es ein Photon emittiert.

Nehmen wir an, das Atom geht von einem hohen Energieniveau E2 auf ein weniger hohes Energieniveau E1 über. Dabei wird ein Photon mit der Energie hv emittiert, die durch die Differenz

hv = E2 - E1

gegeben ist. Die Frequenz v ist gleich dem Verhältnis c/λ der Lichtgeschwindigkeit zur Wellenlänge. Macht man das in ausreichender Anzahl, wird durch die Menge der Photonen eine Strahlung emittiert, die auf einem Frequenzspektrum eine Spektrallinie darstellt, deren Wellenlänge λ ist, und insgesamt ergibt sich

E2 - E1 = hc/λ

Wenn das Atom von dem Niveau n = 3 auf das Niveau n = 2 übergeht, erhält man durch Einsetzen in die Formeln λ = 0,6563 µm, das ist die so genannte H-Alpha-Linie (rote Linie) des Wasserstoffs. Den Übergang von einem Energieniveau auf ein anderes nennt man **Quantensprung**. Die Quantensprünge werden in Abb. 3.16 durch nach unten gerichtete Pfeile dargestellt. Die Quantensprünge zwischen den verschiedenen Niveaus erlauben es, die aus dem Experiment gewonnenen Wellenlängen der Wasserstofflinien wiederzufinden. Je länger die Pfeile sind, desto kürzer sind die entsprechenden Wellenlängen. Die Quantensprünge, die bei n = 1, n = 2 und n = 3 enden, ergeben die ultravioletten, sichtbaren und infraroten Linien des Wasserstoffspektrums.

Bohr wurde nachträglich vorgeworfen, seine Theorie so lange hingebogen zu haben, bis sich eine Erklärung für die Spektrallinien des Wasserstoffes ergeben hat. Für andere Atomspektren ergaben sich nämlich zunächst unerklärliche Abweichungen. Das war im Nachhinein gesehen besonders ungerecht, weil die Bohrsche Theorie mit leichten Verbesserungen versehen die Grundlage für die Erklärung vieler wesentliche Effekte im Zusammenhang der modernen Physik und besonders auch für die in diesem Buch betrachteten gibt. Die damaligen Unzulänglichkeiten sind vor allem auf die Mess- und Versuchstechnik zurückzuführen.

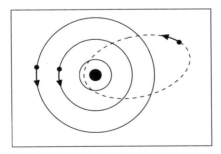

Abb. 3.1.7: Elliptische Bahn nach Sommerfeld

Schon 1915 hat Sommerfeld die Sache dadurch wesentlich gerade gerückt, dass die Kreisbahnen durch Ellipsen ersetzt wurden, in deren einem Brennpunkt der Atomkern liegt. Die Bahnen werden dabei durch zwei so genannte Quantenzahlen charakterisiert, die Zahl n, die so genannte **Hauptquantenzahl**, die ein Maß für die große Halbachse der Ellipse ist und von 1 an alle ganzzahligen Werte annehmen kann, und die Zahl ϑ, genannt **Nebenquantenzahl**, die für jeden Wert von n die Werte 0,1,2, ... n-1 annehmen kann. Man stellt die Quantenzahl ϑ durch einen Vektor dar, der senkrecht auf der Bahnebene steht und dessen Richtung durch die Korkenzieherregel gegeben ist. Die Energieniveaus sind also die des Bohrschen Atommodells. Bei einem Wasserstoffatom bleiben die **Spektrallinien** so wie sie sind, weil die Einführung der elliptischen Bahnen nicht zu neuen Energieniveaus führt. Bei Atomen mit mehreren Elektronen ist das allerdings nicht mehr der Fall, denn ein Elektron, das eine längliche Bahn besitzt, dringt in die tieferen Energie-»Schalen« ein und seine Energie wird durch deren Elektronen gestört. Dem gleichen Wert der Hauptquantenzahl entsprechen verschiedene Werte der Nebenquantenzahl. Sommerfeld konnte so die komplizierten Spektrallinien der Alkalimetalle erklären.

Leider reicht auch die Theorie von Sommerfeld nicht ganz aus, um alles zu erklären. Mit einem Spektroskop hinreichend großen Auflösungsvermögens stellt man tatsächlich fest, dass alle Alkalilinien doppelt sind. Die gelbe Linie von Natrium besteht in Wirklichkeit aus zwei Linien der Wellenlängen 0,5890 µm und 0,5896 µm. Erst 1925 konnten Uhlenbeck und Goudsmit die Dubletten erklären: sie betrachteten das Elektron nicht mehr als einen einfachen Materiepunkt, sondern als kleine Kugel, die sich zugleich um sich selbst und um den Kern dreht. Ein solches Elektron besitzt einen Eigendrehimpuls. Dieser wird als der so genannte **Spin** des Elektrons bezeichnet. Der Spin kann nur parallel oder antiparallel zum Vektor, der durch ϑ erzeugt wird, stehen. Das ergibt zwei sehr eng benachbarte Energieniveaus.

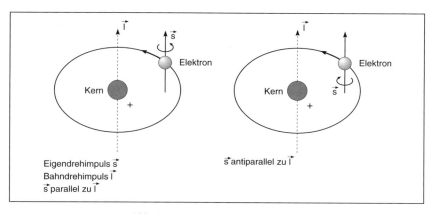

Abb. 3.1.8: Der Spin bei Elektronen

Weiterhin ist ein den Kern umlaufendes Elektron äquivalent zu einer mikroskopischen, stromdurchflossenen Schleife und besitzt ein magnetisches Moment. Die Bahnebene des Elektrons kann nur bestimmte Richtungen annehmen. So kommt man schließlich zu vier Quantenzahlen, der Haupt- und Nebenquantenzahl, der magnetischen und der Spin-Quantenzahl.

In einem Atom sind aber nur bestimmte Kombinationen dieser Quantenzahlen möglich, die nach dem **Pauli-Prinzip** organisiert werden. Dieses fordert, dass in einem beliebigen Atom zwei Elektronen nicht in allen vier Quantenzahlen übereinstimmen können. Von diesem Prinzip ausgehend kann man vorherberechnen, wie sich die Atome aufbauen müssen, um hiermit das bekannte periodische System der Elemente aufzustellen.

Wir besprechen im Folgenden die Entdeckung des für die Optischen Netze so überaus wichtigen **photoelektrischen Effekt**.

Wie bereits gesagt, gibt es Emission und Absorption. Absorption liegt vor, wenn ein Elektron von seinem ursprünglichen Energieniveau auf ein höheres Energieniveau gebracht wird. Wenn das Atom, das sich auf dem Energieniveau E1 befindet, einer Strahlung ausgesetzt wird, die Strahlen der passenden Frequenz v enthält, absorbiert es ein Quantum hv der Energie, die von diesen Strahlen transportiert wird, und geht von dem Zustand E1 in den Zustand E2 = E1 + hv über. Man kann dann ein Absorptionsspektrum beobachten, dessen Linien mit den Emissionslinien des betrachteten Atoms übereinstimmen. Man kann diese Erscheinungen beobachten, indem man weißes Licht durch ein Gas schickt und das durchgelassene Licht mit Hilfe eines Spektralapparates untersucht. Das weiße Licht enthält Photonen jeder Energie, von denen die meisten das Gas durchqueren und nicht absorbiert werden. Die Energie eines Photons kann von dem Atom nur dann absorbiert werden, wenn sie einem erlaubten Quantensprung entspricht. Die Photonen, für die das der Fall ist, werden absorbiert, und man sieht in dem Spektrum dunkle Linien. Wenn die Frequenz des Lichtes groß genug ist (weit im ultravioletten Bereich), kann ein Photon eine ausreichende Energie besitzen, um ein Elektron vollständig aus einem Atom herauszuschlagen. Dieses wird ionisiert und die gesamte zusätzliche Energie wird von dem Elektron in Form von kinetischer Energie mitgeführt. Das ist der **photoelektrische Effekt**.

Erst durch die **Quantenmechanik** ist es gelungen, die unterschiedlichen Theorien für die Natur des Lichtes zu vereinigen. Louis de Brogle hatte die Idee, dass jedem Materialteilchen eine Materiewelle zugeordnet ist. Wenn m die Masse des Teilchens ist, v seine Geschwindigkeit in gradliniger Bewegung und h die Plancksche Konstante, so ist die Wellenlänge der dem Teilchen zugeordnete Welle

$\lambda = h/mv$

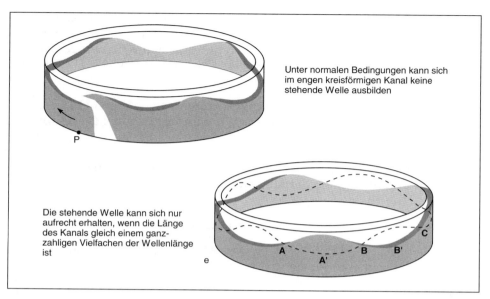

Abb. 3.1.9: Zum quantenmechanischen Wellenmodell

Nehmen wir wieder das Bohrsche Atommodell, aber anstatt den Bahnumlauf des Elektrons um den Kern zu betrachten, stellen wir uns eine Welle vor, die längs eines Kreises um einen Atomkern läuft. Wenn man annimmt, dass der Radius dieses Kreises groß genug ist, kann man die Relation für die Wellenlänge auf die Welle anwenden. Man stellt sich dazu am besten eine Wasserwelle vor, die in einem von zwei Zylindern eingeschlossenen, engen Kanal verläuft. Die Welle startet an einem bestimmten Punkt mit der Phase Null und kehrt nach einem Umlauf mit einer anderen Phase zu diesem Punkt zurück. Nach einem weiteren Umlauf kommt sie mit einer erneut anderen Phase am Ausgangspunkt an. Die Phase behält in keinem Punkt einen festen Wert bei und die Erscheinung kann sich deshalb nicht aufrechterhalten. Nehmen wir aber jetzt an, dass der Kanal eine Länge von $2\pi r$ hat, wobei r sein Radius ist, die ein ganzzahliges Vielfaches der Wellenlänge ist, d.h.

$n\lambda = 2\pi r$

Die Welle kommt dann stets mit der gleichen Phase nach p zurück und das gilt für jeden Punkt, denn p war ja beliebig. Die Erscheinung kann unendlich weiterbestehen, natürlich nur im Modell, denn in der Realität würde sie ja energetische Verluste hinnehmen müssen. In jedem Punkt des kreisförmigen Kanals bleibt die Phase zeitlich konstant und es entsteht eine stehende Welle nach der Beziehung

$n(h/mv) = 2\pi r$

was nichts anderes als die Bohrsche Gleichung ist. Die stehende Welle kann also nur für ganze Werte von n entstehen, und das genau ist eine Erklärung für die diskreten Energieniveaus der Atome. Der durch die Quantenmechanik eingeführte Begriff der Teilchenwelle bestätigt und vertieft den Begriff der Energieniveaus und erklärt, warum ein Atom in einem bestimmten Energiezustand keine Strahlung emittiert. Die Quantenmechanik gibt allerdings die Vorstellung von der wohl definierten kreisförmigen oder elliptischen Bahn auf. Der definierte Ort der Elektronen im Bohrschen Modell wird durch eine Wahrscheinlichkeitsverteilung ersetzt, die proportional zum Quadrat der Amplitude der stehenden Welle ist. Bezogen auf die stehende Welle kann man sehr grob vereinfachend sagen, dass die Wahrscheinlichkeit, ein Teilchen anzutreffen, in den Wellenknoten Null und in den Wellenbäuchen Eins ist.

Eine elektromagnetische Welle hat eine dreidimensionale Darstellung: orthogonal zur Ausbreitungsrichtung steht der elektrische Feldvektor, der magnetische Feldvektor ist wiederum orthogonal zu diesem.

Auch in diesem Buch betrachten wir je nachdem Licht als Wellen und als Partikel, allerdings werde ich auf die Angabe von Formeln verzichten, die stehen in jedem besseren Physikbuch, und die ganzen Effekte so gut es geht phänomenologisch erläutern. Für optisch passive Multiplexer und Demultiplexer ist die Wellentheorie praktisch. Für viele andere Wechselwirkungen stellen wir uns das Licht als Photonenstrom vor, und mit diesen Photonen passieren dann die unterschiedlichsten Dinge: sie werden transportiert, absorbiert, emittiert oder prallen auch schon mal ab und verlassen den Schauplatz beleidigt.

3.1.2 Weitere wichtige Effekte

Ich bespreche jetzt in loser Folge kurz weitere Effekte, die wichtige Auswirkungen auf die Übertragung auf Glasfasern und/oder optische Netze haben können.

3.1.2.1 Polarisation

Wenn der elektrische Feldvektor einer elektromagnetischen Welle, die sich im freien Raum ausbreitet, in einer spezifischen Ebene schwingt, nennt man diese Welle linear polarisiert. Ein realer Lichtstrahl besteht aus vielen unterschiedlichen Wellen, und generell sind die Ausbreitungsebenen, in denen die entsprechenden elektrischen Felder schwingen, zufällig ausgerichtet. Ein solcher Lichstrahl ist unpolarisiert und der resultierende elektrische Feldvektor ändert seine Richtung völlig beliebig über die Zeit. Es ist aber möglich, Lichtstrahlen zu erzeugen, deren elektrische Felder in hohem Maße ausgerichtet sind. Diese Lichtstrahlen nennt man polarisiert. Die einfachste Form ist das linear polarisierte Licht, welches sich ähnlich einer einzenen Welle ausbreitet. Man kann Licht auf viele verschiedene Arten polarisieren und wir betrachten hier zwei, nämlich Polarisation durch Reflexion und Polarisation durch Absorption. Fällt unpolarisiertes Licht auf eine Materialoberfläche ein, so kann man sehen, dass Licht, dessen Polarisationsvektor senkrecht auf der Einfallsebene steht, im Vergleich zu Licht, welches seinen Polarisationsvektor parallel zur Einfallsebene hat, vorzugsweise reflektiert wird. Wir können den elektrischen Feldvektor jeder Welle in zwei Komponenten zerlegen, die parallel und senkrecht zu jeder gewünschten Richtung stehen. Hier wählen wir die Einfallsebene. Im Rahmen einer Symmetrie können wir uns vorstellen, dass unpolarisiertes Licht aus zwei zueinander orthogonalen Ausbreitungsebenen besteht. Man kann nun weiter sehen, dass die Reflexion an der Oberfläche für die unterschiedlichen orthogonalen Ausbreitungsebenen mit dem Einfallswinkel variiert. Es gibt sogar einen speziellen Einfallswinkel, für den die Reflexion hinsichtlich der zu ihm parallelen Ausbreitungsebene gleich Null ist. Diesen Winkel nennt man auch **Brewster-Winkel**. In diesem Falle wird die gesamte parallele Ausbreitungsebene transportiert und transportierte und reflektierte Strahlen stehen senkrecht aufeinander. Eine einfache Methode der Polarisation des Lichtes besteht darin, sie durch eine Reihe von Glasscheiben zu schicken, die an Brewsters Winkel orientiert sind. Nach sechs Scheiben ist es meistens geschafft. Der Effekt der Polarisation kommt beim Einkoppeln von Licht in Glasfasern und innerhalb von Glasfasern zum Tragen. Laser enthalten oft Oberflächen, die im Brewster Winkeln geneigt werden, um die optischen Verluste bei der Einkopplung in die Glasfaser durch geeignete Polarisation zu minimieren. Solche Laser emittieren linear polarisiertes Licht. Über die Polarisation kann man auch zeigen, dass der so genannte **Conditioned Launch**, die Schrägeinkopplung von Licht aus einem Laser in eine Multimodefaser physikalisch gesehen ganz besonders haarsträubender Unfug ist. Bei WDM-Systemen bereiten uns die unterschiedlichen Ausbreitungsebenen der einzelnen Kanäle Kopfschmerzen, weil man dieses Problem nicht so einfach mit einer einheitlichen Polarisierung lösen kann.

3.1.2.2 Interferenz

Betrachten wir zwei Lichtquellen S1 und S2, die Wellenzüge der gleichen Frequenz emittieren. Durch einen halb durchlässigen Spiegel mischen wir diese beiden Wellenzüge, sodass sie sich überlagern. Wir machen die folgenden Annahmen über die von S1 und S2 emittierten Wellen: es sind unbegrenzte linear polarisierte Sinuswellen und sie haben dieselbe Frequenz. Außerdem haben die Wellen ab dem Mischpunkt dieselbe Schwingungsebene. Da wir aber keine Annahme über die Phasen gemacht haben, sind diese unterschiedlich und die Differenz ist zeitlich konstant. Für einen bestimmten betrachteten Punkt M kann man nun nach längerem Rechnen die Intensität der resultierenden Summen-Lichtwelle bestimmen. Diese Lichtintensität hängt tatsächlich von der Phasendifferenz, man könnte auch sagen vom Gangunterschied ab. Diesen Effekt, die so genannte Interferenz in M, kann man z.B. kreativ für die Modulation von Licht benutzen. Wir betrachten jetzt noch den Fall, dass die Punktquellen unendliche Wellenzüge zufällig emittieren. Zwei Quellen, die Wellen ausstrahlen, deren Phasendifferenz zeitlich konstant bleibt, können Interferenzen erzeugen. In diesem Fall spricht man auch von kohärenten Quellen. Zwei Quellen, die Wellen ausstrahlen, deren Phasendifferenz sich mit der Zeit zufällig ändert, können nicht interferieren. In diesem Fall spricht man von inkohärenten Quellen. Anders könnte man es auch so formulieren, dass zwei Wellen nur dann interferieren können, wenn sie kohärent sind, die gleiche Wellenlänge und parallele Schwingungsebenen haben.

3.1.2.3 Brechung

Wird ein durchsichtiges Objekt zwischen einer Lichtquelle und einem Schirm platziert, sieht man, dass der Schatten des Objektes nicht perfekt scharf ist. Also gibt es in der geometrischen Schattenzone Licht. In ähnlicher Weise wird Licht, wenn es durch eine kleine Öffnung fällt, auseinander gespreizt. Diese Unfähigkeit des Lichtes, sich angesichts der besprochenen Hindernisse gerade auszubreiten, wird als Brechung bezeichnet. Die Brechung ist eine natürliche Konsequenz der Wellennatur des Lichtes. Die Ausbreitung eines Lichtstrahles kann vorhergesagt werden, indem man annimmt, dass jeder Punkt der Wellenfront als Quelle sekundärer Wellchen fungiert, die sich in alle Richtungen ausbreiten. Der Umschlag um diese sekundären Wellchen nach einem kurzen Zeitintervall ist die neue Wellenfront. Die Wellchen aus diesen Punktquellen werden nach dem Prinzip der so genannten Superposition zusammengesetzt. Das Ganze nennt sich das Prinzip von Huygen. Die quantitative Beschreibung des Prinzips von Huygen ist als Fresnel-Kirchhoff-Formel bekannt. Eigentlich muss man zwischen Fraunhofer- und Fresnel-Brechung unterscheiden. Fraunhofer Brechung tritt auf, wenn die ein- und ausfallenden Wellen eben sind, während bei der Fresnel-Brechung die Kurvennatur der Welle interessant ist. Wir besprechen die Brechung weiter im Zusammenhang mit den Lichtwellenleitern.

3.1.3 Wichtige Effekte aus der Festkörperphysik

Wie wir gleich noch besprechen werden, sind Lichtwellenleiter langsam fließende Flüssigkeiten, d.h. sie sind amorph. Die meisten anderen Elemente in einem Optischen Netz sind allerdings Festkörper.

3.1.3.1 Energiebänder in Festkörpern

Werden isolierte Atome zusammengebracht, um einen Festkörper zu formen, geschehen verschiedene Interaktionen zwischen den benachbarten Atomen. Die Kräfte von Anziehung und Abstoßung zwischen ihnen finden in einem geeigneten interatomaren Abstand ihre Balance. Bei diesem Prozess kommt es zu wichtigen Änderungen in den Energieniveaus der Elektronen, die sich in unterschiedlichen elektrischen Eigenschaften der Festkörper niederschlagen. Qualitativ kann man sagen, dass das Pauli-Prinzip immer wichtiger wird, wenn sich die Atome näherkommen. Sind Atome wie in einem Gas voneinander isoliert, gibt es keine Wechselwirkungen zwischen den Wellenfunktionen der Elektronen: jedes Atom kann seine Elektronen auf den festgelegten Energieleveln haben. Nimmt der interatomare Abstand aber ab, so beginnen die Wellenfunktionen der Elektronen zu überlappen. Um nun eine Verletzung des Pauli-Prinzips auszuschließen, gibt es eine Aufteilung der diskreten Energieniveaus der isolierten Atome in neue Niveaus, die sich auf die Atomsammlung als Ganzes beziehen. In einem Festkörper werden viele Atome zusammengebracht, sodass die Energieniveaus der Atome Bänder aus sehr nahe beieinander liegenden Leveln bilden. Diese Bänder werden durch so genannte verbotene Zonen voneinander getrennt. Niedriger liegende **Energiebänder** werden vollständig von Elektronen besetzt. Sie spielen deshalb für die elektrischen Eigenschaften eines Festkörpers keine Rolle. Andererseits sind die Elektronen in höheren Bändern besonders wichtig für diese Eigenschaften, besonders die beiden höchsten Energiebänder, das so genannte **Leitungsband** und das so genannte **Valenzband**.

Die verbotene Zone zwischen Leitungs- und Valenzband wird als Energielücke bezeichnet. In verschiedenen Festkörpern ist das Valenzband vollständig, halbwegs oder gar nicht gefüllt. Das Leitband ist in jedem Fall nie mehr als ein wenig gefüllt. Art und Dichte der Füllung der Bänder und die Größe der Energielücke zwischen ihnen bestimmen die Natur des Festkörpers hinsichtlich seiner elektrischen Eigenschaften. Idealisiert man das Modell weiter zu einem symmetrischen kristallinen Verbund, kann man die Energieverteilungen für die Elektronen über die Wellenvektoren genauer berechnen. Das bringt aber nicht so viel, weil sich die Verhältnisse in realen Festkörpern komplizierter darstellen. Im Zusammenhang der Optischen Netze interessieren, wie überhaupt in der Elektronik, aber andere Eigenschaften, und zwar

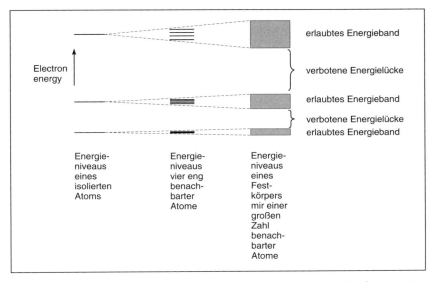

Abb. 3.1.10: Schematische Darstellung von Energiebändern in Festkörpern

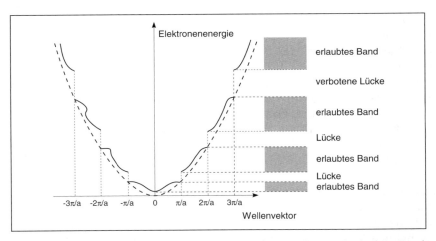

Abb. 3.1.11: Beziehung zwischen Elektronenenergie, Wellenvektor und erlaubten Bändern

vor allem die elektrische **Leitfähigkeit**, die man im Grunde genommen durch Unterschiede bei den Leitungs- und Valenzbändern ausdrücken kann, Die Elektronen besetzen die erlaubten Zustände (Energieniveaus) in den Energiebändern, beginnend mit den unteren, so lange, bis alle Elektronen untergebracht sind. Wird auf den Festkörper ein externes Magnetfeld angewendet und die Elektronen reagieren darauf und tragen somit zur Leitfähigkeit bei,

Kapitel 3

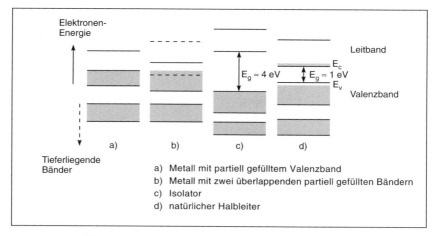

Abb. 3.1.12: *Energiebänder in verschiedenen Materialien*

werden sie Energie aus dem Magnetfeld aufnehmen, um auf ein höheres Energieniveau zu kommen. Das bedeutet, dass das Magnetfeld die Elektronen beschleunigt und ihre Energie damit erhöht. Dieser Effekt kann aber nur dann auftreten, wenn es unbesetzte Positionen für das beschleunigte Elektron auf höheren Levels des gleichen Bandes, in dem es sich befindet, oder im nächsthöheren, benachbarten Band gibt. Bei elektrischen Leitern ist das höchste Band nur teilweise gefüllt oder es gibt sogar eine Bandüberlappung und Elektronen können vom äußeren Feld leicht Energie aufnehmen, was zu einer hohen Leitfähigkeit führt. Bei isolierenden Materialien ist das höchste mit Elektronen besetzte Band, das Valenzband, vollständig mit Elektronen aufgefüllt. Die Lücke zum freien Valenzband ist sozusagen unüberwindlich, weil sie verglichen mit der üblichen thermalen Energie von Elektronen zu groß ist, z.B. 4eV; die thermale Energie ist ca. 1/40 eV bei Raumtemperatur. Eine ähnliche Situation gibt es bei natürlichen Halbleitern, bei denen bei geringen Temperaturen das Valenzband voll und das Leitband leer ist. Im Falle der Halbleiter ist die Energielücke aber hinreichend klein, ca. 1 eV, sodass Elektronen, die im Valenzband erregt werden, am Leitprozess teilnehmen können. In ähnlicher Weise gibt es Lücken im Valenzband, sodass auch hier Elektronen an der Leitung teilnehmen können. Es ist aber schwierig, die Verteilung der Elektronen in diesen Bändern in Termini der elektronischen Wellenbewegung auszudrücken.Es stellt sich heraus, dass der Beitrag von Elektronen zum elektrischen Strom bei einem nahezu vollen Valenzband der gleiche ist, wie er von einer kleinen Anzahl fiktiver positiver Ladungsträger geleistet würde, die in einem sonst leeren Band vorhanden wären. Diese fiktiven positiven Ladungsträger nennt man auch **Löcher**. Die Anzahl der Löcher entspricht in etwa der Anzahl leerer Zustände oder Positionen im Valenzband.

So hat es sich eingebürgert, ein Loch als ungefüllten Zustand zu betrachten. Löcher verhalten sich genauso wie Elektronen, nur das Vorzeichen ihrer elektrischen Ladung ist umgekehrt.

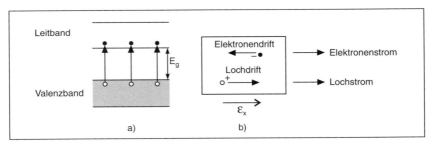

Abb. 3.1.13: a) Erzeugung von Elektron-Loch-Paaren durch thermische Anregung der Elektronen vom Valenzband in das Leitband
b) Elektronen- und Lochdrift unter Anwendung eines elektromagnetischen Feldes ε_x

Das Konzept, wie Löcher entstehen, lässt sich am einfachsten an einem natürlichen Halbleiter erklären. Bei jeder Temperatur oberhalb des absoluten Nullpunkts werden Elektronen dazu angeregt, als Resultat ihrer thermalen Anregung von Valenzband in das Leitband zu wechseln. Wenn Elektronen solche Transitionen vornehmen, bleiben ja die leeren Zustände im Valenzband zurück; dann spricht man auch von der Bildung von Elektron-Loch-Paaren. Wird nun auf einen solchen Festkörper ein elektrisches Feld angewendet, bewegen sich Elektronen und Löcher wegen ihrer unterschiedlichen Ladung in entgegengesetzter Richtung und tragen somit beide zur elektrischen Leitung bei.

3.1.3.2 Halbleiter

Als natürlicher Halbleiter wird ein perfekter Kristall bezeichnet, der keine Unreinheiten oder Defekte im kristallinen Gitter hat. Nach der Erzeugung von **Elektron-Loch-Paaren** hat man, wenn man die Tempaeratur danach konstant hält und auch sonst nichts auf den Halbleiter einwirken lässt, eine gleichartige Verteilung von Elektronen und Löchern. Elektronen haben die Konzentration n im Leitband und Löcher die Konzentration p im Valenzband (p=n=ni). ni nennt man auch die natürliche Konzentration von Ladungsträgern. In Silizim hat man bei Raumtemparatur ca. 1,6 * 10 exp. 16 Ladungsträger. Da bei einer gegebenen Temperatur ein ausgeglichener, stabiler Zustand des Festkörpers vorliegt, muss es eine Elektron-Loch-Rekombination in der gleichen Rate geben, in der Löcher erzeugt werden, weil es ja sonst nach einer gewissen Zeit zu viele Elektronen und Löcher geben würde. Bei dieser Rekombination wird allerdings Energie erzeugt. Diese kann in Form eines

Photons oder in Form von Wärme oder einer Schwingung des kristallinen Gitters abgegeben werden.

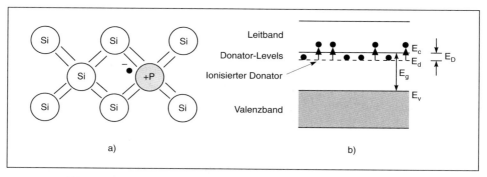

Abb. 3.1.14: a) Kristallgitter eines n-Typ-Halbleiters mit Verunreinigung des Siziliumgitters durch ein Phosphorat
b) Energieniveaus durch die Dotierung

Durch Einführung gezielter »Unreinheiten« kann die Anzahl der Ladungsträger in einem Halbleiter erheblich vergrößert werden. Diesen Prozess bezeichnet man als **Dotierung**, das englische Wort »Doping« gibt eigentlich viel besser wieder, was passiert. Ein Kristall wird dabei so verändert, dass es anschließend entweder mehr Elektronen oder mehr Löcher gibt. Man spricht von n-Typ-Halbleitern oder n-dotierten Halbleitern, wenn die Mehrzahl der Träger negative Elektronen (»n«) und die Minderzahl der Träger positive Löcher sind. Man spricht von p-Typ- oder p-dotierten Halbleitern, wenn die Mehrzahl der Ladungsträger positive Löcher (»p«) sind. Die für eine Dotierung brauchbaren Materialien kann man dem Periodensystem der Elemente entnehmen. Will man z.B. ein vierwertiges Element wie z.B. Silizium dotieren, versieht man es mit Unreinheiten aus der Spalte V wie Phosphor oder Arsen, um n-Dotierung oder mit Unreinheiten aus der Spalte III wie Bor und Indium, um p-Dotierung, hervorzurufen. Der Grund ist folgender: Wird z.B. natürliches Silizium mit Phosphor angereichert, besetzen die Phosphoratome Stellen, die normalerweise von Siliziumatomen besetzt werden. Da die Siliziumatome tetravalent sind, also üblicherweise zwischen zwei Atomen vier Bindungen bestehen, werden auch nur vier der fünf Phosphoratome bei der Formung kovalenter Bindungen benutzt und ein Elektron bleibt einfach übrig. Dieses Elektron kann wegen seiner mangelnden Bindung sehr leicht in das Leitband gehoben werden. Deshalb muss man in einem Energiebandmodell für die »Extra«-Elektronen ein zusätzliches Band einführen, das direkt unter dem Leitband liegt. Solche Unreinheiten heißen Donatoren, deswegen heißt das zugeordnete Endergieband Donatorband. Genauso gut kann man mit einer Dotierung mit einem dreiwertigen Material einen entgegengesetzten Effekt hervorrufen: es ist ein Elektron zu wenig oder, in der Bildsprache, ein Loch zu viel. Dann spricht man von Akzeptoren und vom Akzeptorband. Für diese ganzen Bänder kann man noch viel über Ladungsträgerkonzentrationen sagen, was jedoch an dieser Stelle nicht wesentlich weiterführt.

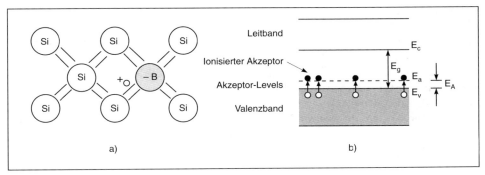

Abb. 3.1.15: a) Kristallgitter eines p-Typ-Halbleiters mit »Verunreinigung«
b) Energieniveaus durch die Dotierung

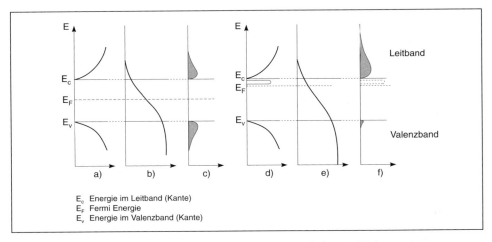

Abb. 3.1.16: a) Zustandsdichte eines natürlichen Halbleiters
b) Fermi-Dirac-Verteilung im natürlichen Halbleiter
c) Trägerdichte im natürlichen Halbleiter
d) Zustandsdichte eines n-Typ- Halbleiters
e) Fermi-Dirac-Verteilung im n-Typ-Halbleiter
f) Trägerdichte im n-Typ-Halbleiter

Interessant wird es nun, wenn man Halbleiter unterschiedlicher Dotierung zusammenführt. Dafür gibt es unterschiedliche Herstellungstechniken, deren Besprechung den Rahmen dieses Buches erheblich überschreitet. Man kann p- und n-Typ-Halbleiter z.B. gemeinsam erzeugen oder getrennt erzeugen und später zusammenführen. Es kann einen mehr oder minder abrupten p-n-Übergang geben, das resultierende Gebilde ist eine Diode oder ein p-n-Übergang, der durch eine natürliche, undotierte Schicht (im Englischen als »Intrinsic« bezeichnet) getrennt wird. Die Qualität des Übergangs hängt von der Herstellungstechnik ab. Im letzteren Fall spricht man auch von einer p-i-n-Anordnung, wobei in der Literatur die Buchstabengröße schon mal unterschiedlich ist. Eine so genannte **PIN-Diode** ist ein Halbleiterbauelement, dessen p- und n-Grenzflächen nicht direkt aufeinander stoßen, sondern durch eine natürliche, **intrinsic**, Schicht getrennt sind. Diese Bauart spielt bei der integrierten optischen Technologie eine sehr große Rolle, wie wir später noch sehen werden. Werden p- und n-dotierte Gebiete zusammengebracht, gibt es mehr Löcher im p- als im n-Material und die Löcher diffundieren von der p- in

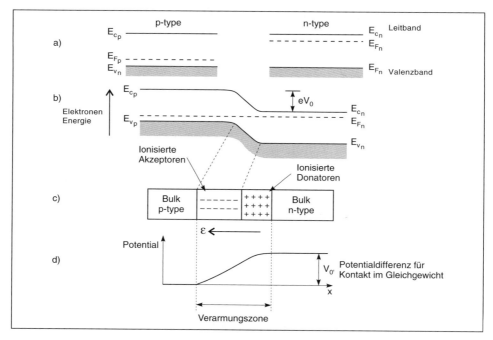

Abb. 3.1.17: Darstellung des p-n-Übergangs
a) Energieniveaus getrennter p- und n-Halbleiter
b) Energieniveaus nach Formung der Vereinigung von p- und n-Halbleiter
c) Ladungsträgerebenen in der Verarmungszo
d) Potenzialverteilung am p-n-Übergang

die n-Region. Dabei hinterlassen sie ionisierte Akzeptoren und bauen so eine Schicht negativer Ladungsträger (Raumladungen) in der p-Typ-Seite nahe des Überganges auf. Genauso geschieht das mit Elektronen von der n-Seite.

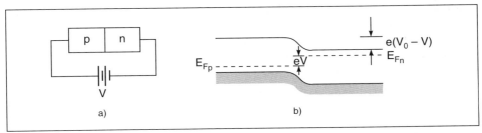

Abb. 3.1.18: Anlegen einer Spannung um den p-n-Übergang
a) Schaltbild
b) Wirkung auf die Energieniveaus

Diese doppelten Raumladungen erzeugen ein elektrisches Feld um den p-n-Übergang. Im Falle des p-i-n-Aufbaus geschieht dieser Effekt auch, aber wegen der i-Schicht in wesentlich geringerem Maße und das elektromagnetische Feld baut sich nicht direkt an der Trennfläche, sondern in der i-Schicht auf. Insgesamt kommt es durch die Felder zu zusätzlicher Diffusion, weil der Festkörper ja auch in sich ein Gleichgewicht herstellen möchte. Insgesamt ergibt sich durch diese Effekte ein Diffusionspotenzial Vo, welches es Ladungsträgern erschwert, den p-n-Übergang zu überqueren, weil nur solche diese Überquerung schaffen, deren Energie größer als Vo ist. Legt man eine äußere Spannung an den Halbleiter, so stört man das Gleichgewicht. Wird die p-Region mit dem positiven Anschluss einer Spannungsquelle verbunden, senkt man die Potenzialbarriere am p-n-Übergang auf Vo-V, wobei V die angelegte Spannung ist. Dadurch erleichtert man den Übergang von Ladungsträgern erheblich. Im Elektron-Loch-Modell sieht das so aus, dass Elektronen und Löcher in die Nähe des p-n-Übergangs kommen, und wenn sie nahe genug aneinander sind, »rekombinieren« sie. Das ist eine wesentlich anschaulichere Erklärung als wenn man das mit den Ladungsträgerkonzentrationen betrachtet. Wir dürfen natürlich nicht vergessen, dass es in Wirklichkeit gar keine Löcher gibt, sondern dass sie nur ein Denkmodell für das Fehlen von Elektronen sind. Die rekombinierten Elektronen werden von den Elektronen aus der Spannungsquelle ersetzt. Grad und Schnelligkeit der Rekombination bestimmen also die Intensität des Elektronenflusses aus der Spannungsquelle, weil nur Elektronen ersetzt werden, die durch Rekombination abhanden gekommen sind und die Spannungsquelle nicht eigenständig irgendwo Ladungsträger lagert. Ein Halbleiter ist kein Kondensator, jedenfalls spielen die kapazitiven Effekte, die es natürlich gibt, zunächst einmal eine untergeordnete Rolle. Die alles zusammen bedeutet, dass die Intensität des Stomflusses proportional zur Rekombinationsrate ist. Legt man den Strom nun andersherum an den Halbleiter, verbindet also die p-Region mit dem negativen Anschluss der Spannungsquelle, kann man sich leicht vorstellen, was passiert: die Löcher in der p-Region haben nichts Eiligeres zu tun, als sich mit den Elektronen aus der Spannungsquelle zu rekombinieren, und zwar nicht am p-n-Übergang, sondern genau an der »anderen« Seite, da wo die Spannung angelegt ist und die Elektronen herauskommen. Dadurch verarmt die p-Region an Löchern, ihre Konzentration sinkt erheblich. Genauso gut findet der Effekt in der n-Region mit anderen Vorzeichen statt: die Elektronen rekombinieren mit den aus der Spannungsquelle kommenden »Löchern«. Insgesamt verarmen also beide Schichten, die p- und die n-Schicht, an Ladungsträgern. Hinsichtlich des Modells der Energiebänder sieht das so aus, dass die Energie, die von einem zum anderen Band überwunden werden muss, um den Betrag der von außen angelegten Spannung ansteigt, also auf Vo + V. Damit ergibt sich ein fast unüberwindliches Hindernis.

3.1.3.3 Zener- und Avalanche-Effekt

Das haben wir uns jetzt theoretisch alles so schön überlegt und im Großen und Ganzen funktionieren Halbleiterbauelemente tatsächlich auf diese Weise. Fügt man mehr Schichten hinzu oder erweitert die bestehenden Schichten, kann man die Verhältnisse in den p-n-Übergängen beeinflussen. Es gibt aber in der Praxis auch eine Reihe von wichtigen und nutzbringenden Effekten, die sozusagen aus der Reihe tanzen. Die p-n-Struktur hat Grenzen und man kann sie dazu bringen, zusammenzubrechen.

Die Wahrscheinlichkeit, dass bei einer Temperatur ein bestimmtes Energieniveau in einem Festkörper erreicht wird, kann man auch gemäß der so genannten **Fermi-Dirac-Statistik** angeben. Diese Statistik ist letzlich ein Äquivalent zur Maxwell-Boltzmann-Verteilung in Gasen und trägt den komplexeren Verhältnissen in Festkörpern Rechnung. Die Fermi-Dirac-Verteilung ist eine reziprok-exponentielle Beziehung. Der Fermi-Level oder das Fermi-Niveau ist ein naürlicher Referenzpunkt bei der Berechnung der Konzentration von Elektronen und Löchern. Bei natürlichen Halbleitern haben wir eine »taillenförmige« Verteilung von Ladungsträgern im Leitungs- und Valenzband, wobei der Fermi-Level genau auf der Taille liegt. Durch Änderungen in der Temperatur oder durch Dotierung ändert man die Lage des Fermi-Niveaus.

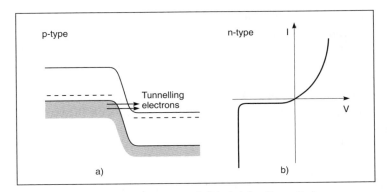

Abb. 3.1.19: *Zum Tunneleffekt bei der Zenerdiode*
a) Energieniveauverschiebung
b) Strom/Spannungscharakteristik, Abriss bei zu hoher negativer Vorspannung

Ein wichtiger bekannter Effekt ist der Zener-Effekt. Wir treiben den Halbleiter in die Verarmung. Bis zu einer bestimmten negativen Spannung geschieht gar nichts, es fließt also nur ein geringer Strom. Relativ plötzlich steigt ab einer gewissen Spannung dieser Strom rapide an. Wenn man ein Halbleitermaterial erheblich dotiert, erzeugt man schmale Verarmungszonen und hohe elektrische Felder am Übergang. Dadurch kommt es zu Überkreuzungen der Energiebänder an den beiden Seiten des Übergangs, sodass aufgefüllte Zustände im Valenzband der p-Seite mit leeren Zuständen im Leitband der n-Seite energetisch übereinstimmen. Elektronen können so von der n- zur p-Seite durchtunneln und erzeugen einen erheblichen rückwärts gerichteten Stromfluss. In der Praxis kann man diesen Efekt zur Konstruktion von spannungsstabilisierenden Schaltungen ausnutzen. Eine so genannte Zener-Diode zwischen den beiden Polen einer schwachen Stromversorgung schließt überflüssige Elektronen einfach kurz. Bei Stromversorgungen höherer Leistung wie z.B, einem Netzteil steuert man mit der Zenerdiode z.B. den Basisschaltkreis eine Transistors.

Ein weiterer Effekt, der bei den Optischen Netzen oft benötigt wird, ist der Avalanche-Effekt. Er tritt in schwach dotierten Übergängen mit breiten Übergangszonen auf. Der Mechanismus benutzt die Ionisierung der Gasatome in der Dotierung. Wenn Ladungsträger, die die Verarmungszone kreuzen, genügend Energie aus Kollisionen beziehen, können sie die Gitteratome ionisieren, wenn sie mit ihnen kollidieren. Die Elektronen und Löcher, die auf diese Weise produziert werden, können weitere ionisierende Kollisionen erzeugen und im Endeffekt so eine Lawine von freien Ladungsträgern erzeugen. Dieser Mechanismus ist an sich nicht schädlich für den Halbleiter. Übertreibt man es allerdings mit der Vorspannung, so zerstört man den Halbleiter einfach durch die entstehende Hitze. Die **Avalanche-Photodiode** (APD) ist ein p-i-n-Halbleiter, also ein Halbleiter mit einer p-Dotierung, einer n-Dotierung und einer dazwischen liegenden natürlich belassenen i-Schicht. Diese i-Schicht besitzt nun ein »Fenster« nach außen, durch das Photonen einfallen können. Die Dotierungen sind so geschickt gewählt, dass man Folgendes machen kann. Man legt eine Vorspannung an den Halbleiter, die, wenn es keine i-Schicht geben würde, sofort zu einem Avalanche-Effekt führen würde. Bleibt die i-Schicht im Dunkeln, passiert nichts weiter. Fallen aber Photonen ein, werden diese von den Elektronen in der i-Schicht so weit wie möglich absorbiert. Die Elektronen kommen in ein höheres Energieniveau, sind aber dort nicht besonders stabil. Im Normalfall würden sie nach einer gewissen Zeit unter Emission eines Photons wieder herunterfallen, das tun auch sicher einige. Durch das höhere Energieniveau werden die Elektronen jedoch beweglicher und die »vorgespannten« Elektronen und Löcher sehen und ergreifen ihre Chance, die beweglichen Elektronen dazu zu benutzen, den Ladungsträgeraustausch in Gang zu setzen. Sie haben sozusagen gerade noch auf ein paar Elektronen mit höherem Energieniveau gewartet. Der durch den Avalanche-Effekt hervorgerufene Stromfluss ist um ein Vielfaches größer als die Energie des Photonenstroms. Deshalb ist die Avalanche-Photo-Diode ein in erheblichem Maße verstärkender optoelektrischer Wandler. Verebbt der Photonenstrom in die i-Schicht, gibt es wegen der Neigung des Festkörpers zur Eigenstabilisierung ganz schnell keine Elektronen mit höherem Energieniveau mehr und der Avalanche-Effekt reißt ab. Da der Avalance-Effekt im Grunde ein quantenmechanischer Effekt ist, tritt er sehr schnell ein und reißt auch sehr schnell wieder ab. Daher kann man APDs mit enorm schnellen Reaktionszeiten bauen. Die APD darf man nicht mit einem Fototransistor verwechseln, der einen n-p-n- oder p-n-p-Aufbau hat und bei dem der übliche elektrische Basiskontakt durch ein Fenster für den Einfall von Photonen ersetzt wird. Die in diesem Fall durch die Photonen ausgelöste Anhebung der Energieniveaus der Elektronen und Löcher führt zum normalen, elektrodynamischen Transistoreffekt durch Stromfluss im Rahmen von Rekombination, weshalb der Fototransistor auch meist langsamer ist.

3.1.3.4 Laser

Wenn ein Atom von einem Energiezustand E1 auf einen höheren Energiezustand E2 gebracht wird, kehrt es nahezu augenblicklich in den Zustand E1 oder einen dazwischen liegenden Zustand zurück, wobei es ein Photon emittiert. Diese so genannte spontane Emission ist eine ungeordnete Erscheinung. Wenn sich das Atom aber schon im angeregten Zustand befindet, kann ein einfallendes Photon es veranlassen, unter Emission eines weiteren Photons in den Zustand E1 zurückzufallen. Bei dieser so genannten induzierten oder stimulierten Emission gibt es, wie Einstein schon 1910 entdeckt hat, eine Besonderheit: die Photonen sind in Phase. Wenn diese Photonen auf weitere Photonen im angeregten Zustand treffen, können sie wiederum eine Emission phasengleicher Wellen induzieren. Da alle diese Wellen in Phase sind, wird die Amplitude der ursprünglich von A herrührenden Welle immer größer und die Lichtintensität wird verstärkt. Im Allgemeinen ist in einer Substanz die Anzahl der Atome in E1 wesentlich größer als in E2. Unter diesen Umständen sind die Aussichten, den Übergang der Atome von E1 in den Zustand E2 mit spontaner Emission zu beobachten größer als mit den Atomen im angeregten Zustand E2 eine induzierte Emission zu erhalten, denn diese sind weniger zahlreich. Um eine starke induzierte Emission, d.h. eine größere Verstärkung zu erreichen, müssen die Atome im angeregten Zustand E2 zahlreicher sein als die Atome im Zustand E1. Man muss eine Inversion der Populationen in den Energieniveaus E1 und E2 herstellen. Dies geschieht beim Laser. Der Laser (Light Amplification by Stimulated Emission of Radiation) ist eine Lichtquelle, die auf den eben beschriebenen Erscheinungen beruht. Man kann nicht bei allen Stoffen eine Inversion der Populationen durchführen. Es gibt ausgesprochen unterschiedliche Bauformen und Leistungsklassen bei Lasern. Nach den Aggregatzuständen kann man Festkörper- und Gas-Laser unterscheiden. Zu den Festkörperlasern gehören die älteste erfolgreiche Bauform, der Rubinlaser, aber auch die modernen Halbleiterlaser. Beim Rubinlaser verwendet man z.B. einen kleinen Zylinder von ca. 40 mm Länge und 7-8 mm Durchmesser, dessen Deckflächen M und N eben und parallel sind. Die eine Fläche N ist mit Aluminium bedampft und verhält sich wie ein Vollspiegel. Die andere Fläche M ist halb durchlässig verspiegelt.

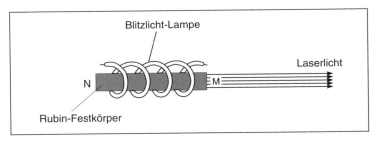

Abb. 3.1.20: Schematische Darstellung eines Rubinlasers

Dieser Rubinzylinder ist von einer starken Blitzröhre umgeben, deren Blitz die Inversion der Populationen hervorruft. Man nennt diesen Vorgang optisches Pumpen. Die Photonen fliegen zwischen M und N hin und her und die Welle verstärkt sich beträchtlich.Ein starker Lichtstrahl verlässt den Laser durch die Fläche M. Das Licht ist mehr monochromatisch als jede andere Lichtquelle. Bei der vorgestellten Einrichtung handelt es sich um einen Pulslaser, weil der Effekt nach kurzer Zeit verebbt, bis er von einem neuen Blitz wieder in Gang gesetzt wird. Im Gegensatz dazu stehen Laser, die in der Lage sind, einen Laserstrahl dauerhaft zu erzeugen. Nur solche können wir bei der Kommunikation brauchen, auch wenn wir den Laserstrahl anschließend mit der Information unserer primären Zeichenschwingung, die es zu übertragen gilt, modulieren.

Damit der Laser ununterbrochen arbeiten kann, muss er in einen dauerhaften Oszillationszustand versetzt werden. Die Funktion des lasernden Mediums ist letztlich die eines Verstärkers für den Photonenstrom, weil sich bei jeder stimulierten Emission die Anzahl der Photonen rein theoretisch verdoppelt, und eines Resonators, weil durch das Festhalten von Photonen zwischen den Spiegeln dieser Effekt wiederum verstärkt wird. Der Resonator sorgt für eine Rückkopplung. Ein Verstärker, den man rückkoppelt, kann einen Schwingkreis bilden, der in Schwingung bleibt, wenn man ihm mehr Energie zuführt, als in ihm durch unterschiedliche Effekte verloren geht. In einem Laser gehen Photonen verloren, und zwar durch folgende Ursachen:

- Transmission an den Spiegeln: ein Spiegel produziert den nützlichen Output des Lasers, weil er halb durchlässig ist, der andere Spiegel ist so gut wie möglich vollständig reflektierend.

- Absorption und Streuung an den Spiegeln

- Absorption im lasernden Medium aufgrund anderer Transitionen als den gewünschten

- Streuung im lasernden Medium durch Verunreinigungen, besonders bei Halbleiterlasern

- Brechungsverluste an den Spiegeln

All diese Effekte müssen durch zusätzliche Pumpleistung oder andere Maßnahmen aufgefangen werden. Erst dann kann der Laser-Effekt stabil sein. An dieser Stelle sieht man aber sofort folgende Dinge: die Frequenz eines Lasers ist vom Material und bei gegebenem Material von der Bauart, z.B. der Größe des Mediums oder der Entfernung zwischen den Spiegeln, abhängig und die Frequenzstabilität eines Lasers ist in hohem Maße von der Temperatur abhängig, weil Temperaturänderungen die Materialeigenschaften z.B. durch erhöhte spontane Emission verändern können.

Die Anordnung eines Mediums zwischen einem Voll- und Halbspiegel wird auch als »optische Höhle«, engl. »optical cavity« bezeichnet.

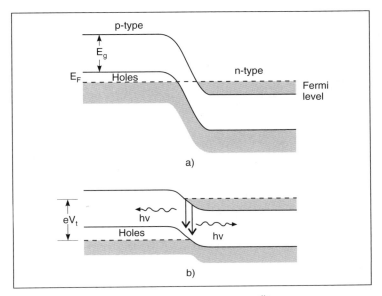

Abb. 3.1.21: Erheblich dotierter p-n-Übergang
a) im Gleichgewicht
b) unter Vorspannung

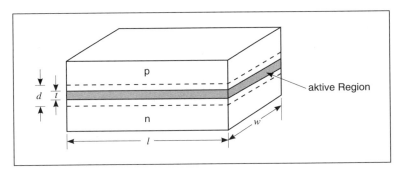

Abb. 3.1.22: Halbleiterlaser, Prinzip

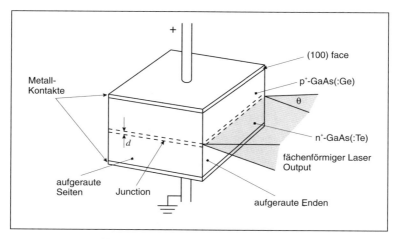

Abb. 3.1.23: Halbleiterlaser, Kantenemitter

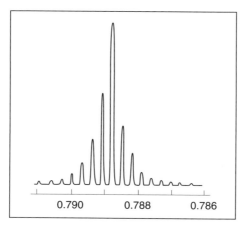

Abb. 3.1.24: Beispiel für ein Ausgangsspektrum eines Halbleiterlasers

Die Laserbauart, die im Zusammenhang mit den Optischen Netzen am meisten interessiert, ist der Halbleiterlaser. Ein p-n-Übergang liefert hier das aktive Medium. Um stimulierte Emission zu erhalten, muss es eine Region im Halbleiterlaser geben, in der viele erregte Elektronen und vakante Zustände (Löcher) zusammen anwesend sein. Dies wird durch eine positive Vorspannung erreicht, die man an einen Übergang zwischen besonders stark dotierten p- und n-Materialien anlegt. In einem solchen erheblich dotierten n+ Material liegt das Fermi-Niveau im Leitband. Entsprechend liegt für das p+ Material das Fermi-Niveau im Valenzband. Sieht man sich die Darstellungen für den Gleichgewichtszustand und für den vorgespannten Zustand an, so sieht man einen erheblichen Knick. Daher spricht man auch von degenerierten Materialien. Wird der p+-n+-Übergang mit einer Spannung vorgespannt, deren Betrag nahe an der Energielücke liegt, so werden Elektronen und Löcher in den Übergang injiziert und zwar in so großer Zahl, dass sie in einer schmalen Zone eine Populationsinversion hervorrufen können. Diese Zone heißt dann auch aktive Zone des Halbleiterlasers. Die Dicke der aktiven Zone kann durch die Diffusionslänge der Ladungsträger approximiert werden und liegt für stark dotiertes Gallium-Arsenid bei 1-3 μm. Bei Materialien wie Gallium-Arsenid, bei denen Leitungs- und Valenzband unmittelbar benachbart und nicht noch durch ein weiteres Energieniveau getrennt sind, besteht eine hohe Wahrscheinlichkeit, dass Elektronen und Löcher unter zusätzlicher Abstrahlung rekombinieren, einfach weil sie etwas Energie zu viel haben. Die produzierte Rekombinationsstrahlung kann mit Valenzelektronen interagieren oder absorbiert werden oder mit Elektronen im Leitband interagieren und hierbei stimulierte Emissionen von Photonen der gleichen Wellenlänge hervorrufen. Wenn die injizierte Ladungsträgerkonzentration groß genug wird, kann die stimulierte Emission die Absorption übersteigen und somit einen Verstärkungsgewinn für Photonen in der aktiven Region hervorrufen. Laser-Oszillationen treten dann auf, wenn der Energiegewinn beim Durchschreiten des optischen Mediums größer ist als die Verluste, die in diesem Fall hauptsächlich aufgrund der Materialstreuung oder aufgrund der Absorption freier Photonen entstehen. Bei Diodenlasern benötigt man noch nicht einmal externe Spiegel, um eine positive Rückkopplung zu erzeugen. Der hohe Brechungsindex des Halbleitermaterials sorgt dafür, dass die Reflexion am Material/Luft-Übergang groß genug ist, auch wenn sie in der Praxis nur ca. 30% beträgt. Die Diode wird entlang natürlicher Kristallebenen gespalten, sodass der p-n-Übergang und die Kontakte am Ende parallel sind. Das Laserlicht tritt seitlich aus der Diode aus. An den Seiten, an denen kein Laserlicht austreten soll, werden die Übergänge aufgeraut. Durch diesen Aufbau entsteht eine horizontale optische Höhle, aus der das Licht seitlich austritt. Wie wir weiter unten sehen werden, ist das aber nicht immer praktisch. Vor allem bei der Schaffung integrierter Strukturen kann es darauf ankommen, dass das Licht z.B. nach oben austritt. Dazu benötigen wir eine vertikal liegende Höhle. Die Vertikalemitterdiode VCSEL erreicht dies mit spiegelnden Anordnungen innerhab der Halbleiterstruktur. Eine mit einem einfachen Übergang aufgebaute Laserdiode sendet Licht unterschiedlicher Wellenlängen aus, bei unterschiedlicher Intensität pro Wellenlänge. Ein solches Verhalten ist aber für Mehrkanalsysteme nicht wünschenwert; die Unterdrückung der »Nebenwellen« ist wichtig, weil wir ja nur Licht einer bestimmten singulären Frequenz für einen Kanal brauchen können. Man kann dies mit externen Filtern machen, dabei entstehen aber erhebliche Verluste. Außerdem ergibt sich eine eigene Baugruppe durch diese Filter. Besser wären Laserdioden, die von sich aus nicht mehr so viele Nebenfrequenzen erzeugen. Das erreicht man z.B. durch die Kombination mehrerer Übergänge. Bei einer VCSEL bauen wir die für die vertikale Höhle notwendigen Spiegel ohnehin mit gruppierten hauchdünnen Filtern auf, die dann auch gleich die Nebenwellen unterdrücken können. Auch deshalb sind VCSELs für die Anwendung in Wellenlängenmultiplexsystemen wesentlich geeigneter als Kantenemitter.

3.2 Grundaufbau optischer Übertragungssysteme

Ein optisches Übertragungssystem ist im einfachsten Falle einem elektrischen Übertragungssystem nicht unähnlich. Wir unterscheiden zwischen einkanaligen und vielkanaligen (Wellenlängenmultiplex-) Systemen.

3.2.1 Einkanalsysteme

Das zu übertragende elektrische Signal wird zur Übertragung aufbereitet (codiert) und einem elektrooptischen Wandler zugeführt. Dieser besteht aus einer Lichtquelle und einem **Modulator**. Die Lichtquelle erzeugt die Trägerfrequenz, die mit dem Informationsgehalt des elektrischen Signals als primäre Zeichenschwingung moduliert wird. Die Modulation ist meist Intensitätsmodulation, d.h. die Stärke des Lichtstrahls wird durch die primäre Zeichenschwingung beeinflusst. Dies würde im elektrischen Modulationsfall der Amplitudenmodulation entsprechen. Das so erzeugte Lichtsignal wird über einen entsprechenden Anschluss dem Lichtwellenleiter zugeführt. Das Licht breitet sich im Lichtwellenleuter kontrolliert aus und erreicht so einen weiteren Wandler, einen optoelektrischen. Dieser besteht aus einem Strahlungsempfänger und einem Demodulator, der aus der modulierten Lichtwelle die primäre Zeichenschwingung decodiert.

Vereinfacht stellt man das einkanalige Übertragungssystem auch so dar wie in Abb. 3.2.1. In der Vergangenheit haben sich zwei grundsätzliche Alternativen, nämlich preisgünstige und teure Übertragungssysteme herausgebildet. Bei einem einkanaligen System besteht das preiswerte System z.B. aus einer Leuchtdiode als Strahlungsquelle, einer Multimode-Gradientenindexprofilfaser als Lichtwellenleiter und einem Phototransistor als Empfänger. Mit solchen Systemen für wenige Euro lassen sich Übertragungsleistungen von bis zu 1 Gb/s auf bis zu 300 m erzielen. Die Verwendung von VCSELs, vertikal emittierenden Halbleiterdioden, macht die Lösung kaum teurer, aber um den Faktor 10-40 leistungsfähiger.

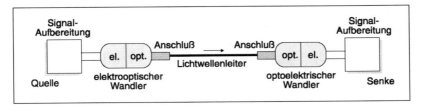

Abb. 3.2.1: *Aufbau eines einkanaligen Übertragungssystems*

Ist das einkanalige System leistungsfähig genug, kann man verschiedene elektrische Datenquellen elektrisch auf das Übertragungssystem multiplexen.

Dies haben wir ja schon in den Kapiteln 1 und 2 grundsätzlich besprochen.

3.2.2 Mehrkanal-Wellenlängenmultiplex-Systeme

Eine andere Methode, mehr Leistung aus einer Übertragungsstrecke herauszuholen, ist der Wellenlängenmultiplex. Begonnen hat die Entwicklung dieser Systeme aus schlichten Notlagen: man hat bei bestimmten Anwendungen keine weiteren Glasfaserstrecken mehr verlegen können, sondern musste »irgendwie« mehr Informationen auf ein verlegtes Kabel bringen. Eine modulierte Lichtwelle nimmt nur ein sehr schmales Frequenzband ein, weil die Frequenz der Grundschwingung der Lichtwelle im Vergleich zur Frequenz der primären Zeichenschwingung sehr groß ist. Also kann man Licht unterschiedlicher Wellenlängen gleich gutartig auf einem Übertragungsmedium koexistieren lassen, wenn man in der Lage ist, Licht in engen Wellenlängenbereichen zu erzeugen und auch Empfänger zu bauen, die die unterschiedlichen Wellenlängen differenzieren können. Außerdem benötigt man optische Multiplexer und Demultiplexer, die Licht unterschiedlicher Frequenzen auf dem Lichtwellenleiter gemeinsam darstellen und am Ende für die einzelnen Empfänger differenzieren. Wenn die Differenzierung durch den Demultiplexer hinreichend stark ist, braucht man keine Differenzierung im Empfänger mehr.

Begonnen hat diese Entwicklung mit Übertragungssystemen mit zwei, drei oder vier Kanälen. Mittlerweile verkauft die Fa. Nortel Networks Geräte mit bis zu 320 unterschiedlichen Kanälen auf einer Faser, und andere Hersteller, wie z.B. die Fa. Corvis, experimentieren an 1000 Kanälen oder mehr.

Die durch die primären Zeichenschwingungen modulierten Strahlungsquellen erzeugen Licht in engen Wellenlängenbereichen (»Farben«). Diese unterschiedlichen Lichtstrahlen werden durch einen Wellenlängen-Multiplexer auf einem Lichtwellenleiter zusammengefasst und dann gemeinsam übertragen.

Ein Wellenlängen-Demultiplexer verteilt das ankommende Licht wieder auf die unterschiedlichen Strahlungsempfänger/Demodulatoren. Wellenlängenmultiplexer und -demultiplexer sind passive optische Einheiten, die auf dem prismatischen Grundprinzip basieren: ein Prisma ist in der Lage, einen Strahl weißen Lichtes in sein Spektrum zu zerlegen. Genauso gut kann man in der anderen Richtung Licht unterschiedlicher »Farben« mit dem Prisma mischen. Die im Zusammenhang mit mehrkanaligen Übertragungssystemen verwendeten Multiplexer und Demultiplexer müssen gegenüber ihren einfachen Brüdern aus der Optik aber dafür sorgen, dass die Phasen der einzelnen Lichtstrahlen bei der Mischung nicht gegeneinander verschoben werden. Deshalb werden sie auch als **Phasar** (Phased Array) bezeichnet.

Auch und gerade bei den Multiplex-Systemen gibt es preiswerte und aufwendige Lösungen. Sie unterscheiden sich vor allem in der Anzahl der Kanäle.

Aufgrund der Eigenheiten der Lichtwellenleitern sind diese nur in bestimmten Wellenlängenbereichen nutzbar, wie wir gleich noch sehen werden. Diese Wellenlängenbereiche sind 850, 1310 und 1550 nm. Man arbeitet fieberhaft an der Herstellung von Fasern, die auch für andere Wellenlängenbereiche genutzt werden können, aber zum Zeitpunkt der Manuskripterstellung haben diese eine untergeordnete Bedeutung.

Der Prozess des Multiplexens beinhaltet am Ende der Übertragung ja auch eine Zerlegung des gemischten Übertragungssignals in seine einzelnen spektralen Anteile. Deshalb wird in der Literatur im Zusammenhang mit Wellenlängenmultiplexsystemen auch von der so genannten **Spektralpartitionierung** gesprochen.

Der allgemeine Begriff **WDM** (Wavelength Division Multiplex) wird in zwei Gruppen unterteilt, nämlich **DWDM**-Systeme (Dense WDM) mit mehr als acht Kanälen und **WWDM** (Wide WDM) bzw. **CWDM** (Coarse WDM) für Systeme mit bis zu acht Kanälen. Die Unterscheidung zwischen WWDM und CWDM ist in der Industrie nicht ganz sauber definiert. DWDM steht für eine aufwendige Technologie, denn wenn man viele Kanäle in ein Frequenzband packen möchte, muss man für eine hohe Trennschärfe der Kanäle untereinander Sorge tragen. Dies bedeutet aber auch die Verwendung von außerordentlich frequenzstabilen Lasern und Modulatoren sowie insgesamt ein aufwendiges System. WWDM und CWDM haben wenige Kanäle, was bedeutet, dass der Anspruch an die Komponenten nicht so hoch ist. So vollzieht sich also die bereits bekannte Trennung zwischen einfacher und aufwendiger Technologie auch bei den Multiplexsystemen.

In der Abbildung sehen wir die Übertragungsleistung eines voll integrierten CWDM-Systems mit VCSELs. Ungefähr auf den Frequenzen 780, 805, 830 und 855 nm können vier Kanäle differenziert werden, die mindestens 25 dB aus dem Grundrauschen hervorragen. Mit einem solchen System lassen sich auf konventioneller Multimodegradientenindexprofilfaser, wie sie auch für FDDI verlegt wurde, ca. 10 Gb/s über 100m übertragen, mit einer besseren Faser kann man auch mehr als das zehnfache Bandbreite/Reichweite-Produkt erzielen, z.B. 40 Gb/s über 300 m. Das Oszilloskop-Bild stammt aus einem Versuch an der Universität Ulm, die ein bedeutendes Test- und Entwicklungscenter für optische Übertragung mit VCSELs hat. Sender und Empfänger für diese vier Kanäle sind zusammen mit der benötigten Steuerelektronik auf einem einzigen Chip mit wenigen Quadratmillimetern Ausdehnung implementiert. Kommerziell werden solche Systeme für 10-Gigabit-Ethernet verwendet. Wir zeigen hier Bilder von Prototypen des Herstellers BLAZE.

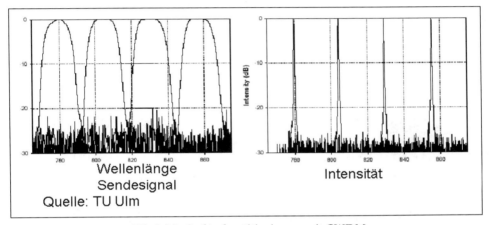

Abb. 3.2.2: Spektralpartitionierung mit CWDM

Für DWDM-Systeme gibt es von der ITU eine vordefinierte Kanalaufteilung, um die Interoperabilität von Systemen unterschiedlicher Hersteller sicherzustellen. Der Übertragungsbereich für WAN-DWDM wird auf 1260-1675 nm festgelegt. Darin werden sechs so genannte Bänder definiert. Die wichtigsten Bänder sind das S-Band (1460-1530 nm), das C-Band (1530-1565 nm) und das L-Band mit 1565-1620 nm. In der Abbildung sehen wir eine 40-Kanal-Aufteilung im C-Band. Die Kanäle sind sehr schmal, mit Abstand zum nächsten Kanal stehen nur 0,8 nm für einen Kanal zur Verfügung. Für die Laser bedeutet dies die Notwendigkeit der Stabilität in der Streubreite einiger Zehntelpromille.

Die Einschränkung der Wellenbereiche passiert in den Lichtwellenleitern vor allem durch nichtlineare Effekte, die wir im nächsten Abschnitt phänomenologisch zusammenfassen werden. Diese Effekte sind vornehmlich von der Faser, deren Eigenschaften und deren Geometrie abhängig. Außerdem gibt es bei unterschiedlichen Wellenlängen auch unterschiedliche Effekte.

Kapitel 3

Abb. 3.2.3: Prototyp 10-Gb/s-Ethernet-Adapter Gesamtbild

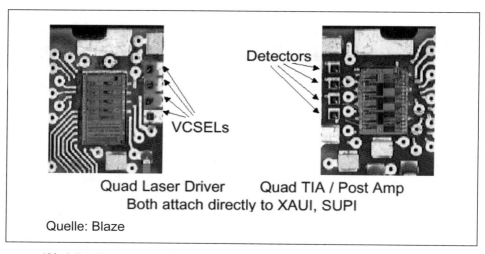

Abb. 3.2.4: Prototyp 10-Gb/s-Ethernet-Adapter VCSEL- und Empfänger-Struktur

Insgesamt führen WDM-Systeme zu einer dreidimensionalen Multiplexmöglichkeit, wie wir sie schon im letzten Kapitel behandelt haben. In einem Glasfaserkabel sind bis zu einigen Dutzend Glasfasern enthalten. Jede dieser Fasern unterstützt mindestens drei Wellenbereiche, wenn auch mit sehr unterschiedlicher Qualität, was die nichtlinearen Effekte anbetrifft. Jeder dieser Wellenlängenbereiche kann mit DWDM, WWDM oder CWDM in mehr oder weniger viele Kanäle aufgeteilt werden. Diese Kanäle werden durch ihre

Wellenlänge charakterisiert. Das physikalische Symbol für Wellenlängen ist das Lambda. Deshalb spricht man in diesem Zusammenhang auch von Lambda-Kanälen. Jeder dieser Kanäle kann rein theoretisch mit mehreren hundert Gb/s moduliert werden, Standard ist heute die Modulation mit 2,5 oder 10 Gb/s Diese Leistung kann dann über einen konventionellen elektrischen Zeitmultiplex weiter aufgeteilt werden. So erzeugen WDM-Systeme einen Raum-Wellenlängen-Zeitmultiplex.

Für optische Netze ergibt sich durch diese Vielfalt von Möglichkeiten die Notwendigkeit der Definition eines sehr feingliedrigen Referenzmodells für die unteren zwei ISO-OSI-Schichten. Bei LANs werden die meisten dieser Unterscheidungen jedoch nicht greifen, sondern es werden CWDM-Übertragungssysteme auf Punkt-zu-Punkt-Verbindungen zwischen Clients und Switches oder zwischen Switches eingesetzt. Deshalb kann man an dieser Stelle auf eine weitere Beschreibung des Referenzmodells verzichten und sich an den Vorschlägen z.B. von IEEE 802.3 ae für 10-Gigabit-Ethernet orientieren.

3.3 Strahlungsquellen und Modulatoren

Die **Dämpfung** eines Lichtwellenleiters ist wie bei allen anderen Leitern frequenzabhängig (Wellenlänge des Lichtes). In völligem Gegensatz zu anderen Leitern ist die Dämpfung über die Wellenlänge nicht linear oder irgendwie exponentiell steigend oder fallend, sondern es gibt vielmehr in Abhängigkeit vom verwendeten Material ausgeprägte **Dämpfungsminima** und **-maxima**. Erstere sind natürlich prädestiniert für die Nachrichtenübertragung, sodass sich die Festlegung des Wellenlängenbereiches für die Übertragung danach richtet. Man spricht in diesem Zusammenhang auch von so genannten »**Fenstern**«, die für die uns interessierenden Komponenten bei 850, 1300 und 1550 nm liegen. Näheres hierzu im nächsten Abschnitt. Es ist also durchaus nicht jede Strahlungsquelle für ein optisches Übertragungssystem geeignet. Auch die Modulation des Lichtes kann nicht so ohne weiteres vorgenommen werden, sondern muss sich an den Gegebenheiten orientieren.

3.3.1 Strahlungsquellen

In optischen Datenübertragungssystemen werden in der Regel Halbleiter-Strahlungsquellen eingesetzt, und zwar Lumineszenzdioden und Laserdioden.

Eine Lumineszenz-Diode (**Light Emitting Diode/LED**) besteht aus einem Halbleiter-Kristall, z.B. Gallium-Arsenid (GaAs), der in zwei Hälften unterteilt ist. Die eine Hälfte ist positiv (p), die andere Hälfte negativ (n) dotiert. Die negative Schicht ist hierbei wesentlich stärker dotiert. Die Lumineszenz-Diode erzeugt im Rahmen einer Spannungsdifferenz an der Grenze der Schichten ein diffuses (inkohärentes) Licht, das in einem verhältnismäßig großen Winkel abgestrahlt wird. Die Wellenlänge der Strahlung für Gallium-Arsenid (GaAs), einer gebräuchlichen Verbindung, beträgt 850 nm und entspricht einer Lichtstrahlung im infraroten Bereich.

Ferner sind auch Lumineszenz-Dioden erhältlich, die in einem Wellenlängenbereich von ca. 1300 bis 1500 nm strahlen. Die spektrale Strahlungsbreite des generierten Lichtes liegt mit ca. 40 nm relativ hoch. Für FDDI z.B. wird diese Technik im 1.300 nm-Fenster eingesetzt. Die Lumineszenz-Diode ist technisch einfach realisierbar und besitzt eine lange Lebensdauer (ca. 1.000.000 Stunden). Durch ihren geringen Wirkungsgrad können mit dem von ihr erzeugten Licht allerdings nur Entfernungen von 3 bis 5 km überbrückt werden.

Die mittlere Strahlungsleistung von Lumineszenz-Dioden liegt bei etwa 15 Megawatt. Durch den großen Abstrahlwinkel kann hiervon allerdings nur ein kleiner Teil der Lichtleistung in den Lichtwellenleiter eingekoppelt werden. Bei **Flächenemitter-Dioden**, die senkrecht zum pn-Übergang ihre Energie abgeben, beträgt dieser Wert durch den großen Abstrahlwinkel von nahezu 180 Grad im Mittel lediglich ca. 1 µW. Bei **Kantenemitter-Dioden**, die ihre Strahlung parallel zum pn-Übergang abgeben, kann durch einen schmaleren Austrittswinkel erheblich mehr Lichtleistung in den Lichtwellenleiter eingespeist werden.

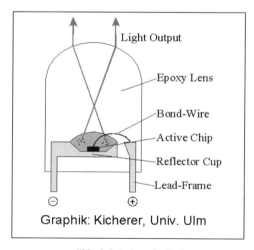

Abb. 3.3.1: Leuchtdiode

Leuchtdioden haben einen geringen Wirkungsgrad, sind aber sehr preiswert. Wegen ihrer hohen Trägheit sind sie aber nur für Übertragungssysteme bis zu 1 Gb/s interessant, darüber hinaus kann man sie nicht mehr benutzen.

Bei einem **Halbleiter-Laser** (Light Amplification by Stimulated Emission of Radiation) tritt aufgrund des Resonatorprinzips kohärentes, d.h. phasengleiches, monochromatisches (einfarbiges) Licht. Hinsichtlich des Lichtaustritts unterschiedet man zwischen **Kantenemittern** (orthogonal zum pn-Übergang) und **Vertikalemittern**. Die Kantenemitter haben ein elliptisches Strahlprofil, welches die Faserkopplung oder die Kopplung an einen externen Modulator wesentlich erschwert. Außerdem haben sie einen relativ hohen Stromverbrauch und sind auch in integrierter Struktur recht groß. Die Vertikalemitter (**VCSEL**: Vertical Cavity Surface Emitting Laserdiode) sind hier das vielversprechendere Konzept, weil bei ihnen das Licht sozusagen nach oben austritt. Deshalb kann man viele von ihnen auf eine kristalline Struktur integrieren und hat dann leicht abgreif- oder einkoppelbare Lichtstrahlen.

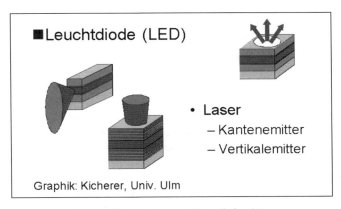

Abb. 3.3.2: Kanten- und Vertikalemitter

VCSELs werden z.B. auf einem Gallium-Arsenid-Substrat konstruiert. Im Abb. 3.3.3 sieht man über dem Substrat erst einmal eine Reihe von sehr dünnen Schichten. Das sind so genannte Bragg-Reflektoren. Sie haben die Eigenschaft, in Anhängigkeit von der Dotierung bestimmte Lichtwellenlängen zu reflektieren und andere zu absorbieren. Legt man jetzt viele Bragg-Reflektoren wie in dieser Konstruktion übereinander, entsteht ein Vollspiegel. Über diesem Vollspiegel befindet sich die eigentlich aktive Aluminiumoxid-Laserschicht, in der das Licht durch stimulierte Emission erezugt wird. Über der aktiven Schicht ist wieder eine Ansammlung von Bragg-Reflektoren, die in diesem Fall wie ein Halbspiegel funktioniert. So ist wie bei einem klassischen

Rubinlaser die aktive Laserkomponente von einem Voll- und einem Halbspiegel umgeben. Die Bragg-Reflektoren haben gegenüber einem herkömmlichen Halbspiegel aber noch die zusätzliche Eigenschaft der Filterung, sodass man durch die Dotierung im Rahmen des Fertigungsprozesses die Wellenlänge, in der der VCSEL sendet, genau bestimmen kann. Über dem Halbspiegel liegt ein ringförmiger Kontakt, in dessen Mitte das Laserlicht austreten kann.

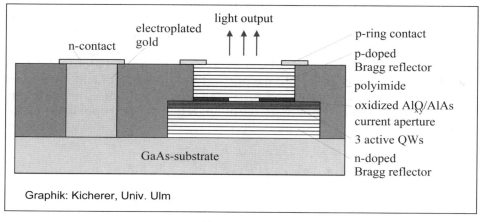

Abb. 3.3.3: VCSEL

Neben dem Einsatz in Systemen der Nachrichtenübertragung sind VCSELs auch sehr wichtig für die Konstruktion neuer Rechnergenerationen. Durch die enormen Fortschritte der Prozessor- und Speichertechnologie sind nämlich die Grenzen der Übertragung auf Platinen mit metallischen Leitern längst in Sicht und bald erschöpft. Wenn die elektronischen Bausteine hunderte Kanäle mit jeweils z.B. einem Gb/s zwischen sich haben, wird die elektrodynamische Mittkopplung zwischen den Leiterbahnen unerträglich. Deshalb arbeitet man an Einrichtungen, bei denen die Kanäle so gebildet werden, dass die zu übertragenen Informationen auf ein Feld von VCSELs gebracht werden. Diese VCSELs werden dann mittels einfacher passiver optischer Verbinder mit entsprechenden Empfängern verbunden. Dies ist ebenso einfach wie genial.

VCSELs sind auch in verschiedenen anderen Anwendungsbereichen zuhause.

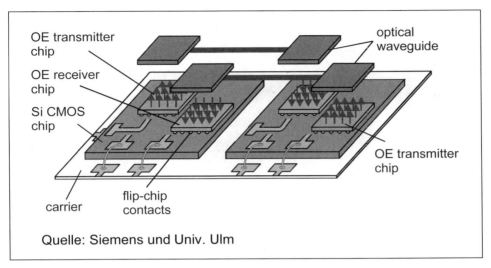

Abb. 3.3.4: Parallele optische Datenübertragung

3.3.2 Modulation

Grundsätzlich sind zwei Alternativen der Modulation denkbar: direkte Modulation und externe Modulation.

Bei der **direkten Modulation** wird der Injektionsstrom des Halbleiterlasers im Rahmen der Eigenschaften der primären Zeichenschwingung variiert. Bei digitalen Systemen entspricht dies einer Pulsmodulation. Das Problem dabei ist, dass Änderungen im Injektionsstrom auch Änderungen im Brechungsindex der aktiven optischen Schicht des integrierten Halbleiterlasers hervorrufen können. Dadurch wird neben der beabsichtigten Intensitätsmodulation auch eine Phasen- und Frequenzmodulation hervorgerufen. Dieser Effekt heißt **Chirp** und führt zu einer erheblichen Erweiterung des Frequenzspektrums. Diese Erweiterung des für einen Übertragungskanal benötigten Frequenzspektrums ist in CWDM und WWDM-Systemen noch tragbar, nicht jedoch in DWDM-Systemen, sodass hier in jedem Falle auf externe Modulation zurückgegriffen werden muss.

Bei der **externen Modulation** sendet der Laser konstant, das Licht wird dann aber in einer getrennten Einrichtung moduliert, z.B. mit einer **Mach-Zehnder-Interferometer**-Struktur auf einem Lithium-Niobat-Substrat. Wir sehen eine solche Struktur in der Abb. 3.3.5.

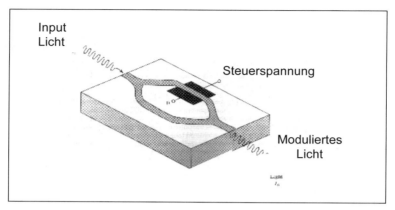

Abb. 3.3.5: Integrierter Mach-Zehnder-Interferometer

Das monochromatische, kohärente Licht des Lasers wird in der MZI-Struktur durch eine Verzweigung im integrierten Wellenleiter gleichmäßig geteilt. Ein Zweig des Wellenleiters wird nicht beeinflusst, im anderen Zweig kann man den Brechungsindex durch Anlegen einer Steuerspannung geringfügig beeinflussen. Die Beeinflussung des Brechungsindexes erzeugt eine Phasenverschiebung des durch diesen Zweig laufenden Lichtanteils. Diese Phasenverschiebung wird durch die primäre Zeichenschwingung gesteuert. Führt man dann den beeinflussten und den unbeeinflussten Zweig des integrierten Wellenleiters wieder zusammen, entstehen Interferenzen, die zu Intensitätsschwankungen gemäß dem Verlauf der primären Zeichenschwingung führen.

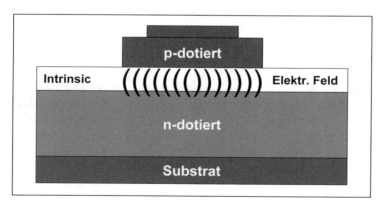

Abb. 3.3.6: MZI-Schnittbild

Abb. 3.3.6 zeigt nochmals einen Schnitt durch den MZI an der Stelle, wo die Beeinflussung des Brechungsindexes stattfindet. Auf dem Substrat liegt eine n-dotierte Schicht, über der die lichtwellenleitende Schicht aufgebracht ist. Auf dieser wiederum liegt eine p-dotierte Schicht. Legt man jetzt Strom an den Kontakt über der p-Schicht, so entsteht durch erhöhte Rekombination von Elektron-Loch-Paaren in der lichtwellenleitenden Intrinsic-Schicht ein elektrisches Feld, welches kontraproduktiv zum Photonenfluss ist, also diesen verlangsamt, was eine Erhöhung des Brechungsindexes nach sich zieht.

3.4 Lichtwellenleiter

Für das eigentliche Übertragungsmedium gibt es eine Vielzahl von meist unpräzisen Bezeichnungen: **Glasfaser, Lichtleiter, Lichtleitfaser** und **Lichtwellenleiter.** In englischsprachiger Literatur wird der Lichtwellenleiter/ (LWL) häufig als »**Optical Fiber**« bezeichnet.

3.4.1 Grundsätzliche Eigenschaften von Lichtwellenleitern

Prinzipiell besteht ein LWL aus einer dünnen zylindrischen Faser aus Quarzglas (SiO2). Der Kern der Faser weist einen größeren **Brechungsindex (Brechzahl** $n1$) auf als der **Mantel** (Brechzahl $n2$), vgl. Abb. 3.4.1.

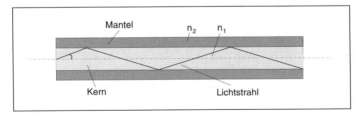

Abb. 3.4.1: LWL

Die Weiterleitung der Lichtwellen in einem LWL beruht auf dem Prinzip der Totalreflexion an Grenzschichten zwischen Materialien unterschiedlicher optischer Dichte. Die optische Dichte wird durch den Brechungsindex charakterisiert. Der Brechungsindex gibt an, um wie viel das Licht beim Durchlauf durch das betreffende Medium gegenüber seiner Reise durch das Vakuum »gebremst« wird. Die Lichtgeschwindigkeit im Vakuum ist ca. 300.000 km/s. Ein Brechungsindex von 1,5 bedeutet demgemäß, dass das Licht in diesem Medium nur noch mit 200.000 km/s unterwegs ist. Ein Lichtstrahl wird hierbei total reflektiert, falls gilt:

$\cos g > n2/n1$.

Dabei ist n2 der Brechungsindex des Mantels und n1 der Brechungsindex des Kerns des Lichtwellenleiters. Ist diese Bedingung erfüllt, so wird durch weitere Totalreflexion der Strahl im LWL gehalten. Es lässt sich unmittelbar ein maximaler Einfallswinkel gA, der auch als **Akzeptanzwinkel** bezeichnet wird, berechnen. Den Sinus des Akzeptanzwinkels bezeichnet man auch als **Numerische Apertur**.

Ebenso wie bei herkömmlichen Leitern treten beim LWL Dämpfungsverluste bei der Übertragung von Signalen auf. Diese Verluste sind jedoch unter bestimmten Voraussetzungen nicht so stark wie bei elektrischen Leitern. Somit lassen sich vergleichsweise längere Distanzen ohne zusätzliche Verstärkung überbrücken. Allerdings haben Lichtwellenleiter einen ungünstigen Mix von linearen und nichtlinearen Dämpfungseffekten. Wie störend diese jeweils sind, hängt von der gewünschten Anwendung ab. Lichtwellenleiter, die bei Einkanalsystemen hervorragende Ergebnisse zeitigen, können bei DWDM-Systemen völlig versagen.

3.4.1.1 Dämpfungseffekte allgemeiner Natur

Generell handelt es sich bei einem Lichtwellenleiter um einen amorphen Körper und nicht, wie viele vielleicht denken, um ein kristallines Gebilde. Der Lichtwellenleiter ist im Grunde genommen eine Flüssigkeit, die so langsam fließt, dass wir die Veränderung weder sehen noch erleben können. Man kennt diesen Effekt z.B. auch von alten Glasscheiben oder Kirchenfenstern, die unten mit den Jahrhunderten unten etwas dicker geworden sind als oben.

Die Grundsubstanz des amorphen Körpers sind Siliziumdioxid-Atome, die durch die entsprechenden atomaren Bindungen zusammengehalten werden. Treten Photonen hier ein, kann es zu Wechselwirkungen kommen, weil Photonen mit freien Elektronen kollidieren. Dabei geben sie ihre Energie an das jeweilige Elektron ab. Das Elektron wird sich dann eine Zeit lang auf einem höheren Energieniveau befinden, bis es die überschüssige Energie wieder abgibt und von dem erhöhten Energieniveau wieder »herunterfällt«. Dabei setzt es wieder ein Photon frei. Dieses Photon hat dann aber leider nur noch wenig mit dem absorbierten Photon gemein und ist deshalb für die Nachrichtenübertragung nutzlos, also verloren gegangen.

Des Weiteren gibt es in der amorphen Struktur jede Menge Verunreinigungen, z.B. freie OH-Ionen. Diese sind für die Photonen Hindernisse in der Größenordnung von Bergen und führen ebenfalls zum Verlust von Photonen. Die gesamte amorphe Struktur kann auf bestimmten Frequenzen in Schwingung geraten; auch dies ist unangenehm für die Photonen, da die Atome jetzt eine Art »Moving Targets« darstellen. Die Physiker unter den Lesern mögen mir verzeihen, aber ich muss ja die Dinge so darstellen, dass sie von möglichst vielen in dieser Hinsicht wenig vorgebildeten Lesern verstanden werden. Schließlich lässt man in den Herstellungsprozess von Lichtwellenleitern bestimmte Dotierungen einfließen, um verschiedene Effekte zu erzielen.

Jeder Lichtwellenleiter hat ein eigenes Dämpfungsprofil. Diese Dämpfungsprofile haben allerdings gewisse Gemeinsamkeiten, sodass wir hier eine Art »generisches« Dämpfungsprofil zeigen, an dem sich die wichtigsten materialbedingten Dämpfungseinflüsse erklären lassen.

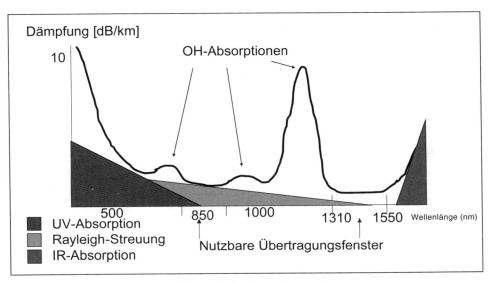

Abb. 3.4.2: Spektraler Verlauf

Durch das Material werden folgende Dämpfungseffekte bedingt:

- Bandbegrenzung durch Ultraviolett-Absorption
- Bandbegrenzung durch Infrarot-Absorption
- Rayleigh-Streuung
- OH-Absorption
- Nichtideale Wellenleitung

UV- und IR-Absorption bestimmen die äußeren Grenzen des durch eine Faser übertragbaren Wellenlängenbereiches.

Die Streueffekte infolge von Material-Inhomogenitäten (**Rayleigh-Streuung**) stellen eine untere Grenze der Verluste bei LWL dar. Die Abschwächung beträgt etwa für SiO2 weniger als 0,4 dB/km bei einer Wellenlänge von 1,3 mm. Weitere Dämpfung tritt infolge von Materialverunreinigungen (z.B. **OH-Io-**

nen) auf. Diese Dämpfung ist, ebenso wie die Rayleigh-Streuung, abhängig von der Wellenlänge.

Ferner treten Dämpfungen auf, die hauptsächlich auf Ursachen zurückzuführen sind wie Streuung durch Ablenkungen an lichtdurchlässige Partikel oder Blasen, austretendes Licht durch Fertigungstoleranzen bei Kern und Mantel, Inhomogenitäten des LWL und Biegungen und Krümmungen des Lichtwellenleiters.

Die Abb. 3.4.3 zeigt den typischen Dämpfungsverlauf eines im Kern zur Brechzahlerhöhung mit Germaniumoxid dotierten Lichtwellenleiters.

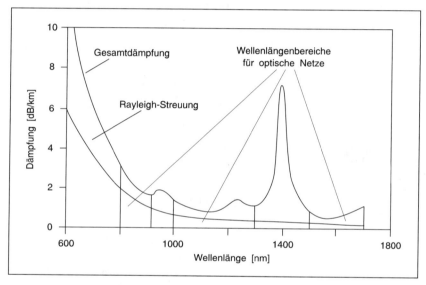

Abb. 3.4.3: Spektraler Verlauf

Die OH-Schwingungen führen dabei zu lokalen Absorptionsspitzen bei Wellenlängen von 950, 1240 und 1390 nm.

Ein wichtiges Maß zur generellen Klassifizierung der Übertragungsleistung eines Lichtwellenleiters stellt das **Bandbreiten-Längenprodukt** bzw. **Bitraten-Längenprodukt** dar, da es für jeden Fasertyp annähernd konstant ist. Es gibt an, welche Datenraten bei gegebener Leitungslänge in der Faser übertragen werden können bzw. welche maximale Leitungslänge von einer Faser bei vorgegebener Datenrate verkraftet wird.

Beispiel: Gradientenfaser mit einem Bandbreiten/Längenprodukt von 600 MHz · km bedeutet

a) maximal 600 MHz auf 1 km,

b) maximal 1200 MHz auf 0,5 km,

c) maximal 300 MHz auf 2 km.

3.4.1.2 Dispersionseffekte auf Lichtwellenleitern

Neben den allgemeinen Dämpfungseffekten wird die Qualität der Nachrichtenübertragung auf Lichtwellenleitern durch Dispersionseffekte beeinflusst. Dispersion bedeutet, dass das in den Wellenleiter im Rahmen des Akzeptanzwinkels eingebrachte Licht beim Durchlauf durch den Wellenleiter nicht »zusammenbleibt«, sondern sich proportional zur Dauer des Durchlaufs, also zur zurückgelegten Wegstrecke verstreut. Der Lichtwellenleiter zerlegt das Licht sozusagen beim Durchlauf. Monochromatisches, kohärentes Licht aus einem Laser ist von diesen Effekten ggf. noch schlimmer betroffen als diffuses Licht aus einer Leuchtdiode, da das diffuse Licht ja bereits eine gewisse Unordnung in Phase, Frequenzlage und Richtung aufweist und nur noch diffuser werden kann, das Laserlicht jedoch regelrecht zerlegt wird. Käme es nur darauf an, das Licht als solches zu übertragen, wäre das nicht weiter schlimm. In der Nachrichtenübertragung wollen wir aber eine Menge von Impulsen übertragen. Diese Impulse stellen unsere logischen Werte, z.B. »0« oder »1« dar, und werden ihrerseits von Lichtimpulsen unterschiedlicher Intensität dargestellt. Die Datenrate oder die Nachrichtenübertragungsgeschwindigkeit gibt an, wie viele Impulse pro Zeiteinheit hintereinander folgen. 1 Gb/s bedeutet eine Milliarde aufeinander folgende Impulse pro Sekunde. Diese Impulse müssen, wie der Nachrichtentechniker sagt, »steil« sein, d.h. der Wechsel von einem Grundwert zu einer darstellenden Amplitude ist zeitlich recht aprupt. Bei 1 Gb/s darf der Impuls höchstens eine Milliardstelsekunde dauern, aber eigentlich viel weniger, weil wir zwischen zwei Impulsen ja noch eine Pause lassen müssen, um sie voneinander differenzieren zu können. Bei 1 Gb/s also eine Milliardstelsekunde einschließlich Pause. Modulieren wir diesen Impuls nun z.B. mittels eines Mach-Zehnder-Interferometers auf einen Laserstrahl, so wird die zeitliche Eigenschaft des Impulses auf das Intensitätsverhalten des Laserstrahls abgebildet. Wir erzeugen aus einem steilen elektrischen Impuls einen steilen Laserimpuls. Wird der steile Laserimpuls nun in einen Lichtwellenleiter geschickt und unterliegt dort einer Dispersion, also einer Zerlegung, bedeutet dies im Klartext, dass die energetischen Anteile des Impulses auf eine längere Zeitdauer verteilt werden. Der Impuls am Ausgang des Lichtwellenleiters ist also viel breiter als der Impuls am Eingang. Dies senkt die mit diesem System erzielbare Datenrate erheblich, weil die Laser-Impulsverbreiterung der notwendigen Pause zwischen aufeinander folgenden Impulsen der primären Zeichenschwingung zugerechnet werden muss. Würde man die Pause nämlich nicht verlängern, so würden sich die Impulse durch die Dispersion mischen und man könnte sie am Ende der Übertragungsstrecke nicht mehr auseinander halten. Bleiben wir einmal bei dem Beispiel 1 Gb/s. Impuls und Pause der primären Zeichenschwingung seien jeweils 1/2 Milliardstelsekunde breit. Der Impuls würde aber durch die Dispersion auf der Faser um den Faktor vier verlängert. Am Ende der Faserstrecke wäre er durchschnittlich 2 Milliardstelsekunden lang. Um auf dieser Strecke ordentlich zu übertragen, müssten wir also zwischen zwei aufeinander folgenden Impulsen eine Pause von 2 Milliardstelsekunden lassen, um die Impulse am Ende der Übertragungsstrecke auseinander halten zu können. Also ist das »Gebilde« aus Impuls und Pause der primären Zeichenschwingung unter Berücksichtigung der Dispersion 2,5 Milliardstelsekunden lang. Rückgerechnet senken wir damit unsere mögliche Übertragungsrate auf 200 Mb/s, also ein Fünftel.

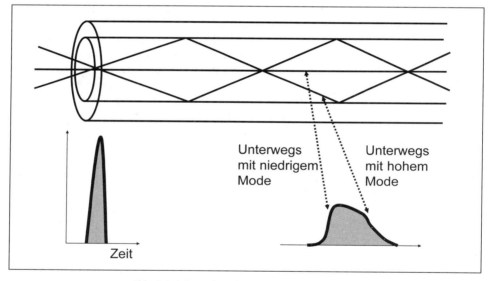

Abb. 3.4.4: Impulsverbreiterung bei Dispersion

Man kann folgende hauptsächliche Dispersionseffekte in Lichtwellenleitern angeben:

- Intermodale Dispersion
- Chromatische Dispersion
- Polarisations-Modendispersion

Die **intermodale Dispersion** entsteht durch unterschiedliche Laufzeiten. Licht wird in den Lichtwellenleiter im Rahmen des Akzeptanzwinkelbereiches eingespeist. Dabei gibt es Licht, welches ziemlich parallel zur optischen Achse verläuft und als Licht »niedrigen Modes« bezeichnet wird, und Licht, welches recht schräg eingespeist wird, in einem vergleichsweise großen Winkel total reflektiert und als Licht »hohen Modes« bezeichnet wird. Die Lichtgeschwindigkeit im Kern ist konstant und wird durch den Brechungsindex wie beschrieben bestimmt. Sie liegt bei ca. 200.000 km/s. Bei konstanter Geschwindigkeit legt das Licht hohen Modes eine größere Strecke zurück, weil es ja sozusagen im Zickzack läuft, während das Licht niedrigen Modes entlang der optischen Achse viel schneller am Ziel ist. Auf den ersten Blick erscheint dieser Effekt nicht so dramatisch zu sein; rechnet man aber mit einfachen geometrischen Mitteln die Weglängendifferenzen z.B. für einen Kilometer Faser aus, wird die eigentliche Dramatik dieses Effektes klar. Eine einfache Faser, die nur aus einem Mantel und einem Kern besteht, hätte bei einem Kerndurchmesser von 62,5 µm alleine durch diesen Effekt ein Bandbreite/Reichweite-Produkt von weit unter 100 Mb/s x km. Da könnte man genauso gut auch einen Draht nehmen und sich den Aufwand für die optische Übertragung sparen. Die intermodale Dispersion hat die Konstruktion von Glasfasern erheblich beeinflusst. Wir kommen gleich auf Fasern, die mit dieser Art Dispersion konstruktiv gesehen besser umgehen können, zu sprechen. Verlegt man die Faser, so ändert sich die Modenhöhe für jeden Anteil des Lichtes sozusagen in jeder Kurve, was aber nicht dazu beiträgt, die Modendispersion zu verringern.

Jeder Lichtimpuls hat, wie jede elektromagnetische Welle, ein Frequenzspektrum. Bei relativ engen DWDM-Kanälen besteht dieses Spektrum aus einer Vielzahl von eng benachbarten Wellenlängen. Jeder DWDM-Kanal erzeugt einen hauptsächlichen spektralen Anteil (monochromatisches Laserlicht), die durch den optischen Multiplexer gebildete Summe dieser Kanäle erzeugt in der Hauptsache ein klassisches Linienspektrum. Die **chromatische Dispersion** beschreibt nun den Effekt, dass jede Spektralkomponente, also Wellenlänge, unterschiedlich verzögert wird. Die ist auch einsichtig, wenn man nochmals auf Abb. 3.4.2 blickt: für jede Wellenlänge liegt in Grund genommen ein anderer Brechungsindex vor. Und auch wenn die Unterschiede nur ein Millionstel oder noch weniger betragen, sind die Differenzen auf eine längere Distanz gesehen deutlich. Die chromatische Dispersion bedeutet also letztlich ebenfalls eine Impulsverzerrung, diesmal aber in den »Farben« des DWDM-Signals. Wenn jeder Kanal eine andere Verzögerung aufweist, wird das DWDM-Summensignal insgesamt am Ende der Übertragungsstrecke verbreitert. Die chromatische Dispersion wird auf eine Referenzwellenlänge definiert, bei der sie gleich Null ist. Jede Faser hat eine Wellenlänge, bei der die chromatische Dispersion einen Nulldurchgang hat. Die Materialdispersion bei Siliziumfasern ist negativ bei kurzen Wellenlängen und positiv bei längeren, der Nulldurchgang legt bei ca. 1300 nm. Man kann nun die Wellenlänge des Nulldurchgangs durch die Dotierung des Silizium-Materials beeinflussen. Dann entstehen **Dispersion Shifted Fibers**, die z.B. einen Nulldurchgang bei 1550 nm haben. Es gibt unterschiedliche Methoden, die chromatische Dispersion in einem optischen Übertragungssystem zu kompensieren. Kompensiert man außerhalb der Faser, legt man besonderen Wert darauf, dass die Faser »normal« dispersiert und nicht durch Dotierungen oder Verunreinigungen von diesem Normaverhalten abweicht. Wenn man extra auf diese Eigenschaft Wert legt, spricht man von **Non Dispersion Shifted Fibers.** Die Dispersionskoeffizienten kann man auch durch Änderungen in der Fasergeometrie beeinflussen, worauf wir weiter unten noch eingehen.

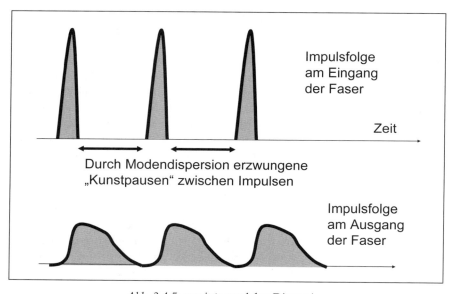

Abb. 3.4.5: zur intermodalen Dispersion

Dispersion Shifted Fibers verwendet man im Allgemeinen immer dann, wenn man mit einem Kanal auf einer Frequenz, also z.B. 1550 nm arbeiten will und die durch Ungenauigkeiten des Lasers und Modulators entstehenden Randfrequenzen letztlich ignorieren kann und eher Wert auf einen glatten Durchgang der Hauptfrequenz legt. Non Dispersion Fibers wendet man vor allem bei DWDM-Systeme an, weil man die Dispersion außerhalb der Faser kompensiert.

Ein weiterer Effekt schließlich ist die **Polarisations-Moden-Dispersion (PMD).** PMD gehört ebenfalls zu den nichtlinearen Effekten. Licht breitet sich in unterschiedlichen Ebenen aus, die im einfachsten Fall orthogonal zueinander stehen. Viele Leser werden sicherlich aus der Fotografie den Zirkular-Polarisationsfilter kennen. Dies ist eine praktische Einrichtung, die aus einem drehbaren Polarisationsfilter besteht, der im Großen und ganzen Licht einer Ausbreitungsebene sperrt und Licht anderer Ausbreitungsebenen durchlässt. Möchte man z.B. die Auslage in einem Schaufenster oder die Fische in einem Teich fotografieren, so kann man mit diesem Filter die störenden Reflexe einfach wegdrehen. Die Reflexe haben eine Hauptausbreitungsebene, die man mit dem Filter schlicht sperrt.

Bezogen auf die optischen Übertragungssysteme ist die Modendispersion bei geringen Frequenzen für alle Ausbreitungsebenen des Lichtes gleich. Bei höheren Frequenzen dispersieren die einzelnen Ausbreitungsebenen leider unterschiedlich. Dadurch entstehen wieder Impulsverbreiterungen, weil dieses Mal die energetischen Anteile der unterschiedlichen Ebenen des Impulses zu unterschiedlichen Zeitpunkten ankommen. Die Verzögerungen entstehen in differenzierbaren Gruppen. Diese so genannten **Differential Group Delays (DGD)** variieren mit der optischen Frequenz entlang einer Maxwellschen Wahrscheinlichkeitsverteilung. Bei festen Frequenzen variieren die DGDs über die Zeit. Die PMD-Dämpfungen werden vor allem durch die Impulsverbreiterung, die durch die unterschiedlichen Gruppenverzögerungen (DGD) zwischen nichtdegenerierten Polarisationszuständen, also z.B. orthogonalen Polarisationszuständen entsteht, verursacht.

Insgesamt sucht man also **DGD/PMD-optimierte Fasern**. Glücklicherweise ist der DGD/PMD-Effekt längst nicht so dramatisch wie der allgemeine Effekt der Modendispersion. Man kann sagen, dass der PMD-Effekt vernachlässigt werden kann, wenn das mittlere Zeitdifferential zwischen den zwei orthogonalen Polarisationsmoden kleiner als ein Zehntel der Bitperiode ist. So kann man für ein 2,5-Gb/s-Signal eine PMD-Differenz von 40 Picosekunden oder für ein 10-Gb/s-Signal eine PMD-Differenz von 10 Picosekunden hinnehmen. PMD-Effekte akkumulieren mit einer Wurzelfunktion. Ein PMD-Koeffizient wird also in Picosekunden dividiert durch die Wurzel der Länge angegeben. Ein typischer Wert für eine Standard Singlemodefiber wäre 0,5 Picosekunden $\sqrt{km}$.

3.4.1.3 Weitere nichtlineare Effekte

Es gibt noch eine Reihe weiterer nichtlinearer Effekte, die wichtig werden, wenn man Lichtwellenleiter bis an die Grenze ihrer Fähigkeiten benutzen möchte:

- Stimulierte Raman-Streuung
- Stimulierte Brillouin-Streuung
- Four Wave Mixing

- Selbst- und Kreuzphasenmodulation

Licht interagiert mit dem Übertragungsmedium in unelastischen Stößen. Die Wellenlänge eines kollidierten Photons ist höher als die eines unkollidierten. Dadurch geht Energie des zu übertragenen Signals verloren. Ein Signal, welches mit der Wellenlänge des kollidierten Photons anwesend ist, kann eine stimulierte Emission eines anderen Photons gleicher Wellenlänge und somit eine Verstärkung hervorrufen. Dies kann man positiv nutzen, es kann aber auch sehr stören. In normalen einkanaligen Kommunikationssystemen ist diese so genannte **Raman-Streuung** relativ bedeutungslos. Man kann den Raman-Effekt bei diesen Systemen sogar für die Signalverstärkung ausnutzen, indem man den Lichtwellenleiter mit Photonen, die in der Wellenlänge kollidierter Photonen liegen, pumpt und diese damit verstärkt. In DWDM-Systemen können aber Photonen durch die unelastischen Stöße von der Wellenlänge eines Kanals auf die Wellenlänge eines anderen Kanals geraten und sind dort sehr wahrscheinlich in einer falschen Phasenlage, sodass Störungen entstehen.

Bei der Brillouin-Streuung entsteht durch den gleichen Kollisionseffekt eine der Lichtwelle gegenläufige akustische Welle, die allerdings keinen wesentlichen Dämpfungseffekt hervorruft.

Wesentlich störender ist das so genannte **Four Wave Mixing**. In Silizium-Glas gibt es eine nichtlineare Relation zwischen dem elektrischen Feldvektor (Maxwellsche Gleichungen) und der Polarisationsdichtefunktion der Lichtwellen. Sind, wie bei einem DWDM-System zunächst einmal wahrscheinlich, drei Signale auf benachbarten optischen Frequenzen anwesend, erzeugt die kubische Nichtlinearität ggf. zusätzliche Signale auf Summen- oder Differenzfrequenzen. Dies gilt allerdings nur unter bestimmten Voraussetzungen hinsichtlich der Phasenlage bei gleichen Propagationskonstanten, was aber ausgerechnet bei DWDM-Systemen oft vorliegt. Die aus einer derartigen Mischung hervorgegangenen Wellen interferieren mit anderen DWDM-Kanälen. Das kann die Reichweite von DWDM-Systemen dramatisch reduzieren.

Schließlich gibt es noch die Kreuzphaseneigenmodulation Cross Phase Self Modulation. Die bereits mehrfach angesprochene Nichtlinearität im Brechungsindex kann kleine Änderungen in der Ausbreitungskonstante (ein anderer Begriff für die mittlere Ausbreitungsgeschwindigkeit) als Funktion der Intensität hervorrufen. Über ein längeres Stück Lichtwellenleiter kann dies wiederum akkumulierte Phasenverschiebungen hervorrufen, die mit der Intensität variieren. Diese Phasenverschiebungen repräsentieren eine Eigenmodulation in der Phase, die zu einer Impulsverbreiterung über die Länge des Übertragungsweges führt. In erster Näherung kann man das so erklären, dass bestimmte Anteile des Impulses zu einem bestimmten Zeitpunkt abhängig von der Intensität zu diesem Zeitpunkt in der Phase verschoben werden. Dieser Effekt fällt bei einfacheren einkanaligen Systemen nicht weiter auf, weil er viel geringer als die Modendispersion ist. Sind aber mehrere Kanäle mit benachbarten Frequenzen anwesend, können nichtlineare Interaktionen zwischen den Signalen ein ähnliches Phänomen erzeugen, die Kreuzphaseneigenmodulation, die in ihrer Intensität von der aggregaten Stärke der anwesenden Signale abhängt und die man sich letztlich als eine Art Schweben zwischen den benachbarten Frequenzen vorstellen kann. Dieser Effekt wird umso bedeutungsvoller, je mehr unterschiedliche Kanäle auf einem System zu finden sind.

3.4.2 Ausführungsformen von Lichtwellenleitern

Lichtwellenleiter lassen sich anhand der Anzahl der geführten Wellen sowie der Art des Brechungsverlaufs unterscheiden. Da die Modendispersion für einkanalige Lichtwellenleiterübertragunssysteme der dominierende Effekt ist, führen grundsätzliche geometrische Konstruktionsmerkmale entlang dieses Effekts zu einer Differenzierung der Fasertypen. Im Kern eines Lichtwellenleiters breiten sich Lichtanteile unterschiedlicher Einstrahlungswinkel aus. Die Strahlen, die hierbei durch häufige Reflexion an der Grenzschicht Kern/Mantel einen längeren Weg in der Faser zurücklegen, werden auch als Strahlen hohen Modes bezeichnet, Strahlen, die nahe entlang der Faserachse geführt werden, als Strahlen niedrigen Modes, wie wir bereits ausgeführt haben. Tragen bei einem Lichtwellenleiter mehrere Moden zur Signalübertragung bei, werden sie auch als **Multimodefasern** bezeichnet.

Multimodefasern sind gekennzeichnet durch einen relativ großen Kerndurchmesser, sodass bei Lichtquellen mit großem Abstrahlwinkel, z.B. Lumineszenzdioden, mehrere Moden innerhalb der Faser ausbreitungsfähig sind und somit eine hinreichend große Lichtleistung in die Faser eingekoppelt werden kann.

Lichtwellenleiter, bei denen durch einen sehr kleinen Kerndurchmesser (etwa 5 oder 10 m) lediglich ein Mode, der quasi die Achse des Kerns darstellt, durchgelassen wird, werden als **Monomodefaser** bezeichnet. Monomodefasern stellen höhere Anforderungen an die einzusetzende Strahlungsquelle, da praktisch nur ein Mode eingekoppelt werden kann. Aus diesem Grund kommen hier ausschließlich Laser-Dioden als Sender zum Einsatz.

3.4.2.1 Multimodefasern

Die ersten Fasern, die in den Sechzigerjahren von der Fa. Corning als Fasern für die Datenkommunikation entwickelt wurden, waren Multimodefasern. Sie sind mit Kerndurchmessern zwischen 50 und 400 µm relativ »groß« und die Herstellung ist deshalb einfacher als bei Monomodefasern.

Bei Multimodefasern kann man noch eine weitere Unterscheidung in Bezug auf die Art des Brechungszahlverlaufes innerhalb der Faser machen. Man unterscheidet Stufenprofil- und Gradientenprofilfasern. Bei **Stufenprofilfasern** besitzen Kern und Mantel eine feste Brechzahl, die Dichten der jeweiligen Materialien sind jeweils konstant. Die **Gradientenprofilfaser** weist einen parabolischen Brechzahlverlauf im Kern auf. Die Monomodefaser kann als eine Stufenprofilfaser mit sehr kleinem Kerndurchmesser angesehen werden.

Bei Stufenindexfasern liegt der Kerndurchmesser im Bereich von ca. 100 bis 400 m und der Manteldurchmesser etwa zwischen 200 und 500 m. Die Auswirkungen der Dispersion führen insbesondere bei großen Medienlängen bzw. hohen Datenraten zu einer sehr starken Veränderung des Ausgangssignals bezogen auf das Eingangssignal. Das Bitraten-Längenprodukt liegt hier lediglich bei weniger als 100 MHz * km bei einer Modendispersion um 40 ns/km.

Um die entstehenden Laufzeitunterschiede zu umgehen, wurde die **Gradientenprofilfaser** konzipiert. Es handelt sich hierbei um eine Multimode-Faser mit einem parabolischen Brechzahlverlauf im Kern. In diesen Fasern ist die Strahlbahn der Moden nicht mehr geradlinig, sondern nahezu sinusförmig. Dies hat zur Folge, dass Strahlen, die einen längeren Weg zurückzulegen haben, aufgrund der geringeren Dichte im Randbereich schneller laufen als Strahlen, deren Weg kürzer ist, da diese einen Bereich mit höherer Brechzahl durchlaufen müssen.

Durch die kontinuierliche Brechzahländerung im Kern verringert sich bei Gradientenprofilfasern die Modendispersion auf Werte von etwa 0,5 ns/km. Hieraus resultiert eine wesentlich geringere Dispersion des Ausgangssignals bezogen auf das Eingangssignal, das auch in einem um den Faktor 10 höheren Bandbreitenlängenprodukt zum Ausdruck kommt (1-10 GHz*km). Überträgt man die oben gemachte, anschauliche Betrachtung der Auswirkung der Dispersion auf die Übertragungsgeschwindigkeit, ist die Übertragung von 100 Mb/s auf einer solchen Faser kein Problem. Eine Bitdarstellung im 200 Mb/s-Signal dauert 5 ns. Eine Modendispersion von 0,5 ns/km bedeutet dann eine notwendige Senkung der Übertragungsgeschwindigkeit um nur 10 %.

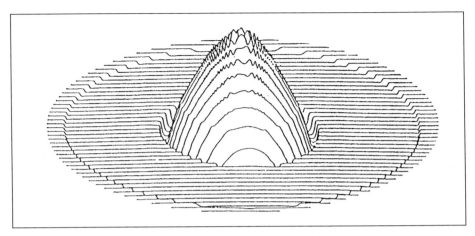

Abb. 3.4.6: Profil-Gradientenindex

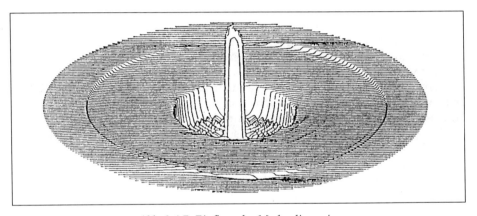

Abb. 3.4.7: Einfluss der Modendispersion

Gängige, zum Teil genormte Fasern (z.B. durch CCITT, Deutsche Norm VDE 0888) verfügen über einen Kerndurchmesser von 50, 62,5 oder auch 85 µm bei einem Manteldurchmesser von 125 µm. In den letzten Jahren ist dabei ein Streit zwischen den Befürwortern der 62,5-µm-Faser und den Anhängern der 50-µm-Faser entstanden. Viele europäische und japanische Hersteller bevorzugen die 50-µm-Faser, die meisten amerikanischen Hersteller die 62,5-µm-Faser. Technisch gesehen ist die Auseinandersetzung unterhalb von 10-Gigabit-Systemen unnötig. Beide Fasern haben ihre Vorzüge: Die 50-µm-Faser hat das wesentlich bessere Bandbreitenlängenprodukt, die 62,5-µm-Faser eine bessere numerische Apertur (d.h. es kann mehr Licht eingekoppelt werden). Entsprechend den Anforderungen kann somit für jede Anwendung die geeignete Faser gezielt ausgewählt werden.

Bei der Diskussion um die Verwendung von Multimode-Gradientenindexprofilfaser bei 10-Gigabit-Ethernet hat man jedoch sehen müssen, dass die 62,5 µm Faser sehr nachteilig ist und bei einem CWDM-System mit vier 2,5-Gigabit-Kanälen nur noch ca. ein Drittel der Reichweite der 50-µm-Faser schafft. In Europa sind vornehmlich 50-µm-Fasern verlegt worden.

Insgesamt gibt es durch die Entwicklung ein breites Spektrum an Leistungsfähigkeit im Sinne des Bandbreite/Reichweite-Produktes bei Multimodefasern. Man kann eigentlich nicht erwarten, dass Fasern, die vor über 15 Jahren für FDDI verlegt wurden, heute auch noch für 10-Gigabit-Ethernet benutzt werden können. Und dennoch: viele Kunden denken so und in der Standardisierung wird darauf Rücksicht genommen.

Leider gibt es auch Auswüchse. Bis zum Aufkommen von Gigabit-Ethernet hat man Multimodefasern fast ausschließlich zusammen mit Leuchtdioden als Strahlungsquelle benutzt. Die Leuchtdioden haben einen sehr breiten Abstrahlwinkel und leuchten den Faserkern vollständig aus, Einiges geht sogar direkt »daneben«. LEDs haben ihre theoretische Grenze bei 1 GHz, aber für die Praxis des Gigabit-Ethernet sind sie einfach in den meisten Fällen zu träge. Also hat man auch die Gigabit-Ethernet-Adapter mit Laserdioden ausgestattet. Hierbei tritt aber folgendes Problem auf: der Laser leuchtet die Faser nicht vollständig aus. Wenn die Faserqualität nun allzu schlecht ist, ergeben sich erhebliche Laufzeitunterschiede in den einzelnen Moden (DMD) und der Impuls unterliegt auch auf recht kurzen Strecken einer erheblichen chromatischen Dispersion. Daher ist man auf den Gedanken verfallen, den Laserstrahl exzentrisch oder mit einer Streuscheibe einzukoppeln. Dies nennt man dann »Conditioned Launch«. Von der Physik her ist das vollständiger Unsinn und eigentlich nur die Strafe dafür, dass Kunden manchmal auf unglaublichen Kabeln beharren. Die Strafgebühr besteht in zusätzlichen Patch-Kabeln, die wegen der geringen Stückzahl teuer sind.

Durch ihre relative Größe stellt eine Multimode-Gradientenindexprofilfaser keine so hohen Anforderungen an die Verbindungs- und Konfektionierungstechnik, und eine Lösung ist im Großen und Ganzen ca. um den Faktor 4 preiswerter als eine Lösung unter Verwendung der Monomode-Faser. Deshalb werden Multimode-Gradientenindexprofilfasern auch in Zukunft einen festen Platz bei der lokalen Vernetzung haben, während in anderen Bereichen, bei denen es auf die Überwindung größerer Entfernungen ankommt, eher Monomodefasern Verwendung finden werden. Allerdings werden wegen der technischen Vorteile bei Neuinstallationen hauptsächlich 50-µm-Fasern zum Einsatz kommen.

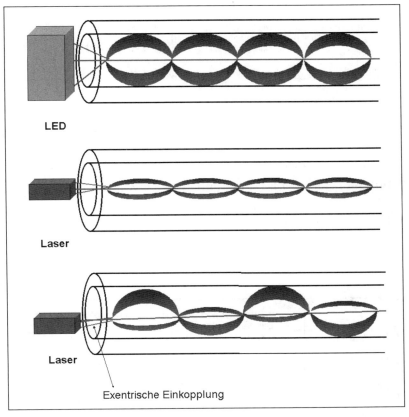

Abb. 3.4.8: Conditioned Launch

Abschließend wollen wir zeigen, was man mit Multimode-Gradientenindexprofilfaser und preiswerten VCSELs heute wirklich erreichen kann. Die Universität Ulm hat schon auf der ECOC 2000 (European Conference on Optical Communications) ein vierkanaliges Übertragungssystem vorgestellt, welches 4 x 10 Gb/s, also insgesamt 40 Gb/s über eine 310 m lange Multimode-Fiber geschickt hat. Bei der Faser handelt es sich um eine optimierte Konstruktion der Fa. Lucent, wie sie aber mittlerweile auch von den anderen bedeutenden Glasfaserherstellern Corning und Alcatel hergestellt wird (siehe Abb. 3.4.9). Die Anforderungen, wie sie heutige Systeme der Ethernet-Familie an Multimode-Fasern stellen, sind dagegen vergleichsweise harmlos (Tabelle Abb. 3.4.10).

Kapitel 3

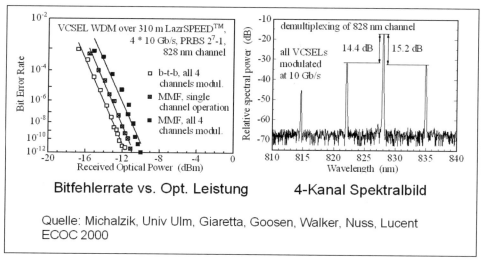

Abb. 3.4.9: 40 Gb/s-Übetragung über 310 m Lucent Lazrspeed

	Bandbreite Längen-Prod.	Wellenl.	Kern	Dämpfungsbudget
10 BASE FL	160 MHz*km	850nm	62,5	12,5 dB
100 BASE FX	500 MHz*km	1300nm	62,5	11,0 dB
1000 BASE SX	160 MHz*km	850nm	62,5	7,5 dB
	400 MHz*km	850nm	50	7,5 dB
1000 BASE LX	500 MHz*km	1300nm	62,5	7,5 dB
	400 MHz*km	1300nm	50	7,5 dB
10 GE CWDM	160 MHz*km	850nm	62,5	8,0 dB
300m	500 MHz*km	850nm	50	8,0 dB
550m	2200 MHz*km	850nm	50	8,0 dB

Abb. 3.4.10: Parameter für Glasfasern

3.4.2.2 Monomode-Fasern

Im Gegensatz zu den Gradientenfasern sind **Monomodefasern** oder **Single Mode Fibers** den Stufenprofilfasern zuzuordnen. Allerdings ist hier der Kerndurchmesser so gering, dass quasi keine Modendispersion auftritt. Die numerische Apertur beträgt hierbei ca. 0,1. Die Beschreibung des Lichttransportes mit Hilfe der geometrischen Optik ist somit eine grobe Vereinfachung des Ausbreitungsvorgangs.

Durch die weitere Reduzierung der Modendispersion bei einem gleichzeitigen Wegfall der chromatischen Dispersion – hervorgerufen durch die Verwendung von Laser-Dioden als Strahlungsquelle – sind selbst bei großen Medienlängen noch sehr hohe Datenraten realisierbar. Das Bandbreitenlängenprodukt dieser Faser übersteigt dasjenige einer Gradientenprofilfaser wiederum um den Faktor 10 und beträgt mehr als 10 GHz * km. Dieser Fasertyp ist insbesondere dort sinnvoll einzusetzen, wo große Strecken, z.B. in der Geländeverkabelung, überbrückt werden müssen.

Es gibt heute drei Singlemode-Faser-Normen, die recht häufig verwendet werden.

Eine Faser nach **ITU-T G.652** ist eine Non Dispersion Shifted Fiber (NDSF) mit einer minimalen Dispersion bei 1310 nm, einer Dämpfung von 0,25 dB/km bei 1550 nm, einer typischen Dispersion auf 1 km Länge von 17 ps pro Nanometer, einem aktiven Koppelbereich von 60 Quadratmikrometern, einem Modenfelddurchmesser von 9,6-11,2 µm bei 1550 nm und Kosten von ca. 2-3 US$ pro laufendem Meter. Diese Faser ist die zurzeit häufigste SMF im LAN-Bereich und bis 2,5 Gb/s geeignet, keinesfalls aber für die serielle Übertragung von 10 Gb/s. 10-Gigabit-Ethernet ließe sich aber mit einem 4 x 2,5 Gb/s-CWDM-System realisieren.

Eine Faser nach **ITU-T G.653** ist eine Dispersion Shifted Fiber mit einer minimalen Dispersion bei 1310 nm, einer Dämpfung von 0,25 dB/km bei 1550 nm, einem aktiven Koppelbereich von 60 Quadratmikrometern, einem Modenfelddurchmesser von 9,6-11,2 µm bei 1550 nm und Kosten von ca. 3-4 US$ pro laufendem Meter. Diese Faser ist als häufigste SMF im LAN-Bereich bis 10 Gb/s geeignet, keinesfalls aber mit CWDM-Systemen, weil sie anfällig gegen nichtlineare Störeffekte ist.

Eine Faser nach **ITU-T G.655** ist eine Non Zero Dispersion Fiber mit einer minimalen Dispersion bei 1550 nm, einer Dämpfung von 0,25 dB/km bei 1550 nm, einer typischen Dispersion von nur 4,5 ps pro Nanometer auf den verlegten km, einem aktiven Koppelbereich von 50-55 Quadratmikrometern, einem Modenfelddurchmesser von 7,8-9 µm bei 1550 nm und Kosten von ca. 4-5 US$ pro laufendem Meter. Diese wertvolle Faser wird zurzeit in der Größenordnung von Lichtjahren in Weitverkehrsnetzen für DWDM-Systeme verlegt. Die Produktion der großen Hersteller für diese Faser ist auf lange Zeit ausverkauft.

Der Rekord für Single Mode-Fasern liegt Mitte 2001 bei 10 Tb/s auf 100 km ohne Zwischenverstärker, aufgestellt von der Fa. Alcatel, einem der Marktführer bei optischen Übertragungssystemen.

Abschließend sei vermerkt, dass die Hersteller mittlerweile nicht nur mit den einfachen Brechungsindex-Profilen arbeiten, wie sie hier besprochen wurden, sondern die grundsätzlichen Fasertypen durch zusätzliche Geometrie optimieren. Die Abb. 3.4.11 zeigt hierzu zwei Beispiele. Wir wollen das an dieser Stelle aber nicht weiter vertiefen.

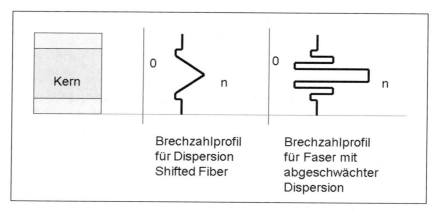

Abb. 3.4.11: *Dispersionskoeffizienten als Funktion der Frequenz*

3.5 Strahlungsempfänger

In dem an den LWL gekoppelten Empfänger wandeln **Photodetektoren** die optischen Impulse wieder in elektrische Signale um. Sie nutzen hierbei den inneren photoelektrischen Effekt aus. Eine auf den Detektor treffende Lichtstrahlung bestimmter Wellenlänge erzeugt in den verschieden dotierten Zonen des Halbleiters Ladungsträgerpaare. Hierdurch entstehen in einer vorgespannten Diode Driftströme. Diese Ströme sind bei einfachen Photodioden, z.B. **PIN-Dioden** (P-type, Intrinsic, N-Type), proportional zur einfallenden Lichtleistung. Ein großer Nachteil dieser recht einfach aufgebauten Photodetektoren ist der geringe Ausgangsstrom der Diode. Dieser muss durch nachgeschaltete, besonders empfindliche (und somit rauschende) Verstärker vervielfacht werden.

Das Problem der geringen Photoströme bei PIN-Dioden kann durch so genannte **Lawinen-Photo-Dioden** (auch **Avalanche-Dioden** oder kurz **APD** genannt) umgangen werden. Dieser Diodentyp wird sehr stark in Sperrrichtung vorgespannt (bis 400 V), sodass sich durch einfallende Photonen gelöste Ladungsträger durch Stoßionisation vervielfachen und auf diese Weise den Photostrom verstärken. Dadurch hat das zum Verstärker geführte Signal einen wesentlich höheren Abstand zum Verstärkerrauschen. Der Nachteil der APD ist aber (ähnlich wie bei der Laser-Diode) eine starke Temperaturempfindlichkeit. Durch aufwendige Schaltungen muss diesem Problem Rechnung getragen werden. Die Technik hierzu wird allerdings beherrscht.

Mittlerweile hat es sich als sehr erfolgreich herausgestellt, Strahlungsempfänger genauso aufzubauen wie VCSELs und durch Änderungen der Eigenschaften der Bragg-Reflektoren das Licht »einzufangen« und in der aktiven Schicht nach außen hin entsprechend auswertbare Rekombinationen zu provozieren.

3.6 Aufbau und Eigenschaften von Lichtwellenleiterkabeln

Für die Dicke des Lichtwellenleiterkabels sind in erster Linie Hüllschichten zum Schutz der sehr bruchempfindlichen Faser, zur Zugentlastung usw. verantwortlich. Die Kabelkonstruktionen dienen in erster Linie dazu, den Fasern mechanischen und anders gearteten Schutz gegenüber der Umwelt, d.h. Temperatur- und Zugentlastung, Schutz vor Querkräften und sonstigen Einflüssen (Resistenz gegen Chemikalien, Brand usw.) zu geben. Die Kabelkonstruktion muss so gestaltet sein, dass auf den eigentlichen Lichtleiter möglichst geringe bzw. keine Kräfte einwirken. Der Schutz des Lichtwellenleiters ist bei Kabel für den Außenbereich, etwa zur Gebäudeverbindung, wesentlich ausgeprägter, um den hier höheren Beanspruchungen gerecht zu werden. Bei der Verwendung von Außenkabel mit metallischen Stützkomponenten ist darauf zu achten, dass diese nicht mit der Betriebserde leitend verbunden werden, um Potentialprobleme zu vermeiden. Die Bezeichnungs-Nomenklatur für LWL-Kabel gemäß DINVDE 0888 enthält Abb. 3.6.1. Wir haben diese älteren Bezeichnungen mit Absicht in diesem Buch gelassen, damit Sie die Kabel, die in Ihrem Unternehmen verlegt sind, wiedererkennen können. Leider hat man tatsächlich mit dem Problem zu kämpfen, dass die Beschriftungen auf Kabeln nicht dauerhaft waren und deshalb manchmal nur die Möglichkeit übrig bleibt, das Kabel durchzumessen.

Den typischen Aufbau eines zweiadrigen Kabels für den Gebäudeinnenbereich (Inhouse-Kabel) zeigt Abb. 3.6.2.

Kapitel 3

```
1.    I=Innenkabel
      A=Außenkabel
      AT=Außenkabel aufteilbar
2.       F=Faser
         V=Vollader
         W=Hohlader
         D=Bündelader
3.          S=metallisches Element in der Kabelseele
              F=Füllung der Verseilhohlräume der Kabelseele mit Petrolat
                H=Außenmantel aus halogenfreiem Material
                Y=PVC-Mantel
                2Y=PE-Mantel
                (L)2Y=Schichtenmantel
                (ZN)2Y=PE-Mantel mit nicht-metallenen Zugentlastungselementen
                (L)(ZN)2Y=Schichtenmantel mit nicht-metallenen Zugentlastungselementen
6.                Y=PVC-Mante
                  H=Außenmantel aus halogenfreiem Materiall
                  B=Bewehrung
                  BY=Bewehrung mit PVC-Schutzhülle
                  B2Y=Bewehrung mit PE-Schutzhülle
7.                   Anzahl der Adern
                     oder Anzahl der Bündeladern x Anzahl der Fasern je Bündel
8.                         E=Einmodenfaser
                           G=Gradientenfaser Glas/Glas
                           K=Stufenfaser Kunststoff
9.                              Kerndurchmesser in µm
                                bzw. Felddurchmesser in µm bei Einmodenfasern
10.                                Manteldurchmesser in µm
11.                                   Dämpfungskoeffizient in dB/km
12.                                      Wellenlänge:  B=850 nm
                                                      F=1300 nm
                                                      H=1550 nm
13.                                          Bandbreite in MHz • km
                                             bzw. Dispersions-
                                             koeffizient in ps/nm/km
                                             bei Monomode
14.                                               Lg=Lagenverseilung
```

Abb. 3.6.1: Kabelbezeichnung

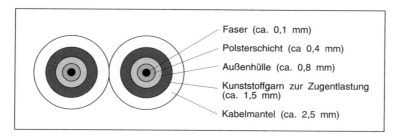

Abb. 3.6.2: Aufbau LwL

In der Regel enthält ein Lichtleiterkabel mehr als einen einzigen Lichtwellenleiter (z.B. vier bis zwölf, aber auch darüber), wobei die Kabel auch mit unterschiedlichen Faserarten (Gradienten- und Monomode-Kabel) bestückt sein können. Vieladrige Kabel werden insbesondere bei der Geländeverkabelung eingesetzt. Prinzipiell können bei Lichtleiterkabel je nach Einsatzumfeld zwei Typen unterschieden werden:

- **Volladerkonstruktionen**, bei denen die Fasern vom Kunststoff eng umschlossen sind. Durch die Stabilität der Hülle werden Querkräfte weitgehend von der Faser fern gehalten. Diese Kabelart wird überwiegend im Inhouse-Bereich eingesetzt, da hier häufig der Wunsch besteht, die Fasern direkt mit Steckern zu konfektionieren. Diese Technik ist mit Volladerkonstruktionen wesentlich einfacher realisierbar, da hier jede Faser mit einer eigenen Zugentlastung ausgestattet ist (**Breakout-Kabel**).

- **Hohladerkonstruktionen:** Hier werden eine (Einzelader) oder mehrere Fasern (Bündelader) von einer Kunststoffhülle rohrförmig umgeben, sodass zwischen Faser(n) und Hülle ein Hohlraum verbleibt, der in der Regel mit einem Füllgel ausgefüllt ist. Bei dieser Konstruktion wird die Faser ebenfalls von Querkräften entkoppelt, bei einer Verseilung der Adern können ferner auch Längenausdehnungen (z.B. durch unterschiedliche Ausdehnungskoeffizienten der verschiedenen Materialien) kompensiert werden. Diese Eigenschaften prädestinieren Hohladerkabel für die Außenverlegung. Bei Außenkabel wird die Kabelseele zusätzlich mit Petralat gefüllt, um das Kabel längswasserdicht zu machen.

Die beiden wohl wichtigsten Kriterien bei der Lichtleiterverkabelung stellen der minimal zulässige Biegeradius und die höchstzulässige Dehnung dar. Werden die angegebenen Minimal- bzw. Maximalwerte unter- bzw. überschritten, kann es zu einer Beschädigung des Lichtleiters kommen, ohne dass diese nach außen sichtbar in Erscheinung treten muss. Die Flexibilität und die geringen Abmessungen des Lichtleiterkabels verführen dabei insbesondere zur Missachtung des minimalen Biegeradius. Trotz des geringen Durchmessers des Lichtleiters selbst weist er eine höhere Zugfestigkeit als Metalladern gleichen Durchmessers auf, sodass eine Überdehnung eher unwahrscheinlich ist. Darüber hinaus ist der Lichtleiter von den Hüllschichten mechanisch unabhängig. Abb. 3.6.3 fasst Größen für den Innen- und Außenbereich mit charakteristischen Kennwerten zusammen. Die beiden Tabellen 3.6.4 und 3.6.5 beschreiben Eigenschaften von Kabel-Kunststoffmaterialien sowie Auswahlkriterien verschiedener Typen nach Einsatzumgebung, Verlegeart, Verbindungsmontage und Spleißung. Beide Tabellen erheben natürlich nicht den Anspruch auf Vollständigkeit; sie geben lediglich Anhaltspunkte, die bei Auswahl und Installation von LWL-Kabeln Berücksichtigung finden sollten.

Temperaturbereich [°C]	-40 bis +70	-40 bis +70
max. Dehnung [N]	600	1300
min. Biegeradius [cm]	5	20
Nominalgewicht [kg/km]	15	60
Durchmesser [mm]	3.0 x 6.0	9

Abb. 3.6.3: Kennwerte

Bezeichnung / Eigenschaften	Polyvinylchlorid	Polyethelen	Polyamid	Polyurethan Typ DOD	Fluorethylen-propylen	Polymer low smoke zero halogen
Kurzzeichen	PVC	pE	PA	PUR	FEP	LSOH
Einsatztemperatur-bereiche [°C]	-20 bis +50	-40 bis +70	-40 bis +90	-50 bis +80	-100 bis +60	-20 bis +60
Halogenfreiheit Brandverhalten	nein brennbar	ja brennbar	ja brennbar	ja selbstver-löschend	nein unbrenn-bar	ja selbstver-löschend
UV-Beständigkeit Öl-Beständigkeit Hydrolyse-Beständigkeit	mittel mäßig bis gering [1] gut [2]	gut [2] mäßig sehr gut	gut gut bedingt [3]	mittel gut bis mäßig bedingt [3]	sehr gut sehr gut sehr gut	mittel [2] gering bedingt [3]
Abriebfestigkeit Verklebbarkeit Bedruckbarkeit	mittel mittel gut	gut schlecht gut	gut mittel gut	sehr gut mittel gut	mittel schlecht schlecht	mittel schlecht gut

[1] Spezielle PVC-Typen sind ölbeständig
[2] Je nach Typ verschieden
[3] Die Beständigkeit ist vom pH-Wert abhängig
  pH 1 - 6: unbeständig
  pH 6 - 8: beständig
  pH 8 - 12: unbeständig

Abb. 3.6.4: Kabel-Kunststoffmaterialien

Auswahlkriterium		Außenkabel				Innenkabel					
	Kabel-Typen	A-W(ZN)Y	A-W(ZN)NY	A-WSNY(ZN)Y	A-WSNY(ZN)NY	J-W(ZN)T	J-W(ZN)H	J-VJT	J-VJH	J-VJSNT	J-VJSNH
Einsatzumgebung	- feucht, naß	*	*	*	*	*	*	-	-	-	-
	- trocken	*	*	*	*	*	*	*	*	*	*
	- mech. geschützt	*	-	*	-	*	*	*	*	*	*
	- mech. ungeschützt	-	*	-	*	-	-	-	-	-	-
	- Brandschutz	-	-	-	-	-	*	-	*	-	*
Verlegeart	- direkt ins Erdreich	-	*	-	*	-	-	-	-	-	-
	- Einzug in Rohre	*	*	*	*	*	*	-	-	-	*
	- Verlegung auf Pritschen	*	*	*	*	*	*	-	-	*	*
	- freie Verlegung	*	*	*	*	*	*	*	*	*	*
Verbindungsmontage	- im Kabelend-verschluß	*	*	*	*	*	*	-	-	-	-
	- im Verteiler-gehäuse	*	*	*	*	*	*	-	-	*	*
	- im Kabelaufteiler	*	-	-	-	*	*	-	-	-	-
	- direkt am Kabel	(*)	-	-	-	(*)	(*)	*	*	-	*
Spleißung	- in Spleißmuffe	*	*	*	*	*	*	*	*	*	*
	- im Kabelend-verschluß	*	*	*	*	*	*	*	*	*	*
	- im Verteiler-gehäuse	*	*	*	*	*	*	*	*	*	*

* geeignet
(*) nur für Kabel mit LwL
- ungeeignet

Abb. 3.6.5: Auswahlkriterien

3.7 Optische Verbindungstechnik

In der optischen Übertragungsanlage ist eine Verbindung der einzelnen optischen Komponenten (Sender, Lichtwellenleiter, Empfänger) erforderlich. Bei den dazu eingesetzten Verbindungstechniken ist zwischen lösbaren Verbindungen wie der Ankopplung eines LWL an die sendende (oder empfangende) Diode mittels Stecker oder einer Rangierung zwischen LWL-Kabel und der nicht lösbaren Verbindung zweier LWL mittels Spleiß zu unterscheiden. Es ist heute in weiten Bereichen üblich, den Stecker nicht vor Ort, sondern im Labor mit einem so genannten »**Pigtail**« zu konfektionieren. Dieser Pigtail (ein kurzes Faserende mit einem im Labor montierten Stecker) wird dann vor Ort über einen Spleiß mit der verlegten Faser verbunden. Hierzu stehen Dienstleistungsunternehmen bzw. Montagekoffer mit allen notwendigen Werkzeugen zur Verfügung.

Im Anschlussbereich werden die Spleiße zwischen LWL-Kabel und Pigtail in einem Spleißgehäuse aufgelegt. Ein solches Spleißgehäuse kann auch in ein optisches Verteilerfeld (z.B. als Einbau in 19"-Schränken) integriert werden. Alternativ können aber auch Stecker unter Umgehung der Pigtail-Technik direkt vor Ort konfektioniert werden, was zum Teil erheblich zur Kostenreduktion beitragen kann. Selbst die Direktkonfektionierung von Hohladerkonstruktionen eines Geländekabels ist möglich. Den Schutz der einzelnen Fasern übernehmen hier passive Kabelaufteiler. Zum Schutz sollte bei dieser Anschlusstechnik optisches Rangierfeld und Kabelaufteiler in einer Komponente vereinigt sein.

3.7.1 Spleißtechnik

Die am weitesten verbreitete Methode zur unlösbaren Verbindung zweier Lichtwellenleiter ist die Lichtbogen-Spleißtechnik, auch Fusionsspleiß oder Schmelzspleiß genannt. Dabei werden die präparierten und ausgerichteten Faserenden im elektrischen Lichtbogen bei ca. 2000 K ohne zusätzliche Hilfsmittel wie Kleber oder Glaslote direkt miteinander verschweißt (Abb. 3.7.1). Die Herstellung eines solchen Spleißes verläuft nach folgendem Schema:

- Vorbereitung der Faserenden (Beschichtungen abisolieren und plane, senkrechte Faserendflächen erzeugen);
- Vorbereitung zum Schweißen (Schweißparameter einstellen, Fasern in Schweißplatz einlegen, Faserenden axial auf Startmarke positionieren);
- Schweißvorgang (automatische XY-Justage und Verschweißung)Kontrolle;
- Anbringen des Spleißschutzes.

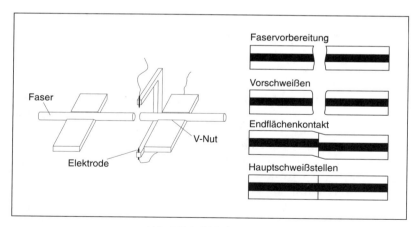

Abb. 3.7.1: Lichtbogenspleiß

Aufgrund der unterschiedlichen Anforderungen an die Justagegenauigkeit bei Multimodefasern (üblicherweise 2 µm) und Monomodefasern (üblicherweise 0,2 µm) werden für die Verschweißung der genannten Fasertypen unterschiedliche Verfahren und damit auch unterschiedliche Gerätetypen eingesetzt. Für beide Gerätetypen gewährleisten jedoch Automatiken optimale, vom Bediener nahezu unabhängige Spleißqualitäten (typische Spleißdämpfung 0,1 bis 0,2 dB).

Bei multimodalen Lichtwellenleitern erfolgt die Ausrichtung der Fasern quasi automatisch durch einen Selbstzentrierungseffekt. Das Zusammentreffen der angeschmolzenen Faserenden im Lichtbogen und das endgültige Verschweißen mit Selbstzentrierung läuft nach Tastendruck auf dem entsprechenden Gerät automatisch ab. Wegen der um eine Größenordnung höheren Genauigkeitsanforderungen bei Monomode-Fasern erfolgt die Justage dieser Fasern mit wesentlich höherem technischem Aufwand. Der Selbstzentrierungseffekt erweist sich jetzt als Hemmnis, da schon geringfügige Kernverbiegungen in der Schmelzzone zu Zusatzverlusten führen. Nach Fertigstellung der »Rohspleiße« muss die Spleißstelle handhabbar und deshalb mechanisch geschützt werden.

Dies kann z.B. mit der so genannten »Sandwich-Methode« erfolgen. Hier wird der Rohspleiß an seinem Entstehungsort in ein mit einer dauerelastischen Masse beschichtetes V-förmiges Trägerelement eingebracht und dann durch Krimpen fixiert und geschützt. Anschließend wird der fertige Spleiß dem Spleißplatz entnommen und in einer Kabelmuffe oder einer speziellen Halterung abgelegt. Die Spleißzeiten liegen einschließlich der Vorbereitung der Faserenden und dem Ablegen der Spleiße in den Kabelmuffen bei typischerweise 4 Minuten für Multimode-Fasern bzw. 8 Minuten für Monomode-Fasern. Die statistischen Spleißverluste liegen für die genannten Fasertypen bei 0,1 bis 0,15 dB. Für einige Geräte werden sogar Spleißverluste im Bereich 0,05 dB angegeben.

Damit stehen für die heute eingesetzten Lichtleiter-Kabelanlagen praxisorientierte Spleißgeräte zur Verfügung. Neben dem beschriebenen Verfahren des Lichtbogen-Spleißens existiert auch noch das auf mechanischer Technik basierende Krimp-Spleißen oder Klebe-Spleißen. Die dazu notwendigen Geräte sind wesentlich preiswerter, jedoch liegen die zu erzielenden Dämpfungsverluste von zum Teil bis zu 1dB in der Regel wesentlich höher.

3.7.2 Steckertechnik

Basierend auf der historischen Entwicklung der Lichtleiter-Technik in den einzelnen Ländern sind vielfältige Variationen von Steckern entwickelt worden. Die gebräuchlichsten im Rahmen Lokaler Netze sind FSMA-, ST-, FC/PC-, Biconic-, BNC-, DIN- und FDDI-MIC-Stecker sowie Duplex-SC-Stecker. Letzterer ist durchaus bis 10 Gb/s und weit darüber hinaus geeignet.

3.7.2.1 FSMA-Stecker

Dieser Stecker zählt zu den wenigen zurzeit international standardisierten Stecker. Er ist genormt durch das Dokument IEC-SC 86B(CO)20. Bei dem FSMA-Stecker handelt es sich um einen Schraubstecker, bei dem die Faser in einer metallischen Hülle geführt wird, die an der Kontaktfläche plan geschliffen ist. Der Stecker weist keinen Verdrehschutz auf, was sich in der Einfügedämpfung bei mehrfachem Öffnen und Schließen negativ bemerkbar macht. Außerdem kann der Stecker bei hohen Anzugsdrehmomenten durch Verbiegen der Faserführung in Mitleidenschaft gezogen werden, was seine Einfügedämpfung drastisch verschlechtern kann. Andererseits kann bei einer lockeren Verbindung ein Luftspalt zwischen den zu verbindenden Leiterenden entstehen und hierdurch für zusätzliche Dämpfung sorgen. Einsetzbar ist der Stecker für Gradienten- und Stufenindexfasern mit handelsüblichen Dimensionen. Der Lichtleiter ist mittels Klebstoff dauerhaft und zuverlässig mit dem Stecker verbunden. Die Einfügedämpfung, die mit diesem Stecker erzielt wird, hängt von einer Vielzahl von Kriterien ab. So liegt die Dämpfung bei Lichtleitern mit größerem Kerndurchmesser deutlich unter der von Fasern kleinerer Durchmesser. Für die 50/125-m-Faser können unter Laborbedingungen bei der Verwendung hochpräziser Führungen zur Aufnahme der Stecker Dämpfungswerte von durchschnittlich 0,3 dB erreicht werden. Der Einsatz des konventionellen Metalladapters nach MIL-C-83522/3B-Standard kostet ca. 0,1 bis 0,2 dB an zusätzlicher Dämpfung. Im Feldeinsatz sind solche Werte allerdings kaum zu erzielen. Hinzu kommen oben genannte mechanische Probleme, sodass vor Ort durchaus mit Dämpfungen von typischerweise 0,8 bis 1,2 dB kalkuliert werden muss. Die Güte der Verbindung bei vor Ort konfektionierten Steckern hängt ferner wesentlich von der Sorgfalt bei der Steckermontage ab. Da diese Stecker seit längerer Zeit auf dem Markt angeboten werden, besitzen sie einen hohen Verbreitungsgrad, sodass Unternehmen, die diese Stecker großflächig einsetzen, bemüht sein dürften, aus Gründen einer rationellen Installation und Reparatur diesen Steckertyp beizubehalten. Seine Schwächen im mechanischen Bereich sowie seine relativ hohe Einfügedämpfung prädestinieren ihn allerdings nicht für Umgebungen, in denen mit einem knapp bemessenen Dämpfungsbudget kalkuliert werden muss oder in denen mehrere Rangierungen vorzunehmen sind. Abb. 3.7.2 zeigt den FSMA-Stecker schematisch.

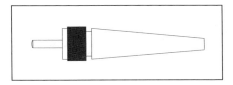

Abb. 3.7.2: FSMA-Stecker

3.7.2.2 ST-Stecker

Dieser von AT&T spezifizierte Stecker (IEC-SC 86B(USA) 3) ist sowohl für Mono- als auch für Multimodefasern geeignet. Im Gegensatz zum FSMA-Stecker verfügt er über eine Bajonettverriegelung. Die Faser ist hier durch eine Keramikhülle geführt und justiert und wird durch einen Metallstift am Verdrehen gehindert. Die Keramikhülle ist an der Kontaktfläche konvex geschliffen. Durch eine Feder wird ein ständiger Stirnflächenkontakt der zu verbindenden Fasern erreicht. Durch diese Eigenschaften wird das Dämpfungsverhalten verglichen mit dem SMA-Stecker verbessert. Unter Laborbedingungen können mittlere Einfügedämpfungen bei Monomodelichtleitern (9/125 m) von ca. 0,2dB erreicht werden, bei Gradientenindexfasern (z.B. 50/125 m) im Mittel etwas weniger. Nach Angaben von Herstellern sind ähnlich gute Resultate auch bei einer Direktkonfektionierung vor Ort zu erzielen, sofern die Steckermontage sorgfältig und präzise erfolgt. Typische Einfügedämpfungen von 0,2 bis 0,3 dB sollen hier erreicht werden können, selbst wenn die Verbindung häufiger geöffnet und wieder geschlossen wurde. Die geringe Einfügedämpfung prädestiniert diesen Steckertyp für Umgebungen, in denen häufige passive Rangierungen auftreten bzw. das verfügbare Dämpfungsbudget gering ist. Abb. 3.7.3 zeigt diesen Steckertyp schematisch.

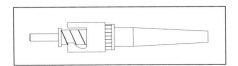

Abb. 3.7.3: ST-Stecker

3.7.2.3 FC/PC-Stecker

Dieser Stecker ist einsetzbar für Mehrmoden- (CCITT-Empfehlung G.651) und Einmodenfasern (CCITT-Empfehlung G.652) und orientiert sich hinsichtlich seiner Anschlussmaße an IEC 86B (Sekretariat) 64. Die hier genutzte Schraubtechnik ohne Verdrehschutz wirft allerdings ähnliche Probleme beim Einsatz vor Ort auf wie bei dem FSMA-Stecker; seine Einfügedämpfung liegt mit typischerweise 0,5 dB allerdings deutlich darunter. Unter Laborbedingungen sind ferner noch bessere Resultate zu erzielen, die denen des ST-Steckers durchaus ebenbürtig sind. Die Faser, die mit dem Stecker verklebt ist, wird in Keramik geführt, die Steckerendflächen sind konvex geschliffen und sorgen für einen Stirnflächenkontakt (Physical Contact/PC).

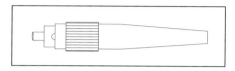

Abb. 3.7.4: FC-PC-Stecker

3.7.2.4 BNC- und Biconic-Stecker

Diese beiden Steckertypen werden im IBM-Verkabelungssystem (IVS, IBM Cabling System/ICS) im Anschlussbereich bevorzugt. Der BNC-Stecker (Multimode, Bajonett-Verriegelung) dient z.B. zum Anschluss der Lichtleiterumsetzer IBM 8219 bzw. 8220, der Biconic-Stecker (Multimode, Schraubverriegelung) u.a. als Rangierkabel zur Verbindung von Lichtleiterkabel (Typ 5 nach IBM ICS).

3.7.2.5 DIN-Stecker

Mono- und Multimode-Stecker nach DIN 47256, Schraubverriegelung ohne Verdrehschutz. Dieser qualitativ hochwertige Stecker wird vorwiegend von öffentlichen Netzbetreibern eingesetzt. Für diesen Stecker liegen umfassende Montagerichtlinien vor, an denen man sich auch bei der Montage der anderen Stecker orientiert.

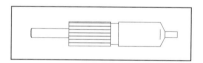

Abb. 3.7.5: DIN-Stecker

3.7.2.6 FDDI-MIC-Stecker

Bei diesem Stecker handelt es sich um einen codierten Duplexstecker für Mono- und Multimode-Kabel zum Anschluss an FDDI-Komponenten (Media Interface Connector (MIC) unter Einsatz einer Schnappverriegelung. Seit Übernahme des ANSI-Standards X3.166 durch ISO (ISO 9314-3) ist der Stecker auch international genormt. Eine ausführliche Beschreibung sowie eine Abbildung ist dem Kapitel über FDDI-Komponenten im Bereich PMD vorbe-

halten. Bei der typischen Einfügedämpfung des Steckers im »Alltagsbetrieb«
ist mit ca. 0,5 dB zu rechnen, unter Laborbedingungen ist er mit den Werten
der übrigen Stecker vergleichbar. Neben dem Anschluss an FDDI-Komponenten wird der FDDI-MIC-Stecker auch in der Anschlusstechnik als Datensteckdose im Gebäude angeboten.

3.7.2.7 Duplex SC-Stecker

Dieser neue Normstecker ist vor allem für Glasfaserverkabelung bis zum Endgerät gedacht, ist verdrehsicher und besitzt eine automatische Verriegelung. Er ist bis zur Monomode-Faser geeignet.

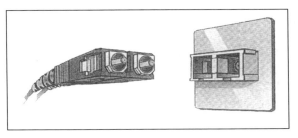

Abb. 3.7.6: Duplex-SC-Stecker

3.8 Einmessung von Lichtleiterverbindungen

Nach Verlegung/Installation von Lichtleiterkabel einschließlich eventuell vorhandener Spleiße sowie Konfektionierung von LWL-Steckern ist das Einmessen der Verbindung dringend anzuraten, um deren Qualität beurteilen zu können. Werden Verlegung und/oder Spleißen und/oder Konfektionierung als Dienstleistung nach außen vergeben, ist darauf zu achten, dass diese Prüfung durchgeführt und ein entsprechendes Prüfprotokoll erstellt wird. Die Prüfprotokolle sollten im Rahmen der Kabeldokumentation verwahrt werden, um in späteren Fehlerfällen hierauf zugreifen zu können. Die Messungen schlagen mit ca. DM 30,– bis 50,– pro Faser zu Buche. Ein gängiges Verfahren zur Beurteilung der Qualität einer LWL-Verbindung bietet z. B. eine OTDR-Messung (Optical Time Domain Reflectometry). Hierbei wird ein entsprechendes Messgerät an die zu prüfende Verbindung angeschlossen, das optische Impulse auf die Verbindung abgibt und die Dämpfung in Abhängigkeit von der Strecke diagrammartig darstellt. Mit dieser Technik kann nicht nur die Qualität von Kabel und Verbindungen geprüft werden, sondern auch deren Lokationen. Im Fehlerfall kann hierdurch umgehend der Ort etwa einer Kabelunterbrechung lokalisiert werden. Abb. 3.8.1 veranschaulicht das Verfahren.

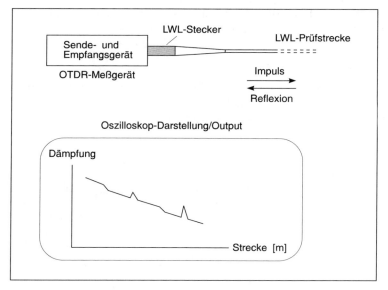

Abb. 3.8.1: Funktionsweise eines OTDR-Meßgerätes und Diagrammdarstellung des Resultats

3.9 Optische Sternkoppler

Bei lokalen Rechnernetzen ist es von Interesse, relativ viele Stationen auf relativ begrenztem Raum miteinander zu verkoppeln.

Hier waren lange Jahre die **optischen Sternkoppler** interessant, die es in aktiver Bauart (mit elektrischem Zwischenverstärker) oder in passiver Bauart (ohne) geben kann. Sie wurden in der Praxis lange Jahre eingesetzt, Marktführer bei derartigen Kopplern war die Firma Hirschmann. Durch die Standardisierung von Gigabit- und 10-Gigabit-Ethernet sind sie in der in diesem Abschnitt beschriebenen Form überflüssig geworden, wenn Sie aber aufmerksam suchen, werden Sie sicherlich in einer älteren Fertigung noch welche finden können. Optische Strernkoppler bilden ein Shared Medium nach, während die aktuellen Systeme alle switchen.

Das Prinzip ist, dass es von allen angeschlossenen Stationen jeweils eine Hin- und eine Rück-Lichtwellenleitung gibt. Licht, das auf einer Eingangsleitung ankommt, wird gesammelt und über ein Streuverfahren an alle Rückleiter verteilt. Dabei muss auf einer höheren Schicht eine Synchronisation der Sender durchgeführt werden, damit zu einer Zeit nur eine Station sendet. Die bei LANs hierfür üblicherweise verwendeten Verfahren sind hierzu grundsätzlich geeignet. Jeder optische Sternkoppler unterstützt nur eine begrenzte Anzahl von Anschlüssen (z.B. 32), da der Aufbau hier seine technischen Grenzen hat. Aktive Koppler sind unter Berücksichtigung einer maximalen Laufzeit von einem Ende des Netzwerkes zum anderen beliebig kaskadierbar. Man berechnet die Auslegung eines LWL-Netzes durch eine Dämpfungsbilanz, deren Ausgangswert die maximal mögliche Dämpfung zwischen Sender und Empfänger ist. Davon zieht man die Werte für Steckverbindungen, Verzweigungen und (passive) Koppler ab. Die verbleibende Dämpfungsdifferenz kann nunmehr in die Kabel investiert werden. In den Bildern werden ein **transmissiver passiver optischer Sternkoppler** (3.9.1), ein **passiver reflexiver Sternkoppler** (3.9.2) und ein **aktiver Sternkoppler** (3.9.3) gezeigt.

Die synchrone Technik lässt alle (zusammengeschalteten) Sternkoppler im Gleichtakt arbeiten und erhöht somit die Anzahl der Sternkoppler, die sich zwischen einem Gerät »am Ende« eines Netzes und einem Gerät »am anderen Ende« befinden dürfen. Abb. 3.9.4 zeigt die Zusammenschaltung optischer Sternkoppler.

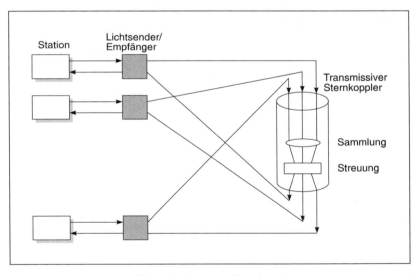

Abb. 3.9.1: Passiver Sternkoppler

Kapitel 3

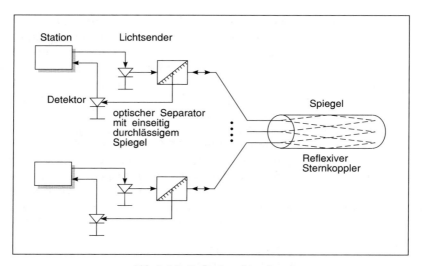

Abb. 3.9.2: Reflexiver Sternkoppler

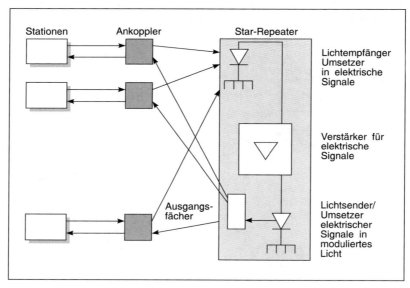

Abb. 3.9.3: Aktiver Sternkoppler

Optische Übertragungstechnologie

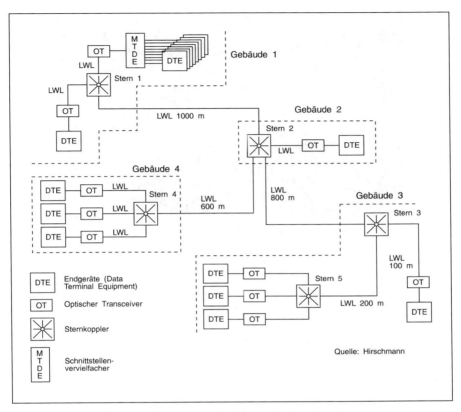

Abb. 3.9.4: Zusammenschaltung optischer Sternkoppler

3.10 Optische Multiplexer

Für die Konstruktion von Wellenlängenmultiplexsystemen benötigt man außer den bisher besprochenen Komponenten noch Multiplexer und Demultiplexer. Dazu verwendet man passive optische Komponenten, die so genannten **Phasare** oder **Arrayed Waveguide Gratings** (AWGs). Eigentlich würde für den gewünschten Effekt sogar ein Prisma reichen, was ja in der Lage ist, Licht aus unterschiedlichen Lichtwellenlängen zu eine Lichtstrahl zu konzentrieren bzw. einen Lichtstrahl in seine spektralen Komponenten zu zerlegen. Dem Prisma ist es dabei völlig gleichgültig, ob das Licht einfach Licht aus Freude am Sein ist oder ob das Licht Informationen trägt. Das Prisma ist in einem weiten Bereich frequenzunabhängig, also eine breitbandige Einrichtung in der Sprache der Nachrichtentechnik. Abb. 3.10.1 zeigt das Phasar-Grundkonzept anhand der prismatischen Darstellung.

Kapitel 3

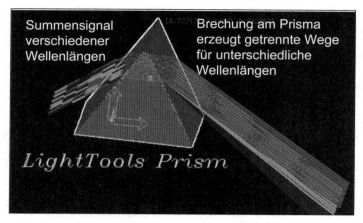

Abb. 3.10.1: Prismatische Licht MUX/DEMUX

Leider führt eine rein prismatische Mischung oder Trennung von spektralen Komponenten zu einer erheblichen Phasenverschiebung, die für WDM-Systeme sehr ungünstig ist. Also versucht man, die Phasenverschiebung durch einen Ausgleich bei den Weglängen zu neutralisieren. Dann kommt man auf eine Einrichtung wie in Abb. 3.10.2. Hier hat man in der Mitte eine Reihe von Lichtwellenleitern, die alle unterschiedlich lang sind und die Eingangs- und Ausgangs-Objektebenen miteinander verbinden.

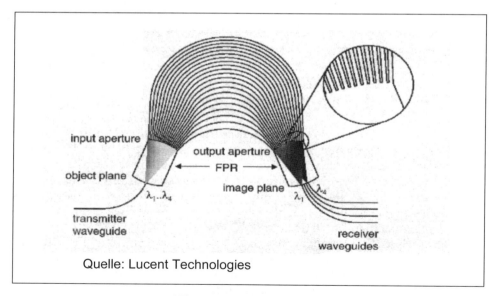

Abb. 3.10.2: PHASAR-Konzept

Bei größeren Anwendungen wie z.B. Transatlantikkabelübertragungssystemen gibt es tatsächlich Schränke, in denen die Glasfasern liebevoll in der abgebildeten Art im Schrank auf einer Art Brett verlegt sind, ein befremdlicher Anblick, wenn man nicht weiß, worum es sich handelt. Mittlerweile ist es aber gelungen, die Phasare auf kleinsten Halbleiterstrukturen zu integrieren. Dadurch werden sie nicht nur kleiner, sondern auch erheblich präziser. Abb. 3.10.3 von der TU Gent zeigt einen integrierten Phasar für acht Kanäle. Links davon sind acht optische Verstärker zu sehen. Durch kleine Änderungen im Herstellungsprozess kann man aus diesen optischen Verstärkern auch Avalanche-Empfänger oder VCSEL-Sender machen. So kommt man zu integrierten Multiwellenlängen-Sendern- und -Empfängern. Dies ist die Voraussetzung für die eingangs des Unterkapitels genannte dramatische Senkung in Volumina und Kosten. Die Struktur in Abb. 3.10.3 war Ende 2000 ca. 20 Quadratmillimeter groß und wird schnell kleiner.

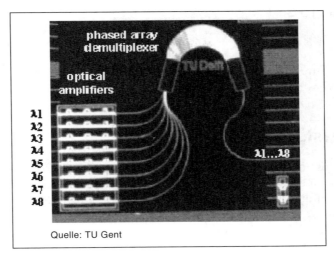

Abb. 3.10.3: Integrierter Phasar

Ein auf dieser Basis gebauter Multiwellenlängenlaser mit acht Kanälen im C-Band hat ein ganz außerordentlich gutes Trennschärfeverhalten. Fast 60 dB Differenz zwischen Signalspitzen und Grundrauschen, davon über 40 dB in Form einer wirklich sehr gut ausgeprägten Impulsspitze bringen diesen Laser in eine Leistungsklasse, die weit über dem liegt, was man z.B. für 10-Gigabit-Ethernet benötigt.

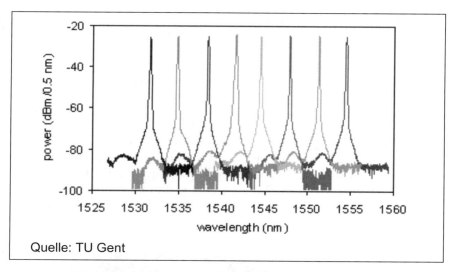

Abb. 3.10.4: Spektrum eines interierten Multiwellenlängenlasers

Die Kanaltrennung mit integrierten Phasaren ist wesentlich wirkungsvoller als mit konventionellen Bragg-Gittern.

3.11 Verstärker

Die einfachste und älteste Form eines »Verstärkers« bei der optischen Datenübertragung ist ein Verstärker, an dessen Eingang das optische Signal demoduliert und in ein elektrische Signal konvertiert wird, dann als elektrisches Signal verstärkt und schließlich wieder auf einen (neuen) Träger moduliert wird. Ein solches Gerät ist aber im eigentlichen Sinne kein Verstärker, sondern im Rahmen der Netzwerk-Terminologie ein Repeater. Nachteilig bei einer solchen Einrichtung ist die Notwendigkeit der Stromversorgung. Andererseits kann man einen solche Repeater direkt als Wellenlängenkonverter benutzen.

Bei Optischen Netzen werden als Verstärker üblicherweise Einrichtungen bezeichnet, die das optische Signal so nehmen, wie es ist, und es dann verstärken. Durch die Dämpfung auf Glasfasern wird die Reichweite von Übertragungssystemen im Gb/s-Bereich auf ca. 200 km beschränkt. Ein rein optisches WAN kann demnach nicht ohne Verstärker existieren. MANs und LANs kann man hingegen völlig ohne Verstärker aufbauen. Man unterscheidet drei Verstärkertypen in Abhängigkeit von ihrer Positionierung an der Übertragungsstrecke:

- Power Amplifier: Verstärkung vor der Übertragungsstrecke
- Line Amplifier: Verstärkung innerhalb der Übertragungsstrecke
- Preamplifier: Verstärkung am Ausgang der Übertragungsstrecke vor dem optischen Empfänger

Schon in den frühen Achzigerjahren wurden integrierte Halbleiterverstärker (SOA = Semiconductor Optical Amplifier) entworfen, die aber aufgrund verschiedener Nachteile keinen wirklichen Einfluss auf die Entwicklung von WAN-Strecken gehabt haben. Im Zuge der zunehmenden Miniaturisierung sind sie aber wieder interessant, besonders im Rahmen völlig integrierter optischer Strukturen.

Wirklichen Fortschritt haben die EDFAs (Erbium Doped Fiber Amplifiers) gebracht, die 1987 von Desurvire und Mears zuerst vorgestellt wurden. Innerhalb weniger Jahre Entwicklungszeit konnten sie die Reichweite optischer Übertragungssysteme auf über 9000 km erweitern. Ohne EDFAs wären die gesamten Überlegungen für optische WANs völlig hinfällig.

3.11.1 EDFAs

Der EDFA gehört zur Klasse der so genannten »Rare Earth Doped Fiber Amplifier«, also der Verstärker, die ihre Wirkungsweise der Dotierung eines Stückes der Übertragungsstrecke mit einem relativ seltenen Material verdanken. Neben Erbium kann man auch Präseodym, Neodym oder Ytterbium verwenden, allesamt Materialien, die auch bei der Konstruktion von Hochleistungslasern verwendet werden. Die prominenten Position verdankt das Erbium der Tatsache, dass mit einer Erbium-Dotierung Verstärker geschaffen werden, die eine relativ hohe Bandbreite von ca. 35 nm im 1550 nm-Band abdecken. Man kann Single Mode Fiber konstruieren, die in diesem Band Dämpfungsminima und somit ein Übertragungsfenster haben. Erbium hat aber noch eine Anzahl zusätzlicher positiver Eigenschaften, auf die wir gleich noch kommen. Man kann EDFAs in drei grundsätzlichen Arten aufbauen. Der Verstärkungseffekt kommt in Anwesenheit eines Pumplaserstrahls zustande. Diesen Pumplaserstrahl muss man einkoppeln. Dabei ist es aber gleichgültig, ob er mit oder gegen die Übertragungsrichtung eingespeist wird. Dadurch ergeben sich drei unterschiedliche Ausführungsformen:

- Forward Pumping EDFA
- Backward Pumping EDFA
- Bidirectional Pumping EDFA

Kapitel 3

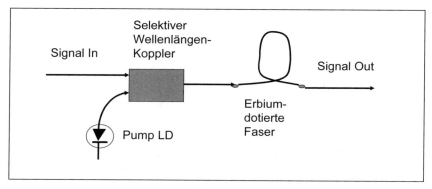

Abb. 3.11.1: FP EDFA

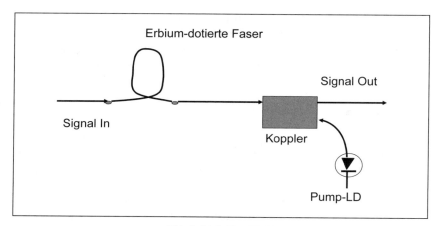

Abb. 3.11.2: BP EDFA

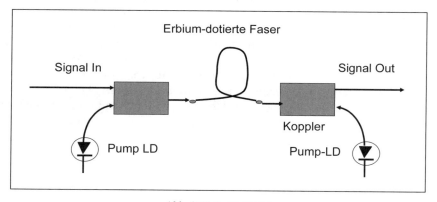

Abb. 3.11.3: Bi EDFA

In jedem dieser Fälle arbeitet der Verstärker auf der reisenden Welle und besteht im Kern aus einem Stück Monomodefaser, welches mit Erbium angereichert ist und üblicherweise eine Länge von einigen zehn Metern hat. Die Punkte »S« in den Abbildungen bezeichnen Spleißstellen, in denen die dotierte Faser mit den normalen Fasern verbunden wird. Der EDFA ist eine optisch gepumpte Einrichtung. Die optische Pump-Energie wird von einer optischen Quelle, z.B. einer Pump-LD oder einem Pump-Laser geliefert. Die Pump-Strahlungsquelle hat eine Wellenlänge, die zu den Eigenschaften von Erbium passt (980 oder 1480 nm). Die Pump-Energie wird mittels eines wellenlängenselektiven Kopplers (Wavelength Selective Coupler (WSC)), eingespeist. EDFA-Module enthalten in der Praxis noch andere Komponenten wie optische Isolatoren zur Unterdrückung von Reflexionsleistung und verschiedene Komponenten für die Überwachung, Stabilisierung und Kontrolle der optischen Leistung.

Wie viele andere Verstärker für elektromagnetische Strahlung funktioniert der EDFA mit einem dreistufigen System von Energieniveaus. Wir erklären die Arbeitsweise anhand eines Modells für die Pumpwellenlänge 980 nm. Im Modell gibt es drei verschiedene Energieniveaus, das Grundniveau E1, das metastabile Niveau E2 und das Pumpniveau E3. Die Populationen (fraktionale Dichten) von Erbium-Ionen auf diesen Energieniveaus werden entsprechend mit N1, N2 und N3 beschrieben. Normalerweise ist im thermischen Gleichgewicht ohne die Anwesenheit von Pump- und Signalenergie N1 > N2 > N3. Sind Pump- und Signalenergie vorhanden, bewegen sich die Ionen zwischen diesen Energieniveaus durch Absorption und Emission von Photonen im Rahmen der damit verbundenen Energiedifferenzen hin und her. Die Wellenlängen, die mit den dominanten Transitionen einhergehen, sind in der Abb. 3.11.4 dargestellt und berechnen sich aus dem Quotient aus Planck'scher Konstante multipliziert mit der Lichtgeschwindigkeit und der Differenz der Energieniveaus. Das Modell »hinkt« an einer Stelle: wir haben Linien gezeichnet, die einer einzelnen Wellenlänge entsprechen würden. In Wahrheit vollziehen sich die Bewegungen aber zwischen Wellenlängenbändern.

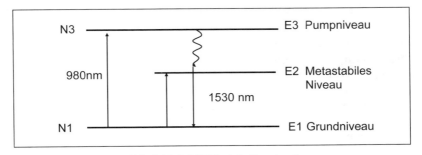

Abb. 3.11.4: EDFA-Arbeitsweise, 1

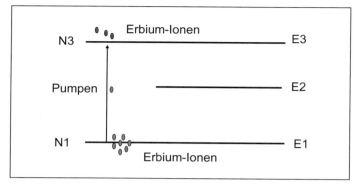

Abb. 3.11.5: EDFA-Arbeitsweise, 2

Liegt Pumpenergie an, werden Erbium-Ionen durch Absorption der Energie aus der 980-nm-Pumpquelle von E1 nach E3 angehoben, siehe Abb. 3.11.5. Die Transitionsrate ist proportional zur Ionendichte N1 und der Pumpenergie. Die erregten Ionen bleiben aber nicht lange in E3, sondern fallen mit einer wesentlich schnelleren Transitionsrate in den metastabilen Zustand E2 herunter. Das bedeutet, dass die Pumpenergie letztlich einen Übergang von E1 nach E2 erzeugt, siehe Abb. 3.11.6. Die Lebenszeit in E2 ist relativ lang.

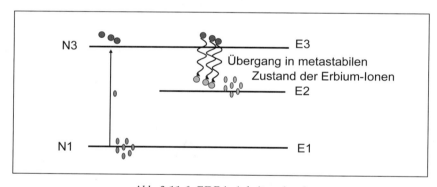

Abb. 3.11.6: EDFA-Arbeitsweise, 3

Dieser Prozess wird auch als Populations-Inversion bezeichnet, weil wir nun N1 > N2 haben, umgekehrt zu der Situation ohne Pump-Energie. Die Transitionsrate von E2 nach E1 ist vergleichsweise sehr gering, sodass sich bei angelegtem Pumpstrom immer mehr Ionen in E2 ansammeln, was natürlich aufhört, wenn eine gewisse Ionendichte in E1 unterschritten wird. Das Wellenlängenband für Transitionen von E2 nach E1 ist um 1530 nm herum, was ideal für die Anwendung mit SMFs ist. Diese Transitionen können spontan oder stimuliert sein. Spontane Emissionen sind wenig gewünscht, weil dann ein Ion in E1 fällt und dabei ein Photon emittiert, was sich zum nutzlosen und störenden Rauschen hinzugesellt. Man sieht aber sofort, dass das Rauschen aus spontaner Emission ein unmittelbares Nebenprodukt der Verstärkung ist. Die spontane Emission geschieht in Phase, Richtung und Polarisation unabhängig vom Signal.

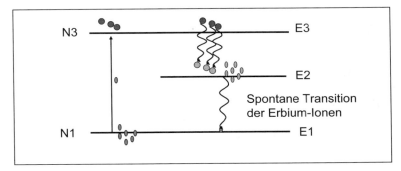

Abb. 3.11.7: EDFA-Arbeitsweise, 4

Interessant und Grundlage für den Verstärkungseffekt ist die stimulierte Emission. Ein einfallendes Photon im 1530 nm-Bereich stimuliert die Emission eines anderen Photons gleicher Wellenlänge, Phase, Richtung und Polarisation. Wenn das einfallende Photon von einem zu übertragenden Signal stammt, wird das Signal durch die stimulierte Emission eines weiteren Photons entsprechend verstärkt.

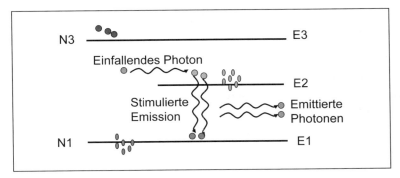

Abb. 3.11.8: EDFA-Arbeitsweise, 5

Leider kann das einfallende Photon auch aus einer früheren spontanen Emission weiter vorne auf der Faser resultieren. Auch dann wird es verstärkt. Diesen Effekt nennt man Amplified Spontaneous Emission (ASE). ASE ist der Hauptfaktor für Rauschen in optischen Übertragungsstrecken mit Verstärkern. Der Verstärkungsgewinn eines EDFA ist in weitem Bereich unabhängig von der Signalleistung, solange die Pumpleistung hoch genug ist, sodass die Pumprate viel höher als die stimulierte Emissionsrate ist. Dies nennt man auch Verstärkungsgewinn im ungesättigten Bereich. Der Verstärkungsgewinn ist dann abhängig von der Pump Power. Für eine gegebene Faserstruktur und-Dotierung gibt es eine optimale Fiber-Länge, bei der die Verstärkung am größten ist. Bei Längen kleiner als das Optimum wird die Pumpleistung nicht vollständig ausgenutzt; ist das dotierte Faserstück zu lang, ist die Pumpleistung irgendwann erschöpft und die Dämpfung nimmt Überhand. Typische optimale Längen liegen in der Größenordnung einiger zehn Meter und die maximal mögliche Verstärkung liegt im Bereich von 30 bis 40 dB. Ein Verstärker kommt in einen Sättigungsbereich, wenn die Signalpower ansteigt.In diesem Fall zieht das Signal so viel Leistung von der Pumpe, wenn es über die Faser läuft, dass die stimulierte Emissionsrate vergleichbar der Pumprate ist. Je größer das Input-Signal und je höher der ungesättigte Gewinn ist, desto schneller wird diese Sättigung erreicht. Mit der Sättigung sinkt die Verstärkung. Die Sättigung tritt im Bereich einiger hundert Milliwatt auf. Auch die ASE trägt zur Sättigung bei. Wenn die Eingangssignale sehr schwach sind, kann die ASE den Verstärker alleine in den Sättigungsbereich treiben. Das nennt man dann Selbstsättigung. Da die Sättigung ein nichtlinearer Effekt ist, produziert sie eine Menge von Komplikationen, wenn vielfache Signale verstärkt werden sollen. Ein Problem ist, dass die gesättigte Verstärkung von einem Signal von der Gesamtleistung der anderen Signale in Relation zur eigenen Leistung des Signals abhängig ist. So neigen die Signale, einschließlich der ASE dazu, sich gegenseitig Leistung zu stehlen. Allerdings neigt die Sättigung dazu, in einer Kette hintereinander geschalteter Verstärker einen Regulierungseffekt hervorzurufen. Außerdem gibt es noch eine Reihe weiterer nichtlinearer Effekte, die sich aber auf einen kürzeren Zeitraum beziehen. Der Verstärkungsgewinn zu jeder Zeit ist eine Funktion der Population N2 im angeregten Zustand, die durch momentane stimulierte Emission erschöpft wird, wenn ein Signal anwesend ist. Das passiert besonders dann, wenn ein intensitätsmoduliertes digitales Signal von 0 auf 1 wechselt. Die durch diesen Wechsel resultierende Fluktuation in N2 führt zu korrespondierenden Änderungen im möglichen Verstärkungsgewinn, wobei der Effekt umso stärker ist, je mehr man sich dem Sättigungsbereich nähert, und bei starken Signalen. Ein anderes Auftreten des Effektes ergibt sich bei zwei nahe benachbarten Frequenzen, die eine Fluktuation bei der Differenzfrequenz hervorrufen. Die Fluktuation in der möglichen Verstärkung betrifft alle Signale und kann daher zu unerwünschtem Nebensprechen führen, wenn die durch ein Signal ausgelösten Intensitätsfluktuationen die mögliche Verstärkung eines anderen Signals beeinflussen. Die Effekte kommen allerdings nur dann wirklich störend zum Tragen, wenn der Zeitrahmen, in dem sie auftreten, dem Zeitrahmen für das modulierte Signal entspechen. Eine vereinfachte Interpretation der Verstärkungsdynamik in einem EDFA basiert auf der Annahme, dass die maximale Geschwindigkeit für Gewinn-Fluktuationen in der Größenordnung des Reziproks der Lebenszeit im angeregten Zustand ist, die etwa bei 10 ms liegt. Signalfluktuationen, die wesentlich schneller sind, sagen wir im Bereich von 100 Mikrosekunden, führen demnach nicht zu signifikantem Nebensprechen im EDFA. Das bedeutet, dass man einen EDFA erst ab einer minimalen Signalrate von ca. 10 Kb/s nutzen kann, er darüber hinaus, besonders bei hohen Signalraten, aber keine weiteren Schwierigkeiten mehr macht.

In der Praxis wird man bei längeren Übertragungsstrecken EDFAs in Reihe einsetzen, und zwar jeweils zur Kompensation des Verlustes im gerade durchlaufenen Stück Kabel. Normalerweise liegen die Entfernungen zwischen den EDFAs zwischen 20 und 100 km, wobei am Empfänger mindestens 15 dB Signal/Rauschverhältnis erreicht werden. Die Abstände werden von der maximal erlaubten Leistung auf einer Faser, Nichtlinearitäten auf der Faser und der Empfindlichkeit von Empfängern beeinflusst, nicht jedoch so sehr von der Datenrate. Die Fa. Alcatel hat ein System mit über 10,2 Tb/s auf einer Distanz von 100 km ohne Zwischenverstärker vorgestellt.

3.11.2 SOAs

Der Grundaufbau eines SOAs ist einem Halbleiterlaser ähnlich. Er besteht aus einem Licht leitenen aktiven Medium (einem p-n-Übergang), wobei die mobilen Elektronen und Löcher die Rolle der Erbium-Ionen übernehmen. Die Energieniveaus sind dann das Leitband und das Valenzband. Die Bänder sind breiter als bei der Erbium-Dotierung. Durch Pumpen wird Elektron-Loch Rekombination unter Emission von Photonen stimuliert. Bei elektrischem Pumpen erzeugt man auf diese Weise einfach eine LED, wird aber eine Licht leitende Schicht eingefügt, so kommt man zum optischen Pumpen und somit zum gewünschten Verstärkungseffekt.

Durch entsprechende Auswahl der Materialien, z.B. InGaAs oder InGaAsP, kann man SOAs für die Wellenbereiche bauen, die in der optischen Kommunikation bevorzugt werden, z.B. 1300 oder 1550 nm. Da die Energiebänder in einem Halbleiter viel breiter sind als in einem EDFA, verstärkt der SOA in einem viel breiteren Band. Dieser breitbandigen Charakteristik stehen jedoch auch Nachteile gegenüber. Die Lebenszeit zur Rekombination brauchbarer erregter Ionen ist viel kürzer als in einem EDFA und liegt im Bereich von Nanosekunden. Dadurch treten die beim EDFA besprochenen Effekte in der Schankung der möglichen Verstärkung in einem viel kleineren Zeitraster auf. Das bedeutet, dass SOAs erst ab Übertragungsraten von mehreren Gb/s brauchbar sind, weil sonst die Nebensprechdämpfung durch diese Effekte zu hoch wird. Wegen seiner asymmetrischen Geometrie ist ein SOA abhängig von der Ausbreitungsebene des Lichtes, der Polarisation. Dieses Problem hat der EDFA mit seiner zylindrischen Konstruktion nicht.

Für SOAs und EDFAs gibt es unterschiedliche Arbeitsbereiche. Einen SOA kann man gut mit anderen integrierten optischen Komponenten kombinieren, wie wir im nächsten Kapitel noch sehen werden, z.B. mit einem Laser, einem Detektor oder einem Modulator. In einem Terabit-Switch werden zwischen den einzelnen Schaltstufen ganze Batterien von SOAs benötigt, um die Signale beim Durchlaufen der Schaltmatrizen immer wieder aufzuarbeiten. In diesem Fall sind die Signale aber schon in einzelne Wellenlängen zerlegt, sodass die Nebensprecheffekte hier keine allzu große Bedeutung haben. Der SOA hat den großen Vorteil, aufgrund seiner Konstruktion in einem weiten Bereich geschwindigkeitsunabhängig zu sein, SOAs für 2,5 Gb/s funktionieren auch bei 10 Gb/s, SOAs für 10 Gb/s verstärken auch klaglos Signale, die einen Datenstrom von 40 Gb/s repräsentieren.

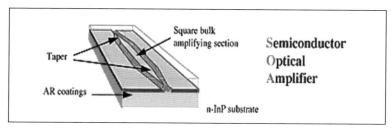

Abb. 3.11.9: SOA

3.12 Zusammenfassung und Überleitung

Ich hoffe, dass der Leser in diesem Kapitel eine Vorstellung davon gewonnen hat, wie optische Punkt-zu-Punkt-Übertragungssysteme auf den verschiedenen Anwendungsbereichen vom LAN bis hin zur Seekabelübertragung funktionieren. Im nächsten Kapitel kommen wir dann zu den Komponenten, die die Übertragungssysteme zu Netzen zusammenfügen.

Bausteine 4

In den vorangegangenen Kapiteln haben wir die Anwendungsbreiche Optischer Netze, die Standards im Umfeld Optischer Netze und die Grundzüge der optischen Punkt-zu-Punkt-Datenübertragung einschließlich der Mehrkanalsysteme mit Multiplexern und Demultiplexern besprochen. Die physikalischen Grundlagen werden auch in diesem Kapitel benötigt, denn es geht um die Bausteine, aus denen man ein optisches Netz formt.

Dazu sind aber wiederum einige Vorbemerkungen nötig. Ein SONET-Netzwerk besteht aus den Punkt-zu-Punkt-Verbindungen, wie wir sie im letzten Kapitel besprochen haben und elektrischen Switches. Jedes Mal, wenn ein optisches Signal an einem Switch, Cross-Connect oder Add-Drop-Multiplexer ankommt, wird es in ein elektrisches Signal umgewandelt, von einer Elektronik entsprechend bearbeitet und schließlich wieder in ein optisches Signal umgewandelt. Würden wir es dabei belassen, könnte man das Buch an dieser Stelle beenden, denn die Funktionsweise elektronischer Switches, Cross-Connects und Add-Drop-Multiplexer ist hinreichend bekannt und dokumentiert.

Das Faszinierende an der Entwicklung der letzten Jahre ist jedoch, dass man immer mehr versucht, die Elektronik in den Koppelkomponenten durch optische Technologie zu ersetzen. Das hatte so lange seine engen Grenzen, wie alle optischen Komponenten einzeln stehende Teile waren, denn auf diese Weise können die optischen Komponenten einfach nicht an die Packungsdichte der elektronischen Komponenten heranreichen und ihr Einsatz wird außer in wenigen Ausnahmefällen unwirtschaftlich.

Der wesentliche Fortschritt besteht in der Integration optischer Komponenten in Halbleitersubstrate. Auch hier sind die Packungsdichten noch weit entfernt von dem, was wir aus der Elektronik kennen, aber einzelne, wesentliche Komponenten können schon mit vertretbarem Aufwand und vertretbarer Größe gebaut werden. Die Entwicklungsstufen sind hier ausgesprochen unterschiedlich, so ist man z.B. mit den rein optischen Switch-Matrizen schon recht weit, während die integrierten optischen Speicher erst am Anfang ihrer Entwicklung stehen.

Die Diskussion um die Komponenten ist zunächst einmal befreit von Bitfolgen, Rahmenformaten, Overheadbytes und Steuerungsverfahren. Das hält man auch in der Forschung so, um möglichst allgemein gültige Lösungen zu finden. In das Korsett einer Formatierung kann man sie später noch einbinden.

4.1 Schlüsselkomponenten

Ein ganz kleines Optisches Netz kann man aus Add/Drop-Multiplexern ADMs und optischen Verbindungen aufbauen. Bei den Add/Drop-Multiplexern wird Information aus dem Netz genommen oder hinzugefügt. Wir können direkt davon ausgehen, dass die ADMs mit Mehrkanalverbindungen untereinander verbunden sind, im einfachsten Fall CWDM. In jedem ADM gibt es zwei Arten von Verkehr: solcher, der einfach durch einen ADM hindurchläuft und solcher, der aus- bzw. eingekoppelt wird. Normalerweise wird man in einem ADM auch Signalregeneration vornehmen, idealerweise jedoch keine so genannte 3R-Regeneration durch Umwandlung des optischen in ein elektrisches Signal, dessen Verstärkung und Rückwandlung des verstärkten Signals, sondern vielmehr das Signal rein optisch belassen und z.B. mittels eines SOA verstärken.

Man kann ein Netz nicht nur aus Punkt-zu-Punkt-Verbindungen und ADMs aufbauen, weil der Weg der Informationen dann irgendwann zu lang wird, zu viele Informationen auf dem System gespeichert werden und damit letztlich die Latenz steigt. Aus dieser Perspektive ist ein ADM/WDM-Netz nicht anders zu betrachten als ein herkömmliches Ringnetz. So wird man also Ringe bilden, die man dann an geeigneten Stellen vermöge optischer Cross-Connects miteinander verbindet. Dann ergibt sich die in Abb. 4.1.1 dargestellte Struktur.

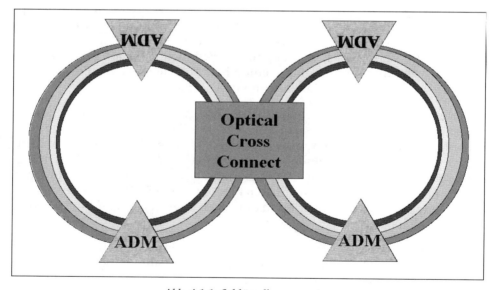

Abb. 4.1.1: Schlüsselkomponenten

Um dem Leser die Arbeitsweise eines vollständig Optischen Netzes näher zu bringen , möchte ich den Add/Drop Multiplexer sozusagen in übersichtliche Einzelteile zerlegen, die Funktionsweise dieser Einzelteile erläutern und aus ihnen schließlich einen ADM »zusammenbauen«, wenn auch nur theoretisch. Im weiteren Verlauf dieses Kapitels werden wir dann unterschiedliche Ausführungen der »Einzelteile« kennen lernen, die heute Gegenstand der vordersten Front der Forschung sind. Diese Perspektiven werden dann im weiteren Verlaufe des Buches immer weiter entwickelt und vervollständigt.

Eine Kernkomponente ist natürlich der elektrooptische Wandler, der irgendwo an der Kante des Optischen Netzes elektrische Informationen in optische überführt. Die einfachste Sichtweise eines solchen Wandlers kennen wir bereits aus dem SONET-Standard: jede Art von Multiplexen und Konzentration der Signale, wie sie von Kunden kommen, wird auf der elektrischen Ebene vorgenommen, sodass am elektrooptischen Wandler lediglich eine Konversion des elektrischen STS-N-Signals in ein optisches OC-N-Signal durchgeführt werden muss. Das OC-N Signal ist seiner Natur nach ein serielles Signal. Ein CWDM- oder DWDM-System wird aus einem solchen elektrischen seriellen Signal eine Reihe paralleler Kanäle bilden.

Mit den Informationen aus dem letzten Kapitel ist die Konstruktion des elektrooptischen Wandlers klar: man benötigt mindestens eine Strahlungsquelle und einen Modulator für ein einkanaliges System oder N Laser, N Modulatoren und einen Phasar für ein WDM-System mit N Kanälen.

Eine weitere wichtige Komponenten an der Kante des Optischen Netzes ist der optoelektrische Wandler, der die »umgekehrte« Funktion vollzieht. Man benötigt einen Strahlungsempfänger/Demodulator für ein serielles einkanaliges System und N Demodulatoren/Strahlungsempfänger und einen Phasar für ein mehrkanaliges System.

Ebenfalls aus dem letzten Kapitel bekannt sind breitbandige Verstärker. Im Zusammenhang mit der Konstruktion von Add/Drop-Multiplexer, Cross-Connects und optischen Switches kommen nur integrierte optische Halbleiterverstärker, SOAs in Betracht.

Weitere, ebenfalls bereits besprochene Komponenten sind die Multiplexer und Demultiplexer, die man mittels Phasaren realisiert.

Die Abb. 4.1.2 fasst die bereits bekannten Komponenten in Blockschaltbildern zusammen.

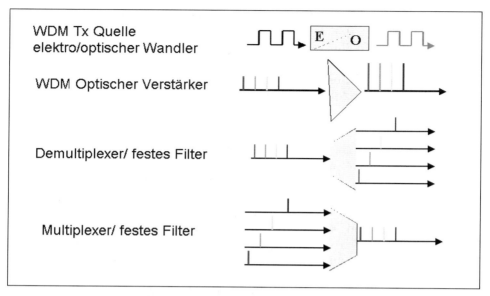

Abb. 4.1.2: Komponenten optischer Netze, 1

Eine weitere wichtige Systemgruppe sind die Filter. In der Einführung haben wir bereits die Fiber Bragg-Filter kennengelernt. Sie sind so konstruiert, dass Licht einer bestimmten Wellenlänge auf einem bestimmten Weg weniger Dämpfung erhält als auf einem anderen Weg und deshalb diesen Weg mit geringer Dämpfung »wählt«. Filter fallen unter die Komponenten zur Wellenlängenselektion, die wir weiter unten ausführlicher betrachten. Neben einem festen Filter ist es auch besonders nützlich, variable Filter zu haben, bei denen die zu filternden Wellenlängen eingestellt werden können.

Um die Informationen auf einer Wellenlänge ein- und auskoppeln zu können und um ein dynamisches Netzwerk aufbauen zu können, benötigt man (Raum-) Switches. Diese Switch-Elemente sind so interessant und vielfältig, dass wir ihnen ein eigenes Unterkapitel zugestehen. Ein einfacher optischer Swich ist zunächst einmal eine Einrichtung mit zwei Ein- und Ausgängen. Es gibt nur zwei Zustände: entweder wird der obere Eingang mit dem oberen Ausgang und entsprechend der untere Eingang mit dem unteren Ausgang verbunden (»geradeaus«) oder der obere Eingang wird mit dem unteren Ausgang und der untere Eingang mit dem oberen Ausgang verbunden (»über Kreuz«). Man weiß schon seit ca. 30 Jahren aus der Theorie der Mehrstufenmehrfachverbindungsnetzwerke, dass man ganze blockierungsfreie Schaltmatrizen aus diesen Grundelementen aufbauen kann; das ist auch z.B. die Grundlage für die Konstruktion von ATM-Switches. Die integrierte optische Technologie hat eine Vielzahl von Konstruktionen für Switchelemente und

Switchmatrizen hervorgebracht. Wir werden die wichtigsten Entwicklungen in dieser Hinsicht weiter unten vorstellen und auch zeigen, wie sich aus den Grundelementen große Schaltmatrizen aufbauen lassen.

Eine letzte häufig benutze Systemgruppe sind die Wellenlängenkonverter und -Speicher. Hier sieht es mit der rein optischen Technik ein wenig düster aus; die einfachste Methode zur Wellenlängenkonversion ist eben der Empfang einer Welle mit einer Wellenlänge, die Decodierung des Inhaltes und die erneute Sendung mit einem Laser/Modulator auf einer anderen Wellenlänge. Analoges gilt für Speicher.

Wir fassen die noch zu erläuternden Grundelemente in Abb. 4.1.3 zusammen.

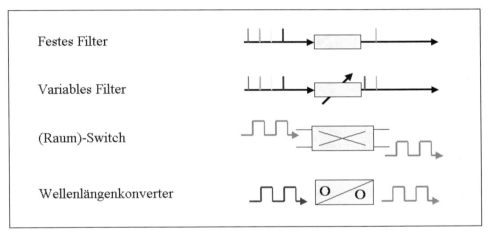

Abb. 4.1.3: *Komponenten optischer Netze, 2*

Gehen wir einfach einmal davon aus, dass wir diese Elemente alle besitzen und verstanden haben. Das trifft ja mindestens für die Elemente in Abb. 4.1.2 zu, die ja schon im letzten Kapitel erläutert wurden, und für die anderen muss erst einmal mein Versprechen gut genug sein. Dann können wir den in Abb. 4.1.4 abgebildeten Add/Drop-Mulitplexer leicht verstehen.

Von links gesehen kommt der Datenstrom auf den ADM zu und wird über den Demultiplexer auf in diesem Fall vier einzelne Kanäle verteilt. Mit einem Kanal können zwei Dinge passieren: entweder er wird im Add/Drop-Multiplexer ausgekoppelt oder er kann ungehindert passieren. Der im Bild obere Kanal kann ungehindert passieren. Wir möchten an der Stelle, wo unser Add/Drop-Multiplexer steht, keine weitere Information aus diesem Kanal nehmen oder Information in diesen Kanal bringen. Der Raumswitch steht daher auf

Kapitel 4

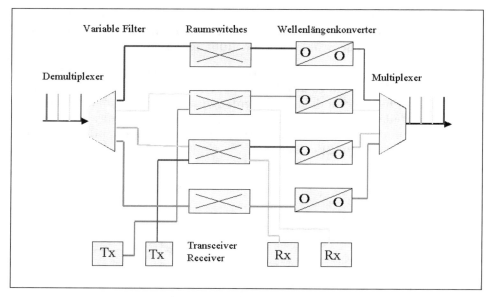

Abb. 4.1.4: Add/Drop-Multiplexer

»geradeaus« und der Lichtstrahl kann den Raumswitch abgesehen von einer unvermeidbaren Dämpfung ungehindert passieren. Da wir an dem Kanal nichts ändern wollen, braucht auch der Wellenlängenkonverter nicht in Erscheinung zu treten. Auch hier kann das Signal ohne Modifikation passieren und erreicht so den Multiplexer, wo es mit anderen Signalen wieder zu einem CWDM- oder DWDM-Strom vereinigt wird, anders mit dem von oben gesehen zweiten Kanal. Wir möchten die auf diesem Kanal enthaltene Information auskoppeln und an einen Receiver bringen. Dazu muss der von oben gesehen zweite Raumswitch »über Kreuz« geschaltet werden. Die Lichtwelle verlässt dann den Switch an seinem rechten unteren Ausgang und kommt so zum Receiver, an dem z.B. eine optoelektrische Rückwandlung stattfindet. Aus der optische Perspektive gesehen, handelt es sich bei dem Kanal, der ankommt, um einen einfachen seriellen optischen Kanal. Wenn in diesem Kanal noch ein elektrischer Multiplex »versteckt« ist, ist es Sache des Receivers, diesen elektrisch zu demultiplexen; der Add/Drop Multiplexer hat an dieser Stelle mit dieser Art der Signalbehandlung nichts zu tun. Wir hatten uns ja überhaupt nicht festgelegt, welche Art von digitalen Signalen wir auf unserem Szenario übertragen wollten und können auch sehen, warum: der Add/Drop-Multiplexer ist vollständig transparent für synchrone, asynchrone oder plesiochrone Arbeitsweise und unterschiedliche Paketformate, weil er aus der Perspektive der Transceiver/Receiver-Paare ja gar nicht als arbeitende aktive Einheit in Erscheinung tritt, sondern es für einen Transceiver in einem optischen Add-Drop-Multiplexer und einen Receiver in einem anderen optischen Add Drop-Multiplexer keinen Unterschied macht, ob sie untereinander mit verschiedenen Mutiplexern und ggf. zwischenliegenden Leitungsverstärkern oder direkt mit einer seriellen optischen Punkt-zu-Punkt-Übertragunsstrecke verbunden sind. Diese vollständige Trennung zwischen optischer und elektrischer Ebene ist im Grunde historisch gewachsen und aus heutiger Perspektive zunächst einmal sehr nützlich. Sehen wir genauer hin, ist nun die Wellenlänge des ausgekoppelten Signals eigentlich frei. Das können wir so lassen, weil es einem WDM-System wirklich völlig gleichgültig ist, ob auf es Information aufgeprägt wurde oder nicht, oder wir können an dieser Stelle wieder Information in das System einbringen, »adden«. Das geschieht einfach dadurch, dass der unten im Bild links sichtbare Transceiver eine mit Informationen modulierte Welle erzeugt und diese über den zweiten Raumswitch von oben an den zweiten Wellenlängenkonverter von oben bringt. Dieser konvertiert die aus dem Transceiver kommende Wellenlänge, die eine andere Frequenzlage haben kann, als dies für das Ausgangssignal nötig ist, auf die richtige Frequenz, und leitet sie an den Wellenlängenmultiplexer weiter, der sie in das WDM-Mischsignal einbringt. Man sieht an dieser Stelle deutlich, dass man auf die Wellenlängenkonverter auch noch verzichten könnte, denn wenn man die Transceiver direkt so baut, dass sie auf der jeweils richtigen Wellenlänge arbeiten, sind die Konverter wirklich überflüssig, siehe Abb. 4.1.5

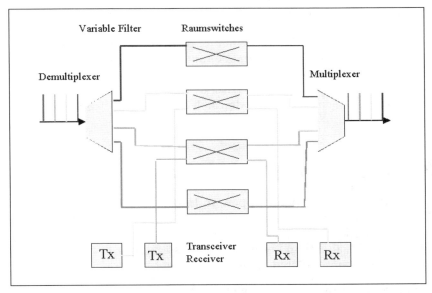

Abb. 4.1.5 Minimierte Ausführung eines OADM

Auf dem dritten Kanal wird ebenfalls Information aus- und eingekoppelt, während der vierte Kanal den OADM wieder einfach passiert.

Mit diesem Modell wird eigentlich schon klar, wie ein rein optisches Netz im Grunde genommen funktioniert. Lokale, rein optische Netze könnte man so aufbauen, aber dem steht der Standard für 10-Gigabit-Ethernet entgegen, der schon sehr weit gediehen ist und eine sternförmige Struktur mit elektronischem Switchen vorsieht. Metropolitan Area Networks, die sich aus dem Umfeld des SONET entwickeln, können jedoch schon die angesprochene Form haben.

Da die meisten Leser mit den Grundkonzepten elektrischer LAN-Switches vertraut sein werden, macht es wenig Sinn, auch in dieser Richtung ein Modell zu entwickeln. Wir werden im Laufe des Kapitels zunächst die Switchelemente alleine vorstellen, dann kurz auf die Mehrstufenmehrfachverbindungsnetzwerke blicken und schließlich zur Konstruktion realer Terabit-Switches kommen.

Vorweg sei jedoch schon bemerkt, dass es bei optischen Terabit-Switches eine Reihe von konstruktiven Eigenheiten gibt, die eine Trennung zwischen der optischen Ebene und dem optischen Switchkern erforderlich machen; dies wäre eine Trennung zwischen der optischen Transport-Domäne mit Wavelength Forwarding und der Service-Domäne für das »Einsammeln« der alten Services. Das können wir in diesem Kapitel auch nicht abschließend diskutieren, sondern müssen auf einige weitere Bedingungen, die sich aus dem Umfeld der Entwicklung der Wide Area-Netze ergeben, eingehen, was wir in Kap. 6 machen wollen. Man sieht heute, dass verschiedene Hersteller noch mit einem elektrischen Switchkern liebäugelt. Das ist eine Übergangserscheinung: will man heute einen funktionierenden Switch bauen, muss man auf eine Mischung optischer und elektrischer Komponenten zurückgreifen. Das wird sich in den nächsten Jahren deutlich zugunsten der optischen Komponenten verlagern.

4.2 Integration optischer Komponenten

Bevor wir die Komponentengruppen im Einzelnen besprechen, sind an dieser Stelle noch einige Hinweise zur Integration optischer Komponenten angebracht. Dieses Buch ersetzt kein physikalisch orientiertes Lehrbuch zu dieser Thematik, soll aber dem Leser einen gewissen Eindruck vermitteln. Damit haben wir ja schon im letzten Kapitel begonnen.

Die Integration optischer Komponenten hat eine Schlüsselfunktion für die Verbreitung Optischer Netze. Solange Optische Netze nur mit schrankgroßen

Komponenten aufgebaut werden konnten, wurde ihr Einsatz aus Kosten- und Komplexitätsgründen auf das Notwendigste beschränkt, z.B. auf den Einsatz bei Seekabelsystemen. Die Entwicklung lässt sich z.B. an der Größe eines optischen Cross-Connects für vier Kanäle festmachen:

- 1995 Einbauschrank gleich ca. 4-7 Milliarden mm^3
- 1997 ca. Notebook gleich ca. 4 Millionen mm^3
- 1998 integriert ca. 12,5 x 8 mm = 100 mm^2 und weniger als 1 mm hoch = 100 mm^3
- 2000 integriert ca. 12 mm^2 und weniger als 1/10 mm hoch = ca. 1 mm^3
- 2001 ?

Das ist noch wesentlich mehr als die Verkleinerung eines Eisenbahnzuges durch die Märklin-Miniclub-Bahn im Maßstab 1:220.

Bei der Integration sind folgende optische Komponenten besonders interessant:

- Multiwellenlängentransmitter und optische Verstärker
- Multiwellenlängenempfänger
- Optische Switches
- Optische Speicher

Die Multiwellenlängentransmitter und -empfänger werden vor allem durch die bereits in Kap. 3 vorgestellten Phasare ermöglicht. Die Kanaltrenung mit ihnen ist wesentlich sauberer als mit Fiber Bragg-Gittern. Die Menge der Wellenleiter funktioniert wegen der sorgsam designten Weglängen-Differenzen als wunderbar phasenkontrolliertes Prisma. In einer integrierten Struktur kann man diese Weglängendifferenzen wesentlich feiner ausführen als bei der Konstruktion eines Phasars aus abgeschnittenen Glasfaserstücken.

Einen integrierten optischen Schaltkreis kann man sich laienhaft so vorstellen wie einen konventionellen integrierten Schaltkreis mit dem Unterschied, dass es durch die Verwendung anderer Materialien möglich wird, lichtleitende Schichten einzubauen. Licht in diesen lichtleitenden Schichten wird dann z.B. durch Elektron-Loch-Rekombination oder andere elektrostatische oder elektrodynamische Vorgänge in den anderen Schichten des integrierten optischen Schaltkreises beeinflusst.

Im letzten Kapitel haben wir ja schon über Sender, Empfänger und Verstärker gesprochen. Dies wollen wir hier vertiefen. Speicher, Swtiches, Wellenlängenselektoren usf. besprechen wir in den weiteren Unterkapiteln. In diese Besprechungen werden wir jeweils die betreffenden Darstellungen zu integrierten Technologien einbetten.

Die Integration von optischen Verstärkern und passiven Einrichtungen wie Demultiplexer und Koppler ist wie bereits erwähnt besonders wichtig für die Schaffung eines breiten Bereiches von Geräten wie Multiwellenlängenlaser, Wellenlängenkonverter, aktive optische Filter und optische Switches. Weiterhin können integrierte Verstärker für die Kompensation von Verlusten in Einheiten und bei der Ankopplung der Fasern benutzt werden. Man arbeitet zurzeit an der monolithischen Integration von SOAs und passiven wellenleitenden Einrichtungen wie Phasaren. In Europa ist auf diese Bereich die Gruppe der so genannten DIMES-Projekte der Universität Gent und der Universität Eindhoven mit dem Laserhersteller JDS Uniphase führend.

Es gibt unterschiedliche Methoden, zu integrierten Strukturen für optische Komponenten zu kommen, Im Rahmen der DIMES-Projekte wird die Methode verwendet, die Schichtenstruktur der SOAs als Ausgangspunkt zu wählen, bei der sich die aktive Schicht oben oder in der Mitte der wellenleitenden Schicht befindet. In dieser Struktur wird nun die aktive Schicht lokal dadurch entfernt, dass man Gräben bis hinunter zur transparenten Wellenleiterschicht ätzt. Diese Gräben werden dann mit undotiertem InP oder mit InGaAsP/InP gefüllt, und zwar indem man ein Wachstum dieser Schichten mit einem chemischen Wachstumsverfahren (Selective Area Chemical Beam Epitaxy SA-CBE) auf einem begrenzten Bereich fördert. Auf diese Weise erhält man einen planaren Wafer mit aktiven und passiven Regionen. Mit diesem Ansatz erreicht man hochqualitative Stoßverbindungen zwischen zwei transparenten Schichtenstapeln, die einen Verlust von weniger als 0,1 dB pro Schnittstelle aufweisen und das Potenzial der verwendeten Wiederwachstumstechnik zeigen.

Diese Technologie wurde für die Integration von SOAs und transparenten Wellenleitern angewendet. Stoßverbindungen zwischen den aktiven und passiven Wellenleitern hatten Verluste von weniger als 0,25 bzw. 0,45 dB pro Schnittstelle in Abhängigkeit von der kristallinen Ausrichtung. Wellenleiter und SOAs werden in der gleichen Ausrichtungsstruktur hergestellt, wie die Abb. 4.2.1 zeigt.

SOAs mit transparenten Wellenleitern an beiden Seiten kann man auch als ausgedehnte Kantenemitterlaser auffassen, indem man die gespaltenen Endfacetten des Chips als Laser-Spiegel(chen) benutzt. Auf einer Wellenlänge von 1560 nm konnte stabiles Laserverhalten erzeugt werden. Arbeitsschwellwertströme für gepulste Operation des Lasers liegen im Bereich von 65 mA, wobei die Schwellwertströme durch Erhitzung des Chips auch 5 mA größer werden können. Um das Design zu optimieren, wurden die gemessenen Charakteristiken auf einem Simulationstool durchgespielt. Durch Justierung der Materialparameter wurde eine schöne Übereinstimmung zwischen Simulation und Realität erzielt, was für weitere Entwicklungen äußerst hilfreich ist.

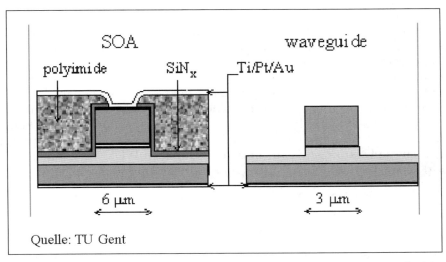

Abb. 4.2.1: Schematischer Schnitt durch einen SOA und einen transparenten Wellenleiter

Des Weiteren wurde durch die Interation von SOAs mit integrierten Phasaren eine Anzahl von Multiwellenlängenlasern mit sehr guter Leistung erzeugt. Die Phasare als optische Filter, die in der »Laserhöhle« eingebettet sind. Indem man Strom auf einen oder mehrere SOAs gibt, startet dieser die Laser mit der Aussendung von Licht auf einer oder mehreren Wellenlängen im Rahmen der maximalen Arbeitsbandbreite des Phasars. CW-Schwellwertströme liegen typischerweise bei 80 mA, die Output-Leistung liegt bei über 1 mW. Dies ist ein ganz hervorragender Wert für die Benutzung in CWDM-Systemen. Leider ist die Energieausbeute nicht so besonders günstig und die gesamte Struktur neigt dazu, sich schnell aufzuheizen. Ein Foto dieser Struktur und das hervorragende Ausganssignal haben wir ja schon im letzten Kapitel gezeigt. Es gibt ein stabiles Wellenlängenspektrum um 1550 nm herum, wobei der Kanalabstand bei etwa 3,2 nm liegt, was bedeutet, dass man auf einem solchen Kanal eine Bandbreite von 400 GHz hat und nach der Theorie mit einem guten Codierungsschema pro Kanal einen Nachrichtenfluss von bis zu 800 Gb/s aufprägen könnte. Der gezeigte Multiwellenlängenlaser hätte also mit einem extrem guten Modulationsverfahren eine Gesamtkapazität von über 6 Tb/s. Auch wenn man durch die Modulationsverfahren in der Praxis vielleicht nur 1/10 davon erreicht, ist das ein wirklich beeindruckender Wert. Schließlich hat man noch die Konstruktion eines hybriden integrierten Multiwellenlängen-Lasers ausprobiert. Dieses Gerät wurde durch die hybride Kopplung eines Wellenlängenmultiplexerchips mit einem industriell verfügbaren Feld optischer Verstärker gebildet. Die Arbeitsweise entspricht prinzipiell der weiter oben beschriebenen. Ein Problem direkt modulierter Laser mit einem gemeinsamen Verstärker am Ausgang ist das Nebensprechen zwischen den Kanälen. Eine »1« in einem Kanal führt zur Sättigung des Verstärkers und reduziert daher den möglichen Verstärkungsfaktor für die anderen Signale, wie wir dies bei den Verstärkern ja schon besprochen hatten. Ein SOA ist von diesen Effekten ebenso wenig verschont wie ein EDFA. Man hat zur Abschwächung des Effekts einen so genannten »gain-clamping« (verstärkungsgewinnfixierenden) Laser-Zusatzkanal auf einer anderen Frequenz eingeführt. Hiermit erscheinen die Leistungsschwankungen aufgrund der Sättigungseffekte in dem Dummy-Gain-Clamping Kanal und stabilisieren die Leistungsniveaus in den eigentlichen WDM-Nutzkanälen. Mit der gleichen Technologie hat man einen aktiven Ringfilter realisiert.

Weil es so schön ist, zeigen wir in Abb. 4.2.2 nochmals die Leistung des Multiwellenlängensenders.

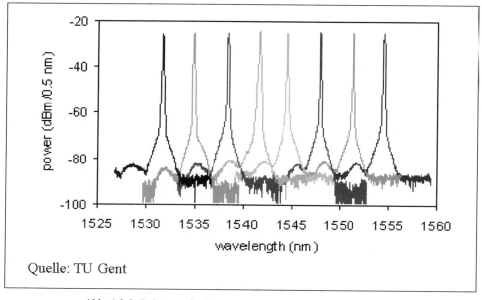

Abb. 4.2.2: Leistung des integrierten Multiwellenlängensenders

Multiwellenlängenempfänger werden normalerweise durch eine Verbindung einer Anzahl von Empfängern für eine Wellenlänge implementiert, die an den Ausgang eines Wellenlängendemultiplexers geschaltet werden. Abb. 4.2.3 zeigt das Schemaschaltbild eines solchen Empfängers.

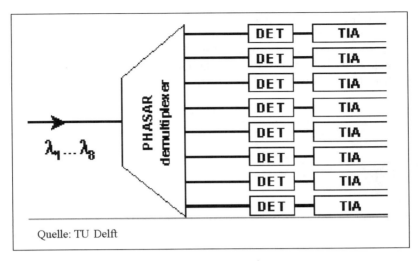

Abb. 4.2.3: WDM-Empfänger

Die Integration des Demultiplexers, der Detektoren und der Empfängerverstärker auf einem einzelnen InP-Chip macht diese Einheiten kompakter und auf längere Sicht damit billiger. Momentan laufen z.B. an der KTH Stockholm mehrere Projekte, die Multiwellenlängenempfänger mit einer Kapazität von bis zu 10 Gb/s pro Kanal integrieren. Abb. 4.2.4 zeigt das Mikroskopfoto eines realisierten Empfängerchips.

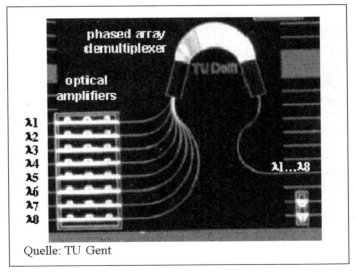

Abb. 4.2.4: Elektronenmikroskop-Fotografie eines Empfängerchips

Die bananenähnliche Struktur in der Mitte ist der achtkanalige Wellenlängendemultiplexer. Die zwei Zeilen von je vier Inseln unter und über dem Demultiplexer sind die Empfängerzellen. Für einen monolithischen Receiver enthalten sie sowohl die Detektoren als auch die HBT-basierten Vorverstärker. Der Empfängerchip hat ungefähr die Abmessungen 3 x 5 mm.

Die Empfängerempfindlichkeit ist ausreichend für eine Bitrate von 8 x 40 Gb/s.

4.3 Optische Speicher

Ein optisches Datenpaket besteht aus einem Header mit Routing-Information und einem Körper mit Daten. In vollständig optischen Netzen müssen die Informationen aus dem Header bearbeitet werden, während der Körper des Pakets festgehalten (verzögert) wird, bis die Berechnungen aus und um den Header abgeschlossen sind. Nach der Bearbeitung wird ein neuer Header erzeugt und mit dem Körper verknüpft. Dieses neue Paket wird dann in die gewünschte Richtung verschickt. Um den Header in der optischen Domäne lesen und bearbeiten zu können, ist eine Speicherfunktionalität nötig.

In bisherigen optischen Switches hat man sich oft dadurch beholfen, dass man den Speicher durch ein Röllchen Glasfaser gebildet hat. Das ist nicht so lächerlich, wie es auf den ersten Blick erscheinen mag. Im Festkörper legt das Licht ca. 200.000 km/h zurück. Das sind 720.000 m/s. Bei einer Datenübertragungsgeschwindigkeit von 1 Mb/s hat ein Bit die Dauer 1/1.000.000 s. Würde man es auf einer Glasfaser sehen können, wäre es somit 0,72 m lang. Bei einen Gb/s sind es nur noch 0,00072 m oder 0,72 mm. Bei einer Linerate von 10 Gb/s (Bitlänge 0,072 mm) benötigt ein SONET-Paket, z.B. das für diese Datenrate passende OC-192-Paket mit seinen ca. 1,25 Millionen Bits lediglich ein Röllchen mit 90 m Glasfaser, um komplett zwischengespeichert werden zu können. So ein Röllchen hat viele Vorteile, unter anderem ist es vollendet breitbandig und kaum dämpfend und benötigt keinerlei Spannungsversorgung. Der einzige Nachteil ist, dass es gegenüber den integrierten optischen Schaltelementen ziemlich groß ist.

Die Lösung für den integrierten Fall ist der SEED, das so genannte Self Electro-optic Effect Device. Ein SEED besteht aus zwei optischen PIN-Type-Wellenleitern, das sind Wellenleiter mit einer P-Schicht (zu viele Löcher), einer N-Schicht (zu viele Elektronen) und einer Intrinsic-Schicht, die dazwischen liegtgt und in der unter gewissen Bedingungen Elektron-Loch-Rekombination stattfinden kann. Im Grunde genommen sind die PIN-Type Wellenleiter nichts anderes als Dioden und funktionieren auch so.

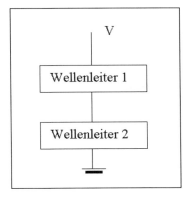

Abb. 4.3.1: SEED

Beide Wellenleiter enthalten in der in der Intrinsic-Region der PIN-Struktur ein Quantum, welches ihnen nichtlineare optische Eigenschaften verleiht. Wenn ein SEED-Wellenleiter mehr optische Leistung als der andere empfängt, wird er in einen Zustand niedriger Spannung und hoher Absorption kommen, weil die erhöhte Lichtleistung und damit die Absorption von Photonen eine erhöhte Elektron-Loch-Kombination anregt und die Spannung abbaut, während der andere Wellenleiter in einen Zustand hoher Spannung und niedriger Absorption kommt, weil er nichts zum Absorbieren hat und durch den anderen Lichtwellenleiter seine Spannung noch weiter aufgebaut wird, weil beide Lichtleiter durch die Hintereinanderschaltung grob gesprochen als Spannungsteiler wirken.

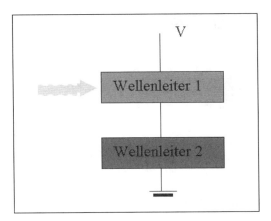

Abb. 4.3.2: SEED, 2

Werden nun beide Wellenleiter mit der gleichen Lichtenergie »beschienen«, bleibt der SEED im zuvor angenommenen stabilen Zustand. Mehr noch: weil es einen Unterschied in der optischen Absorption der beiden Wellenleiter gibt, gibt es einen optischen Output-Kontrast. Ist dieser Output-Kontrast groß genug, kann er als Input-Kontrast für den nächsten SEED benutzt werden, der daraufhin »schaltet«, nämlich in einen genau umgekehrten Zustand verfällt.

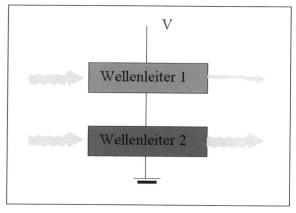

Abb. 4.3.3: SEED, 3

Auf diese Weise kann der SEED als Schieberegister verwendet werden.

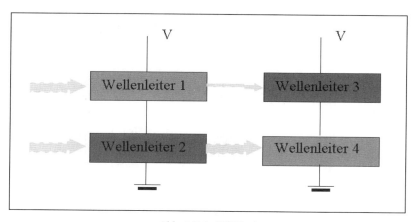

Abb. 4.3.4: SEED, 4

In der Forschung wurden verschiedene Strukturen und Quanten ausprobiert. Man hat durch verschiedene Experimenten einen Stack und ein Quantum herausgefunden, die besonders gut funktionieren, sehr effektiv arbeiten und eine hohe Absorption aufweisen. Die besten Ergebnisse gab es für einen Stack mit einem InP/InGaAsP-Quantum mit einer Quantumeffektivität von 80%

bei 0 Volt und einer Absorption von ca. 25%. So kann man einen negativen differentiellen Wiederstand herstellen, was Voraussetzung für eine bistabile Arbeitsweise ist. Simulationen haben gezeigt, dass SEEDs durchaus in Bereichen bis zu 1 Gb/s eingesetzt werden können. Allerdings ist die Forschung noch in vollem Gange, um noch bessere Ergebnisse und andere Materialstrukturen im Hinblick auf die Verwendbarkeit bei höheren Geschwindigkeiten zu untersuchen.

4.4 Optische Koppler und Switches

Dies ist ein Thema, welches jeden Netzwerker brennend interessiert und wo es auch eine Reihe wirklich faszinierender Entwicklungen gibt, die alle auf unterschiedlichen Funktionsmethoden für die Switching-Matrix basieren. Es gibt auch schon eine Reihe von Produkten auf dem Markt, aber die Entwicklung ist dennoch in vollem Gange. Grundsätzlich kann man unterscheiden zwischen Switches, die mit einer integrierten Technologie arbeiten und Switches, die für eine weitere Intergation ungeeignete Switchmatrizen haben. Alle Switches arbeiten mit einfachen Switchelementen, die im Rahmen der Theorie der Mehrstufenmehrfachverbindungsnetzwerke (Raumswitcharchitekturen, Permutationsswitches) miteinander verschaltet werden. Eine weitere Komponentengruppe, die beim Aufbau von Switches aus den grundsätzlichen photonischen Koppelelementen hinzukommt, sind die Zeitmultiplexer. Um nachher keine Schwierigkeiten beim Verständnis der Switchcores zu bekommen, ist es wichtig, an dieser Stelle einen Ausflug zu den dynamischen Switcharchitekturen zu machen.

4.4.1 Raumswitcharchitekturen

Der einfachste dynamische optische Knoten ist ein Raumswitch ohne Wellenbandselektivität. Ein solches Gerät bezeichnet man auch als Optischen Cross-Connect (OXC). Er routet die Signale von jedem Input-Port an einen oder mehrere ausgewählte Output-Ports. Raumswitches kommen in zwei Geschmacksrichtungen: Permutationsswitches und generalisierte Switches. In einer Matrix für einen n x n-Permutationsswitch gibt es nur Punkt-zu-Punkt-Verbindungen zwischen Input- und Outputports. Weder Einer-zu-Vielen noch Viele-zu-Einem-Verbindungen werden erlaubt. So haben die Verbindungsmuster die Form von Permutationen. Ein Permutationsswitch ist quadratisch und seine Verbindungsmatrix hat genau eine 1 in jeder Ziele und jeder Spalte. Das spezifische Verbindungmuster wird unter externer Kontrolle gebildet. Ein nichtblockierender n-x-n-Permutatonsswitch kann jeden Eins-zu-Eins-Kommunikationsweg bilden, sodass er n mögliche Input/Output-Muster oder Verbindungszustände hat.

Ein generalisierter Raumswitch kann alle Arten von Verbindungen herstellen, auch Einer-zu-Vielen (Multicast) und Viele-zu-Einem. Ein generalisierter r x N-Switch hat nr^2 Verbindungen.

Da es nun Punkt-zu-Punkt wie auch Multipoint-Verbindungen geben kann, existieren in generalisierten Switches zwei verschiedene Kontrollmöglichkeiten. Für jede Multipoint-Verbindung ist es möglich, zu spezifizieren, wie die Eingangsleistung auf die ganzen Ausgangsports verteilt werden soll und die Verhältnisse zwischen den verschiedenen Input-Quellen festzulegen. Wir nennen generalisierte Switches mit diesen Fähigkeiten auch Linear Divider Combiners (LDCs). Durch die vielfältigen Möglcihkeiten bei der Kombination und Teilung von Leistungen können LDCs eine nahezu unendliche Anzahl von Zuständen haben. Es ist wichtig zu wissen, dass generalisierte Switches die Fähigkeit haben, eine Verbindung zu terminieren, indem sie das Signal intern dumpen und auf Null setzen, während das reine Permutationsswitches nicht können. Die Fähigkeit, Verbindungen zu unterbrechen, hat eine Reihe von Auswirkungen in der Praxis, da in einem Netzwerk, welches aus Permutationsswitches besteht, unerwünschte geschlossene Wege (Schleifen) entstehen können, die man dann nicht terminieren kann, sodass letztlich die Leistung des Netzes darunter leidet.

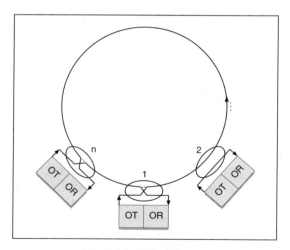

Abb. 4.4.1 ADM-Ringnetz

Betrachtet man zur Erläuterung das Netzwerk in Abb. 4.4.1. Es besteht aus n Zugriffsstationen mit jeweils einem Paar optischer Transceiver und Receiver, die vermöge eines 2 x 2-Koppelelements an einen unidiektionalen Ring angeschlossen sind, wobei der 2 x 2-Koppler die Rolle eines Add/Drop-Multiplexers übernimmt. Wenn der Koppler im Kreuzungszustand ist (also Add/Drop), wird eine Station so an den Ring gebracht, dass sie ihre Informationen an den rechten Nachbarn schickt und die Informationen vom linken Nachbarn vom Ring nimmt, die ebenfalls beide im Add/Drop-Zustand sein sollen. Eine Station, deren Koppler im Durchlasszustand steht, wird übergangen. Abb. 4.4.1 zeigt einen Zustand, in dem Station 1 an n überträgt und 1 an n. Ein Problem entsteht dann, wenn alle Koppler in den Durchlasszustand gehen. In dem Fall entsteht eine geschlossene Schleife. Auf den ersten Blick mag das vielleicht nicht als Problem erscheinen. Aber in einem großen Netzwerk mit weiten Links gibt es in jedem Fall Verstärker auf den Links. Wenn wir jetzt annehmen, dass alle Verstärker so eingestellt sind, dass sie gerade die Leitungs- und Koppelverluste über die Leitungen und Knoten kompensieren, haben wir einen Ring mit einem Gesamtgewinn von einer »Schleifeneinheit«, z.B. in dB. Da jeder Verstärker aber auch spontanes Emissionsrauschen erzeugt, wird die Verstärkung im Ring dazu führen, dass das Rauschen immer weiter unbegrenzt oder wenigstens bis zur Sättigungsgrenze der Verstärker anwächst. Probleme dieser Art sind in WDM-Ringen schon beobachtet worden, in denen es für manche Wellenlängen geschlossene Wege geben kann und das verstärkte Signal anderen Wellenlängen Leistung und Bandbreite geraubt hat. Permutationswitches müssen daher mit einer gewissen Sorgfalt untereinander verbunden werden.

4.4.2 Charakterisierung und Komplexität von Permutationsswitches

Es gibt einen Haufen Literatur über Permutationsswitches seit den ersten Tagen der Telefonie. Obwohl die Technologie von der Elektromechanik über die Elektronik zu Optik vorangeschritten ist, hat sich die grundsätzliche Struktur eine Switching-Matrix kaum verändert. Eine der einfachsten Strukturen sowohl bei Permutationsswitches als auch bei generalsierten Switches ist der Crossbar- oder Kreuzschienenverteiler. Ein r x n-Crossbarswitch besteht aus r Eingangsleitungen, n Ausgangsleitungen und rn Kreuzungspunkten an den Schnittstellen der Leitungen. Die Implementierung der Kreuzungspunkte geschieht im optischen Fall durch entsprechende Koppler, auf die wir weiter unten noch kommen. In einem n x n-Kreuzschienenverteiler wird die Permutationsverbindung durch das Schließen eines Kreuzungspunktes in einer Zeile und einer Spalte vorgenommen. Für Multipoint-Vebindungen schließt man eben mehr Kreuzungspunkte. Das Hauptproblem des Kreuzschienenverteilers als n x n-Switch ist die Komplexität. Die Anzahl der benötigten Kreuzungspunkte wächst nämlich quadratisch, das ist weit mehr, als man wirklich benötigt, wie wir weiter unten noch sehen werden. Wir können einmal davon ausgehen, dass jeder Kreuzungspunkt oder zumindestens eine Gruppe von Kreuzungspunkten Geld kostet und angesichts der Tatsache, dass wir in einem DWDM-System für die Konstruktion eines Switches so viele Kreuzschienenverteiler wie Wellenlängen benötigen, sucht man Switch-Fabriken die mit einer möglichst geringen Zahl von Kreuzungspunkten auskommen.

Eine beliebte Methode zur Konstruktion von ökonomisch sinnvollen Switch-Fabriken mit weniger Kreuzungspunkten ist die mehrstufige Fabrik, auch als Mehrstufenmehrfachverbindungsnetzwerk bekannt. Populär ist z.B. eine dreistufige Anordnung, wie sie in Abb. 4.4.2 zu sehen ist, wo ein symmetrisches n x n-, sog. Clos-Netz zu sehen ist, welches aus kp x m-Switches in der ersen Stufe, mk x k-Switches in der mittleren Stufe und km x p-Switches in der dritten Stufe gebildet wird, wobei n = kp ist. Die kleineren Switches können dann mit Crossbars oder auch anders realisiert werden. Für n x n-Switches, bei denen n eine Zweierpotenz ist, kann die generelle Clos-Struktur aus Abb. 4.4.2 rekursiv faktorisiert werden, um eine so genannte Benes-Switchingfabrik zu erhalten, die die optimalste und wirtschaftlichste Struktur hinsichtlich der Anzahl der benötigten Kreuzungspunkte ist. Die Idee dazu sieht man in Abb. 4.4.3.

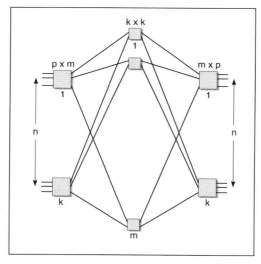

Abb. 4.4.2: Clos-Netz

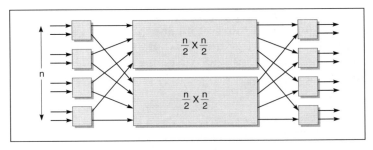

Abb. 4.4.3: Rekursion für den Benes-Switch

Im ersten Faktorisationsschritt nehmen wir p = m = 2 sodass es zwei n/2 x n/2-Switches in der mittleren Stufe gibt und alle Switches der ersten und dritten Stufe 2 x 2-Switches sind. Nun kann jeder Switch der mittleren Stufe auf die gleiche Art rekursiv faktorisiert werden, so lange, bis man nur noch 2 x 2-Switches übrig hat. Das Resultat ist dann ein Feld von 2 x 2-Switches. Im Abb. 4.4.4 sehen wir einen Benes-Switch mit je acht Ein- und Ausgängen. Wie man sich leicht überlegen kann, benötigt man für einen generellen n x n-Benes-Switch (n log n − n/2) 2 x 2-Elemente, wobei log der Logarithmus zur Basis 2 ist. Die Komplexität einer solchen Lösung wächst also nicht mehr mit dem Quadrat der Ein- und Ausgänge, sondern nur noch linear, was viel angenehmer ist. Eine weitere Minimierung der Stufenzahl ist zwar möglich, geht aber auf Kosten der Blockierungsfreiheit. In Abb. 4.4.5 sieht man die Entwicklung von Crossbars aus 2 x 2-Switches.

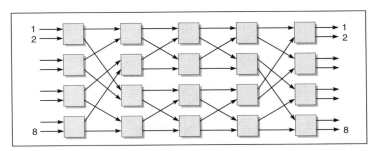

Abb. 4.4.4: Ein 8 x 8-Benes-Switch

Für N Eingänge benötigt man nur noch eine Stufenzahl, die dem Logarithmus von N zur Basis 2 entspricht, also für je 2 Ein- und Ausgänge eine Stufe, den 2 x 2-Switch, für 4 Ein-und Ausgänge vier 2 x 2-Switche in zwei Stufen, für 8 Ein- und Ausgänge 12 Switche in 3 Stufen usf. Man kann sogar an der Grafik genau sehen, wie die Switchmatrix für eine größere Zahl von Ein- und Ausgängen weiterentwickelt werden muss: man nehme einfach die Switchmatrix für die kleinere Zweierpotenz von Eingängen doppelt, wir nennen diese einmal SN-1 A und SN-1 B, und setze dann eine weitere Spalte von 2 x 2 -Switches dahinter, die mit ihren Eingängen jeweils genau mit den identischen Ausgängen von SN-1 A und SN-1 B verbunden werden. Auf diese Weise benötigt man für N Ein- und Ausgänge nur 2N 2 x 2-Switchelemente. Weniger geht nicht.

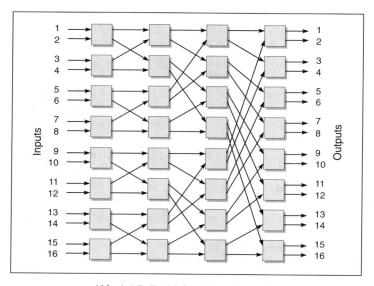

Abb. 4.4.5: Zu Mehrstufennetzwerken

In der optischen Transportdomäne sind Multistage Switching Fabrics, wie eine Benes-Fabric, besonders attraktiv, weil sie komplett mit 2 x 2-Switches aufgebaut werden können, die ja letztlich nur zwei Zustände haben müssen: »über Kreuz« und » geradeaus«, im Englischen »Cross« oder »Bar«, daher der Name der Switches. Wir sehen gleich, wie solche Elemente aufgebaut werden können.

Permutationsswitches werden durch ihre Blockierungseigenschaften charakterisiert. Blockierungsfreiheit bedeutet, dass man ausgehend von bestehenden Verbindungen in einem Switch noch neue Verbindungen zu Ports aufmachen kann, zu denen bisher noch keine Verbindung existierte, ohne die alten Verbindungen zu behindern. Das kommt aus der Telefonie, wo Blockierungsfreiheit einer Nebenstellenanlage einfach bedeutet, dass man einen Partner, der anwesend ist und gerade nicht telefoniert, auch erreicht, und nicht von den mangelhaften Möglichkeiten der Nebenstellenanlage daran gehindert wird. Wenn wir die Leistung einer Konstruktion hinsichtlich der Blockierung diskutieren, nehmen wir an, dass wir Sequenzen von verlangten Verbindungen zwischen Ein- und Ausgängen betrachten, die an den Switch als Verbindungswünsche an zufälligen Zeitpunkten gerichtet werden. Ein n x n-Switch heißt rearrangierbar oder rearrangierbar nichtblockierend, wenn es eine Menge von Wegen durch die Switching Fabric (d.h. eine Menge von Switchzuständen) gibt, die jeden der n möglichen Verbindungszustände realisiert. Der Begriff rearrangierbar kommt von der Tatsache, dass es notwendig sein kann, zurzeit laufende aktive Verbindungen neu zu arrangieren, um dem neuen Wunsch nach einer Verbindung zwischen einem Ein- und einem Ausgang Rechnung tragen zu können. Rearrangierbare Switches haben aber zwei Probleme. Für jede Menge gewünschter Verbindungen (jeder gegebenen Permutation zwischen Ein- und Ausgängen) können die notwendigen Einstellungen der 2 x 2- Crossbars nicht so einfach berechnet werden. Laufende Verbindungen könnten Unterbrechungen erfahren, wenn man die Switchmatrix neu einstellt. Der Benes-Switch ist ein rearrangierbarer Switch. Der ebenfalls oben vorgestellte minimale Switch ist überhaupt nicht blockierungsfrei, auch nicht wenn man ihn noch so neu arrangiert. Betrachten wir z.B. einen 4 x 4-Switch. Wenn ich eine Verbindung von Eingang 1 nach Ausgang 4 haben möchte, muss ich den linken oberen und den rechten unteren Switch auf Cross stellen. Dadurch wird aber die Möglichkeit vereitelt, dass der Eingang 2 Verbindung mit dem Ausgang 3 aufnehmen kann, weil die Signale von Eingang 2 durch die Kreuzschaltung zwangsweise auf den rechten oberen Crossbar geswitcht werden, wo sie nur noch die Ausgänge 1 und 2 erreichen können.

Die nächste Verbesserung sind rearrangierbare Switches im weiten Sinne. Hier können alle möglichen Verbindungsmuster erzeugt werden, ohne dass aktive Verbindungen rearrangiert werden müssen, vorausgesetzt dass für jede neue Verbindung durch die Matrix die korrekte Routing-Regel angewendet wird. Nichtblockierende Netze im strengen Sinne erfordern kein Rearrangement und kein komplexes Routing. Neue Verbindungen können jeden freien Pfad in der Switchmarix benutzen. Wie schon zu befürchten war, brauchen sie mehr Hardware als die Minimalnetze. Das Clos-Netzwerk aus Abb. 4.4.2 kann nichtblockierend strukturiert werden, sowohl im weiten als auch im engen Sinne. Eine notwendige Bedingung für die Blockierungsfreiheit im weiten Sinne ist, dass die Anzahl der in der mittleren Stufe verwendeten Switches gleich M ist, wobei m = 2p - p/k, jeweils nächstgrößerer ganzzahliger Wert. Wenn k=2 ist, ist eine notwendige und hinreichende Bedingung für die Blockierungsfreiheit im weiteren Sinne m = 3n/2. Eine notwendige und hinreichende Bedingung, um das Clos-Netzwerk streng nichtblockierend zu machen, ist m = 2p-1. Rechnet man das durch, so kommt man darauf, dass ein nichtblockierendes Clos-Netz ca. $4\sqrt{2n^3}$/2Kreuzungspunkte bzw. 2 x 2-Switches benötigt. Für 32 Ein- und Ausgänge wären das ca. 128 Elemente, verglichen mit 64 Elementen bei der Minimalkonstruktion. Für normale n kann man sich auch einfach merken, dass etwa doppelt soviele Elemente wie bei der Minimalkonstruktion benutzt werden müssen, also 4n 2 x 2- Crossbar-Elemente. Das ist die Blockierungsfreiheit in jedem Fall wert.

An dieser Stelle ist es vielleicht einmal interessant, auf einen anderen Punkt einzugehen, der einen Unterschied zwischen Switches im elektrischen Fall und in der optischen Anwendung darstellt. In traditionellen Netzen haben Switches oft eine sehr große Anzahl von Ports, weil die elektronisch realisierten Crosspoints sehr preiswert sind. Optische Switches sind oft um Größenordnungen kleiner weil die Kreuzungspunkte um Größenordnungen teurer sind. In großen Switches kann man nun hingehen und von den Gesetzmäßigkeiten der großen Zahlen profitieren.

So kann man die Hardware deutlich reduzieren, wenn man hinnimmt, dass ein Switch manchmal eben doch kurzfristig blockiert, aber dieses Ereignis wegen der schieren Größe des Switches selten auftritt. Das ist eine Überlegung, die man auch in Telefonnetzen gemacht hat und aus der die so genannten Erlang-Verteilungen oder Erlang-Werte hervorgegangen sind. Grob gesagt ist das Erlang ein Maß dafür, wieviel Prozent der Teilnehmer telefonieren dürfen, bevor das Telefonnetz oder eine Nebenstellenanlage zu blockieren beginnt. Ja, liebe Nachrichtentechniker, ich weiß, dass das eine grobe Vereinfachung ist, aber an der Stelle hier reicht das, und die Physiker mussten sich im letzten Kapitel ebenfalls grobe Vereinfachungen gefallen lassen. Typische Telefonswitches mit mehr als 10.000 Ein- und Ausgängen arbeiten mit Blockierungswahrscheinlichkeiten um ein Tausendstel. Das können wir bei Optischen Netzen nicht machen, weil zwar die Anzahl der Ports relativ gering ist, aber jede Verbindung mit ihrer hohen Datenrate ja ggf. tausende andere Verbindungen, die in sie gemultiplext wurden, repräsentiert. Nichtblockierende Netze im weiten Sinne kann man aber in traditionellen Systemen auch nicht realisieren, weil die Komplexität der notwendigen Steuerungsalgorithmen zu groß ist und die Ausführung entsprechender Programme die Ersparnis in der Hardware im Allgemeinen nicht wert ist. Im optischen Bereich sind die Switches jedoch so übersichtlich, dass die entsprechenden Routing-Verfahren für Nichtblockierung sehr gut angewendet werden können. Bei WDM-Systemen wird das Routing ohnehin nur in der Raumdimension benutzt, sodass die algorithmische Komplexität einfach der entspricht, die dann entsteht, wenn nur eine einzelne Wellenlänge geswitcht werden muss, wobei die Hardware-Ersparnisse grob proportional zur Anzahl der geswitchten Wellenbänder sind. Außerdem kann man die Verarbeitungsgeschwindigkeit erhöhen, weil man die Berechnungen für alle Wellenbänder parallelisieren kann. Ein anderes bei optischen Switch wichtiges Thema ist das Übersprechen. In elektronischen Systemen verhalten sich die Kreuzungspunkte nahezu ideal, sie sind entweder ganz offen oder ganz geschlossen. Bei den bislang bekannten Elementen für die Verwendung in optischen Switches gibt es oft sozusagen Leckströme, die bis zu 5% ausmachen können, also im Zustand »Über Kreuz« werden ca. 95% der optischen Leistung tatsächlich über Kreuz geschaltet, der Rest verhält sich so, als ob der Kreuzungspunkt auf »geradeaus« stünde. Bei integrierten Elementen kann auch ein Teil der optischen Leistung einfach in das Substrat abdriften. Das bedeutet, dass man in optischen Crossbars extra binäre Elemente benötigt, die das Nebensprechen minimieren. Von daher ist eine Implementierung mit einer Minimalzahl von Kreuzungspunkten nicht immer optimal.

Die Verwendung von generalisierten Switches scheidet aus Komplexitätsgründen im Rahmen der Optischen Netze zunächst aus. Obwohl ein Crossbarswitch eine extrem einfache Konfiguration darstellt, hat er doch den gewichtigen Nachteil, dass die passiven Schaltstufen eine kombinierte Signaldämpfung erzeugen. Deshalb ist man auf die Idee der linearen Divider-Combiner gekommen. Es liegt hier ein ganz anderes Denken zugrunde: der kontrollierte Verteilvorgang für Leistung. Ein LDC hat im Grunde genommen zwei Stufen, nämlich den Leistungsverteiler (Divider) und den Leistungssammler (Combiner). Der Verteiler kann in der Art, wie er die Leistung verteilt, kontrolliert werden, d.h. es ist klar, welche Anteile der Leistung an welchen Sammelpunkten in welcher Stärke ankommen. Die Combiner wiederum kombinieren die unterschiedlichen Leistungsanteile wieder zu einem »ordentlichen« Signal oder nicht. Die Idee der LDCs ist sicherlich gut und vor allem getragen von einem Multicasting-Gedanken, aber in der Praxis sehe ich nur Crossbarswitches, bei denen dem Problem des Leistungsverlustes eben mit SOAs zwischen den einzelnen Stufen abgeholfen wird. Wenn man die Cross-Connect-Matrizen mit einer integrierten Technologie ausführt, wie wir das weiter unten noch bespechen werden, dann kosten die SOAs praktisch nichts extra, weil sie Bestandteil der integrierten Schaltkreise sind.

4.4.3 Wellenband-Raumswitches

Wenn man auf irgendeine Weise die Wellenbandselektierung hinzufügt, werden aus den einfachen Crossbar-Switchmatrizen richtige Wellenbandswitches. Wie wir im Kap. 2 gesehen haben, ist das Wellenband oder der Lambda-Kanal die elementarste Einheit, mit dem geswitcht wird. Mit kleineren Einheiten, besonders den auf einem Lambda-Kanal gebündelten Kundeninformationen, belasten wir das Optische Netz nicht mehr. Die Behandlung der untergeordneten Datenströme können wir getrost einem SONET-Multiplexer oder einer ähnlichen Einrichtung überlassen, die in großer Anzahl billig zu haben sind. Eine Behandlung kleinerer Einheiten im Optischen Netz ist momentan wirtschaftlich durch nichts zu rechtfertigen. Das mag sich in einigen Jahren ändern, wenn Datenströme, die auf Wellenlängen gemultiplext werden, direkt auf optischem Wege vom Teilnehmer kommen oder zu ihm gelangen. Heute ist es jedoch so, dass die Vielzahl der zu transportierenden Dienste auf einen Lambda-Kanal gemultiplext wird und ab dann nur noch dieser geschaltet werden muss. Ein Switch, der selektiv mit Wellenlängen umgehen kann, wird auch als WSS (Waveband Selective Switch) bezeichnet. In einem m-Wellenband-WSS werden die Signale auf m Wellenbändern übertragen, die aus einer Menge W = {w1, w2, ...wm} bestehen,und kommen auf jeder Input-Fiber gemultiplext an. Ein r x n-WSS leitet diese Signale unter Wellenband-Selektion an die n Output-Ports. Daher arbeitet der Switch, wenn man genau hinsieht, auf mr Eingängen, nämlich r physikalische Fasern, die jeweils m Wellenlängen tragen. Obwohl manchmal verschiedene Lambda-Kanäle auf jedem Wellenband gruppiert werden können, ist das Wellenband die kleinste Einheit. Das Switchmuster muss für jedes Wellenband unabhängig kontrolliert werden können.

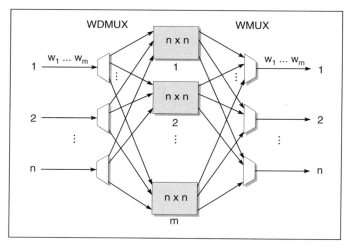

Abb. 4.4.6: Wellenbandraumswitch in dreistufiger Realisierung

Die Abb. 4.4.6 zeigt eine Möglichkeit zur Realisierung eines Wellenband-Raumswitches in einer dreistufigen Konfiguration, wobei die mittlere Stufe aus m Schichten von Raumswitches besteht, bei denen jeder von diesen in einem Wellenband arbeitet. Die m Wellenlängen auf jeder Input Fiber werden in der ersten Stufe durch Wellenlängendemultiplexer, z.B. Phasare, in die m einzelnen Schichten zerlegt. In jeder Schicht gibt es einen n x n-Crossbar-Switch, der im Grunde genommen von der Wellenlänge unabhängig ist, aber dennoch nur Wellen in einem Wellenbereich behandelt. Das Raumswitching auf dieser Ebene kann Permutationsswitching oder eine andere Art des Switchings sein. In der dritten Stufe werden die Signale für die Output-Glasfasern wieder durch Wellenlängenmultiplexer zusammengeführt. Diese

Realisierung ist eine Kombination passiver Wellenlängenmultiplexeinrichtungen und dynamischer, aber für die Wellenlänge unsensibler Switches. Um es direkt vorwegzunehmen: diese Bauform hat sich zurzeit genau so durchgesetzt, weil man z.B. in integrierter Technologie vor oder nach den Switchmatrizen oder vor oder nach den Multiplexern SOAs einbauen kann. In ganz großen Switches findet man vor den Signalstufen so genannter Traffic Shaper, die in ihrer Funktionalität über die einfache Verstärkung weit hinausgehen und die Signale z.B. auch durch Filterung wieder besonders schön aufarbeiten, bevor sie in die Switching-Matrix gehen oder wenn sie aus ihr kommen. Eine andere Sichtweise der Anordnung gibt Abb 4.4.7.

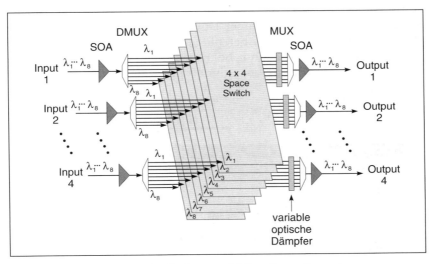

Abb. 4.4.7: *Wellenlängenselektiver Cross-Connect*

Zu einer kompakteren Bauform könnte man kommen, wenn man wellenlängenselektive oder Multiwellenlängen-Switches (MWS) einsetzt. Man hat solche Elemente schon in unterschiedlichen Technologien gebaut, die in der Lage sind, unter externer Kontrolle verschiedene Wellenlängen gleichzeitig, aber unabhängig voneinander zu schalten. Typische Breiten für Wellenbänder und die Abstände zwischen ihnen liegen im Nanometer-Bereich.

4.4.4 Optomechanische Switches

Nachdem wir die Grundkonstruktion von Switches kennen gelernt haben, geht es eigentlich primär um die verwendete Technologie für die 2 x 2-Kreuzverteiler. Dieses Problem lässt sich nunmehr wiederum auf eine andere Ebene herunterbrechen, nämlich die steuerbare Ablenkung eines Lichtstrahls. Ein

Crossbar-Element kann man auch so charakterisieren, dass man einen ankommenden Lichtstrahl entweder ablenkt oder nicht. Dann benötigt man jeweils Pärchen von diesen »Ablenkern« für die Bildung von 2 x 2-Kreuzverteilern. Wenn man diese konstruiert hat, kann man nach den Überlegungen in den vorangegangenen Abschnitten daraus Switches eigentlich unbegrenzter Größenordnung bauen.

Eine der naheliegensten Ideen ist die Ablenkung eines Lichtstrahls mittels eines Spiegels. Hierfür benutzt man Elemente aus dem Bereich der Mikromechanik. Wie in Abb. 4.4.8 zu sehen ist, haben wir auf einem Silizium-Substrat einen winzigen elektrodynamischen Schlitten, der durch Anlegen von Spannung bewegt werden kann. In Abb. 4.4.8 ist der Schlitten im Ruhezustand. Am Schlitten ist mittels einer Doppelgelenkstange ein Spiegel angebracht, der seinerseits aufgrund gelenkiger Lagerung bewegt werden kann. Ist der Schlitten im Ruhezustand, liegt auch der Spiegel unten. Ein Laserstrahl würde diese Anordnung ungehindert passieren, weil er einfach darüber hinweg läuft.

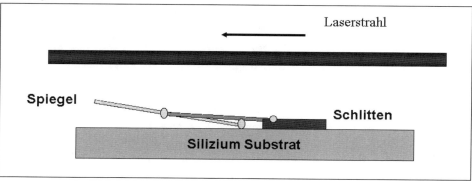

Abb. 4.4.8: Optomechanischer Switch

In Abb. 4.4.9 ist dann zu sehen, was passiert, wenn man Spannung auf den Schlitten gibt: er bewegt sich nach rechts und zieht dabei den Schlitten mit sich. Dadurch wird der Spiegel angehoben und ein ankommender Laserstrahl wird auf den Spiegel treffen und nach oben abgelenkt.

Mit einem oder zwei solcher Anordnungen wird man nicht allzu weit kommen, also muss man diese Spiegel/Schlittenpaare vielfach in einer Matrix anordnen. Damit die auf dieser Matrix ankommenden und von ihr abgehenden Laserstrahlen nicht durcheinander geraten, muss das Spiegelfeld von fokussierenden Einrichtungen (Linsen) umgeben werden und auch eine besonders durchkonstruierte Geometrie aufweisen.

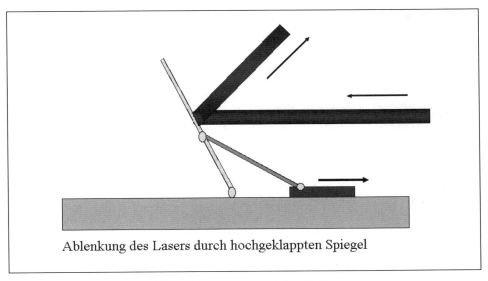

Abb. 4.4.9: Optomechanischer Switch

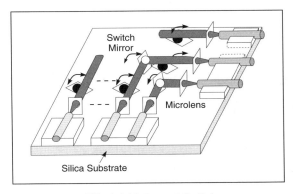

Abb. 4.4.10: Lucent Switch

Diese Bauform hat Vor- und Nachteile, wobei die Nachteile auch in psychologischen Argumenten zu suchen sind. Zunächst einmal ist die Konstruktion in sehr weitem Bereich unabhängig von der Wellenlänge. Durch die Verwendung der »Micromachines« sind für die Spiegelchen nur sehr geringe Massen erforderlich. Die Spiegelmatrix arbeitet in einer Schutzathmosphäre. Wir erzielen Schaltzeiten im Submillisekundenbereich bei einem sehr guten Nebensprechverhalten, z.B. -60 dB. Die Fa. Lucent hat 1998 einen serienreifen 8 x 8-Switch mit dieser Technologie vorgestellt. Dieser hatte einen ausgesprochen geringen Verlust von ca. 3,5 dB.

Nachteile sind in der Geometrie zu suchen, die keine einfache Skalierung der Konstruktion erlaubt. Will man einen wellenlängenselektiven Switch bauen, benötigt man ja so viele Switchmatrizen wie Wellenlängen. Die Switchmatrizen müssen bei höheren Portzahlen dreidimensional ausgeführt werden; man kann die interferenzfreie Arbeitsweise nicht herstellen, wenn man nur von der Seite in die Konstruktion hereinleuchtet. Dadurch wird es ungemein schwierig, einen größeren Switch so aufzubauen, dass es nicht zu krassen Laufzeitunterschieden für die einzelnen Wellenlängen, die ja in unterschiedlichen, physikalisch voneinander getrennten Matrizen behandelt werden müssen, kommt. Natürlich kann man Laufzeitunterschiede immer wieder kompensieren, aber dann kommt man schnell in den Bereich der Zwischenspeicherung von Daten in großer Menge, was man an dieser Stelle eigentlich nicht möchte. Weitere, eher psychologische Probleme betreffen die Lebensdauer der einzelnen Komponenten bzw. besonderer Schwachstellen, wie z.B. der Gelenke. Auch wird befürchtet, dass die Spiegelchen beschlagen könnten, wenn es zu starken Temperaturdifferenzen oder zu Problemen bei der Schutzathmosphäre kommt. Ich denke aber, dass diese Probleme gegenüber dem Problem der Skalierbarkeit völlig verblassen, weil der Lebensdauerhorizont eines Switches mit so geringer fester Portzahl angesichts der allgemeinen Forderung nach Leistungssteigerung in Netzen ohnehin auf einige wenige Monate beschränkt sein könnte, was die Spiegelchen und Gelenke allemal überleben.

4.4.5 Lithium-Niobat-Trioxyd- und andere optisch integrierte Koppler

Der Lithium-Niobat-Trioxyd-Koppler ist ein Element aus dem Bereich der vollständig integrierten optischen Schaltkreise. Er ist ein echter 2 x 2-Crossbar Switch mit vielen Vorteilen, aber auch einer Menge von Risiken und Nebenwirkungen. Er entsteht dadurch, dass man in einem Substrat zwei integrierte Wellenleiter eng nebeneinander legt und diese mit Elektronen versieht, wie dies in Abb. 4.4.11 zu sehen ist

Wird an den Elektronen keine Spannung angelegt, so entsteht kaum Mitkopplung und die Lichtsignale laufen auf den »normalen« Wegen, siehe Abb. 4.4.12.

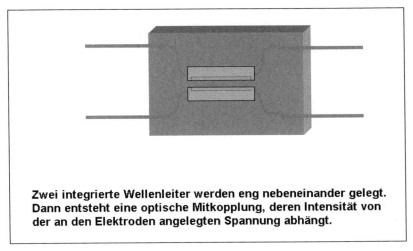

Abb. 4.4.11: Photonischer Koppler auf der Basis von LiNbO3

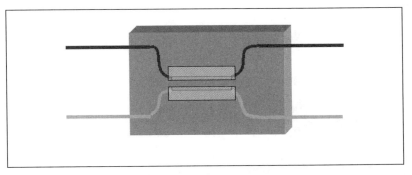

Abb. 4.4.12: LiNbO3-Barstate

Bei einer relativ hohen Spannung werden die Lichtsignale durch massive Veränderung des Brechungsindexes in den Mittelstücken so stark abgelenkt, dass sie in das jeweils andere Feld übertreten. Das geht allerdings nicht ohne Verluste, weil viele Lichtquanten in das Substrat abdriften. Sprechen wir einmal bildlich von grünem und rotem Licht und stellen uns vor, dass am oberen Eingang rotes und am unteren Eingang grünes Licht vorliegt. Bei Überkreuzschaltung entsteht an den Ausgängen in jedem Fall rot-grünes Mischlicht, und zwar am oberen Ausgang mit einem überwiegenden Grünanteil und am unteren Ausgang mit einem überwiegenden Rotanteil.

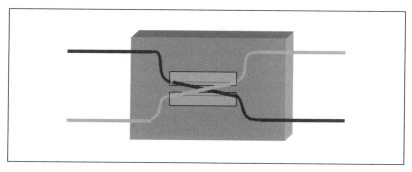

Abb. 4.4.13: LiNbO3-Cross-State

Ein einzelnes solches Element hat relativ schlechte Charakteristika, was das Dämpfungsverhalten anbetrifft. Durch verschiedene technische Optimierungen lässt sich dieses Verhalten aber in der Praxis deutlich verbessern. Zunächst einmal kann man in diesem photonischen Koppler auch den in Kap. 2 besprochenen Mach-Zehnder-Interferometer-Effekt hervorrufen, sodass ein solcher Koppler zunächst als Splitter arbeitet und eine Phasenverschiebung von z.B. 90 Grad zwischen den ausgehenden Fasern erzeugt, wobei eine typische Dämpfung z.B. -3db beträgt.

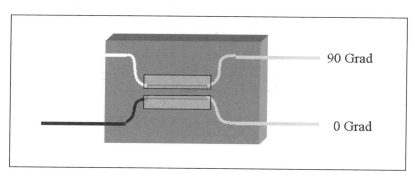

Abb. 4.4.14: LiNbO3 als MZI-Interferome

Die Schaltzeiten können deutlich unter 1 ms gebracht werden. Nach dem gleichen Prinzip wie der Lithium-Niobat-MZI arbeitet der so genannte thermooptische Switch. Die Switch-Operation wird hierbei durch eine Temperaturänderung in den Armen des MZI hervorgerufen. Dieser Effekt ist aber recht langsam und dauert über 1 ms. Damit scheidet er für die Verwendung in modernen Switchsystemen leider aus.

Die TU Delft hat eine ausgeprägte Forschung auf dem Bereich der Switches aufgesetzt und Ende des Jahres 2000 einen vollständig ausgeprägten integrierten Wellenband-Raumswitch vorgestellt, der je zwei Ein- und Ausgänge besitzt, die ihrerseits jeweils viel Wellenlängen unterstützen können. Das grundsätzliche Basisdiagramm dieses kleinen OXCs sehen wir in Abb. 4.4.15. Dieses Element ist deshalb so wichtig, weil es im Grunde die Funktionalität vier übereinander liegender 2 x 2-Crossbar-Switches übernimmt und aus solchen Elementen ein vereinfachtes Design für Wellenband-Raumswitches abgeleitet werden kann, wie wir am Ende des Abschnittes 4.4.3 erläutert haben. Der vorgestellte integrierte Schaltkreis wäre jetzt schon in der Lage, zwei CWDM-Ringe miteinander zu verbinden. In einer ersten Implementierung hat man für die Realisierung nur einen Phasar verwendet, um die Verluste durch spektrale Abweichungen in den Demultiplexer-Kanälen, die durch die mangelnde Uniformität des Wafers bedingt sind, zu kompensieren.

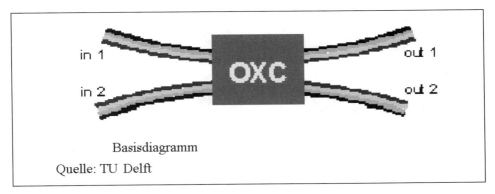

Abb. 4.4.15: OXC-Basisdiagramm

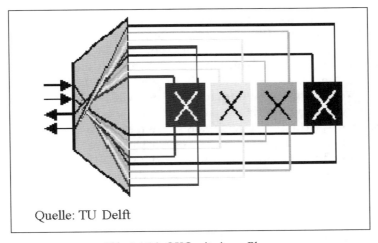

Abb. 4.4.16: OXC mit einem Phasar

Experimente haben aber gezeigt, dass über eine Waferlänge einiger Millimeter eine Wellenlängenabweichung weniger Nanometer auftreten kann. Dadurch wird die Leistung dieser Konfiguration erheblich geschwächt, aber der Effekt des Signal-Nebensprechens ist noch schlimmer, es liegt schlimmstenfalls bei -11 dB. Im weiteren Verlauf der Entwicklung hat man mit zwei Phasaren gearbeitet, siehe Abb. 4.4.17.

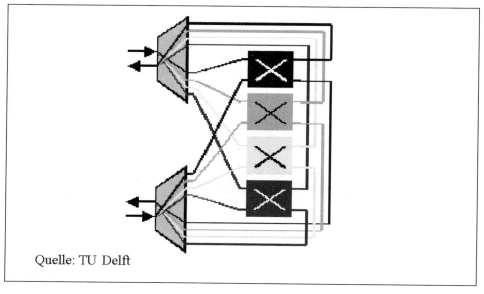

Abb. 4.4.17: OXC mit zwei Phasaren

Eine detaillierte theoretische Analyse des Nebensprechens hat ergeben, dass diese Konfiguration deutlich besser arbeiten sollte, Die Experimente haben gezeigt, dass das Nebensprechen nicht mehr so sehr durch den kohärenten Crosstalk in den Phasaren, sondern vielmehr durch das Nebensprechen in den Switches bestimmt war. Im schlimmsten Falle ergibt sich ein Nebensprechen von - 16 db, das ist immer noch kein wirklich in der Praxis brauchbarer Wert. Außerdem litt das Muster an Wellenlängenfehlern zwischen den zwei Phasaren, die durch Ungleichmäßigkeiten im Wafer hervorgerufen wurden. Schließlich hat man ein verbessertes Design gefunden, in dem die Switchleistung durch doppeltes Unterdrücken von Nebensprechen erheblich verbessert wurde. In diesem Schema werden die vier 2 x 2-Switches so angeordnet, dass sie als einheitlicher 2 x 2-Switch mit doppelter Nebensprechunterdrückung arbeiten. Das mag zwar aufwendig erscheinen, aber auf diese Weise lassen sich Nebensprechdämpfungen von ca. -40 dB erreichen, was ein Wert ist, der die Schwelle zur praktischen Verwendung eindeutig überschritten hat. Um das Problem der Ungleichmäßigkeiten im Wafer in den Griff zu bekommen, wurde das verbesserte Epitaxieverfahren der Universität Eindhoven verwendet. Der Cross-Connect ist so entworfen, dass er vier Wellenlängenkanäle mit einer Kanaltrennung von 400 GHz (3,2 nm) hat. Wegen der doppelten Nebensprechunterdrückung braucht man ein Array von 16 Switches, die systematisch mit den zwei Phasaren verbunden werden. Die Gesamtgröße der Struktur beträgt lediglich 11 x 6,5 mm. Abb. 4.4.18 zeigt ein Foto dieser Einrichtung.

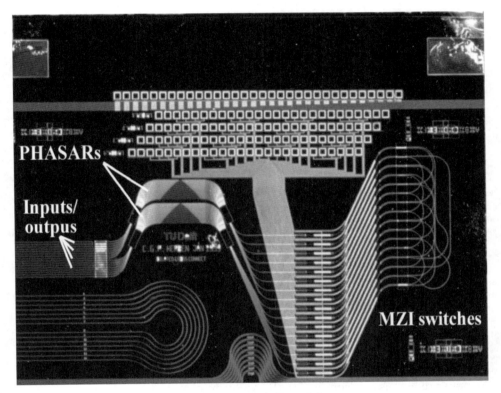

Abb. 4.4.18: OXC mit Doppelphasar

Der Gesamtverlust auf dem Chip ist 15 – 17 dB, das Nebensprechen ist besser als -20 dB für alle Schalt- und Polarisationszustände. Obwohl dies Ende 2000 das beste für integrierte OXCs gemeldete Nebensprechverhalten ist, ist es geringer als erwartet. Normale MZI-Switches bringen es nur auf -12 dB. Der Grund für die enttäuschenden Nebensprechwerte sind Materialdifferenzen im Wafer und man hofft, das bald in den Griff zu bekommen und Nebensprechwerte von mindestens -30 dB zu erzielen.

Ein anderer Ansatz, mit den Ungleichmäßigkeiten im Wafer zurande zu kommen, ist die Anwendung extrem kompakter Komponenten, die dann enger zusammengepackt werden können, weil sich der Effekt ja mit den Distanzen auf dem Wafer immer weiter verschlimmert. Ein extrem kompakter achtkanaliger Phasar mit besonders kleinen Abmessungen wurde dadurch entwickelt, dass man einen zweistufigen Ätzprozess verwendet hat. Eine große Ätztiefe im Wellenleiter erlaubt besonders enge Biegeradien für die integrierten Wellenleiter und wurde mit dem ersten Ätzvorgang erreicht. Ein oberflächlicher Ätzvorgang mit geringer Tiefe an den Verbindungen zwischen dem Wellenleiterarray und der freien Ausbreitungsregion konnte die Verluste sehr eng begrenzen. Abb. 4.4.19 zeigt die nur 0,75 x 0,65 mm große Struktur...

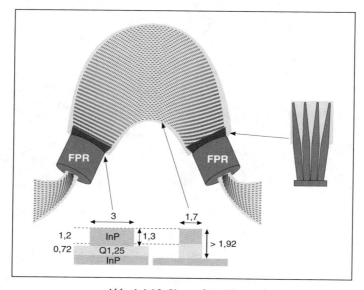

Abb. 4.4.19: Kompakter Phasar

Die Verluste sind kleiner als 4 dB für beide Polarisationszustände und das Nebensprechen ist besser als -20 dB. Außerdem zeigt dieser Phasar eine gute Unabhängigkeit von der Polarisation, was durch eine geeignete Geometrie der Wellenleiter erreicht wurde.

Mit diesen Komponenten wurde dann ein Cross-Connect mit vier kleinen Phasaren entworfen, der in Abb. 4.4.20 zu sehen ist und nach Simulationsergebnissen ein besseres Nebensprechverhalten aufweisen sollte. Diese Struktur benötigt nur eine Größe von 1,5 x 3,3 mm oder knapp 5 mm. Weiterhin wurde das Design durch eine spezielle Ausführung der Switches optimiert, bei denen deren Elektroden verkürzt wurden. Erste Messungen haben dann ergeben, dass diese Einrichtung ein Nebensprechen von besser als -20 dB und einen Verlust von weniger als -12 dB hat, was mit Ergebnissen vergleichbar ist, die vorher nur mit wesentlich größeren Strukturen erzielt werden konnten. Die höheren Verluste in den Komponenten werden eindeutig durch die Reduktion der Verluste im Rahmen der kompakten Bauform kompensiert. Dieser Trend wird als besonders viel versprechend für weitere Entwicklungen angesehen.

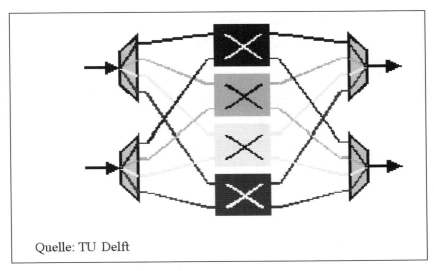

Abb. 4.4.20: OXC mit 4 Phasaren

Weitere Arbeiten hinsichtlich der integrierten Switches gibt es bei Switches mit Flüssigkeitskristallelementen, bei denen z.B. die unterschiedliche Polarisation ausgenutzt wird. Wegen der sehr hohen Trägheit von Flüssigkeitskristallen entstehen dadurch aber hohe Schaltzeiten, sodass wir diese Entwicklung hier nicht weiter betrachten, so lange jedenfalls, bis vielleicht irgendwo eine besonders schnell polarisierende Flüssigkeit auftritt.

4.4.6 Photonischer Bubble Jet-Switch

Diese Switchkonstruktion wurde Ende 2000 von der Fa. Agilent vorgestellt. Agilent ist ein Spin-Off von HP und hat seine Stärken in der optischen Messtechnik für schnelle Netze. Andererseits gibt es im Hause HP ja ein sehr tief greifendes Wissen über die Konstruktion von Bubble-Jets für den Aufbau von Tintenstrahldruckern. Der photonische Bubble Jet-Switch ist eine Verschmelzung der integrierten optischen Technologie mit der Tintenstrahltechnologie.

Zu seiner Herstellung werden zunächst zwei Wafer mit integrierten parallelen Wellenleitern erzeugt und eng orthogonal übereinander gelegt, wie es Abb. 4.4.21 zeigt.

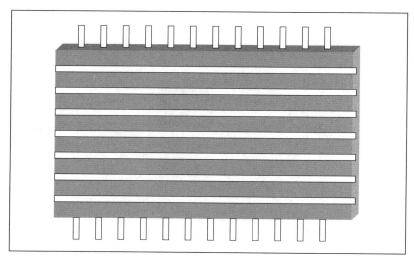

Abb. 4.4.21: Die orthogonalen Wafer

Dadurch entstehen Kreuzungspunkte, die wir in Abb. 4.4.22 aus einer anderen Perspektive darstellen. Durch einen speziellen Herstellungsprozess werden diese Kreuzungspunkte nun zu einer eingeätzten Kammer erweitert, wie in Abb. 4.4.22 zu sehen ist.

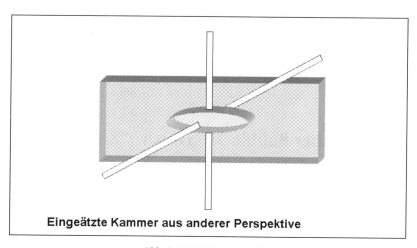

Abb. 4.4.22: Eingeätzte Kammern

Jede Kammer bekommt einen elektronischen Jet Bubble Controller mit einem Fluid-Tropfen und Hilfskanälen. Der Fluid-Tropfen ist natürlich keine schwarze Tinte, sondern eine transparente Flüssigkeit mit relativ hohem Brechungsindex.

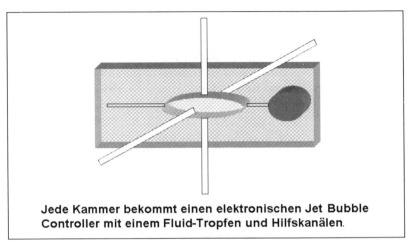

Abb. 4.4.23: Controller mit Fluid-Tropfen

Soll nun der Laserstrahl in der Kammer nicht abgelenkt werden, so bleibt der Fluid-Tropfen in seiner eigenen Kammer, siehe Abb. 4.4.24. Durch die Unterbrechung des Mediums beim Durchlauf durch die leere Kammer wird der Laserstrahl kaum beeinflusst.

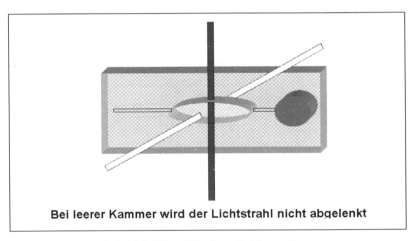

Abb. 4.4.24: Keine Ablenkung bei leerer Kammer

Pumpt der Controller Fluid in die Kammer, so wird der Laserstrahl in die andere Richtung verzweigt, siehe Abb. 4.4.25.

Durch die Hilfskanäle können die Fluid-Tropfen sehr schnell bewegt werden. Abb. 4.4.26 zeigt dann den Gesamtaufbau der Konstruktion. Für einen Switch mit 32 Wellenlängen werden 32 Switchmatrizen benötigt. Der vorgestellt 32 x 32-Switch ist in einem Bereich von 1200- 1600 nm bandbreitentransparent. Vom Switchkommando bis zum Bereitstehen des geswitchten Weges vergehen weniger als 10 ms. Die Technologie ist in Serie extrem preiswert. Der Hersteller möchte nach eigenen Angaben eigentlich nicht in den Switchsystemmarkt eintreten, sondern als Zulieferer für die Hersteller von Switches fungieren.

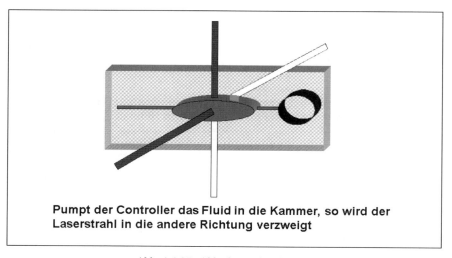

Abb. 4.4.25: Ablenkung durch Fluid

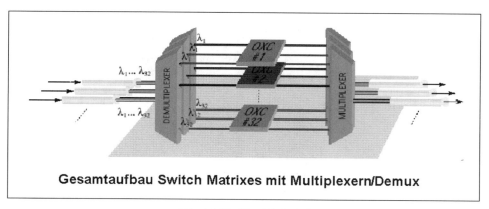

Abb. 4.4.26: 32 x 32-Switch

Der einzige sichtbare Nachteil dieser in Großserie extrem preisgünstigen Technologie ist die relative Langsamkeit bei der Umsetzung des Switchkommandos. Darauf werden wir aber in Kapitel 6 gesondert eingehen müssen, denn das ist bei allen Switchmatrizen in diesem Bereich das gleiche Problem und wir müssen Netze mit ihnen konstruieren, die etwas anders arbeiten, als wir das von den Netzen mit elektronischen Switches gewohnt sind, bei denen das Switchkommando direkt umgesetzt wird und wir deshalb auf der Ebene von Datenpaketen switchen können, was ja, wie schon mehrfach erwähnt, bei Optischen Netzen nicht so gemacht wird.

4.5 Zusammenfassung und Überleitung

Wir haben jetzt gesehen, wie die wichtigsten Komponenten für optisches Switching und Routing, nämlich die Speicher und die Switchmatrizen, aufgebaut werden können. Dies ist der Bereich der optischen Netze, in dem zurzeit die umfangreichste Forschung stattfindet. Im nächsten Kapitel wenden wir uns dem vergleichsweise simplen 10-Gigabit-Ethernet und weiteren Entwicklungen im Ethernet-Umfeld zu, weil dies die Dinge sind, die normale Unternehmen sicherlich am schnellsten aufgreifen und umsetzen werden. Im Kapitel 6 führen wir aber den im Kapitel 2 begonnenen und in Kapitel 4 weitergesponnenen Faden der Vorstellung eines Terabit-Switches weiter. Wir werden sehen, welche zusätzlichen Anforderungen sich noch ergeben und wie wir diesen Rechnung tragen können. Der Leser wird sehen, dass man sich zwar Mühe geben muss, aber die Switches für die Schaffung der nächsten Generation des Internets durchaus erreichbar sind.

Die Ethernet-Evolution 5

Die gesamte verteilte Informationsverarbeitung benutzt vorwiegend das Client/Server-Paradigma. Das führt zu einer Asymmetrie bei den Netzen, die besagt, dass in Richtung der Server die Bandbreite immer größer werden muss. Auch in Deutschland betreiben große Anwender bereits Gigabit-Ethernet-Systeme. Also ist es nur konsequent, über die nächste Stufe der Entwicklung nachzudenken, das 10-Gigabit-Ethernet, kurz 10-GbE, welches den Backbone für Gigabit-Ethernet-Netze zunächst in der gleichen Weise bilden wird, wie es Gigabit-Ethernet heute für Fast-Ethernet-Netze tut.

Allerdings gibt es eine erhebliche Erweiterung am Horizont dieser Entwicklung. 10-GbE ist nicht mehr auf den lokalen Bereich beschränkt, sondern findet gleichermaßen auch im Metropolitan Area- und als Zubringersystem für den Wide Area-Bereich Verwendung.

Wir befinden uns in einer frühen Phase der Entwicklung von 10-GbE, allerdings haben wir bei 1-GbE gesehen, wie schnell es gehen kann, wenn alle Beteiligten an einem Strang ziehen und das Interesse der Anwender an einer Technik groß genug ist. Für diese Auflage müssen wir also damit leben, dass sich bestimmte technische Einzelheiten noch ändern können, da die Standardisierung noch nicht abgeschlossen ist. Gleichermaßen ist es aber erforderlich, das gesamte Umfeld neu zu beleuchten, denn 10-GbE ist gleichzeitig auch ein wichtiger Meilenstein bei den Fernnetzen. Die verwendete Technologie zielt auf die Integration in rein Optische Netze.

Ein weiterer wesentlicher Einflussfaktor ist die Diskussion um die Gestaltung der »letzten Meile«, die im US-Sprachgebrauch genau anders, nämlich »First Mile« heißt. Während 10-Gigabit-Ethernet Backbone für Unternehmensnetze und mit seiner für die Ethernet-Welt völlig revolutionären WAN-Schnittstelle Mittler zwischen Unternehmensnetzen und Carrier-Systemen ist, ist die Definition der letzten Meile mit Ethernet-Technologie zwar nicht unbedingt zwingend mit optischer Übertragungstechnologie verbunden, aber ein unübersehbares Zeichen dafür, welche Vereinheitlichungen mit einer Technologie erreicht werden können, wenn man sich auf eine strenge Selektion einlässt. Einen weiteren Anwendungsbereich für die Ethernet-Technologie, nämlich die Ethernet-MANs, besprechen wir im Kapitel über Metronetze.

Kapitel 5

5.1 Zur Entwicklung von Anforderungen und Märkten

Seit den guten Erfahrungen mit Gigabit-Ethernet (oder den negativen bei ATM) versucht man zu Beginn einer Entwicklung zunächst herauszufinden, wie und in welchem Umfange der Markt entsprechende Produkte aufnehmen wird. Das ist offensichtlich wesentlich erfolgreicher, als die Anwender immer wieder mit einer neuen Technologie zu beglücken, die dann doch niemand haben will.

Unabhängig vom allem anderen kann man auch für 10-GbE sagen, dass die Kunden nicht extra umziehen werden, um eine neue Technologie verwenden zu können, sondern nach wie vor auch den Betrieb einer neuen Technologie im Rahmen der bestehenden Infrastruktur wünschen. Sie sind in den letzten Jahren glücklicherweise schlauer geworden und lassen sich nicht immer Sachen andrehen, die nachher zu nichts anderem mehr passen. Es ist klar, dass 10-GbE vorwiegend auf Glasfasern laufen wird, aber man arbeitet tatsächlich an der Spezifikation von Kupferverbindungen für den Einsatz z.B. in Serverfarmen.

Andererseits ist der Druck in Richtung 10-GbE stärker, als viele vielleicht vermuten. 75% aller neuen LAN-Clients sind nach Aussagen von Intel oder zdnet mit 100-Mb/s-Karten ausgestattet. Die installierte Basis besteht mittlerweile aus über 250 Millionen Ethernet-Switch Ports und die Industrie liefert zurzeit über 250.000 Gigabit-Ethernet-Ports pro Monat aus. Das Gigabit-Ethernet hat in den entsprechenden Umgebungen keine drei Jahre benötigt, um sich durchzusetzen.

Wodurch kommt dieser Hunger nach Bandbreite? Natürlich hauptsächlich durch die neuen Anwendungen im Rahmen des E-Business und durch die allgemeine drastische Steigerung des Vernetzungsgrades. E-Business hat letztlich zwei Bereiche, Business-to-Customer (B-to-C) und Business-to-Business (B-to-B). Letzterer wächst mit einer atemberaubenden Geschwindigkeit, seit man begriffen hat, dass sich im B-to-B-Bereich massiv Geld sparen lässt. Die Einkäufer üben mit entsprechenden Zusammenschlüssen starken Druck auf die Anbieter aus, und zwar nicht nur hinsichtlich der Preise, sondern auch hinsichtlich der technischen Infrastruktur. Wer keine B-to-B-Lösung mit nachgelagerter automatisierter Prozesskette und Logistik hat, wird praktisch vom Markt ausgeschlossen.

Hier beginnen die gravierenden Unterschiede zwischen Europa und den USA. B-to-B funktioniert natürlich nur dann reibungslos, wenn auch Fernverbindungen die nötigen Bandbreite haben. Während in Europa die alten Tekcos auf ein paar lächerlichen Gigabit Bandbreite sitzen wie ein Scheich auf den letzten Ölfässern, haben die Amerikaner ihre Internet-Infrastruktur schon öffentlich auf das Terabit getestet. Im Mai 2000 hat die bekannte Firma »Victorias Secrets«, Vertreiber äußerst geschmackvoller Damenunterwäsche, ihre Fashion-Show aus Cannes mitten im US-Arbeitstag über das Internet übertragen. Da bei einem vorhergehenden Versuch die Server des Anbieters völlig zusammengebrochen waren, hat man sich jetzt Hilfe bei Sun Microsystems, IBM, Yahoo usf. gesucht und diese auch bekommen. Durch eine immense Verstärkung der Serverkapazität haben schließlich 2,5 Millionen US-Bürger gleichzeitig die 20-minütige Show als Video-Stream der Bandbreite 200 Kb/s live gesehen, und zwar ohne nennenswerte Verzögerungen. Allein das macht ein halbes Tb/s! Aber es waren ja auch noch zwei oder drei andere Dinge im Internet unterwegs, sodass man von einer aggregaten Gesamtleistung des US-Internet jenseits des Terabit-Bereichs ausgehen kann. Etwa alle 100 Tage wird sich diese Leistung verdoppeln. Durch die mittelfristige Verfügbarkeit der optischen Netze werden die Preise für Bandbreite dramatisch fallen, vielleicht auf Werte so um die 5% der heutigen Kosten auf die Sicht von ca. 5 Jahren.

Für den lokalen Bereich ergeben sich folgende Randbedingungen für die Entwicklung von 10-GbE:MAC: vollständige Unterstützung der installierten Ethernet-Basis durch Beibehaltung des 802.3 Frame Formats und der Frame-Größe. Lediglich die Geschwindigkeit soll skaliert werden.PMD: Unterstützung von Distanzen um 100 m auf installierter Multimode-Faser und bis zu 40 km auf Single Mode-Faser.LAN PHY: im LAN-Bereich Unterstützung der Datenübertragung auf »Dark Fiber«, also einer Glasfaser, die man ohne weitere Zwischenverstärker und Infrastruktur verlegt, oder die Benutzung von Wellenlängenmultiplexern für rein optische LANs der nächsten Generation.WAN PHY: Unterstützung für die Übertragung von Ethernet auf der installierten Transportsystem-Basis mit SONET (US) oder SDH (EU)-Spezifikationen, Benutzung gemieteter Dark Fiber-Wege und spezifischer (gemieteter) Wellenlängen bei optischen Netzen.

Der letzte Punkt erweitert den Sichtbereich von 10-GbE aufs WAN. Wir werden gleich die praktischen Gründe sehen und im nächsten Unterkapitel die generelle Entwicklung der optischen Netze aufgreifen.

Hält man diese Prämissen ein, wird man bis zum Jahr 2004 schon ca. 1 Million 10-GbE-Switchports verkauft haben können. An einen Rohrkrepierer wie ATM braucht man in diesem Zusammenhang gar nicht zu denken.

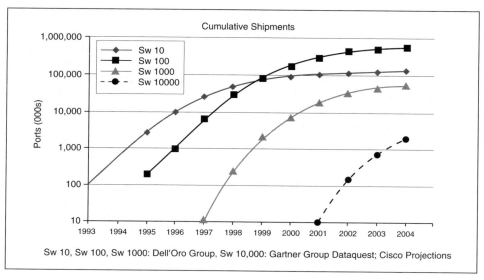

Abb. 5.1.1: Das Wachstum von Ethernet

10-GbE wird drei Haupt-Einsatzbereiche haben: im LAN als Backbone für Großunternehmen und Service-Provider, im MAN auf Dark Fiber und DWDM und im WAN als Kante und Zugriffssystem im Rahmen der OC-192-Infrastruktur. Im LAN wird 10-GbE die absolut dominierende (einzige!) Technik für die Verbindungen zwischen Switches, zwischen Switches und Servern, aber auch zwischen Gebäuden und Daten Centern sein. Außerdem kann man sich vorstellen, über Single Mode Fiber andere Bereiche anzuschließen, wenn diese nicht weiter als 40 km entfernt sind und es einen Weg mit Glasfasern dorthin gibt. Eine ganz interessante Anwendung ergibt sich letztlich durch die Integration von Sprach- und Datenverkehr in diesem Zusammenhang. Auch in Deutschland bietet die Liberalisierung der Telekommunikation schon seit vielen Jahren hierfür einen passenden Rahmen, der aber noch recht wenig genutzt wird. Hat ein Unternehmen oder eine Behörde die Leitungen nicht selbst, müssen sie eben von einem Carrier angemietet werden. Hier kommt das Prinzip der Dark Fiber besonders zur Anwendung.

Im Gegensatz zur heute meistens vorzufindenenden Vorgehensweise, bestimmte Bandbreiten zu mieten, mietet man eben eine Glasfaserstrecke, von der letztlich nur die optischen Eigenschaften (Dämpfung über den Frequenzbereich) bekannt sind, und schickt dann über diese Glasfaserstrecke, was man mag. In diesem Zusammenhang ist es natürlich besonders unsinnig, auf der Dark Fiber andere Datenformate zu verwenden als im Unternehmen ohnehin. Also bleibt man bei Ethernet-Paketen, die jeder braucht und jeder versteht. Das könnte man übrigens auch schon mit 1-GbE machen. Eine andere Alternative wäre die Anmietung einer speziellen Wellenlänge in einem DWDM-System.

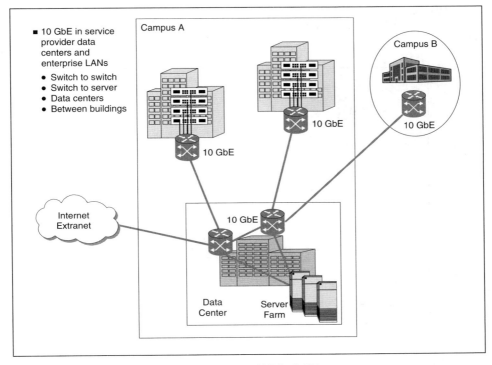

Abb. 5.1.2: 10 GbE im LAN

Mit der gleichen Argumentation kommt man vom Lokalen/Campus-Bereich auf den Metropolitan-Bereich. In Ballungsräumen ist es nicht mehr tragbar, mit den heutigen langsamen Lösungen zu leben. Es baut sich daher ein Markt für lokale MAN-Carrier auf, die hohe Bandbreite günstig zur Verfügung stellen. Vor allem Dark Fiber-Systeme mit 10-GbE-Switches bieten dafür eine hervorragende Grundlage, die nicht wie bisher damit behaftet ist, dass man für die Kunden verlustreiche Übergabepunkte zwischen verschiedenen Übertragungstechnologien (z.B. Ethernet zu ATM) schaffen muss. Natürlich wird ein lokaler Carriner nicht einfach blinde Ethernet-Übertragung anbieten, sondern auf Wunsch Virtuelle Private Netze aufbauen.

Schon heute sind in den USA Fernnetze installiert, die individuelle Teilnehmeranschlüsse im Gb/s-Bereich erlauben. Sie sind allerdings hauptsächlich nach den SONET-Empfehlungen (Synchronous Optical Network) strukturiert. Für die Zukunft möchte man Anschlüsse mit einer Rate von ca. 10 Gb/s systematisch bereitstellen können. Die so genannte OC-192-Datenrate beträgt allerdings nicht genau 10, sondern 9,953 Gb/s, also etwas weniger. Nach langwierigen Diskussionen hat man sich entschlossen, auch diese Datenrate zu unterstützen, was bei 10-GbE zu einer gewissen Zweiteilung hinsichtlich der unteren Schichten führt, um die entsprechende Kompatibilität zu gewährleisten.

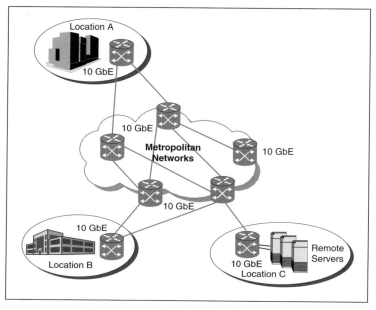

Abb. 5.1.3: 10 GbE im MAN (Dark Fiber)

Seit die Fa. Extreme Networks etwa im September 2000 den Schlachtruf »Ethernet Everywhere« durch ihren CEO bei einer wichtigen Investorenkonferenz ins Leben gerufen hat, geht die Idee des allumfassenden Ethernet-Päckchens niemandem mehr so richtig aus dem Kopf. Zu verlockend ist der Gedanke, endlich mit all den heute existierenden Formaten und Systemen aufräumen zu können und eine einheitliche Infrastruktur für alle Kommunikationsbedarfe zu schaffen. Ab der Schicht 3 aufwärts ist dies mit der TCP/IP-Protokollfamilie schließlich auch weitestgehend gelungen.

Für die unternehmens- und organisationseigenen Netze ist das Thema erledigt. Niemand käme auf die Idee, ernsthafterweise mit etwas anderem als der Ethernet-Technologie ein neues Netz aufzubauen oder eine Migration durchzuführen. Im Bereich der Storage Area Networks hat heute noch der Fibre Channel die Oberhand, allerdings liegt das nur an seiner Leistung deutlich über einem Gb/s. Sobald der 10-Gb/s-Ethernet-Standard wirklich fertig ist, werden auch die SAN-Hersteller wie Brocade und EMC das Ethernet-Format in weiten Bereichen adoptieren. Wer dies unbedingt wünscht, kann heute auch über Ethernet telefonieren. Voice over IP bedeutet in letzter Konsequenz, dass die IP-Päckchen im Ethernet-Format transportiert werden. Überhaupt ist »IP Everywhere« der Wegbereiter für Ethernet Everywhere. ATM ist nicht zuletzt deshalb gestorben, weil beim Transport von IP-Strömen ein zu hoher Overhead von bis zu 50% entstanden ist.

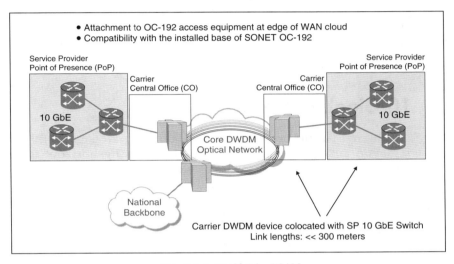

Abb. 5.1.4: 10 GbE im WAN

In der Vergangenheit hat es oftmals Kritik an Ethernet gegeben, weil es zu unzuverlässig sei. Das sind aber, wie man im Rheinland sagen würde, »alte Kamellen«. Ethernet hat sich kontinuierlich weiterentwickelt und bietet enorme Übertragungsleistung für vergleichsweise wenig Geld. Eigentlich kann man mit der Warteschlangentheorie beweisen, dass man immer eine Auslieferung von Daten garantieren kann, wenn nur genügend Bandbreite da ist. Für die Übervorsichtigen gibt es darüber hinaus noch viele Möglichkeiten, die Datenübertragung durch Priorisierung zu schützen und damit so genannte QoS-Stufen (Quality of Service) einzuführen. Dazu verweise ich auf die Ausführungen meiner geschätzten Kollegin Petra Borowka.

Es gibt heute zwei wesentliche Bereiche, in denen die Diskussion über Ethernet noch zu führen ist:Ethernet im WAN- und Access-BereicEthernet in der »First Mile«, die ja hier auch als »letzte Meile« bezeichnet wird.

10-Gigabit-Ethernet wird ein Konvergenzstandard für den ersten Problemkreis. Aber auch hinsichtlich der Ethernet First Mile (EFM) haben sich die

Interessenten mit dem Ziel der Gründung einer entsprechenden Standardisierungsgruppe getroffen.

Bedeutung und Ausführung des 10-GbE-Standards sind unstrittig. EFM ist allerdings wirklich Zündstoff, denn meiner Ansicht nach gibt es auch in jedem Unternehmen große Bereiche, die eher nach einer Art haushaltsmäßiger Versorgung rufen als nach der individuellen Versorgung, wie man sie heute betreibt. Ein Erfolg dieser Initiative würde die Preise für Komponenten durch dramatische Erhöhung von Stückzahlen noch weiter in den Keller treiben. Viel verlockender erscheint aber die Aussicht auf systematische, genormte Steuerungsmechanismen, wie sie Carrier benötigen, um die Versorgung von Haushalten kontrollieren zu können.

5.2 10-Gigabit-Ethernet

10-Gigabit-Ethernet ist die sinnvolle obere Ergänzung zu Gigabit-Ethernet. Wenn wir davon ausgehen, dass ein sinnvoller Planungshorizont für den Serverbetrieb auf eine benötigte Leistung von ca. 1 Gb/s pro größerem Server führt, ist das 10-GbE eine zwangsweise Entwicklung. Schon heute können bestimmte Gigabit-Ethernet-Switches mit Trunking und Vollduplex auf den Verbindungen bis zu 8 Gb/s erreichen. Eine gewisse Dramatik für die Entwicklung zeigt sich auch im Markt, weil Gigabit-Ethernet vor allem gegenüber ATM wirklich enorme Zuwachsraten aufweist.

Vor dem Hintergrund der Entwicklungen bei WANs ist der Wunsch nach einem 10-Gigabit-Ethernet eher bescheiden. Es ist bereits jetzt abzusehen, dass Unternehmen eine billige Zubringertechnologie zu den neuen Core-Netzen benötigen, die auf bewährten Formaten beruht. So ist der Entwicklungshorizont von 10-GbE nicht nur auf den lokalen Bereich beschränkt, sondern geht bis in den MAN-Bereich hinein. 10-GbE soll die Vereinheitlichung der Datenströme in Unternehmen weiter vorantreiben: Voice, Video und Daten kommen auf einem gemeinsamen, relativ preiswerten System mit dem Kernprotokoll IP zusammen. Gleichermaßen soll 10-GbE auch als standardisierte Lösung für Speichernetze, die so genannten SAN (Storage Area Networks) fungieren. Hier gibt es heute eine Reihe proprietärer Lösungen, z.B. auf Fiber Channel-Basis, und das einfache Gigabit-Ethernet ist manchen Anwendern einfach zu langsam. Insgesamt ist die Entwicklung von 10-GbE wesentlich günstiger als etwaige Alternativen. Endlich hat man von den Fehlern im 100-Mb/s-Bereich (ATM, FDDI, ...) gelernt und weiß, dass jede Konversion von Protokollen und Formaten ineinander zu wenig wünschenswerten Ergebnissen führt. 10-GbE ist die konsequente Fortsetzung des Ethernet-Entwicklungsstranges. Auch in vielen Jahren wird die absolute Majorität aller Geräte in

Unternehmensnetzen Ethernet-Pakete aussenden und erwarten. Mit 10-GbE wird der immensen installierten Basis ein klarer Weg in die Zukunft gewiesen. Es ist sehr zu begrüßen, dass hier von Anfang an niemand quergeschossen hat.

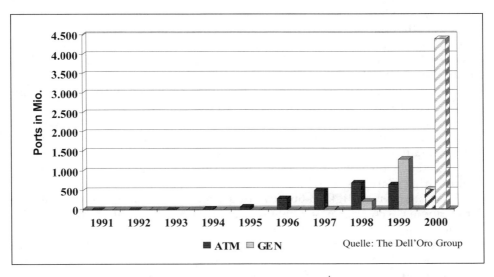

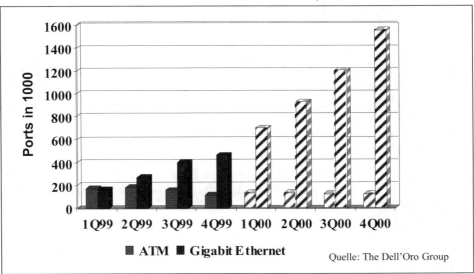

Abb. 5.2.1 und 5.2.2: Wachstum bei Gigabit-Ethernet, Dell Oro

5.2.1 Ziele bei der Entwicklung des 10-GbE-Standards

Die High Speed Study Group von IEEE 802.3 hat eine Reihe von Zielen für den neuen 10-Gigabit-Ethernet-Standard definiert, die sich im ersten Jahr der Standardisierung leicht geändert haben und dies auch noch weiterhin tun können. Hier können wir über den Stand der Ziele vom November 1999 berichten; seither hat sich daran nichts geändert, was für einen hohen Stabilitätsgrad spricht. 10-GbE soll kein neuer Standard werden, sondern die bereits bestehende Reihe der Ethernet-Standards nach oben hin ergänzen. Als Ziel für die Verabschiedung hat man sich den März 2002 gesetzt, das ist durchaus realistisch, auch wenn zwischenzeitlich Probleme bei technischen Implementierungen auftreten, denn im Gegensatz zu der allgemeinen Meinung gibt es schon eine Reihe von Erfahrungen mit 10-Gigabit-Technologie. Nachdem man mit dem 1-GbE-Standard die Gigabit-Grenze durchstoßen hat, sind die neu auftauchenden Schwierigkeiten nicht mehr so groß. Außerdem ist mit über 50 vertretenen Firmen ein technologisches Feld vertreten, das es in dieser Breite vorher nicht gegeben hat. Dabei sind vor allem neue kleine Firmen, die auf Höchstgeschwindigkeitsübertragung spezialisiert sind und den Marktführern wie Cisco oder Nortel Networks in dieser Hinsicht zuarbeiten. Neben der Erhöhung der Geschwindigkeit geht es vor allem um die Erweiterung des Sichtbereiches des Standards auf den MAN- und WAN-Bereich. Man möchte bei diesem Schritt vor allem die Kompatibilität mit der riesigen installierten IEEE 802.3-Basis (Schnittstellen) wahren und die bisherigen Investitionen in Forschung, Entwicklung sowie die Erfahrungen in Betrieb und Management schützen.

Wichtige Elemente der Arbeit sind die Definition von MAC-Parametern und die Erweiterung der Betriebsmöglichkeiten für die Übertragung von LLC- und Ethernet-Rahmenformaten bei 10-GbE im Vollduplexmodus, wie er im 802.3 Standard definiert wird. Zustätzlich müssen Parameter und Mechanismen hinzugefügt werden, die die Entwicklung von Ethernet über das WAN mit einer Datenrate kompatibel zu OC-193c und SDH mit einer Nutzdatenrate VC-4-64c ermöglichen.

Der Standard definiert nur den Vollduplex-Übertragungsmodus. Die Halbduplex (CSMA/CD)-Betriebsart wird bei 10 Gb/s nicht mehr unterstützt. Für den Betrieb mit 10 Gb/s müssen neue physikalische Schichten definiert werden. Der Standard soll aber nach oben die bisherige IEEE 802.3 MAC-Client-Schnittstelle (LLC) unterstützen, genau wie die IEEE 802.1-Architektur, das Internetworking und das Management. Außerdem werden Objekte in Übereinstimmung mit den OSI- und SNMP-Management-Standards kreiert. Der Standard versteht sich als Upgrademöglichkeit für bestehende Netze, alles bis auf die Physik soll so gestaltet werden, dass Betreiber die neue Übertragungsgeschwindigkeit mit möglichst minimalem Aufwand in ihre bestehenden Szenarien eingliedern können. Der wirkliche Unterschied ist aber, dass es zwei PHY-Familien geben wird, eine für den lokalen Bereich (LAN-PHY) und einen für das Fernnetz (WAN-PHY). Schon Ende 1999 waren folgende technische Demonstrationen »erledigt«:

Das Prinzip der Skalierbarkeit der MAC-Layer wurde diskutiert und erprobt.

- Das Prinzip der Ratenanpassung zwischen 10-GbE und langsameren Systemen wurde auf der Grundlage der bisherigen Erfahrungen mit Ratenanpassungen zwischen 10, 100 und 1000 Mb/s diskutiert, gezeigt und erprobt.

- Hersteller optischer Komponenten haben 10-Gb/s-Systeme vorgeführt, die nicht nur als solche nach allen Anforderungen funktionieren, sondern auch nationale und internationale Bestimmungen und Anforderungen für den Betrieb erfüllen.

- Außerdem haben sie Forschungsansätze für die Implementierung der höheren Geschwindigkeit auf Low-Cost-Technologie gezeigt, das ist besonders wichtig für den Einsatz im LAN.

- Kostenfaktoren wurden von OC 192c-Implementierungen abgeleitet. Dabei hat es sich gezeigt, dass die Kosten für 10-GbE ca. bei dem Dreifachen der Kosten von 1-GbE liegen werden, und das bei zehnfacher Übertragungsgeschwindigkeit. Das benutzte Kostenmodell hat seine Sinnfälligkeit schon bei der Kostenbetrachtung zwischen 100- und 1000-Mb/s-Ethernet gezeigt.

- In manchen Fällen werden Kunden sogar die Glasfaserkabel, die sie nach den Spezifikationen von ISO 11801 verlegt haben, weiterbenutzen können. Die Installationskosten für neue Glasfaserkabel bewegen sich in einem bekannten Rahmen.

- Durch die hohe Kompatibilität zu den langsamenren Versionen halten sich die Kosten für Design, Implementierung und Betrieb von 10-GbE-Netzen in engen Grenzen.

Schließlich lässt sich noch anfügen, dass im Juni 2000 die Firmen Cisco Systems und Tyco, Spezialist für Unterseekabel, die Realisierbarkeit von 10-Gb/s-Strecken auf 6000 km (!) ohne komplette 3R Regeneration gezeigt haben. Siemens hat eine bidirektionale DWDM-Strecke zwischen Berlin und Darmstadt gestartet. 750 km werden dabei ohne Regenerator mit lediglich sieben Zwischenverstärkern überbrückt. Die Geschwindigkeit liegt bei 160 Gb/s. Die 40 km des 10-GbE sind daher eher bescheiden und offensichtlich darauf ausgelegt, kostengünstige Lösungen zu favorisieren.

Konkret lassen sich die Ziele wie folgt zusammenfassen:

- Erhaltung des 802.3/Ethernet-Frame-Formats an der MAC-Schnittstelle
- Erhaltung der funktionalen Anforderungen von 802 mit Ausnahme der Hamming-Distanz
- Erhaltung der minimalen und maximalen Frame-Größen
- Alleinige Unterstützung des Vollduplex-Betriebes
- Unterstützung der sternförmigen Netzwerktopologie mit Punkt-zu-Punkt-Verbindungen im Rahmen der strukturierten Verkabelung
- Spezifikation eines optionalen Media Independent Interfaces (MII)
- Unterstützung der P802.3ad-Link-Aggregation
- 10.000 Gb/s an der MAC/PLS-Dienstschnittstelle
- Definition von zwei PHY-Familien: LAN-PHY mit 10.000 Gb/s und WAN-PHY mit der Nutzdatenrate nach OC-192c/SDH VC-4-64c
- Definition eines Mechanismus zur Adaption der MAC/PHY-Schnittstellen-Datenrate an die WAN-PHY-Datenrate
- Spezifikationen für die Physical Layer, die auf folgenden Medien wenigstens folgende Distanzen unterstützen:
  - 100 m über bereits installierte Multimode-Fiber (MMF)
  - 300 m über (neu zu installierende) MMF
  - 2, 10 und 40 km über SMF, technologieabhängig
- Unterstützung von Fiber-Kabeln aus der zweiten Ausgabe des ISO/IEC 11801-Standards

Dies legt einen genauen Rahmen fest, der gleichermaßen dem Wunsch nach technologischem Fortschritt und Investitionsschutz optimal Rechnung trägt.

5.2.2 Struktur des Dokumentes IEEE 802.3ae

Wegen der Einbeziehung der WAN-Dienste ist die Struktur des Dokumentes etwas umfangreicher als bislang gewohnt. Die hier wiedergegebene Strktur ist auf dem Stand von Mitte 2001; ich gehe davon aus, dass sich an der grundsätzlichen Aufteilung nicht mehr allzu viel tun wird. Es geht hierbei zunächst um eine Architektur der Dokumente, die nicht notwendigerweise eine Implementierungsarchitektur ist, weil bei einer Implementierung sicher nicht alle Elemente der erweiterten Architektur benötigt werden.

Wesentlich ist, dass das bekannte 802.3-Schichtenmodell, welches gerade um die 1-Gigabit-Lösung erweitert wurde, nochmals erweitert werden muss. In Abb. 5.2.3 zeigen wir zunächst die Struktur, wie sie sich bis 1-GbE ergibt.

Ganz links ist mit Geschwindigkeiten von 1 und 10 Mb/s das alte Ethernet zu sehen, in der zweiten Spalte das neuere System mit dem Reconsilliation Sublayer, der die Benutzung unterschiedlicher Datenraten und die Verhandlung dieser Datenraten zwischen den beteiligten Endgeräten ermöglicht. Mit 100 Mb/s kommen zum ersten Mal wirklich sehr unterschiedliche Implementierungen zum Tragen, die durch die zusätzliche Differenzierung zwischen Physical Medium Dependent und Physical Medium Attachment berücksichtigt werden. Dies ebnet den Weg dafür, dass die Struktur des Gigabit- und des Fast-Ethernet-Standards gleich sind, wenn man einmal vom GMII als Gigabit Medium Independent Interface absieht.

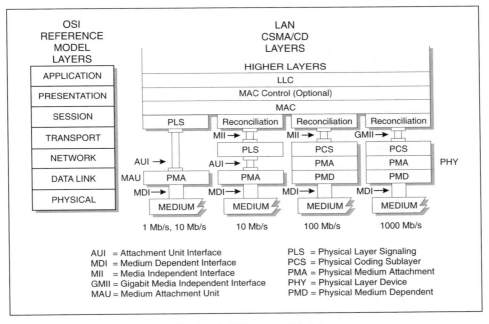

Abb. 5.2.3: 802.3 Layer Model

Von oben gesehen neu ist zunächst der optionale MAC Control Layer.

Unter dem Reconsilliation Sublayer folgt das 10-Gigabit-Media Independent Interface (XGMII). Für Steuer- und Regelungsaufgaben in diesem Zusammenhang wird ein ganz neuer Sublayer eingeführt, XGXS, der XMGII Extender Sublayer. Sie ist dazu da, die Reichweite des XGMII durch Codierung zu erhöhen. Über das mittlerweile auf 10 Gigabit erweiterte AUI, das XAUI, geht es deshalb nochmals in die XGXS, offensichtlich nunmehr in dessen unteren, den »Ziel«-Teil. So können vor allem Codierungen und Steuerbefehle vereinfacht nach unten durchgereicht werden. XGXS erhöht die Reichweite, denn die maximale Länge des XGMII ist ca. 7 cm, während die des XAUI ca. 50 cm ist. XGMII hat 74 Drähte in 2 Sets mit je 32 Datenleitungen, 4 Kontrolleitungen und einem Takt. XAUI hat 16 Drähte bestehend aus 2 Sets aus 4 unterschiedlichen Paaren. XAUI ist die Standard-Instanz der XGXS-Dienstschnittstelle. Die XGMII ist die Standard-Instanz der PCS-Dienstschnittstelle und die Schnittstelle zum Reconcilliation Sublayer. Die PCS-Dienstschnittstelle zwischen PCS und XGXS hat keine standardisierte Instanz, sondern ist implementationsabhängig.

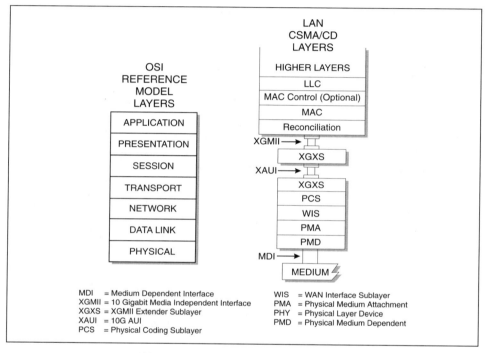

Abb. 5.2.4: 802.3ae erweitertes Layer Model

Hinsichtlich einer gemeinschaftlichen WAN- und LAN-PHY, der so genannten UniPHY (PCS & PMA) überlegt man zurzeit, ob beide Varianten, also LAN und WAN, von ungeteilten Subschichten abgedeckt werden können, obwohl es letztlich um unterschiedliche Datenraten, Codierungen, Verwürflungen usf. geht.

5.2.3 LAN-PHY

Die LAN-PHY umfasst die Menge von Definitionen, die für die Weiterentwicklung des Ethernets im LAN-Bereich auf die Datenrate von 10.000 Gb/s gedacht sind. Es gibt eine Reihe von interessanten Möglichkeiten für die Technologie im Rahmen der LAN-PHY, die wir im Folgenden kurz vorstellen wollen. Es hat sich schnell herausgestellt, dass die Übertragungstechnologie wirklich spannend ist und viele neue Alternativen anbietet. Allerdings ist es auch so, dass mit Ausnahme der schon als Sonderfall zu bezeichnenden Situation der Verwendung bisheriger Glasfaserkabel die neuen Techniken auf verbesserten Kabeln auch gleich Reichweiten von 20 oder 40 km realisieren könnten. Es wäre unsinnig, wenn IEEE 802.3ae diese möglichen Reichweiten künstlich beschneiden würde, nur weil sie nicht mehr streng »lokal« sind, aber wie wir bei Gigabit-Ethernet gesehen haben, resultieren viele Planungsprobleme aus zu kurzen standardisierten Distanzen. Wenn dann doch jeder Hersteller Geräte anbietet, die mehr können und viele Kunden das anwenden, kann man auch direkt größere Reichweiten mitdefinieren. Es zeichnet sich ebenfalls ab, dass der wirkliche Unterschied zwischen der LAN-PHY und der WAN-PHY vor allem in der anderen Datenrate und der Kompatibilität zu SONET-Systemen besteht und die Probleme z.B. in der Ratenanpassung bestehen. Man wird nicht dazu neigen, letztlich wirklich völlig unterschiedliche Übertragungstechniken zu verwenden. Vor allem ist es ja so, dass für eine lange Zeit auf einer der wichtigsten Teilstrecken, nämlich der zwischen Unternehmen und WAN-Carrier, durchaus zwei verschiedene Alternativen zum Einsatz kommen werden: entweder der Kunde schickt dem Carrier Ethernet-Pakete mit 10 Gb/s im Rahmen der »normalen« LAN-PHY und der Carrier übernimmt die notwendigen Konversionen in das optische Netz vor Ort, oder der Kunde benutzt die WAN-PHY und bereitet selbst schon alles für den SONET-Verkehr vor. Es gibt eine Menge praktischer Gründe, warum sich meiner Meinung nach die erste Alternative deutlich durchsetzen wird. Der Carrier wird die innere Struktur seines Netzes schneller ändern als der Kunde. Er wird neue Wellenlängen hinzufügen, er wird die Struktur verflachen, er wird SONET-Systeme abbauen usf. Dies kann er nur dann freizügig tun, wenn die Kunden über eine einfache Schnittstelle mit ihm kommunizieren. Mit X.25 oder Frame Relay funktioniert das ja heute schon genau so. Eine 1- oder 10-GbE-Schnittstelle mit IP-Päckchen wäre so eine einfache Schnittstelle. Außerdem wird der Kunde so von der Notwendigkeit befreit, sich mit SONET und ähnlichen Dingen auseinander setzen zu müssen. Es ist also ungemein praktisch, wenn ein Gigabit-Service einfach mit einer Glasfaser über bis zu 40km geführt werden kann, denn in diesem Umkreis findet sich ganz bestimmt der nächste GigaPOP. Die WAN-PHY ist streng genommen sogar ungeeignet für den durchschnittlichen Kunden, denn auch in der Vergangenheit sind Versuche, WAN-Technik bei LAN-Kunden einzuführen, schief gegangen, siehe ATM. Andererseits ist die WAN-PHY notwendig und wichtig für den Aufbau eigener WANs, wenn der Kunde dies unbedingt möchte oder für Service Provider selbst, die z.B. für das Web-Hosting eine Lösung suchen, die schon von der LAN-Seite her eher in die WAN-Technologie integriert ist. Wie auch immer, mit diesen zwei Alternativen ist es dann auch gut, es ist weit und breit keine andere Initiative zu sehen, die sich auch noch mit einer ähnlichen Thematik befasst. Die Ethernet-Päckchen haben sozusagen ihren endgültigen, ultimativen Sieg errungen!

5.2.3.1 LAN-PHY-Übertragungstechniken, Übersicht

Im Rahmen der LAN-PHY-Untersuchungen sind eine Reihe wirklich sehr interessanter möglicher Übertragungstechniken vorgestellt worden. Es ist nicht zu erwarten, dass man wirklich alle im ersten Anlauf in den Standard übernehmen wird, aber wie Sie selbst sehen werden, ist die Auswahl wirklich schwierig. Deshalb werde ich hier auch alle relevanten Techniken vorstellen, unabhängig vom Ausgang der Standardisierung, denn es ist durchaus möglich, dass Dinge, die in einem ersten Anlauf verworfen wurden, in späteren Varianten doch wieder hinzukommen, um dem technischen Fortschritt Rechnung zu tragen. Es gibt allerdings zwei deutliche Favoriten, nämlich die serielle Übertragung und der Low-Cost-Wellenlängenmultiplex, für mich eine der faszinierendsten Alternativen überhaupt.

Zunächst wäre da der parallele optische Transceiver, bei dem sowohl die uncodierte als auch die codierte Datenrate bei 1 x 10 Gb/s liegt, wobei die Datenrate auf eine Anzahl paralleler Glasfaserleitungen aufgeteilt wird.

Bei seriellen optischen Transceiver wird das auf mehreren Leitungen kommende Datensignal zunächst einmal auf einen Datenstrom gemultiplext. Hierbei wird man wegen der Erhöhung der Fehlersicherheit von der uncodierten Datenrate 10.000 Gb/s auf 11 oder 12,5 Gb/s kommen, indem man zusätzliche Steuerzeichen einführt bzw. die gesamte Codierung, wie im Falle des Gigabit-Ethernets (über Twisted Pair) bereits geschehen, auf Hamming-Abstand und gleichmäßige Verteilung der Symbole optimiert. Das schnelle Signal wird auf einen Laser-Treiber geschickt, der dann den Laser moduliert. Auf dem Rückweg muss nach dem Empfang entsprechend decodiert werden.

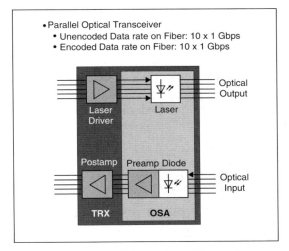

Abb. 5.2.5: Paralleler optischer Transceiver

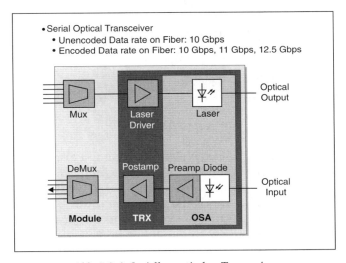

Abb. 5.2.6: Serieller optischer Transceiver

Ganz faszinierend finde ich persönlich die Alternative, den Wellenlängenmultiplex. Es gibt Entwicklungen, die die WDM-Technik in einer kostengünstigen Variante breitstellen und den Namen WWDM (Wide Wave Division Multiplex) tragen (im Gegensatz zu DWDM = Dense WDM). Einfach gesagt ist es hier nicht das Ziel, möglichst viele Kanäle gleichzeitig auf die Faser zu bringen, sondern z.B. 4 oder 5, aber mit geringeren Kosten. Die Technik wird umso weniger aufwendig, je weniger Kanäle man haben möchte, weil die

Modulationsgrenzen für die Signale, der benötigte optische Störsignalabstand usf. nicht so kritisch eingehalten werden müssen. Hier muss der Datenstrom aus der MAC ebenfalls gemultiplext werden, und zwar auf die Anzahl der zur Verfügung stehenden Kanäle, z.B. vier. Dabei kann die uncodierte MAC/PHY-Datenrate von 10.000 Gb/s auf z.B. 4 x 2,5 Gb/s aufgespalten werden. Beim Empfang muss man zunächst die Signale aus dem WDM-System sammeln und in einem Demultiplexer wieder an die PHY/MAC-Schhittstelle anpassen. Dies kann man aber bei geeigneter Codierung in einem Schritt tun.

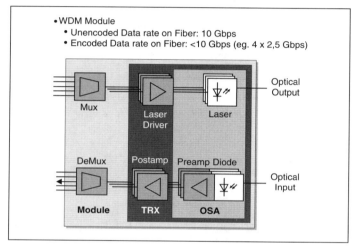

Abb. 5.2.7: WDM-Module

Schließlich könnte man mit Multilevel-Codierung in Fortsetzung der mit der PAM-5 x 5-Codierung bei Gigabit-Ethernet gemachten Erfahrungen auch analog übertragen. Durch die Codierung wird, wie wir weiter unten noch ausführen, die Baudrate auf dem Übertragungsmedium unter 10 Milliarden Schritte pro Sekunde gedrückt, weil sich mit mehr logischen Niveaus auch mehr Informationen in einem Schrit darstellen lassen, wie das ja an verschiedenen Stellen in diesem Buch bereits ausführlich dargestellt wurde. Die analoge Übertragung stellt ggf. eine Möglichkeit für ältere Kabel oder andere Kabeltypen als die von ISO 11801 dar.

Hinsichtlich der Codierung hängt es vom Aufwand ab, welches Ergebnis man bei der Sicherheit der Übertragung auf dieser Ebene bekommt. Mit 8B/10B-Codierung erreicht man eine ganz exzellente Balance, aber zum Preis von 20% Overhead. 14B/15B hat nur 10% Overhead, bietet aber auch noch eine gute Balance. Einfaches Scrambling hat keinen Overhead, aber das Ergebnis ist unkontrollierbar bezüglich seiner zusätzlichen Sicherheit. Mit Multilevel-

Codierung bekommt man eine geringere Rate auf dem Kabel. Wir haben bei 1-Gb/s-Ethernet über Twisted Pair gesehen, dass man auch alle diese Alternativen miteinander kombinieren kann.

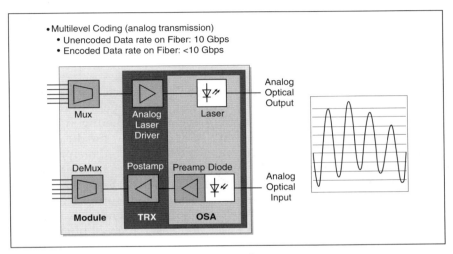

Abb. 5.2.8: Analoge Übertragung

Alle bis hierhin vorgestellten Alternativen arbeiten mit Glasfasern als Übertragungsmedium. Allerdings gibt es auch die Tendenz, über die Übertragung mittels metallischer Leiter wenigstens nachzudenken, und zwar für den Einsatz auf sehr kleinen Distanzen, wie sie in einem Verteilerraum oder kleinen Rechenzentrum vorkommen. Schließlich gibt es ja auch für 1 Gigabit zwei Alternativen, nämlich das CX-Koaxialkabel und 1000 BASE T auf dem Kat.5-Bündel.

5.2.3.2 Parallele Übertragung

Bei der seriellen Übertragung kommen die Daten wirklich mit einer Schrittgeschwindigkeit von 12,5 Gbaud auf die Faser. Trotz der eingangs erwähnten immensen Fortschritte bei der Glasfaserübertragungstechnik möchte man auch Alternativen für die Übertragung auf wirklich schlechten, alten Kabeln vorsehen. Da liegt es nahe, über eine Aufteilung des Datenstroms in vier Wege nachzudenken, wie man das ja auch schon bei Gigabit-Ethernet über Twisted Pair gemacht hat. Vorteilhaft wäre auch, dass die integrierten Schaltkreise nicht ganz so schnell sein müssen.

Die parallele Übertragung hat aber auch eine Reihe von Nachteilen. Bei größeren Distanzen ist die Notwendigkeit der Verwendung von Faserbündeln mit mehreren Fasern schlecht für die Kosteneffektivität. Die Kosten für die erforderlichen Mehrfachstecker sind heute recht hoch. Lösungen im kurzwelligen Bereich (SX) stellen zusätzliche Anforderungen an die Sicherheit für die Augen und werden alleine aus diesem Grund in ihrem Power-Budget relativ beschränkt sein. Langwellige (LX-) Lösungen haben Randbedingungen, die die Einspeisung der entstehenden Signale in das Faserbündel erschweren.

5.2.3.3 Serielle Übertragung

Aber auch die serielle Übertragung hat eine Reihe schwer wiegender Nachteile. Die Signalrate von 12,5 Gbaud ist nur mit Mühe auf einer konventionellen Multimode-Faser zu übertragen. Man kommt nach heutigen Erkenntnissen dabei höchstens 50 m weit. Es kann sein, dass man für die Faser unter dieser Last eine eigene Temperaturkontrolle benötigt, weil man mit dem Laser-System an die Grenze des Machbaren gehen muss, um überhaupt noch Daten mit der gewünschten Geschwindigkeit über diese Faser zu übertragen. Man benötigt besondere Laser mit hoher Seitenmodusunterdrückung und geringer parasitärer Kapazität. Durch die hohe notwendige Laserleistung kann es neben der Erwärmung von Laser und Faser auch zu unerwünschten Schwingungen und Reflexionen kommen. Außerdem ist die gesamte Technik für eine Vollintegration zurzeit nicht geeignet, man muss statt dessen teure Einzelkomponenten nehmen. Schließlich sind noch verschiedene unerwünschte Jitter-Effekte zu erwarten. Alles in allem ist der Preis für die Benutzung der alten Fasern mit der 10-Gb/s-Datenrate sehr hoch. Die Befürworter dieser Variante sagen jedoch, dass die Kosten für die serielle Übertragung mit der Zeit erheblich sinken und dass man diese Technik für die Gesamt-Skalierbarkeit benötigt.

Mittlerweile liegen Vorschläge für die Implementierung der seriellen Übertragung mit VCSELs (Vertical Cavity Surface Emitting Laser, ein integrierter Halbleiterlaser) vor und zwar mit einer Reichweite von 300 m bei 850 nm auf verbesserten Multimode-Fasern und 10 km mit Singlemode-VCSEL auf Singlemode-Faser mit 1300 nm.

Für die Übertragung auf Multimode-Fasern stellt sich darüber hinaus das Problem, dass ihre Bandbreite ungefähr auf 1 GHz beschränkt ist und man immer eine Codierung benötigt, die eine größere Anzahl von Bits pro Sekunde pro Hz auf die Faser gibt, als dies bei binärer Übertragung nach den Nyquist-Bedingungen möglich wäre. Man diskutiert deshalb, in jedem Falle die von 1000 BASE T bekannte Kombination aus Trellis-Codierung und PAM-5, fünfwertiger Pulsamplitudenmodulation, zu benutzen, weil man sonst keine realistische Chance hat, mit herkömmlichen Fasern die gewünschten Reichweiten zu erreichen.

Mittlerweile ist die **serielle LAN-PHY** schon sehr weit definiert. Vom XAUI ausgehend geht es in die 8B/10B-Vorcodierung des XSGS, dann in die 64B/66B-Codierung der PCS, dann in die Serialisierung der PMA und schließlich in die elekto/optische Wandlung der PMD. XAUI und XGXS werden aus Gründen der bequemeren Implementierung getrennt. So kann das Modell auf alle bekannten 10-GbE-PHYs angewandt werden. Eine CDR-basierte parallel/serielle Schnittstelle mit Eigentaktung ersetzt einen parallelen Bus. Das kann in CMOS, BiCMOS und SiGe-Technologie implementiert werden. Die XGMII-Daten von/zu der PCS werden direkt abgebildet. Zwischen XGXS und PCS wird ein 36-Bit-Wort-Dienst etabliert. 8B/10B für XAUI erlaubt eine schnelle, robuste Synchronisation mit einfacher Fehlererkennung. Das Frequenzspektrum ist gut balanciert und kann durch Filter oder Rauschunterdrücker noch weiter verbessert werden. Das Ganze kann zu geringen Kosten in ASICs gegossen werden. Die PCS unterstützt 10-Gb/s-Datentransport und hoch effektive Codierung. Die XAUI/XGXS-Daten werden unmittelbar von/zur PMA abgebildet. Die 64B/66B-Codierung ist statistisch ausgeglichen, schnell selbst synchronisierend und hat eine hohe Transitionsdichte. Frame- und IPG Control-Delineation werden angeboten. Das System unterstützt eine Funktion zur Kompensation von Taktunreinheiten. Es wird eine 66-Bit-Worte-PMA-Dienstschnittstelle definiert.

PMA bildet die PCS-Daten direkt von/zum PMD ab. Es überführt die PCS-66B-Sub-Frames zu/von einem seriellen PMD-Bitstrom. Es wird eine 1-Bit-PMD-Dienstschnittstelle definiert. Physikalische Schnittstellen innerhalb der PMA werden nicht spezifiziert und können 16b, 4b usf. sein. Der Standard legt Serialisierer, Deserialisierer und Clock/Daten-Recovery-Einheiten fest. PCS taktet Sende (Tx)-Daten zu PMA, PMA taktet Empfangs (Rx)-Daten zu PCS. Der Takt im PMA ist Referenztakt für PCS/PMA.

64B/66B liefert die volle Bandbreite von 10,000 Gb/s für LAN Anwendungen. Es sind für LAN-Anwendungen keine Flusskontrollmechanismen auf dieser Schicht notwendig. Die Codierung funktioniert auch noch bei einer Reichweite von 40 km und darüber hinaus. 64B/66B bildet eine unmittelbare Schnittstelle zum XAUI mit Code Control-Transparenz und ermöglicht die Zusammenarbeit mit den üblichen Backplane-Codierungsschemata. Die statistische Signalverteilung ist gut ausbalanciert und die Transitionsdichte sowie die Eigenschaften zur Frame-Synchronisation machen das Verfahren geeignet für die optische Übertragung. Eine zwei Bit lange Präambel erlaubt die Frame-Synchronisation und setzt die maximale Laufzeit auf 66 Bits. Man erreicht schließlich einen 4-Bit-Hamming-Schutz über Pakete, Daten und Kontrollinformationen. Der geringe Overhead führt zur Kompatibilität mit existierenden SONET-Transceivern.

Kapitel 5

Abb. 5.2.9 zeigt die einfache und übersichtliche Struktur des seriellen Transceivers.

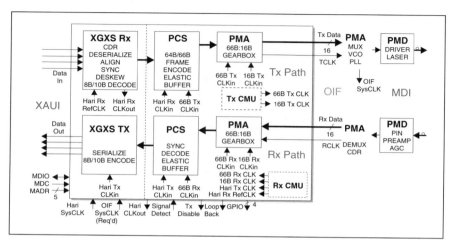

Abb. 5.2.9 Serielle Transceiver

Für die PMD hat man Mitte 2000 fünf Kandidaten nominiert:

- neue Multimode-Fiber-Kabel mit 300 m bei 850 nm und VCSEL, Link Power Budget 8 dB
- Singlemode-Kabel mit 2 km bei 1310 nm, FP-Laser, LPB 10,84 dB
- Singlemode-Kabel mit 10 km bei 1310 nm, DFB oder VCSEL, LPB 10,84 dB
- Singlemode-Kabel mit 40 km bei 1310 nm, DFB gekühlt, LPB 26,84 dB
- Singlemode-Kabel mit 40 km bei 1550 nm, DFB, LPB 20,84 dB

5.2.3.4 WWDM-Übertragung

Schauen wir nochmals genauer in Richtung WWDM. Man ist dabei, sich auf ein vierkanaliges System zu einigen. Vier Kanäle nutzen die volle spezifizierte optische Übertragungsbandbreite, um die Entwicklung billiger Multiplexer/Demultiplexer zu ermöglichen. Die vier WDM-Kanäle passen genau zu den vier »Lanes«, die an anderer Stelle definiert werden, ohne weitere elektrische Umsetzung. Das vorgeschlagene 10-GbE-LX-Interface (LX = Long Wave) unterstützt vier unterschiedliche Fälle von optischen Verbindungen:

- 100 m installierte 62,5/125 Multimode-Faser nach ISO/IEC 11801
- 300 m neue oder installierte 50/125 Multimode-Faser, z.B. Lucent Lazr-Speed
- 2 oder 10 km Single Mode Fiber

Die Spezifikation folgt im Übrigen der für Gigabit-Ethernet 1000BASE-LX. Die WWDM-Technik als solche wird von verschiedenen Herstellern unterstützt und ist hinsichtlich der Kosten durchaus mit anderen Alternativen wettbewerbsfähig. LX-WWDM arbeitet mit langwelligen Lasern im Wellenlängenbereich von 1270 bis 1355 nm und zwar mit vier Kanälen auf den Grundfrequenzen 1275,7, 1300,2, 1324,7 und 1349,2 nm +/- 5,7 nm. Die Signalgeschwindigkeit pro Kanal ist 3,125 Gbaud, die Trennung zwischen den Kanälen 24,5 nm. Das Link Budget liegt bei ca. 8,0 dB, man arbeitet aber daran, dies noch wesentlich zu erhöhen. Dies bedeutet auf den Multimode-Fasern eine Distanz von 300 m, auf der Singlemode-Faser werden 10 km erreicht. Zwischen der MAC/PCS/PMA-Schnittstelle und dem WWDM-Transmitter braucht man lediglich einen kleinen Retimer, um die Sendung hinsichtlich der Öffnung des Augendiagramms zu optimieren. Zurzeit sind auch noch andere Alternativen in der Diskussion, die zu einer Ausnutzung existierender Multimode-Fasern auf ca. 300 m und von SMF auf 40 km führen. Bei SMF kann man diese Verbesserungen durch die Verwendung isolierter statt integrierter Laser auf den Sende- und Avalanche-Photodioden auf der Empfangsseite erreichen, was sich natürlich in den Kosten niederschlägt, das Link Budget aber auf 23 dB hochdrückt. Insgesamt ergeben sich für die WWDM-Technik eine Reihe handfester Vorzüge. Man kann längere Distanzen auf MMF oder SMF zurücklegen als bei anderen Alternativen. Man kann langsamere, siliziumbasierte Elektronikbausteine verwenden, die dadurch natürlich wesentlich billiger sind. Man kann unisolierte ungekühlte integrierte Laser verwenden. Die Detektoren können langsamer sein und man erreicht dadurch für die integrierten optoelektronischen Schaltkreise eine relativ hohe Packungsdichte, was sich wiederum günstig auf die Produktion und den Preis auswirkt. Bei HP wurde das so genannte SpectraLAN-Projekt aufgesetzt. Neben der weiter oben beschriebenen LX-Variante hat man auch eine kurzwellige SX-Variante entwickelt, die mit VCSELs als Sendern und mit GaAs-PIN-Dioden funktioniert. Die SX-WWDM-Kanäle liegen auf den Wellenlängen 820, 835, 850 und 865 nm. Man erreicht so 10 Gbd über 110 m auf einer 62,5/125-MMFaser. Die LX-WWDM-Variante schafft 300 m bei einer Basis-Wellenlänge von 1300 nm. Als Multiplexer wird einfach ein so genannter Silicon Combiner verwendet, also eine vollintegrierte Einrichtung. Der Demultiplexer wird im Spritzgussverfahren aus Kunststoff hergestellt. Alle bisherigen Versuche mit Prototypen verliefen großartig, Forschungsbedarf besteht allerdings noch hinsichtlich der Temperaturabhängigkeit des Power Budgets bei den einzelnen Kanälen. Ansonsten verspricht HP die zügige Serienfertigung der entsprechenden Transceiver zu vernünftigen Preisen nach einem glaubhaften Kostenmodell, also etwa zum dreifachen Preis eines 1-GbE-Switch-Ports.

Eine andere Entwicklung als WWDM wäre CWDM, eine Low-Cost-Technologie auf CMOS-Basis. Hier findet die Übertragung mit einer Wellenlänge von 1550 nm statt, ebenfalls auf vier Kanälen. TIA und PHY können komplett in CMOS ausgeführt werden, direktmodulierte Laser, die keine Kühlung brauchen, und GaAs-Detektoren sind ebenfalls verfügbar. Mit einem DFB-Laser können Distanzen von 40 km überbrückt werden, wofür man eine ungefähre Einspeiseleistung von 8 dBm benötigt. Das Link Power Budget liegt in diesem Fall bei 14 dB. Man rechnet mit einer breiten Verfügbarkeit zu geringen Kosten ab ca. 2003.

5.2.3.5 Analoge Übertragung

Die Analogschnittstelle benötigt eine Vorcodierung. 8 parallele Samples von je 6 Bit werden nach der Codierung in acht parallele Analog/Digital-Schaltkreise gebracht. Dabei müssen Clocks generiert werden, um Durcheinander zu vermeiden. Insgesamt entsteht eine Bandbreite von 650 MHz, die dann nochmals durch 1:2-Multiplexer auf 312,5 MHz gesenkt wird. In einem 10-GbE-Transmitter wird eine Symbolrate von 5 Gbaud erzeugt. Die Modulation der Symbole erfolgt mit vorcodierter 5-PAM (Pulsamplitudenmodulation mit fünf logischen Leveln). Die Output-Bandbreite ist damit nur ungefähr 4 GHz.

5.2.3.6 10-GbE über Kupfer

Eigentlich neigt man dazu, die Idee, 10 Gb/s über Kupfer zu übertragen, mit einem Kopfschütteln zu verwerfen. Das wäre aber bei Gigabit-Ethernet verfrüht gewesen; wie man jetzt weiß, benutzen zwar die meisten Anwender heute Gigabit-Ethernet auf preiswerter Glasfasertechnologie, aber dem Markt hat die Verfügbarkeit von Gigabit-Ethernet auf Twisted Pair einen wirklichen Vorschub gegeben. Also sollte man sich auch für 10-GbE überlegen, ob es keine kupferbasierten Lösungen geben könnte. Ausgangspunkt ist, dass es eine Reihe von Anwendungen z.B. in Rechenzentren, Serverclustern oder SANs gibt, bei denen die Entfernung deutlich unter 10m liegt. Genau dies ist das Ziel der Bemühungen: eine 10 m-Strecke mit Kupfer wesentlich billiger auszubauen als mit Glasfasern. Man geht dafür von der 1000 BASE-CX-Spezifikation aus und benutzt PAM-5 (fünfwertige Pulsamplitudenmodulation) zur Senkung der Signalrate auf 5 Gb/s, was die Verwendung monolithischer CMOS-Schaltkreise erlauben würde. Mit einer Forward Error Control möchte man mögliche Signal/Rausch-Verluste kompensieren, die notwendige Transitionsdichte erzeugen und Synchronisation herbeiführen. Als Kabel stellt man sich ein Jumper Cable vor, das ist ein geschirmtes Twinax-Kabel, welches an seinen beiden Enden jeweils einen geschirmten polarisierten Stecker besitzt. Diese Technik kommt aus dem Umfeld des Fiber Channels und erste Versuche der Hersteller haben gezeigt, dass Fiber Channel und Gigabit-Ethernet-CX-Kabel und -Steckverbinder durchaus eine Bandbreite von 2,5 MHz unterstützen. Gigabit-Ethernet-CX schafft heute schon 1,25 GBaud auf 25 m. Mit der PAM-5-Codierung würde man aber 5 GBaud für 10 Gb/s benötigen. Bei so kurzen Kabellängen macht man keine großen Fehler, wenn man eine allgemeine Linearität annimmt. Das bedeutet also, dass ein Kabel, welches auf 25 m 1,25 Gbaud schafft, auf 10 m 3,125 Gbaud schaffen sollte. Wenn die Hersteller aber doppelt so gute 2-Gb/s-FC-CX-Kabel und -Steckverbinder liefern, sollten diese etwa 6,25 Gbaud auf 10 m verkraften, was sogar noch über den Randbedingungen für 10-GbE liegt. Der CX-Transceiver sollte »hot pluggable« sein. In Richtung der MAC sollte die serielle Schnittstelle des Transceivers signifikante Distanzen unterstützen und normalerweise mit der MAC mit vier serialisierten 8B/10B-Kanälen mit jeweils 3,125 Gb/s kommunizieren. Man benötigt in jedem Falle eine einzige homogene Erdung, das ist aber bei geschirmten Kabeln keine Besonderheit. Natürlich sollte ein Transceiver auch in der Lage sein, mit dem »anderen Ende« über die Datenrate zu verhandeln, um die Kommunikation zu Gigabit-Ethernet-Modulen zu erleichtern.

Ein anderer Vorschlag geht von 75-Ohm-Koaxialkabeln aus, wie sie ursprünglich für den digitalen Videomarkt entwickelt wurden und mittlerweile für SONET über Koax (!!) angepasst worden sind. Sie übertragen ca. 2,5 Gb/s über 100 m. Ein Beispiel wäre das Belden-8281-Kabel. Was man vor allem benötigt, ist ein Kabel-Equalizer, der die fürchterlichen Verluste von mehr als 20 dB bei 1250 MHz durch Signalvoranhebung geeignet kompensiert. Da ein solcher Equalizer in Tests bereits funktioniert hat, denkt man jetzt sogar über die Verwendung von Kat.-6-Kabeln nach.

Alles in allem ist es aber nicht zu erwarten, dass die Übertragung über metallische Leiter in einer frühen Phase der Standardisierung zu wirklich greifbaren Ergebnissen führen wird.

5.2.4 IEEE 802.3ae-WAN-PHY

Die WAN-PHY ist für den gestandenen Lokalnetzer in der Tat ungewöhnlich, geht es doch jetzt darum, die Übertragungsleistung für Ethernet-Pakete in einen weiteren Bereich zu tragen. In diesem Zusammenhang diskutierte Themen sind die unterstützten PMDs, die Schnittstellen zu diesen PMDs, der WIS (WAN Interface Sublayer) und die PCS (Packet Delineation). Der WIS enthält Funktionen für die Bildung von SONET-Frames und -Overhead, einen Synchronisationsprozess und einen Scrambler. Grundsätzlich unterstützt die WAN-PHY genau wie die LAN-PHY serielle und WWDM-Übertragungssysteme. Um überhaupt verstehen zu können, worum es geht, müssen wir an dieser Stelle zunächst ein paar Definitionen ansprechen, die aus dem WAN-Bereich (SONET) kommen.

5.2.4.1 WAN-PHY-Terminologie

Es gibt bei IEEE 802.3ae ein eigenes Dokument zur Terminologie der WAN-PHY, auf das hier Bezug genommen wird. Das Dokument wurde erzeugt, um während des Standardisierungsprozesses Missverständnisse zu vermeiden. Ein SONET-System ist oft als Ringsystem aufgebaut, aber es gibt auch Liniennetze und andere Topologien. Zwischen den einzelnen Glasfaserstrecken sitzen die so genannten SONET-Regeneratoren. Sie sind letztlich die technischen Geräte, die neben der Zwischenverstärkung und »Regeneration« dafür sorgen, dass Signalströme das SONET-System betreten oder verlassen können. Ein SONET-Regenerator arbeitet im Vollduplexbetrieb. Eigentlich handelt es sich um einen Dual-Simplex-Betrieb. Der Regenerator arbeitet mit genau einer Wellenlänge in jeder Richtung. Die Input-Wellenlänge und die Output-Wellenlänge sind gleich. Daraus resultiert, dass der SONET-Regenerator insbesondere kein Wellenlängenkonverter ist und auch keinen solchen beinhaltet. Ein SONET-Ring ist ein Doppelring und läuft im Normalbetrieb immer in beiden Richtungen gleichzeitig. Eine SONET-Linientopologie ist ein Dual-Simplex-Doppelbus. Andere Topologien sind aus SONET-Linientopologien aufgebaut. Aus der Perspektive eines Regenerators ergibt sich also eine »Vorwärts«- und eine »Rückwärts«-Richtung. Die Wellenlängen auf Vorwärts- und Rückwärtsrichtung können gleich sein, müssen aber nicht gleich sein. Die (Doppelglasfaser)-Strecken zwischen zwei SONET-Regeneratoren heißen Sektionen (Sections). Die Hintereinanderschaltung von Sektionen wird als Line bezeichnet. Also koppelt ein SONET-Regenerator SONET-Sektionen innerhalb einer SONET-Line. Eine SONET-Line kann nach Definition nicht länger als zwei Sektionen sein. Die Lines werden vom so genannten Line Terminating Equipment (LTE) abgeschlossen. Ein Weg durch ein SONET-System ergibt sich durch die Nutzung einer oder mehrerer Lines. Wege werden durch das Path Terminating Equipment abgeschlossen. Diese Definitionen mögen umständlich erscheinen, aber man muss sich vor Augen halten, dass SONET-Systeme sehr große, leistungsfähige und komplexe Netze bilden und von daher eine Strukturierung hinsichtlich der benutzbaren Wege angebracht erscheint. Die Verteilung von PTE und LTE über bestimmte Geräte steht auf einem anderen Blatt. Der Regenerator besitzt keinen dynamischen Wirkpuffer, sondern eher eine Pipeline (je eine in jeder Richtung) mit fester Verzögerung. Der Sendetakt ist der aufbereitete Empfangstakt.

Die Ethernet-Evolution

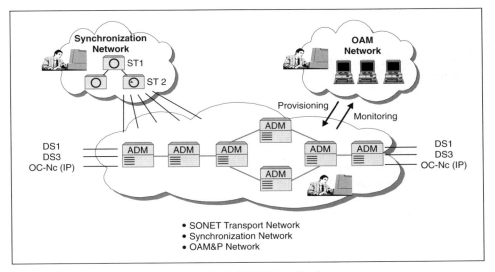

Abb. 5.2.10: SONET-Grundaufbau

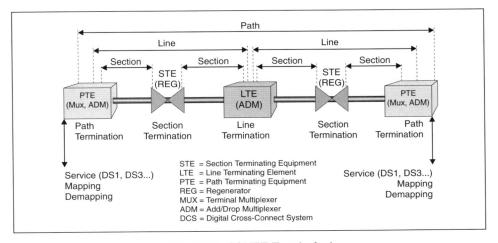

Abb. 5.2.11: SONET-Terminologie

Der SONET-Regenerator prüft den SONET-Sektions-Overhead. Wenn es notwendig wird, schreibt er auch den Sektions-Overhead. Die Nutzlast, die Linien- und Weg- (Path-) Informationen werden unmodifiziert durchgelassen. Aus verschiedenen Gründen im Rahmen der Nachrichtentechnik, Fehlersicherheit und Zuverlässigkeit werden die Nachrichtenströme nach einem bestimmten Muster verwürfelt, bevor sie auf die Glasfaser gehen, und ebenfalls wieder entwürfelt. Verwürfelung und Entwürfelung sind wichtige

Standard-Funktionen des SONET-Regenerators. Zur Fehlerisolation ist ein Regenerator in der Lage, die Output-Sektion aktiv zu halten, auch wenn die Input-Sektion nicht mehr funktioniert. Man darf sich das nicht wie bei einem LAN vorstellen, bei dem Datenpakete erst erzeugt werden, wenn man sie benötigt. Ein SONET-System erzeut IMMER Datencontainer, egal ob nun Nutzinformation beinhaltet ist oder nicht. Es ist nach unserer alten Terminologie ein getakteter bidirektionaler Slotted Ring (bei SONET-Ringsystemen) oder ein bidirektionaler Doppelbus wie DQDB, aber mit grundsätzlich anderer Funktionsweise. Wenn aber auf einer Eingangsleitung keine Datencontainer mehr kommen, die der Regenerator aufbereiten, zwischenverstärken und retimen könnte, erzeugt er eben selbst welche, damit es weitergeht. So können trotz eines Fehlers alle Datenströme, die von diesem Regenerator aus weitertransportiert werden müssen, oder Datenströme, die durch in Vorwärtsrichtung liegende weitere Regeneratoren noch eingespeist werden, ungehindert weiter laufen.

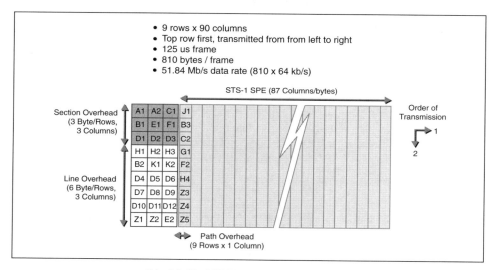

Abb. 5.2.12: SONET-STS-1-Frame-Format

Ein SONET Line Terminating Equipment (LTE) hat zunächst einmal alle Funktionen eines SONET-Regenerators. Außerdem ist es Endpunkt einer Linie und der zu dieser Linie gehörenden Sektion. Es arbeitet mit einer Formationstaktung und multiplext Wege (Paths) in eine Linie bzw. demultiplext die Informationen auf einer Linie in Wege. Ein LTE ist also ein Dual Simplex Path Multiplexer. Es übernimmt Schutz und Pflege für gemultiplexte Wege zwischen LTEs.

Das SONET Path Terminating Equipment (PTE) ist der Endpunkt eines Weges, der zu diesem gehörenden Linien und der wiederum zu diesen gehörenden Sektionen. PTE arbeitet mit einer lokalen Taktung und ist die Stelle, an der der SONET-Path Overhead bearbeitet wird.

Ein SONET-Transponder koppelt unterschiedliche optische PMDs »Rücken an Rücken«, z.B. Wellenlänge 1 an Wellenlänge 2, Multimode-Fiber an Singlemode-Fiber oder 850 nm an 1300 nm. Er arbeitet im doppelten Simplex-Modus. Es gibt passive und aktive Transponder. Passive Transponder lassen alle Bits ungehindert durch. Aktive Transponder sind ein Spezialfall des SONET-Regenerators und bilden Endpunkte für eine Sektion und eine Linie.

Da es für die meisten Leser ungewohntes Terrain sein dürfte, wollen wir vor der Besprechung der WAN-PHY systematisch, aber ohne weitere Diskussion von Einzelheiten zusammenfassen, mit welch vielfältigen Möglichkeiten Ethernet und SONET-Systeme zusammenspielen können. Zunächst einmal kann man ein einfaches SONET-Line Terminating Equipment aufbauen, welches auch ältere Ethernet-Datenraten umfasst.

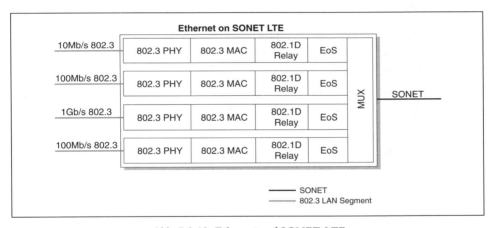

Abb. 5.2.13: Ethernet auf SONET-LTE

Im nächsten Bild sehen wir die Schichtendarstellung eines solchen Ethernet Line Terminating Equipment (ELTE), welches auf der linken Seite vollständig nach der Ethernet-Struktur (elektrisch), auf der rechten Seite nach einer vollständigen SONET-Spezifikation arbeitet.

Kapitel 5

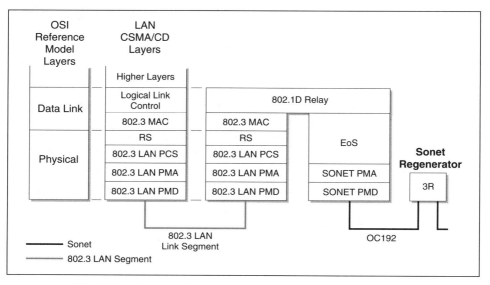

Abb. 5.2.14: Ethernet über SONET (2Port) in der Schichtendarstellung

Letztlich wird hierbei eine vollständige Brücken/Relayfunktion nach IEEE 802.1D verlangt. Das ist zwar machbar, aber bei hohen Datenraten und im Zusammenhang mit optischen Netzen nicht optimal.

In der nächsten Abbildung sehen wir, wie man sich das jetzt unter Hinzunahme einer WAN-PHY vorstellt. Schon das Link-Segment arbeitet optisch mit einer Wellenlänge Lambda A. Von der MAC geht es in die WAN PCS, PMA und PMD, die allesamt schon die die richtigen Formate erzeugen. Das nicht gemultiplexte Ethernet Line Termination Equipment ist ein einfaches und damit äußerst schnelles Path Relay, schaltet also nur einen physikalischen Weg zwischen der 802.3 WAN PMD und der SONET PMA/PMD, von der aus es mit einer anderen (oder der gleichen) Wellenlänge auf den nächsten SONET-Regenerator geht.

Wenn man dies in Schichten strukturiert darstellt, ergibt sich das nächste Bild.

Damit aber nicht genug. Wie schon in Abb. 5.2.16 gezeigt, kann man natürlich mehrere Datenströme auf einen SONET-Kanal multiplexen, wenn dieser genügend Leistung hat. OC 768 liegt zwei Multiplexstufen über OC192, kann also das Vierfache, rund 40 Gb/s. Also kann man mit ihm auch vier parallele 10-GbE-Anschlüsse versorgen.

Die Ethernet-Evolution

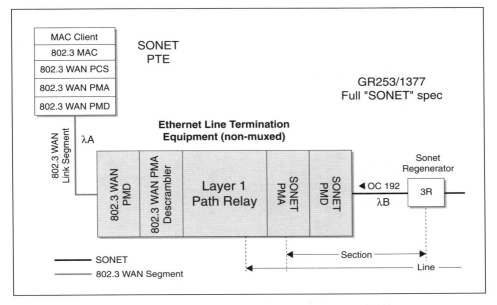

Abb. 5.2.15: Ethernet Line Termination Equipment (LTE)

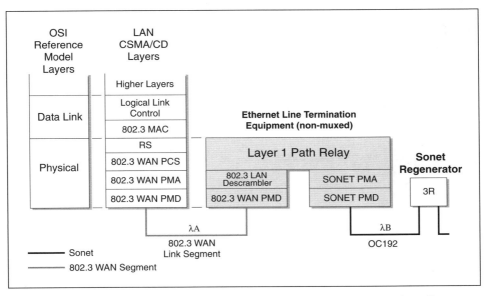

Abb. 5.2.16: Ethernet Line Termination Equipment LTE in der Schichtendarstellung

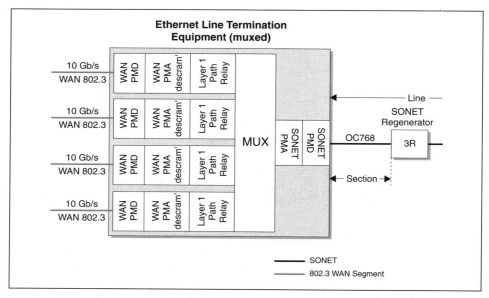

Abb. 5.2.17: Ethernet Line Termination Equipment mit Multiplexer (ELTE)

Die Kommunikation zwischen zwei 10-GbE-WAN-PHYs kann entweder durch ein SONET-Streckensystem mit Regeneratoren oder einfach mittels einer »Dark Fiber« laufen.

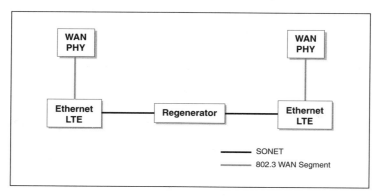

Abb. 5.2.18: Point-to-Point SONET Interconnect

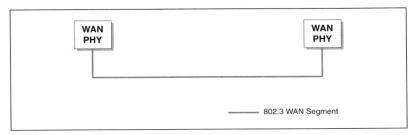

Abb. 5.2.19: Dark Fiber

Allerdings gibt es noch eine weitere Variante, wenn man nämlich mit einem DWDM-System arbeitet. Bei diesem belegt die Kommunikation zwischen den WAN-PHYs lediglich eine einzige Wellenlänge

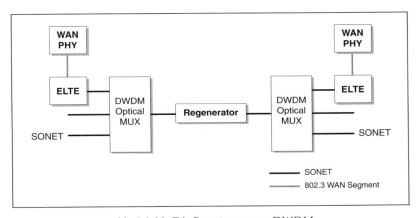

Abb. 5.2.20: Die Benutzung von DWDM

5.2.5 Das WAN-PHY-Layer-Modell

Das WAN-PHY-Layer-Modell muss gegenüber dem »normalen« LAN-PHY-Modell nochmals erweitert werden. Wie beim LAN wird im Physical Coding Sublayer eine 64b/66b-Codierung vorgenommen, die auch als Packet Delineation bezeichnet wird. Darunter kommt der WAN Interface Sublayer (WIS) mit dem SONET Framing und dem Verwürfler für die Kompatibilität zu SONET. Die Schnittstelle zur Physik bildet das SUPI mit 4 x 2,48832 Gbaud oder eine 16-Bit-Parallelschnittstelle, das so genannte OIF. Dann kommt erst der PMA Sublayer mit der Serialisierung und der Fehlerprüfung und schließlich PMD. SS steht für SUPI Sublayer.

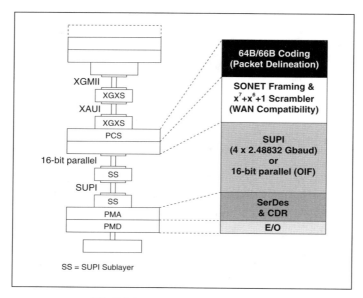

Abb. 5.2.21: *WAN-PHY-Layer-Model*

Die Anforderungen an die PMDs, also die physikalischen Schnittstellen zu den unterstützten Übertragungsmedien lassen sich wie folgt formulieren: Die Hauptanwendung der WAN-PHY liegt eher bei der relativ kurzen Distanz, z.B. im Rahmen von hochvolumigen Tera-POP-Anwendungen, Punkt-zu-Punkt-SONET-Verbindungen und dem Einschleifen in DWDM-Systeme. Durch Dark Fibers und MAN-Anwendungen werden jedoch auch längere Distanzen wichtig. Also muss man auch an WWDM-Systeme denken.

Das 16-Bit-Parallelinterface unterstützt eine Vollduplex-Sende- und -Empfangsfunktion mit einer Taktung von 622,08 MHz für die 16-Bit-Worte. Das ergibt genau die Datenrate von 9,95328 Gb/s. Herkömmliche SONET-Systeme benötigen eine solche Taktung, sonst können sie nicht arbeiten.

Bei der Sendefunktion wird das Taktsignal von der WIS erzeugt, auf dem Empfangswege kommt es aus der PMA-Subschicht. Das parallele PMD-Interface arbeitet mit kontinuierlichen Oktettsequenzen. Eine andere Form der Schnittstelle bietet das so genannte SUPI als PMD Interface für WWDM.

Das SUPI hat die gleiche Schnittstellengestalt wie das XAUI mit vier parallelen, jeweils seriellen Leitungen für Senden und Empfang im Vollduplex, benutzt aber eine andere Codierung und Taktrate, weil man pro Leitung 2,48832 Gbaud Schrittgeschwindigkeit realisieren möchte. Die Datenwörter werden systematisch in Streifen geschnitten, um dem Übertragungsweg übergeben werden zu können. Jeder dieser Streifen wird auf einer der parallelen Leitungen übertragen. Dadurch kann man in weitem Maße Synchronisation herbeiführen, ohne wirklich komplizierte Maßnahmen ergreifen zu müssen. Bei einem so schnellen System ist eine geringe Komplexität an dieser Stelle einfach besonders wichtig.

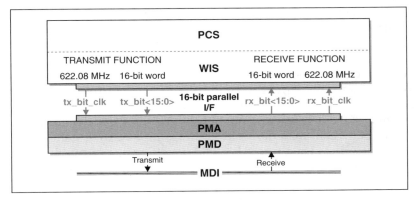

Abb. 5.2.22: 16-Bit-Parallel-PMD-Interface

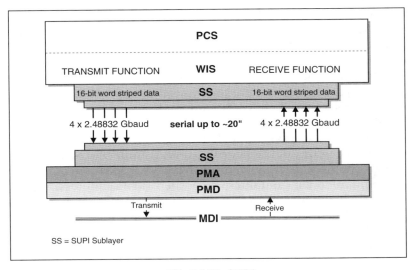

Abb. 5.2.23: SUPI

Der Scrambler sorgt für hohe Zufälligkeit der auftretenden Bitmuster. Dies ist nicht nur für die evtl. Wiederherstellung der Signalqualität besonders wichtig, sondern auch wie schon bei Gigabit-Ethernet über Twisted Pair ein wichtiges Werkzeug zur Einhaltung des maximalen Frequenzspektrums für die Übertragung. Ein verwürfeltes Signal hat eine wesentlich bessere und gleichmäßigere Bandbreiteausnutzung als ein Signal mit statistischen Schwerpunkten. Alle 155520 Oktette wird der Scrambler wieder auf seinen Grundzustand zurückgesetzt. Der WIS Frame ist zwar kompatibel zu SONET, unterstützt aber nur einen minimalen Kontrolloverhead. Die Steuerung von SONET-Systemen kann mit eigenen Steuerpaketen out of Band geschehen. Diese Variante wird hier vorgezogen. So kann ein 10 GbE-System niemals alleine einen SONET-Ring bilden oder an einem teilnehmen, sondern bedarf immer einer zusätzlichen Steuerkomponente aus dem SONET-Umfeld. Dies ist eine besonders weise Entscheidung, da die überwiegende Anzahl der 10-GbE-Anschlüsse nicht direkt auf ein SONET-System führen werden. Viel wichtiger ist da die reibungslose Anpassung der Datenrate. Der WIS Frame erzeugt eine SONET-Sequenz von 155520 Oktetten mit der Dauer von 125 Microsekunden. Sieht man den WIS-Frame kompakt, so besteht er aus 17280 Oktetten zu 9 Zeilen. Davon sind 576 Oktette als Transportoverhead zu interpretieren, der Rest ergibt die Envelope-Transportkapazität des STS-192 (synchrones Transport-Signal). Der Envelope wird wiederum aufgeteilt in die Overhead-Spalte für den Weg mit einem Oktett, einem festen Puffer von 63 Oktetten und einer eigentlichen Payload von 16,640 Oktetten, was einer realen Nutzdatenrate von 9,58464 Gb/s entspricht. Diese Payload wird dann mit den Ethernet-Päckchen gefüllt. Das hört sich alles reichlich kompliziert an, ist es aber nicht, weil SONET-Systeme einfach Ringe mit umlaufenden Containern sind, in die man Daten hineinwirft. Das funktioniert schon seit vielen Jahren und in einer Übergangszeit möchte man das auch für den WAN-Transport von Ethernet-Paketen im Rahmen des 10-GbE nutzen. Wegen der überaus hohen Geschwindigkeit kann man es sich aber nicht leisten, einen herkömmlichen Umsetzer zu benutzen, sondern die grundsätzlichen Funktionen müssen in der 10-GbE-Schnittstelle enthalten sein. Es ergeben sich so drei Sorten Overhead in der WIS, nämlich der Path Overhead, der Line Overhead und der Section Overhead. Die Begriffe zu Weg, Linie und Sektion wurden ja weiter oben schon erklärt. Stellen Sie sich bitte vor, dass ein SONET-System mit seinen umlaufenden Containern eigentlich nichts anderes als eine riesige Raum/Zeitschalteinheit ist. Eine Nachrichtenübertragung bedeutet, dass man eine Folge von Nachrichten auf eine definierte Folge von umlaufenden Containern abbildet. Es laufen aber viele Containerfolgen gleichzeitig nebeneinander und ein tatsächlicher Weg beinhaltet durchaus die Möglichkeit, im Rahmen einer Übertragung von einer Containerfolge auf eine andere überzugehen. Eine SONET-Schalteinheit ist ja gerade eine Raum/Zeitschalteinheit, die dies ermöglicht. Also muss man die Information darüber nachhalten.

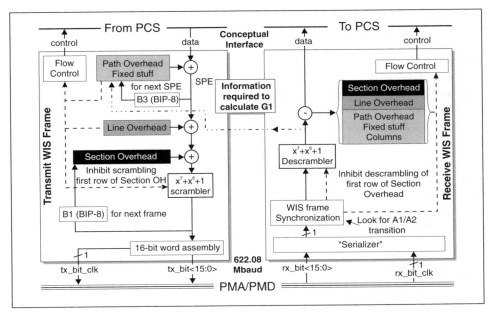

Abb. 5.2.24: WIS-Referenz-Diagramm

Auch wenn es eigentlich eher unglaublich erscheint: für die modernen Backbones ist ca. 10 Gb/s eine relativ geringe, höchstens mittlere Datenrate. Also muss die Möglichkeit bestehen, viele Datenströme dieser Datenrate zu multiplexen. Dafür benötigen wir eine Möglichkeit, die gemultiplexten Ströme zu differenzieren. Und das ist im Section Overhead niedergelegt. Ein Empfänger kann in einem SONET-System jederzeit verifizieren, ob der Datenstrom zum mit ihm in Kommunikation befindlichen Transmitter kontinuierlich ist. In diesem Zusammenhang gibt es eine Reihe von Fehlerkontrollmechanismen, die in die 10-GbE-WAN-PHY ebenfalls übernommen werden. Um auf die Payload zu zeigen, müssen alle betroffenen Transceiver beliebige Pointer-Werte verarbeiten können. Dies hilft aber auch beim Problem der negativen Pointer-Werte im Rahmen der Synchronisation, die z.B. dann entstehen können, wenn die Uhr des Empfängers schneller läuft als die des Senders. Jeder WIS-Frame wird übrigens am Anfang durch eine feste, nichtverwürfelte Signalfolge einsynchronisiert. Trotz der generell taktsynchronen Arbeitsweise eines SONET-Systems ist das bei der hohen Übertragungsgeschwindigkeit zum Ausgleich von Laufzeitunterschieden nötig. Vielleicht ist es aber auch nur eine gewollte Reminiszenz an die Präambel des alten Ethernet. Soll also ein WIS-Frame übertragen werden, ist eine Reihe von Dingen notwendig. Zuerst müssen der Path Overhead und der so genannte Fixed Stuff berechnet werden. Dann kommt der Line Overhead an die Reihe und schließlich der Section Overhead. Das Ergebnis wird dann bis auf die erste Spalte des Section Overhead verwürfelt und jeweils mit 16 Bit parallel zur PMA/PMD übertragen. Umgekehrt ist es dann genauso aufwendig; das empfangene Signal muss serialisiert werden, die WIS-Frames müssen synchronisiert werden und die Packet Delineation muss stattfinden. Bis auf die erste Spalte des Line Overhead muss alles entscrambelt werden, dann müssen Section Overhead, Line Overhead Path Overhead und Fixed Stuff extrahiert werden, und die dann noch übrig gebliebenen Oktette sind die Payload.

Hinsichtlich der eigentlichen Nachrichtenübertragungsverfahren gibt es keine weiteren Besonderheiten gegenüber den LAN-PHY, was die Palette anbetrifft. Allerdings sehen die Prioritäten hier anders aus, weil man eigentlich an Billig-Lösungen oder Beibehaltung alter Fasern wenig interessiert ist. Bevorzugt werden Lösungen, die Entfernungen von 20 oder 40 km über Single Mode Fiber unterstützen.

5.2.6 UniPHY

Es gibt eine Reihe von Teilnehmern des IEEE 802.3ae-Forums, die die Unterscheidung nach WAN-PHY und LAN-PHY nicht besonders günstig finden. Unter diesen ist auch die schwergewichtige Firma Cisco Systems. Von Cisco kam im März 2000 der Vorschlag für die so genannte UniPHY. Es gibt so viele vernünftige Argumente für diese UniPHY, dass wir sie hier näher vorstellen. Die UniPHY ist eine PHY-Architektur, die die serielle Übertragung sowohl für WAN- als auch für LAN-Zwecke definiert. Im LAN wird die Datenrate 10,000 Gb/s, im WAN die Datenrate nach OC-192c/SDH VC-4-64c unterstützt. Mit einer LAN-PHY sollen die existierenden Unternehmensnetze mit minimalen Kosten und minimaler Komplexität und größter Kompatibilität zu 1-, 100- und 1000-Mb/s-Lösungen aufgerüstet werden können, während die WAN-PHY dazu dient, die Ethernet-Pakete mit der hohen Geschwindigkeit über eine bereits gewachsene WAN-Infrastruktur zu schaffen. Kernpunkte der seriellen LAN-PHY sind die 8B/10B- sowie die 64/66-Codierung mit anschließender Serialisierung. So ergibt sich ein geringer Overhead mit einer Signalrate von 10,3125 Gbaud, robuste Frame Delimiter, Raum für die spätere Einführung spezieller Codierungen, eine geringe Komplexität für die Codierung und Decodierung sowie eine ausgeglichene Übertragungscharakteristik. Der Vorschlag zur UniPHY sieht nun einfach vor, zwischen 64/66-Codec und Serialisierer/Deserialisierer einfach das SONET Framing und das Scrambling zu packen, eben den WIS-Sublayer.

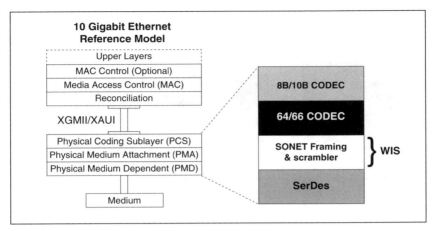

Abb. 5.2.25: UniPHY

Der WIS wird aktiviert, wenn das Gerät an ein WAN angeschlossen wird, und übergangen, wenn man im LAN arbeitet. Der WIS übernimmt SONET Framing, SONET-Overhead-Bearbeitung und das Verwürfeln, kurz alles das, was wirklich benötigt wird, um die Serial LAN-PHY an einer WAN-Schnittstelle arbeiten zu lassen. Die UniPHY hat robuste Frame Delimiter, einen robusten Verwürfler, genug Platz für nachträgliche Einbringung spezieller Codierungen und eine geringe Komplexität für Codierung und Decodierung. Auf dem Weg ins WAN können große Teile der LAN-Schaltkreise mitbenutzt werden. Die PHY braucht nichts über Frame-Längen zu wissen und auch keine Präambeln zu überschreiben. Die Anzahl der Schaltkreise kann so dramatisch reduziert werden und im Verlauf der Großserie den Fortschritten der Schaltkreistechnologie und der Integration der optischen Schaltkreise angepasst werden.

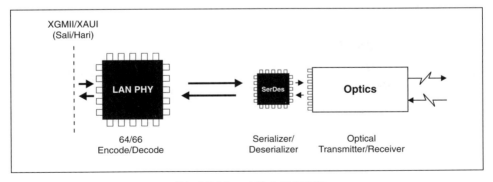

Abb. 5.2.26: serielle LAN PHY

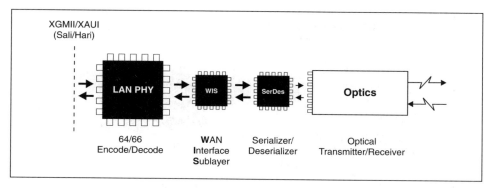

Abb. 5.2.27: UniPHY = LAN PHY + WIS

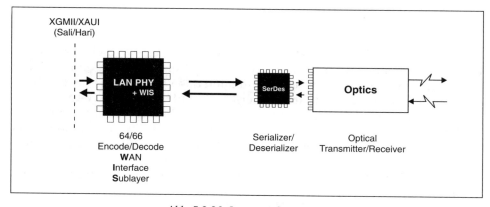

Abb. 5.2.28: Integrated UniPHY

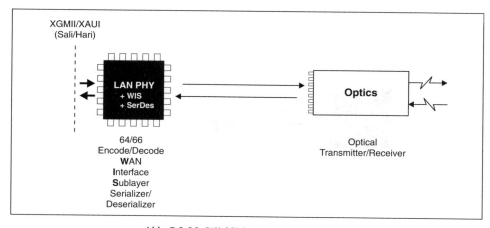

Abb. 5.2.29: Wirklich integrierte UniPHY

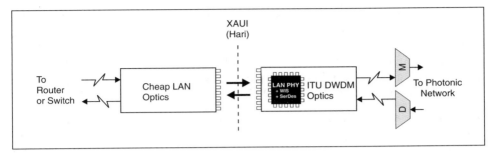

Abb. 5.2.30: DWDM Transponder

Besonders interessant ist schließlich die Frage der so genannten Rate Adaption, der Anpassung der Datenraten, denn immerhin sollte ein 10-GbE-System zwei doch recht unterschiedliche Datenraten unterstützen. Hier haben sich dann außer Cisco noch weitere Firmen mit Vorschlägen eingeschaltet. Die Ratenanpassung findet zwischen der Reconcilliation und der PCS statt, und zwar über XGMII, XAUI via XGXS hinweg. Es gibt hier verschiedene Vorschläge für die Anpassung der Rate, die noch nicht völlig ausdiskutiert sind.

Fassen wir nochmals zusammen: der LAN MAC PLS Service arbeitet mit genau 10,000 Gb/s, die WAN-PHY ist so ausgelegt, dass die OC-192c/SDH VC-4-64c-Rate unterstützt wird, wie sie exakt heißt, und das bedeutet für die UniPHY, dass die verfügbare Nutzdatenrate bei 9,29429 Gb/s liegt. Das ist immerhin eine Differenz von 7,8% und mehr, als die allermeisten heute installierten Systeme insgesamt leisten. Wir sprechen hier also über ein ernst zu nehmendes Problem. Es gibt fünf Kandidaten für ein Verfahren:

- Clock Stretching
- Word Hold
- Busy Idle
- Open Loop
- Frame based

Beim Clock Stretching werden an der XGMII die Sende- und Empfangs-Taktreferenzsignale auseinander gezogen bzw. man lässt einen Zwischenraum. Vorteile des Verfahrens sind seine Präzision, kein Bedarf an Extra Pins, ein sehr geringer Bedarf an Zwischenspeicher, die Ratenkontrolle durch die PHY und die Möglichkeit, in einem weiten Bereich von Datenraten eingesetzt werden zu können. Nachteilig ist das komplizierte Timing, die Ergänzung des Datenflusses um einen Interrupt-Fluss, was besonders bei Pipelines störend wirkt, und eine Erschwerung der Vorausreservierung von Puffer. Außerdem arbeitet das Verfahren nicht mit XAUI zusammen.

Word Hold fügt Signale zur XGMII hinzu, um den MAC-Sender bzw. -Empfänger anzuhalten. Auch dieses Verfahren ist präzise und benötigt wenig Speicher und ist über einen weiten Bereich von Datenraten anwendbar. Allerdings benötigt man Extra Pins und hat mit einem schwierigen Timing zu tun. Auch alle anderen Nachteile des Clock Stretching bleiben, wie schwierige Pufferreservierung. Auch dieses Verfahren arbeitet nicht mit XAUI.

Bei Busy Idle sendet die PHY ein normales Idle, wenn sie Daten akzeptieren kann, und das so genannte Busy Idle, wenn sie möchte, dass die MAC langsamer wird, worauf diese die Annahmegeschwindigkeit von Datenpaketen an der MAC-Grenze senkt. Das Verfahren ist präzise, man braucht keine Extra Pins, die PHY kontrolliert die Rate, das Verfahren arbeitet sowohl mit XGMII als auch mit XAUI und man kann es für einen weiten Bereich von Datenraten benutzen. Man braucht allerdings in der PHY einen kleinen Zwischenspeicher von ca. 700 Bytes und beschränkt leider die maximale physische Distanz zwischen MAC und PHY.

Bei Open Loop verlängert die MAC ihre Inter Frame Gap proportional zur Länge des Paketes, welchem die IPG gerade voransteht. Es arbeitet mit XGMII und XAUI, braucht keine Extra Pins, die Datenrate wird von der MAC kontrolliert und das Verfahren ist nicht empfindlich gegenüber Distanzen zwischen MAC und PHY. Allerdings ist es eher unpräzise, man braucht einen kleinen Zwischenspeicher von ca. 600 Bytes in der PHY und es kann nicht an weitere Datenraten angepasst werden. Die MAC muss die benötigte Datenrate a priori wissen und es ist natürlich eine interessante Frage, wie sie an diese Information kommt.

Bei einer framebasierten Lösung generiert die PHY Pausen-Frames mit dem Timer-Wert XON oder XOFF. Diese letzte Alternative benötigt keine Extra Pins und arbeitet mit einem wohl bekannten Mechanismus. Das Verfahren ist bei den allermeisten Gigabit-MACs ohnehin bereits implementiert und arbeitet mit XGMII und XAUI, wobei die PHY die Rate kontrolliert. Nachteilig ist, dass man die PHY und MAC Rate Control bzw. Ende-zu-Ende-Flusskontroll-Frames gut auseinander halten muss, weil es sonst Durcheinander geben könnte. Man benötigt einen relativ kleinen FIFO-Speicher von ca. 800 Bytes in der PHY, aber einen recht großen logischen Funktionsumfang in der PHY.

Nach heutigem Stand haben Open Loop und Busy Idle die Nase vorne.

5.2.7 XAUI, XGSS und XGMII

Die Schnittstellen XAUI, XGSS und XGMII erscheinen auf den ersten Blick kompliziert und überladen. Eigentlich sind sie das auch, aber man muss berücksichtigen, dass man über diese Schnittstellen, die ja letztlich in Kupfertechnik ausgeführt werden, insgesamt 20 Gb/s im Vollduplex jagt. Effekte wie Jitter, die bei »normalen« LANs erst im Bereich mehrerer Dutzend Meter auftreten, können hier schon auf wenigen Zentimetern Kabel erheblichen Ärger bereiten. Man benötigt also tatsächlich an dieser ja eigentlich inneren Schnittstelle aufwendige Retiming-, Fehlerkontroll-, Synchronisations-, Resynchronisations und Jitter-Unterdrückungsmechanismen, und zwar allesamt so, dass sie auf den laufenden Datenstrom angewendet werden können. Die Schnittstellen sind in so genannte »Lanes« viergeteilt; das hat den simplen Grund, dass man mit heutiger integrierter Technologie zu einem vernünftigen Preis nur integrierte Schaltungen bauen kann, die bis zu ca. 3-4 Gb/s am laufenden Signal bearbeiten können. Es führt hier nicht besonders weiter, wenn wir allzu viele Details nennen, aber die grundsätzlichen Ideen sind schon ganz faszinierend.

Die ursprüngliche Schnittstelle ist das XGMII. Sie hat aber eine Reihe von Problemen, sodass sie um XAUI erweitert wurde. Ich denke nicht, dass sich bis zur Verabschiedung des Standards an dieser Stelle besonders viel ändern wird.

XGMII ist ein Vorschlag für die Schnittstelle zwischen MAC und PHY. Es ist eine Parallelschnittstelle, die eher eingebettete Steuersignale und Begrenzer verwendet als mit zusätzlichen Steuersignalen zu arbeiten. Die Schnittstelle soll primär die MAC/PLS-Datenrate auf nunmehr 10 Gb/s anheben, aber gleichwohl auch langsamere PHYs unterstützen. Für Sendung und Empfang werden jeweils 32 Datenbits, 4 Kontrollbits und ein Taktsignal vorgesehen. Pro Byte, das übertragen wird, gibt es ein Kontrollbit. Dadurch möchte man die Schnittstelle in Geschwindigkeit und Bandbreite skalieren. Steht das Kontrollbit auf 1, so werden gerade Begrenzungszeichen und spezielle Zeichen übertragen. Steht es auf Null, so handelt es sich um normale Daten. Begrenzer und spezielle Zeichen umfassen z.B. IDLE während der Inter-Packet Gap oder, wenn es sonst keine Daten zu senden gibt, SQP für die Anzeige des Beginns eines Paketes, EOP für die Anzeige des Endes eines Paketes und ERROR, wenn man einen Fehler im empfangenen Signal entdeckt. Delimiter und Spezialzeichen werden durch den Wert des 8-Bit-Datenbündels bei korrespondierendem Kontrollbit »1« differenziert. Die Datenrate der MAC/PLS wird dadurch erreicht, dass man für die 32-Bit-Worte eine 156,25-MHz-Taktung vornimmt. Die MAC/PLS-Schnittstelle läuft mit 10,0 Gb/s. Um langsamere PHYs wie OC 192 zu ermöglichen, müssen Bremsmechanismen wie

Word Hold von PHY zu MAC und Nullzeichen eingefügt werden. Die Anzahl der Nullen gibt dann den Bremsfaktor an. Aber es gibt ja dafür wie bei der WAN-PHY schon angemerkt, weitere Alternativen. Um eine effiziente Arbeitsweise der MAC zu ermöglichen, sollten Sende- und Empfangs-Frames an Wortgrenzen ausgerichtet werden. Die MAC überträgt dann die ganzen Frames, die an den Wortgrenzen ausgerichtet wurden. Eingehende Frames werden von der PHY für den Transfer über die XGMII ausgerichtet. Durch die Gesamtkonstruktion von XGMII und PCS wird während der gesamten Übertragung eine Wortorientierung durchgehalten. SOP, SFD, Präambel und IPG-Symbole sollten 4 Bytes (ein Wort) groß sein.

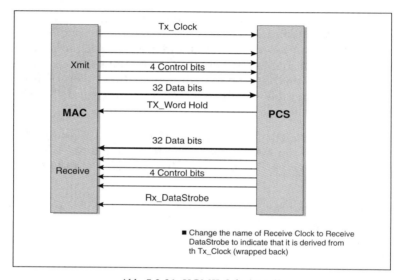

Abb. 5.2.31: XGMII-Schnittstelle

Ende 1999 wurden die Ziele der XGMII dahingehend erweitert, dass sie nicht nur eine Standard-Schnittstelle zwischen MAC und PHY, sondern auch zwischen PHY und PMD werden soll. Dadurch könnte sie auch in anderen Zusammenhängen wie Fibre Channel benutzt werden. Die PMD-Schnittstellen können unterschiedliche Komplexität haben. Hier kommt jetzt die Idee der »Lanes« zum Tragen, bei denen die 32-Bit-Datenwege in vier 8-Bit-Lanes aufgeteilt werden, die jeweils ein Kontrollbit besitzen. Es wird jetzt also alternativ eine PARALLELE oder eine SERIELLE Schnittstelle angeboten. Die parallele Schnittstelle ist wie schon oben beschrieben: die Signale haben eine Spannung von 1,25 V auf der Schnittstelle, die mit einer Impedanz von jeweils 50 Ohm betrieben wird. Die serielle Schnittstelle arbeitet mit den vier unterschiedlichen Wegen und liefert 4 x 2,5 Gb/s Sende- und Empfangssignale sowie eine Taktreferenz für die PMD. Es werden zusätzliche Management-

Leitungen eingeführt, die der Steigerung der Gesamt-Stabilität dienen. Auf der seriellen Schnittstelle wird eine 8B/10B-NRZ-Codierung benutzt, weil man diese Codierung kennt und sie oft implementiert und robust ist. Sie ist in den IC-Techniken wie CMOS, BiCMOS und SiGe einfach zu implementieren und ist elektrisch gut ausbalanciert. Die Signalisierungsrate ist 3,125 Gbaud, das liegt an der Grenze des in 0,25 Micron CMOS-Technik Machbaren. Bytes werden von der Parallelschnittstelle unmittelbar abgebildet und codiert. In der Praxis müssen die Lanes identifiziert werden, z.B. durch eine Farbcodierung. Eine serielle PMD, die die vier Lanes multiplext und demultiplext, kann die Zuordnung durch einfache Steuersignale vornehmen. Man sieht bei der Schnittstelle eine erstaunlich große Toleranz in der Taktung vor, die umgerechnet etwa bei 2,5 bit pro 1518-Byte-Ethernet-Paket liegt. Die minimale Transmit Inter Packet Gap ist 12 Bytes, wobei Transmitter durchaus längere Zwischenräume produzieren können. Für den Empfangsweg kommt man mit einem Minimum von 4 Bytes aus. SOP (S) ist nicht in der IPG enthalten, weil es das erste Byte der Ethernet-Präambel ersetzt. EOP (T) ist allerdings drin. Insgesamt möchte man das Management-Protokoll aus 802.3u Clause 22 wieder benutzen und lediglich neue Bits für die höhere Übertragungsgeschwindigkeit definieren. Die XMGII bietet mit der erweiterten Spezifikation die Möglichkeit der Benutzung unterschiedlicher Datenraten ohne komplizierte zusätzliche Codierung, Steuerung oder Überwachung.

Mit den beiden Schnittstellen, also einmal der 10-Gb/s-Parallelschnittstelle und zum anderen der 4 x 2,5 Gb/s seriellen Schnittstelle hat man für die unterschiedlichen Übertragungsalternativen wie serielle Übertragung oder WWDM usf. eine hohe Gestaltungsflexibilität. Beide Schnittstellen können in Geschwindigkeit und Datenbreite skaliert werden, ohne die Protokolle zu ändern. Außerdem kann man sie auch kombinieren, also z.B. zwischen MAC und PCS/PMA eine parallele und zwischen PCS/PMA und PMD eine serielle Schnittstelle verwenden.

XAUI ist das 10-Gigabit-eXtended Attachment Unit Interface. Es basiert auf den früheren »Hari«-Vorschlägen und wir referenzieren hier auf die konsolidierte Version vom März 2000. XAUI ist eine selbsttaktende Schnittstelle mit vier parallelen »Lanes«, wie man in diesem Zusammenhang die Datenwege genannt hat. Jede Lane hat eine Schrittgeschwindigkeit von 3,125 Gbaud durch die 8B/10B-Codierung. Die Architektur ist von der PHY und dem Protokoll unabhängig. So entsteht eine übersichtliche Implementierungsmenge für die Realisierung in CMOS, BiCMOS oder SiGe-Technologie. Die XGMII-Daten von und zu der PCS werden unmittelbar abgebildet. Die Reichweite der XGMII wird erhöht. Durch die Schnittstelle mit einer geringen Pin-Zahl erreicht man eine hohe Flexibilität in der Implementierung. Es wird ein Link-Design mit getrennten Jitter-Domänen unterstützt. Das Modell beinhaltet die Installation eines Agenten für MultiChannel-PHYs, damit diese gegenüber seriellen PHYs nicht benachteiligt werden. Die Selbsttaktung eliminiert die Notwendigkeit für eine getrennte Hochgeschwindigkeits-Schnittstellen-Taktung. Die mögliche Leitungslängen wird durch XAUI von den 7 cm des XGMII auf ca. 50 cm erweitert. Man braucht gegenüber der XGMII mit ihren stolzen 74 Drähten (2 Sets mit 32 Daten, 4 Control und 1 Clock) nur 16 Drähte (2 Sets mit je 4 Paaren) und bekommt die Möglichkeit, durch die Selbsttaktung den Jitter völlig einzudämmen, was bei XGMII nicht möglich ist, weil es keinerlei Methoden zur Jitter-Dämpfung aufweist. Das XAUI sitzt im Schichtenmodell zwischen den beiden XGXS, den XGMII Extender-Sublayern.

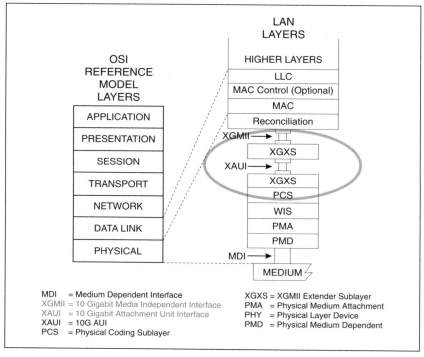

Abb. 5.2.32: *Lage der Komponenten im Schichtenmodell*

Der Vorschlag ist, XGMII als standardisierte Instanz der PCS-Dienstschnittstelle und der Reconcilliation Sublayer-Schnittstelle zu definieren. XGXS und XAUI wären dann optionale Erweiterungen. XAUI wäre dann die standardisierte Instanz der XGXS-Dienstschnittstelle, während die Schnittstelle zwischen PCS und XGXS keine standardisierte Instanz hat, sondern implementierungsabhängig bleibt. Die MultiChannel-PHYs wie WWDM und parallele optische Übertragung könnten dann geschickterweise so definiert werden, dass sie das XGXS Codec und den XGXS Serialisierer als ihre PCS/

PMA benutzen. Das wäre ein Durchbruch bei der Frage der Verteilung der zu integrierenden Elemente.

Die XGXS-Funktionen benutzen den 8B/10B-Übertragungscode. Entlang der vier unabhängigen seriellen »Lanes«, die die Nummern 0, 1, 2 und 3 bekommen, werden die Daten spaltenweise in Streifen geschnitten. XGXS übernimmt dann die Synchronisation der Lanes und der Schnittstelle für diese Art Link. Für die Link-Initialisierung benutzt man ein Ruhemuster. Von Lane zu Lane muss eine »Begradigung« der Signale durchgeführt werden, damit sie am Ende der Strecke nicht völlig durcheinander laufen. Toleranzen bei der Taktung müssen ausgeglichen werden. Schließlich muss die XGXS für robuste Paket-Delimiter und eine hochgradige Error Control sorgen, damit sich Fehler nicht (mit dieser hohen Geschwindigkeit!!) ausbreiten. Die Basis-Code-Gruppen werden so gestaltet wie bei Gigabit-Ethernet. Neben den Daten in Datenpaketen gibt es Steuerbefehle. Align begradigt die Laufzeitunterschiede zwischen den Lanes durch die Ausrichtung der Code-Gruppen. Synch sorgt für die Snchronisation und fügt Leerzeichen ein, falls dies notwendig ist. Skip kompensiert die Unterschiede in den Taktuhren. Start sagt, dass das Paket jetzt beginnt und identifiziert die Lane 0. Terminate gibt an, dass das Paket jetzt zu Ende ist. Error entsteht, wenn ein Fehler erkannt wurde oder in irgendeiner Form auftritt. Außerdem gibt es noch weitere Codegruppen, die jenseits dessen liegen, was man bei 1-GbE hat, z.B. für weitergehende Synchronisation und Clock-Toleranz-Kompensation.

Die XGMII-Daten werden durch die XGXS direkt auf die PCS abgebildet. Sie sind in 32-Bit-Worte mit einem Kontrollbit pro Byte organisiert. Die XAUI-Link-Synchronisation für die vier Lanes ist ein fünfstufiger Prozess, bei dem erst alle vier Lanes einzeln synchronisiert und dann zusammen eingereiht werden. Geht die Synchronisation auf einer Lane verloren, so ist die gesamte Synchronisation auf der XAUI weg. Die Synchronisierungs-Akquisition funktioniert so wie bei Gigabit-Ethernet. Es wird eine Hysterese für das Auffangen einer falschen Synchronisation oder den Verlust von Synchronisation wegen Bitfehlern etabliert. Danach wird provisorisch synchronisiert und schließlich auf einen Mittelwert eingestellt. Diese Link-Synchonisation ist schnell, zuverlässig und klar. Die Begradigung von im Rahmen der vier Lanes gegeneinander verschobenen Signalelementen erfolgt durch spezielle Alignment-Codezeichen.

XGXS liefert Jitter und Rauschisolation durch Retiming oder die Dämpfung des Jitters durch die Benutzung eines Repeaters hoher Qualität. Das Retiming ist dabei optional. Der Ausgleich von Clock-Tolaranzen erfolg dadurch, dass Idle-Muster vom Datenstrom weggenommen oder zu ihm hinzugefügt werden. In den Idle Stream kann man sogar eigene Skip-Spalten einsetzen. Skip wird für jede Lane einzeln gebraucht. Die Clock-Toleranz für ein 1518-Byte-

Paket bei +- 100 ppm ist 0,76 UI/lane. Für den Fall, dass keine Skip-Spalte für die Entfernung zur Verfügung steht, reicht es für die Elastizitätspufferung, ein paar Bytes zu warten.

Pakete, in denen Fehler entdeckt wurden, müssen verworfen werden. Man kann dazu entweder die Code-Verletzungs-Information aus der 8B/10B-Codierung weiterverarbeiten oder spezielle Codegruppen zur Weiterleitung der Informationen über Fehler benutzen. Die Signalisierung der Fehler ist eine Funktion der einzelnen Lanes, da die Disparität pro Lane geprüft wird. Die XGXS prüft die empfangenen Pakete hinsichtlich stimmiger Information. Die Regeln zur Reaktion im Falle von Fehlern sollten von PHY und dem Protokoll unabhängig sein.

Die elektrische Schnittstelle basiert auf einem wechselspannungsgekoppelten Differential-Interface. Der Transmitter kann Equalizing benutzen, solange dies im Rahmen der Empfängerspezifikationen bleibt. Der Transmitter sendet zwischen 500 und 800 mV, der Empfänger verträgt einen Bereich zwischen 175 und 1000 mV. Bei 50 Ohm beträgt der Verlust 9,1 dB, die Impedanz liegt um 100 Ohm.

Das gesamte Zusammenspiel der Komponenten zeigt sich nochmals im XGXS/XAUI-Referenz-Diagramm.

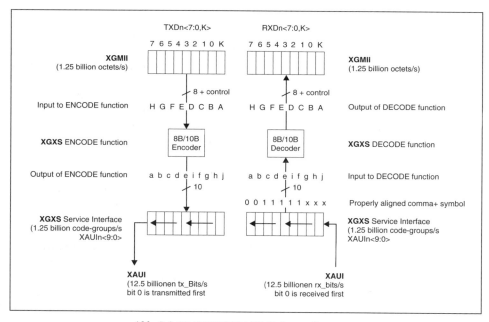

Abb. 5.2.33: XGXS/XAUI-Referenzdiagramm

5.3 Aktuelle Ausführungsformen von 10-Gigabit-Ethernet

In 2001 gab es weitere Treffen der Standardisierungsgruppe, die allerdings nicht viele verwertbare Neuigkeiten hervorgebracht haben. Seit den Abstimmungen beim Treffen Ende September 2000 in San Diego sind von den vielen Vorschlägen für die PMD folgende Varianten übrig geblieben:

10GBASE-LX 1550

Serielle Übertragung von 10 Gb/s, woraus allerdings durch Codierung auf der Leitung 12,5 Gb/s werden, auf 9- oder 10-Micron-Singlemode-Fasern bis zu 40 km ohne Zwischenverstärker. Dies ist die hochqualitative Variante für den Einsatz in MANs oder beim WAN-Access.

10GBASE-LX 1310

Auch hier hat sich die serielle Übertragung durchsetzen können, allerdings mit etwas geringeren Leistungseckdaten. Auf 9- oder 10-Micron-Singlemode-Fasern kommt man bis zu 10 km weit, auf neu entwickelten Multimodefasern wie z.B. Lucent LazrSpeed rechnet man mit ca. 300 m Übertragungsdistanz. Verschiedene Papiere bei den letzten Sitzungen befassen sich mit dem Einsatz von 1310-nm-VCSELs. Diese Vertikalemitterdioden könnten den Preis für diese Variante erheblich senken. Allerdings würde man dazu einen neuen Durchbruch in der Forschung benötigen, mit dem eher nicht zu rechnen ist. 10 GBASE-LX 1310 ist der Favorit für organisationseigene Backbones.

10GBASE-SX4 850CWDM

Diese Variante ist mein persönlicher Favorit. Die kurzwellige kompakte Technologie mit Wellenlängenmultiplex, bei der vier 2,5-Gb/s-Kanäle für die gewünschte Übertragungsrate sorgen, lässt die Verwendung preiswerter Komponenten, besonders VSCELs zu. Die ursprünglich im Standard verfolgten Distanzziele werden überschritten:

- 100 m auf installierter 62,5-Mikron-Multimode-Faser mit 160 MHz x km
- 300 m auf 50-Mikron-Multimode-Faser mit 500 MHz x km
- 500 m auf 50-Mikron-Multimode-Faser mit 1000 MHz x km

Damit ist 10GBASE-SX4 850CWDM die günstigste Variante für »worst case FDDI cabling«, der aus der Perspektive des Standardisierungsgremiums schlechtestmöglichen bestehenden Verkabelung. Multiplexer und Demultiplexer können als passive PHASARe in preiswerter Kunstoff-Spritzguss-Optik ausgeführt werden. Mit den VCSELs entsteht dadurch eine sehr preiswerte, Strom sparende Bauart.

Man darf aber auch nicht vergessen, dass CWDM-Systeme optisch skalierbar sind, weil sie in einem weiten Bereich von der Modulationsrate unabhängig sind. Momentan benutzt man VSCELs mit 2,5 Gb/s »Datenrate«, noch in diesem Jahr kommen aber 5-Gb/s-VSCELs an den Markt und der nächste Schritt sind 10-Gb/s-VCSELs. Erhöht man die Kanaldichte dann von heute 4 auf z.B. 10 Kanäle, kommt man z.B. zum 100-Gigabit-Ethernet.

10-GBASE-SX4 850-CWDM-Komponenten sind nach Aussagen der Hersteller mit Serienqualität im ersten Quartal 2001 verfügbar.

Abgewählt wurden folgende Varianten: 1310-nm-WWDM (schlechter als 850-nm-CWDM), 850 nm seriell (wesentlich schlechter und teurer als 850-nm-CWDM) und parallele Fiber (technologischer Unfug).

Momentan bilden sich bei den Herstellern zwei Fronten. Eine Gruppe favorisiert die seriellen Lösungen auch aus Kostengründen. Infineon Technologies, einer der weltweit führenden Anbieter vom 10-Gb/s-Transceivern und auch Kreator des zurzeit kleinsten 10-Gb/s-Transceivers rechnet vor, ab welchen Stückzahlen serielle 10-GbE-Module genauso günstig wie CWDM-Module hergestellt werden können. Dagegen stehen Firmen wie BLAZE Technologies, die erhebliche Kostenvorteile bei CWDM sehen. Ich persönlich favorisiere für den LAN-Bereich CWDM, alleine wegen der besseren Anpassbarkeit an Multimodefasern. Wer allerdings ohnehin nur Monomodefasern hat, kann sich der seriellen Fraktion anschließen.

Leider hat es bei IEEE 802.3 ae mittlerweile Streit über die 850-nm-Variante gegeben. Durch weitere Abstimmungsprozesse ist die vierkanalige 1310-nm-Variante wieder in den Vordergrund gerückt, während das 850-nm-CWDM-System in die Standardisierung von 10-Gigabit-Fiberchannel »verbannt« wurde. Der betroffene Hersteller Blaze gibt aber nicht auf und die Produktrealität wird zeigen, welche Varianten sich letztlich durchsetzen.

5.4 Ethernet in the First Mile

Anfang Januar 2001 tagte zum ersten Male eine neu gebildete IEEE 802.3-Arbeitsgruppe zum Thema »EFM« (Ethernet First Mile). Wenn wir davon ausgehen, dass die optischen Netze eine neue Leistungs-Dimension in der WAN-Technik erschließen und dabei via 10-Gb-Ethernet-Standard auch hier das Ethernet-Päckchen das Maß aller Dinge ist, ist es nur logisch darüber nachzudenken, wie man dies sinnvoll zum Endteilnehmer durchschleifen kann.

Wir beschreiben diese Ideen in diesem Buch, weil sie die Zukunft des Teilnehmerzugangs nach xDSL beschreiben und letztlich weit über die nächsten fünf Jahre hinausreichen.

Es ist sehr zu begrüßen, dass sich die Arbeitsgruppe in einem Stadium konstituiert hat, in dem es noch nicht »zu spät« ist, entsprechende Entwicklungen zu koordinieren. Es ist jedem klar, dass ATM in Zukunft auch für die Versorgung von Endteilnehmerschleifen keine Alternative mehr sein kann, dass aber auch Lösungen wie die xDSL-Technik früher oder später deutlich an ihre Grenzen stoßen werden. Es geht jetzt darum, die Netze der nächsten Jahre mit entsprechenden Standards vorzubereiten.

Das Marktpotenzial ist gewaltig. US und Europäische Telcos und Kabelbetreiber sind an einem Standard interessiert. Für den Heimmarkt ergeben sich über 200 Millionen Haushalte, allerdings können mit dem gleichen Ansatz auch Unmengen kleinerer und mittlerer Büros bedient werden. IEEE 802.3 hat natürlich Interesse daran, Switched Ethernet als DEN Standard für den Aufbau von heimischen Netzumgebungen zu forcieren.

Direkt beim ersten Treffen waren außerordentlich viele wirklich maßgebliche Hersteller wie Nokia, ADC, Lucent, Picolight, Alloptic, 3Com, Nortel, Extreme und Cisco anwesend. Ausgangsszenario ist das Multiservice Operator Network z.B. eines value-addenden Telco-Providers, der neben der Basisleistung entweder selbst Mehrwerte anbietet oder dies Dritten ermöglicht und für die technische Realisierung sorgen muss. Dienstleistungen in einem typischen Multiservice-Operator-Netzwerk sind:

- paketisierte Sprache
- geswitchtes Digital-Video: Broadcast, Pay per View, VOD, Videotelefonie, HDTV
- Daten: Internet Access, VPNs, ...

An das Zugriffsnetz der Endteilnehmer werden dann folgende Anforderungen gestellt:

- Bandbreite 100 Mb/s oder 1 Gb/s per Haushalt, 10 Mb/s oder weniger sind nicht ausreichend, um in der Qualität mit CATV vergleichbare Video-Dienstleistungen anbieten zu können, vor allem vor dem Hintergrund mehrerer zu unterstützender Endgeräte in einem Haushalt
- Alle Dienstleistungen über IP (über Ethernet) mit einer IP Kontrollebene
- Genügend QoS-Verfahren, um die Dienstleistungen, geringe Verzögerung, geringe Verluste zu gewährleisten, wobei allerdings IP DiffServ mit Zugriffskontrollen ausreichend erscheint
- Passive Komponenten werden bevorzugt (Ethernet Passive Optical Network (EPON))
- Bestehende Telefonleitungen und CATV-Coax sollten nach Möglichkeit ebenfalls benutzt werden können.

Kapitel 5

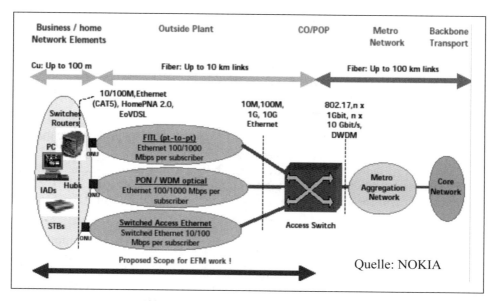

Abb. 5.4.1: Ethernet Access Network, Nokia

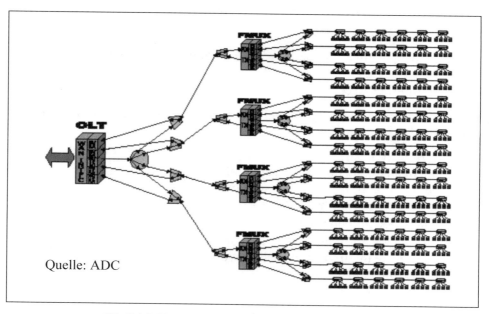

Abb. 5.4.2: Versorgung von 384 Häusern mit einem OLT

Die Ethernet-Evolution

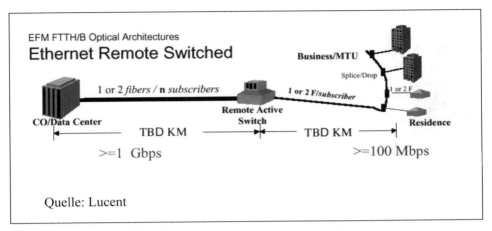

Abb. 5.4.3: Ethernet Remote Switched

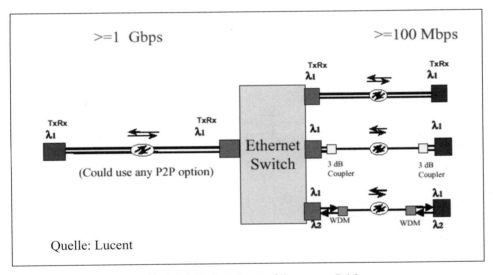

Abb. 5.4.4: Technische Ausführungvon 5.4.3

Kapitel 5

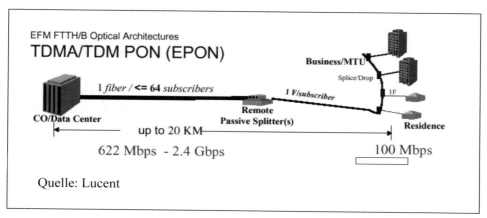

Abb. 5.4.5: Ethernet mit TDMA/TDM EPON

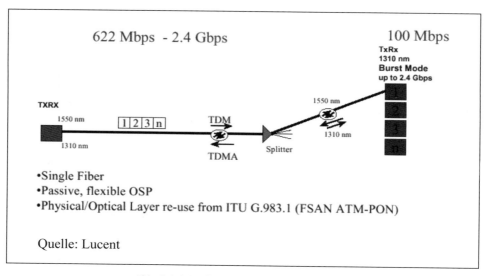

Abb. 5.4.6: Technische Ausführungvon 5.4.5

Die Ethernet-Evolution

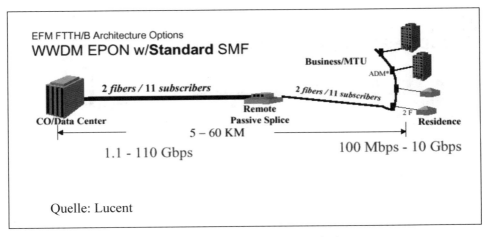

Abb. 5.4.7: WWDM EPON Standard

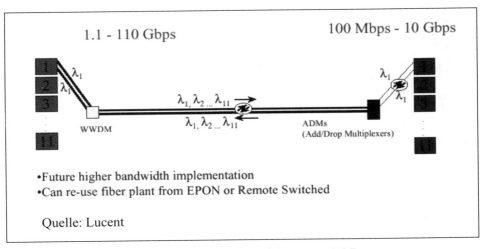

Abb. 5.4.8: Technische Ausführung von 5.4.7

Kapitel 5

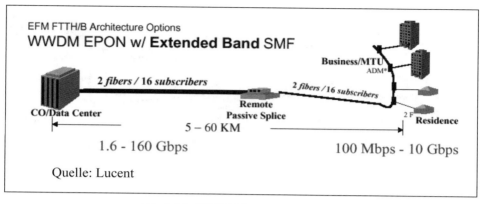

Abb. 5.4.9: WWDM Extended Band SMF

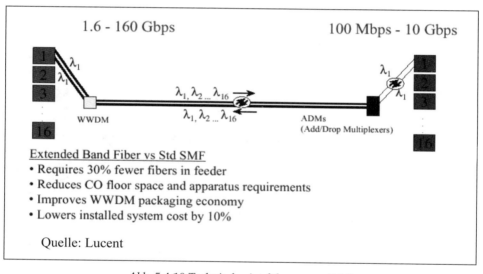

Abb. 5.4.10:Technische Ausführungvon 5.4.9

Hauseigene Kupfernetze gehören üblicherweise dem Hauseigentümer. Neue Häuser werden normalerweise mit strukturierten Verkabelungssystemen der Kat. 5 ausgestattet. Ältere Häuser haben CATV-Kabel für die Verteilung analoger Fernsehsignale oder sogar nur Telefonleitungen. Über den Standard HomePNA 2.0 (PNA = Physical Network Access) können diese Telefonleitungen auch für die Datenübertragung genutzt werden. Das Problem mit HomePNA ist, dass sich verschiedene Geräte die ohnehin geringe Datenrate von 10 Mb/s auch noch teilen müssen. Eine andere Möglichkeit wäre die Nutzung von VDSL. Betrachtet man aber die physikalischen Randbedingungen näher, erscheint auch eine Standardisierung für die Auslieferung von Ethernet-Paketen über CATV Erfolg versprechend für eine einigermaßen dauerhafte Übergangslösung. Eine solche Spezifikation sollte folgende Eigenschaften haben:

- Unterstützung von mindestens 100 Mb/s Datenrate
- Unterstützung von Distanzen von mindestens 100 Bidirektionale Übertragung
- 4-8 Endgeräte
- 4-8 Serviceklassen
- Bandbreitezuordnung via Gerät und Klasse
- Die parallele Übertragung analoger Videosignale wird nicht benötigt

Grundsätzlich ist die Verwendung von Kupfer nur mehr ein politischer Kompromiss und es gibt eine Reihe von Gründen, in den nächsten Jahren die optische Übertragungstechnik bis zum Endkunden durchzuleiten. Bereits im Zusammenhang mit ATM hat es Überlegungen gegeben, passive Optische Netze, die ATM-PONs oder kurz APONs zu implementieren. Die Verwendung von ATM bedeutet jedoch die unsinnige und unnütze Notwendigkeit, Pakete zu schreddern und wieder zusammenzusetzen, fügt mindestens 20% Overhead hinzu und ist insgesamt nur für Anwendungen bis hin zu mittleren Geschwindigkeitsbereichen zu nutzen.

Generell muss man sich bei einem PON überlegen, dass es nicht wirklich eine skalierbare Architektur bietet. Ein PON besteht letztlich aus einem Link zu einem größeren Netzwerk, einem passiven Verteiler und Leitungen zu den Endknoten. Der Link muss in jedem Fall mehr als 1 Gb/s können, denn wenn man z.B. 32 Endteilnehmer mit einem PON bedient, dann kämen bei einem Gb/s ja nur ca. 30 Mb/s beim Endteilnehmer an, dafür könnte man gleich VDSL nehmen. Allerdings, welchen Wert man auch immer nimmt, einen größeren Technologieschritt macht das PON nicht ohne größere Änderungen in der Struktur mit. Die Fiber Optic selbst ist dabei nicht so sehr ein Problem wie die Verlegung.

Diesen Bedenkenbereichen stehen allerdings auch eine große Zahl von Vorteilen gegenüber. PONs reduzieren wegen ihres Konzentrator-Charakters die Anzahl der Leitungen in den Links. Man benötigt keine aktiven Komponenten beim Kunden, anders als bei VDSL, und man benötigt keinerlei Stromversorgung. Hinsichtlich der Kapazität sind PONs eher den flexiblen Architekturen zuzuordnen. Der Standard G.983 für APONs ist verfügbar und wäre auch für das Ethernet-Protokoll-Profil nutzbar. Allerdings ist er über 10 Jahre alt und müsste ohnehin renoviert werden.

PONs, VDSL- und CATV-Netze liegen nicht so weit auseinander, dass es völlig unmöglich wäre, für sie einen gemeinsame MAC-Layer zu schaffen. Insgesamt geht man aber davon aus, dass die Kupferinfrastruktur an Boden gegenüber der Fiber Optic verliert.

Die natürliche Erweiterung eines Glasfasernetzes ist die Einbeziehung von Wellenlängenmultiplex (WDM). Das geht natürlich auch bei PONs. WDM-PON Access würde bedeuten, dass man z.B. jedem Haushalt eine Wellenlänge zuordnet. Das ist ideal vom Standpunkt der Skalierbarkeit hinsichtlich der Kapazität. Man kann Geräte gezielt mit Dienstleistungen versorgen und dabei auch hohen Sicherheitsanforderungen genügen, weil ja nicht alle Endgeräte die gleichen Wellenlängen empfangen können müssen. Außerdem kann die Bandbreite pro Wellenlänge noch dadurch modifiziert/erweitert werden, dass das Equipment des Subscribers mehr oder weniger kann. Allerdings ist das noch etwas fernere Zukunftsmusik, denn es würde voraussetzen, dass Endteilnehmer billige abstimmbare Netzwerkabschlussgeräte bekämen oder man mit festen Filtern arbeiten kann. Außerdem ist zu befürchten, dass passive WDM-Systeme recht anfällig gegen Temperaturschwankungen sind.

Zusammenfassend hat die IEEE-Arbeitsgruppe folgende Grobziele ins Auge gefasst:

- Definition eines Standards für Fiber-to-the-Home (FTTH) und andere NutzeBenutzung der einfachsten Protokolle, die Flexibilität und schnelle Upgrades berücksichtigen
- Möglichst einfaches CPE Equipment (Customer Premises Environment)
- Möglichkeit, mit existierender Technologie zu beginnen
- Einbeziehung von Kupfervarianten
- Einbeziehung möglichst vieler Anbieter (Telcos, CATV, ...)
- Möglichkeit der Einbeziehung normalen Telefonverkehrs
- Standardisierung der Erweiterungsmethode
- Garantierte Bandbreite mit hoch verfügbarem Service für den Endnutzer
- Symmetrische, skalierbare und leicht änderbare Bandbreite
- Für den Betreiber: leichte Verwaltbarkeit (Abrechnungsmöglichkeit, flexible Subnetzgranularität, Kontrolle und Feedback über Latenz, Statistik und Security)
- Möglichkeiten zur schnellen Fehlerisolation
- Schnelle und flexible Konfiguration

Die Abb. 5.4.2 zeigt, wie man z.B. 384 Häuser mit einem ordentlichen optischen Link Transceiver, vier Multiplexern und 4-fachen TAP-Ketten versorgen könnte.

Insgesamt konzentriert sich die Diskussion momentan stark auf die EPONs. (Ethernet Passive Optical Network). Ein EPON hat eine Punkt-zu-Vielpunkt-Struktur und kann für Fiber to the Building, Home, Office usf. benutzt werden. Dynamisch skalierbare Bandbreite hilft bei der systematischen Versorgung der ONUs, der Optical Network Units. Im Abb. EFM3 sehen wir nochmals vereinfacht die Grundstruktur, die Voice, Daten- und Video-Dienste anbietet. Ein Switchrouter stellt die Schnittstelle zum Metropolitan Area Network Equipment dar. Passive optische Splitter ersparen aktive Elektronik in der lokalen Schleife. Normalerweise hat man heute bis zu 32 ONUs hinter einem Splitter und benutzt eine Lichtwellenlänge von 1550 bzw. 1510 nm für den Downstream und 1310 nm für den Upstream, wenn man nur mit einer Faser arbeitet. Man sieht natürlich sofort, dass dann für den Upstream ein Synchronisationsprotokoll fällig wird, weil ja hier verschiedene Nachrichtenwege in einem Punkt zusammenlaufen. Dies widerspricht natürlich schon den o.g. Zielen, wo ja z.B. eine symmetrische Kommunikation vorgesehen wird. Allerdings kann man darüber lange streiten: für die Services bei normalen Endkunden dient der Rückkanal nur zum Auswählen und Bezahlen oder sonstigen Kontrollfunktionen wie Browsen, braucht also eine wirklich wesentlich geringere Bandbreite. Hier nur wegen der Symmetrie mit erheblich erhöhtem Aufwand zu arbeiten, lohnt sicher vielfach nicht.

Verschiedene Hersteller, wie die Fa. Alloptic, haben schon entsprechende Verfahren vorgestellt; an dieser Stelle sei daran erinnert, dass Ethernet ja einmal ein Netz mit Wettbewerbsverfahren war und es außer CSMA/CD immerhin noch ca. 4000 andere Algorithmen gibt, mit denen man eine solchen Mehrfachzugriffssteuerung realisieren könnte. CSMA/CD selbst kommt wohl nicht in Frage, weil man eine Bandbreitegarantie für den Rückkanal haben muss.

Einer der wesentlichen Nachteile von ADSL oder VDSL ist die extreme Abhängigkeit der realisierbaren Bandbreite von der Leitungslänge. Erzielt man über 300 m mit VDSL ohne weiteres 50 Mb/s, so fällt dies mit ADSL über 6.000 m auf 1,5 Mb/s ab. Hersteller sprechen davon, in den interessanten Bereichen zwischen 2 und 6 km mit vollständig passiver, preiswerter Technologie Datenraten im Gb/s-Bereich realisieren zu können. Die optischen Modems auf der Seite der Teilnehmer werden dabei aber nicht dumm sein müssen, sondern können Funktionen wie Firewalling, Routing, Switching und dynamische Bandbreitezuordnung beinhalten.

Über die Integration von Kupfertechnik gibt es indes ganz unterschiedliche Vorstellungen. Viele Hersteller denken daran, wie beschrieben einen Standard für EFM zu formulieren, der auf Koax, Kat. 5 und Optik gleich gutartig funktioniert. Das ist aber irgendwie auch unstimmig wegen der enormen

Leistungsunterschiede der Technologien. Viel besser gefällt mir die Idee, einen EPON-Standard zu definieren, der die alte Verkabelung ganz ans Ende setzt. Ein optisches Modem ist sozusagen der Eingang zur bestehenden Hausverkabelung, siehe Abb. 5.4.1. Dieser Ansatz würde es ermöglichen, ein Carrier-Netz ganz in optischer Technologie auszuführen und gleichzeitig die Investitionen in bestehende Verkabelungen zu retten. Hausbesitzer sind in diesem Punkt sicherlich eine wesentlich schwierigere Klientel als z.B. Industriekunden und werden es gar nicht einsehen, die irgendwann einmal teure Infrastruktur, gerade bei größeren Mietshäusern, gegen irgendwelche ominösen Glasfasern einzutauschen, nur weil diese jetzt angeblich modern seien. Der Autor ist selbst Limited Partner bei US-Immobilienfonds und kennt die Diskussionen um solche Punkte. Aus dieser Erfahrung kann man es als absolut undurchführbar ansehen, Kunden zwangsweise ältere Verkabelungen stillzulegen und durch Inhouse-Glasfasern zu ersetzen.

Insgesamt taucht auch mehrfach der Vorschlag auf, völlig unabhängig von der Verwendung von EPONs zunächst einmal Ethernet auf VDSL zu definieren, um ein klares Signal gegen ATM zu setzen. Von Extreme Networks kam der berechtigte Einwand, dass eine Konzentration auf eine Ethernet-TECHNOLOGIE für die First Mile falsch sei, man solle sich stärker darauf besinnen, Ethernet-SERVICES zu liefern, und dies über einen weiten Bereich von Technologien. Wenn man an den Endpunkten des Netzes verbindungslosen Datentransfer im Ethernet-Paket-Format implementieren wolle, könne das Netz aus Circuit Switches, Zellen, Ringen oder sonstigem bestehen. So könne man die Front der ATM-orientierten Carrier am ehesten aufbrechen. Wesentlich sei es, die betrieblichen Vorteile von Ethernet herauszuarbeiten, was Monitoring, Betrieb und Management betrifft, und sich als Standardisierungsgremium vor allem auf die Dinge konzentrieren, die den Betreibern, also den kleinen und großen Carriern, eine Nutzung der Fortschritte in der Technologie bei gleichzeitiger Reduktion des täglichen Aufwandes ermöglichen könnte. Dazu müsse man die physikalischen Randbedingungen der EFM von den Anforderungen eines Netzwerkmodells mit Provider und Abonnent trennen. Dazu gehöre unzweifelhaft die Definition neuer technischer Übertragungswege unterhalb der Ethernet MAC. Andererseits müsse die Hinzufügung neuer Qualitäten dezent geschehen, um nicht das einfache und klare Gesamtbild »Ethernet« zu verwässern. Cisco Systems hatte dem noch hinzuzufügen, dass der Markt für EFM aus besonders qualifizierten Kunden bestehe, die sich letztlich nur von massiven, nachweisbaren Vorteilen beeindrucken ließen. Zu diesen gehöre ein »Versorgungsmodell vom AOL-Typ«, welches Kunden durch besonders billige Bandbreite locken könne.

Interessant sind auch die Einlassungen von Kundenseite. BT (British Telecom) hat bereits 50% der Haushalte in Großbrittannien mit ADSL versorgt. Man bemerkt natürlich mit Recht, dass ein System nicht automatisch billiger oder erfolgreicher wird, weil man es Ethernet nennt. Die Erfahrungen mit DSL zeigten jedenfalls, dass dies keine besonders geeignete Methode für preiswerten Zugriff sei, und für EFM stehe der Beweis ja auch noch weit aus. Man benötigte eigentlich radikal billigere Komponenten oder eine radikal andere Infrastruktur. FTTH sei sehr teuer und kleinere Betreiber könnten das auch in näherer Zukunft gar nicht bezahlen. Der Markt für neue Gebäude sei vergleichsweise schmal. Daraus zieht man die Konsequenz, dass FTTH insgesamt nicht so schnell kommen wird. Allerdings würden Kostenstudien auch zeigen, dass die passiven optischen Netze, wenn sie vor der Gebäudeverkabelung enden, wie wir dies weiter oben ja schon angesprochen haben, der einzige gangbare und bezahlbare Weg für die nähere Zukunft seien. Allerdings gebe es jetzt erst einmal immense Investitionen in Kupfertechnik, besonders xDSL, und ein nur marginaler Kostenvorteil sei kein Grund, sich davon zu verabschieden. Die Standardisierungsgruppe sei gut beraten, sich mit Ethernet über DSL zu befassen und ansonsten nicht nur auf die Vorgaben des US-Marktes zu starren, sondern auch die Verkabelungssituation in EMEA und ROW zu berücksichtigen und die generellen Anforderungen wie Skalierbarkeit, Zuverlässigkeit und die Möglichkeit, wirklich große Teilnehmerzahlen bedienen zu können nicht aus den Augen verlieren.

In der Frage QoS ist man sich eigentlich darüber einig, dass jedes PON eine übersichtliche Umgebung ist, bei der die benötigten Bandbreiten festliegen und eigentlich immer eine sehr hohe Versorgungsqualität gesichert werden kann. Sollten darüber hinaus dennoch weitergehende Ansprüche bestehen, werden die einfachen Verfahren wie DiffServ und RSVP im Layer 3 sowie 802.1 p und q in Layer 2 als ausreichend angesehen.

Ethernet Everywhere ist auf dem Vormarsch. Kleinere Carrier wie z.B. TELIA in Schweden haben schon umfangreiche Betriebserfahrungen auch in der letzten Meile. EFM und xDSL-Techniken werden sich ergänzen und sind kein Widerspruch. Gleichermaßen erwarte ich von der Standardisierung eine Lösung für CATV-Systeme. Für die LAN-Anwendung hochinteressant sind aus meiner Sicht die EPONs. Hier könnte letztlich ein Weg geebnet werden, der Glasfasern zum Arbeitsplatz zu Kosten einer Kat.-5-Verkabelung möglich macht. Das bleibt ganz spannend.

5.5 Zusammenfassung und Überleitung

Der 10-Gigabit-Ethernet-Standard setzt neue Maßstäbe bei Corporate Networks und schließt in gewisser Weise auch die Lücke zum WAN. Es ist aber ein großer Irrtum, dass z.B. eine Anhäufung von 10-GbE-Schaltkästen verbunden mit DWDM-Leitungen ein WAN ergeben könnte. Im nächsten Kapitel sehen wir, was dazu wirklich alles nötig ist. Allerdings, den Gedanken eines größeren Ethernet kann man auch legitim fassen, und zwar auf dem Metropolitan Area-Bereich, um den wir uns in Kap. 7 kümmern.

Optische Internet-Lösungen: die nächste Generation 6

In den vorangegangenen Kapiteln haben wir zunächst die Struktur von LAN, MAN und WAN-Systemen betrachtet und zunächst in Kap. 2 ein entsprechendes Modell entwickelt. Dieses Modell ist von der Ausprägung bisheriger SONET-Systeme für den WAN-Bereich bestimmt. Die Standardisierung nach G.709 geht ebenfalls noch diesen traditionellen Weg. In Kapitel 4 haben wir die Konstruktion rein optischer Switchmatrizen näher betrachtet. Dabei ist aufgefallen, dass die Reaktionsgeschwindigkeit vom Schaltbefehl bis zum geschalteten Signal im Millisekundenbereich liegt, dies aber nicht weiter thematisiert, sondern mit dem 10-Gigabit-Ethernet zunächst einmal ein relativ vollständiges optisches Netz mit begrenztem Aktionsradius kennen gelernt. Dies generelle Struktur ist hier so einfach wie die grundsätzlichen Anforderungen.

Wenn man sich nun auf den Bereich der Fernnetze begibt, könnte man natürlich den mit SONET und G.709 beschrittenen Weg fortsetzen. Damit vergibt man aber eine Reihe von Möglichkeiten, die die optische Technologie bietet. Es ist also das besondere Anliegen dieses Kapitels, nicht nur die Weiterentwicklung der WAN-Technik im konventionellen Sinne zu betrachten, sondern das in den Vordergrund zu stellen, was man eigentlich haben möchte: ein Transportsystem der nächsten Generation für das Internet.

Und hier ist es gerade nicht der millionenfach systematisch ineinander gemultiplexte Telefonverkehr, auf den es ankommt, sondern ein überwiegender IP-Verkehr, der die ca. 2% Telefonieaufkommen noch »miterledigt«.

Nach einer etwas weiter gehenden Einführung kommen wir zu grundsätzlichen Bemerkungen hinsichtlich des Aufbaus optischer Fernverkehrsnetze, aus denen wir funktionale Anforderungen für ein WAN-Transportsystem ableiten. Wir blicken dann nochmals auf die Bausteine und puzzeln hier verschiedene Informationen, die wir vor allem in den Kapiteln 3 und 4 gewonnen haben, weiter zusammen. Dies wird dann ergänzt um Betrachtungen zum Weg zu vollständig optischen Netzen, bei denen vor allem die Themen Quality of Service und Protection interessant sind. Wir entwerfen schließlich das Bild eines automatisch geswitchten optischen Netzes (ASON) und kommen schließlich zu unterschiedlichen Ausführungsformen der Terabit-Router, die in diesem Zusammenhang benötigt werden. Diese werden besonders durch entsprechende Entwicklungen von Alcatel konkretisiert.

Kapitel 6

6.1 Einführung

Der heutige Telekommunikationsmarkt wird durch die zwei Hauptfaktoren Bandbreitenexplosion und wachsender Wettbewerbsdruck geprägt. Der Bandbreitehunger kommt haupsächlich aus drei Bereichen: Sprachübertragung, Unternehmensdaten und Internet. Der Internet-Verkehr hat einen immer weiter steigenden Anteil am exponentiellen Verkehrswachstum. Der Verkehr mit Unternehmensdaten wird anteilmäßig gesehen auf dem gleichen Niveau bleiben wie heute, während der Spachverkehr nur noch einen Bruchteil der Bandbreite benötigen wird.

Normalerweise ist der Internetverkehr in hohem Maße gebündelt, bevor er auf das WAN geht. Die Kernrouter packen den IP-Verkehr auf höchstmögliche Datenraten an den Schnittstellen. Die Datenrate der Router, die die Pakete forwarden, ist allerdings durch den Fortschritt in der Elektronik begrenzt. Nach Moore's Law verdoppeln sich die Möglichkeiten der Elektronik alle 18 Monate. Wegen architektureller Verbesserungen hat sich die Line Speed von IP-Routerschnittstellen etwa alle zweieinhalb Jahre vervierfacht. Der Internet-Verkehr in den Kernnetzen verdoppelt sich aber alle 10-12 Monate. Das bedeutet, dass die Anzahl von Links zwischen Kern und IP-Routern dauerhaft wächst. Ein derartiges Wachstum in der Anzahl von Kernnetz-Verbindungen kann nur mit DWDM-Mehrkanalsystemen gehandhabt werden. Die Schnittstellenbitrate von noch an SDH orientiertem elektrischem Time Division Multiplex Equipment (ETDM-Equipment) hat sich etwa alle drei Jahre verdoppelt. Aus technologischen Gründen, hier spielt insbesondere die mögliche Taktrate bei den integrierten Schaltkreisen eine wichtige Rolle, erwartet man nicht, dass ETDM-Schnittstellen schneller als 40 Gb/s werden können. Die mögliche Kanalzahl auf DWDM-Systemen ist allerdings wesentlich schneller gewachsen.

Um den Anforderungen nach Bandbreite genügen zu können, benutzt man heute eine Kombination aus High Speed Paket Forwarding, ETDM und DWDM. Sobald die IP-Router eine Schnittstellengeschwindigkeit von 40 Gb/s erreichen, wird man ETDM nicht mehr benutzen, sondern die Router direkt an den Netzkern anschließen.

Der andere wesentliche Einflussfaktor, der Wettbewerbsdruck, resultiert aus der weltweiten Liberalisierung des Telekommunikationsmarktes. Der scharfe Wettbewerb drückt auf die Margen bei den angebotenen Übertragungsdiensten. Es gibt im Grund nur zwei Methoden, im Wettbewerb zu bestehen: geringer Preis oder besserer Service, am besten beides. Die Kosten für Dienste des Transportnetzes können durch geringere Ausgaben bei Equipment und reduzierten Aufwand beim operationellen Betrieb erzielt werden. DWDM und andere optische Technologien senken den Preis für das zu übertragende

Bit mit unglaublicher Geschwindigkeit. Die Einführung von mehr Intelligenz in das optische Kernnetz wird die Betriebskosten erheblich senken. Genauso wird mehr Intelligenz die Differenzierung von Dienstleistungen duch höhere Niveaus der Zuverlässigkeit, Bereitstellung von Dienstleistungen in Echtzeit und Optische Virtuelle Private Netze (OVPN) ermöglichen.

Um die Anforderungen, die sich aus noch nie dagewesenem Bandbreitewachstum und Wettbewerbsdruck ergeben, meistern zu können, müssen neue optische Transport-Technologien ins Feld gebracht werden. Die immer höheren Bitraten pro Pfad durch das Netz und das Wachstum in der Anzahl der Pfade kann nur durch DWDM gemeistert werden. Heute bedeutet das meistens noch Punkt-zu-Punkt-Übertragungssysteme. Bald werden aber optische Add Drop-Multiplexer (OADM) und optische Cross-Connects (OXC) verfügbar sein, die es zusammen mit verbesserten optischen Betriebs- und Überwachungsmethoden erlauben, vollständig optische Netze (All Optical Networks – AON) zu bauen.

6.2 Grundsätzliche Bemerkungen zum Aufbau optischer Weitverkehrsnetze

Die optische Übertragungstechnik bietet eine enorme Leistung auf den Übertragungsstrecken. Leider ist es damit nicht getan, sondern man muss sich überlegen, wie man diese Leistung beherrscht und verteilt. Man muss an dieser Stelle auch deutlich darauf hinweisen, dass hier sehr vieles noch in Bewegung ist, weil der Markt für Komponenten von Fernverkehrsnetzen völlig anders aussieht als z.B. der Markt für LANs. Bei Komponenten für Fernverkehrsnetze ist die Anzahl der möglichen Kunden relativ gering, das Investitionsvolumen eines einzelnen Kunden ist aber besonders hoch. Das ist bei LANs ja z.B. genau anders. Zudem wird das Investitionsvolumen von Carriern etwas anders über die Zeit verteilt, als dies bei Corporate Networks der Fall ist. Die Anbieter von LAN-Equipment müssen sich genau an Standards halten, sonst kauft niemand ihre Geräte und sie haben nur einen sehr geringen Handlungsspielraum für zusätzliche Funktionalität. Bei WAN-Equipment sieht das etwas anders aus: solange die Interoperabilität im Rahmen von Standards wie SONET oder G.709 gewährleistet ist, können die Hersteller ihre Geräte mit zusätzliche Funktionen auf der Grundlage zusätzlicher proprietärer Steuerungs- und Hilfsverfahren erheblich anreichern, weil es den Endkunden, also den Carrier, vor allem interessiert, wie er mit diesem Equipment Geld verdienen kann. Es mag jetzt sowohl Hersteller als auch Kunden geben, die diese Sichtweise nicht teilen mögen, aber die Tatsachen sprechen eine deutliche Sprache.

Das ist jetzt auch der Grund dafür, warum man auf dem Bereich der Optischen Netze nicht erwarten darf, dass sich einzelne Steuerungsverfahren durchsetzen. Hinsichtlich der reinen Übertragungstechnologie ist es so, dass die Physik auf der einen Seite und die Herstellungstechnik auf der anderen Seite einen Rahmen stecken, der eine Navigation ausgerichtet an dem, was man ausgeben möchte, erlaubt. Dieser Rahmen verändert sich zwar laufend, während einer Investitionsphase neigt man aber dazu, ihn als konstant anzusehen.

Für das optische Transportnetz gibt es dann eine Reihe von Standards, die sich wie SONET sehr stark auf Rahmenformate und elementare Fehlererkennung und -Behebung konzentrieren oder Interoperabilität über Netzgrenzen hinweg und die Einführung neuerer Datenformate fördern möchten, wie G.709. Diese Standards, zusammen mit den physikalischen Bedingungen bei der Punkt-zu-Punkt-Übertragung, sind aber nur ein kleiner Teil dessen, was an Funktionalität notwendig ist, um wirklich ein ganzes WAN mit all dem, was man sich von ihm wünscht, zu implementieren.

Wir wollen eine noch vereinfachte, aber für die Zwecke dieses Kapitels ausreichende Unterteilung der Funktionalität vornehmen, die ich zum ersten Mal in Unterlagen der Fa. Cisco gesehen habe. Ein intelligentes optisches Netzwerk ist eine Vermaschung von optischem Übertragungs- und Switching-Equipment (siehe Abb. 6.2.1). Es besteht im Kern aus Punkt-zu-Punkt-DWDM-Systemen und optischen Cross-Connects.

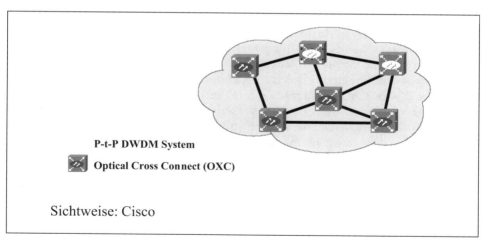

Abb. 6.2.1: *Vermaschung von optischem Übertragungs- und Switchequipment*

Es stellt mit Wellenlängenrouting dynamische Punkt-zu-Punkt-Verbindungen für SONET/SDH oder Gigabit-Ethernet auf Grundlage einer einzelnen Wellenlänge her (Abb. 6.2.2) ...

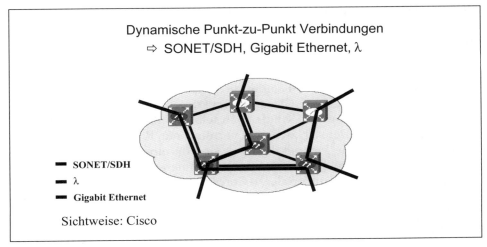

Abb. 6.2.2: Wellenlängenrouting

... und zwar zwischen angebundenen Internetworking Devices wie IP-Router, SONET/SDH Multiplexern, Fiberchannels oder ATM-Switches oder Geräten, die wir heute noch nicht kennen (Abb. 6.2.3).

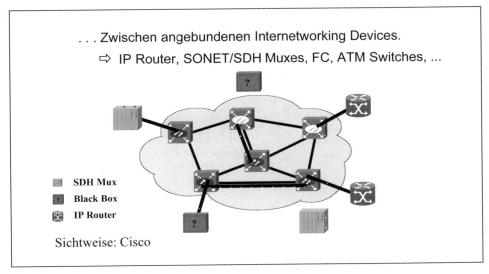

Abb. 6.2.3: Wellenlängenrouting

Bevor wir das weiter diskutieren, sei deutlich darauf hingewiesen, dass diese Sichtweise der gewünschten Perspektive eines Ausrüsters für Corporate Networks entspricht, denn die Welt seiner Kundenanschlüsse ist bis auf die SONET/SDH-Boxen klar durch die Geräte charakterisiert, die ein Kunde hat. Cisco stellt sich das Optische Netz schließlich als Menge virtueller Leitungen zwischen Kunden-Lokationen vor, und die einzige Perspektive der Erbringung von Dienstleistungen durch einen Carrier ist diejenige der Bereitstellung einer virtuellen Leitung. Bevor wir diesen Ansatz verdammen, verfolgen wir ihn einfach weiter, weil er didaktisch hilfreich ist und auch deutlich das beschreibt, was Corporate-Kunden sich eigentlich wünschen. So entsteht, wenn man die Gedanken von Cisco weiterverfolgt, ein recht übersichtliches Gebilde, das sich ein größerer Kunde auch selbst kaufen kann, wenn er genügend Glasfasern hat oder sich zu einem vernünftigen Preis Glasfasern mieten kann. Dies ist auch die Perspektive, wie sie von einem Dienstleistungsanbieter in einem Metropolitan-Umfeld angenommen werden kann. Wenn ich mir ansehe, wie sehr sich die größeren Corporate-Kunden eine Loslösung von den Fesseln der Carrier wünschen, halte ich diese Betrachtung auch für sehr erfolgreich. Setzen wir aber das Bild jetzt fort.

Nach Cisco ist der Schlüssel zum Glück der Wellenlängenrouter, wie wir ihn in Abb. 6.2.4 sehen.

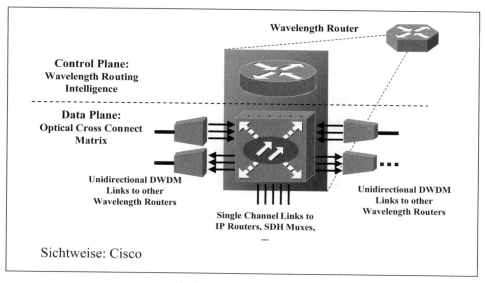

Abb. 6.2.4: Wavelength Router

Im Wellenlängenrouter findet eine äußerst interessante Zweiteilung statt, nämlich in die Datenebene und in die Kontrollebene. In der Datenebene haben wir jetzt den eigentlichen Switch, der aus Switching-Matrizen und einer elementaren Steuerung nach den in Kap. 4 dargestellten Prinzipien gebildet wird. Die zu schaltende Einheit ist die einzelne Wellenlänge. Im Bild sieht man, dass ankommende DWDM-Ströme durch Multiplexer in einzelne Wellenlängen zerlegt werden und abgehende, geswitchte Wellenlängen auf DWDM-Ströme gemultiplext werden. Nach unten hin wird ausdrücklich von »Single Channel Links« zu IP-Routern oder SDH Muxes usf. gesprochen, aber es bleibt im Dunkeln, wie diese Datenströme eingebunden werden sollen. Keine Angst, auch wenn Cisco es im Dunkeln lässt, in einem späteren Teil dieses Kapitels gehen wir noch genauer auf diese Thematik ein, das ist nämlich nicht »so ohne«.

Über dem »dummen« Switch liegt die Kontrollebene, die nach Angaben von Cisco die Intelligenz für das Wellenlängenrouting enthält. Mit dieser Darstellung hat Cisco ein Kernproblem der optischen Switches und überhaupt rein optischer Netze charmant umschrieben, nämlich das

ausgesprochen krasse Missverhältnis zwischen Übertragungsleistung auf den DWDM-Strecken und der Switch-Reaktionszeit optischer Switching-Matrizen bekannter Bauarten.

Sie erinnern sich: ein DWDM-System kann heute mit entsprechender Kanalzahl weit über 1 Tb/s auf eine Leitung bringen. Die Anzahl der Kanäle wächst ständig, aber vor allem wächst auch die Geschwindigkeit der Datenübertragung pro Kanal.

Blicken wir zunächst einmal auf einen elektronischen Gigabit-Ethernet-Switch. Er schaltet Wege auf der Basis ankommender Pakete, d.h. jedes Mal, wenn ein Paket ankommt, schaut sich der Switch die Adresse des Paketes an und entscheidet, an welchen Ausgangsport er es befördert. Er teilt diese Entscheidung der Switching-Matrix mit, und diese muss dann den Weg schalten. Das Ganze geschieht in der Zeit zwischen der Ankunft eines Paketes auf einer Leitung und der Ankunft des nächsten Paketes auf der Leitung. Im Falle von Gigabit-Ethernet können pro Zeiteinheit eine Menge von Paketen ankommen. Im ungünstigsten Fall kommen nur Pakete mit einer minimalen Länge von 64 Byte an. Teilt man einfach die Datenrate durch diese Zahl, vernachlässigt man zwar die Inter Frame Gap, kommt aber zu Ergebnissen, die für die Betrachtungen an dieser Stelle reichen. Bei einer Datenrate von 1 Gb/s und einer Paketlänge von 64 Byte kommen ca. 1,9 Millionen Pakete pro Sekunde pro Port am Switch an. Und ein Switch hat ja mehr Ports. Gute Gigabit-Ethernet-Switches der führenden Hersteller können das schon seit ein paar Jahren bewältigen, wie Messungen zeigen, und kommen insgesamt auf eine Forwarding-Rate von 20 Millionen Paketen pro Sekunde oder mehr. Ein Switch hat in einem solchen Umfeld einfach keinerlei Chance, langsam zu sein. Wenn die Entscheidungen langsamer getroffen würden, würde der Switch Pakete verlieren. Das hat man bei der ersten Einführung von Switches lernen müssen, und ein Switch, der die meisten Pakete aus Begeisterung bei sich behält, ist schlicht unbrauchbar. Grob können wir also sagen, dass ein handelsüblicher Gigabit-Ethernet-Switch ca. 2 Millionen Entscheidungen und Schaltungen pro Sekunde pro Port durchführen können muss, d.h. er hat für die einzelne Entscheidung und den damit zusammenhängenden Schaltvorgang ca. eine halbe Mikrosekunde Zeit. Auch wenn man mit speziellen Architekturen, Überlappungen und Pipelines arbeitet, bleibt die Entscheidungsfrist im Mikrosekundenbereich pro Kanal. Über 10-Gigabit-Ethernet-Switches möchte ich in diesem Zusammenhang nicht sprechen, weil sie erst Ende 2001 auf den Markt kommen werden und wir erst dann sehen, was sie leisten. Es steht aber zu erwarten, dass die führenden Hersteller wie Extreme Networks sicherlich die mittlerweile gemachten Erfahrungen mit den getrunkten Leitungen, also 2, 4, und 8 Gb/s, angemessen auswerten.

Man kann natürlich jetzt sagen, dass Ethernet unter seinem kurzen Minimalpaket leidet, aber es ist schließlich so, dass das nun einmal Standard ist. Hersteller minderwertiger Geräte versuchen den Kunden immer wieder einzureden, dass diese kurzen Minimalpakte doch praktisch nicht auftreten würden. Das ist aber völlig falsch, denn wenn man in bestimmten Umgebungen einmal misst, hat man den Eindruck, es gibt nur Minimalpakete. Das betrifft besonders so beliebte und verbreitete Anwendungen wie SAP R/3.

Der Stand der Technik bei rein optischen Schaltmatrizen ist allerdings so, dass man schon froh sein kann, wenn sie Schaltzeiten im Bereich von Millisekunden erreichen. Um es klar zu sagen: *heutige optische Schaltmatrizen sind um den Faktor 1000 langsamer als ihre elektronischen Kollegen.*

Andererseits sind die Übertragungsraten auf WDM-Leitungen enorm. Dadurch entsteht eine Schere, die relativ weit offen ist und sich – wenn überhaupt – nur langsam schließt. Dennoch sind die Vorteile rein optischer Kernnetze so groß, dass man versucht, mit dieser Problematik kreativ umzugehen. Das setzt vor allem einen völlig anderen Umgang mit der »Schaltlogik« eines optischen Kernnetzes voraus.

Hilfe von anderer Seite bekommen wir vielleicht noch durch die Paketformate. Ein G.709-Paket ist ca. 130.000 Bit groß. Es kommen also pro Gb/s Leistung auf einem Kanal etwas weniger als 8000 Pakete pro Sekunde an. Für einen 10-Gigabit-Kanal wären das also ca. 80.000 Pakete pro Sekunde. Das sind aber immer noch 80 Pakete in der Millisekunde, was für eine Entscheidung und Durchschaltung in der Rate ankommender Pakete immer noch mindestens um den Faktor 100 zu schnell für eine optische Switchmatrix ist. Will man Netze effizient betreiben, so darf man die Paketlänge nicht beliebig steigern, weil sonst viel zu viele inhaltslose Bits durch die Gegend fahren. Die G.709-Paketlänge ist schon sehr gewöhnungsbedürftig, weil man über 250 Ethernet-Pakete geringen Umfanges hineinmultiplexen kann. Aber das Multiplexen ist auch eine Sache, die an den WAN-Grenzen beherrscht wird.

Hier hinkt übrigens die Vorstellung von Cisco zum ersten Mal leicht: würden sich Endkunden das Equipment zusammenkaufen, kämen sie früher oder später an eine Stelle, wo das Problem auftaucht, mit der Datenübertragung doch eine Carrier-Domäne zu kreuzen. Sie müssten in diesem Falle selbst dafür sorgen, ihre Datenströme in ein passendes Format einzubetten, wie z.B. G.709. Das hört sich zwar einfach an, ist aber relativ komplex, wenn man es einmal zu Ende denkt.

Also muss man schließlich völlig neue Wege gehen, um das Problem des Missverhältnisses zwischen Übertragungsgeschwidigkeit und Datenrate in den Griff zu bekommen. Und das ist eben die Trennung von Daten- und Kontrollebene.

Die Hersteller gehen in ihren Vorstellungen darüber, was eine solche Kontrollebene können soll, weit auseinander, und die Vorstellungen sind jeweils davon geprägt, aus welchem technischen Umfeld der Hersteller kommt.

Wir sehen uns jetzt erst einmal die Vorstellungen von Cisco an, die direkt von einem LAN/Router-Umfeld geprägt sind, und kommen dann nach der Diskussion einiger weiterer Punkte auf die Vorstellungen von Alcatel, die zurzeit Marktführer bei kompletten komplexen Optischen Netzen sind und auch schon Terabit-Switches verwenden.

6.2.1 Das MPLS-Modell für die Kontrollebene

Cisco möchte ein erweitertes MPLS-Konzept für die Kontrollebene anwenden. Das ist aus der Perspektive dieses Herstellers logisch und sinnvoll, denn er kennt sich mit diesem Verfahren aus, und es ist das einzige aus dem LAN-Umfeld kommende Verfahren, bei dem die Schaltung von Datenwegen nicht völlig stochastisch auf der Basis einzelner Paketköpfe geschieht, sondern im Grunde genommen zu einem bestimmten Zeitpunkt bestimmte Gruppen von Verbindungen vordefiniert werden, die dann anschließend benutzt werden. Es gibt hier eine Reihe von unterschiedlichen Ausführungsformen, wobei MPLS anscheinend dabei ist, sich am Markt durchzusetzen, auch weil verschiedene andere Hersteller, die in diesem Umfeld kreativ tätig waren, wie z.B die Fa. 3Com, das Handtuch geworfen haben. Dennoch wollen wir auch einen Blick auf andere Konzepte werfen, man kann nie wissen, was sich letztlich durchsetzen wird.

Die Kontrollebene hat folgende Aufgaben:

- Ressourcenfindung

- Erzeugung einer Topologie-Zustandsinformation wie in einem Link State-Routingprotokoll

- Auswahl eines Übertragungspfades

- Verbindungsmanagement

Das Verbindungsmanagement seinerseits hat die Aufgaben, Pfade zu erzeugen, zu benutzen (warten) und zu verbrauchen.

Das Abb. 6.2.5 fasst dies nochmals zusammen.

⇨ **Ressourcenfindung**
⇨ **Topologie – Zustandsinformation**
   ⇨ **Wie in einem Link State Routingprotokoll**
⇨ **Pfadwahl (constraint-based routing)**
⇨ **Verbindungsmanagement (optical channel)**
   ⇨ **Path placement**
   ⇨ **Path maintenance**
   ⇨ **Path revocation**

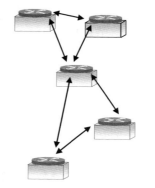

Abb. 6.2.5: Verbindungsmanagement

MPLS, das Multiprotokoll-Label Switching ist sozusagen eine standardisierte Variante des früher von Cisco vorgestellten Tag-Switchings. Es gibt hierbei einen Netzkern und eine Netzkante. An der Netzkante werden die Datenströme klassifiziert und gelabelt, und im Kern passiert die Weiterleitung auf der Basis von Labeln statt auf der Basis von IP-Adressen. Dadurch trennt man Forwarding und Kontrolle.

Im Betrieb sieht das dann so aus, dass existierende Routingprotokolle Erreichbarkeitsinformationen austauschen, und zwar im Rahmen eines normierten oder herstellerspezifischen Routing-Protokolls (1a). Wir wollen auf diese Routing-Protokolle hier nicht eingehen, denn es sind die gleichen wie bei »elektrischen« Netzen und diese sind ja hinreichend dokumentiert. Das Label Distribution Protocol (LDP) tauscht dabei zusätzlich Label-Informationen aus (1b). Damit wird eine logische Topologie für die Infrastruktur aufgebaut und jeder Knoten weiß, wie Datenströme eines Labels über das Netz geleitet werden können. Ein eingehender Link-Switch-Router (LSR) an der Netzkante empfängt ein IP-Paket, führt Layer-3-Services aus und versieht das Paket mit einem Label (2). Die Link-Switch-Router leiten die Pakete aufgrund der Labels weiter (3) und der ausgehender Link-Switch-Router an der Netzkante entfernt das Label und liefert die Pakete aus.

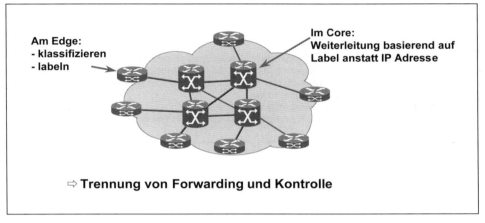

Abb. 6.2.6: MPLS

Das MPLS bekommt im Rahmen der Optischen Netze auch oft die Bezeichnung Multiprotokoll-Lambda-Switching (MPλS). Dies reflektiert die Tatsache, dass nicht mehr einfache Pakete Label bekommen, sondern ganze Wellenlängen, und ist auch sinnvoll, weil ja im Kern eines Optischen Netzes nicht mehr auf der Basis von Paketen, sondern auf der Basis von einzelnen DWDM-Wellenlängen geswitcht wird.

Die Sichtweise eines singulären MPLS ist in größeren Netzwerken nicht haltbar. Die Anwendung von MPLS in Optischen Netzen bedeutet wie gesagt das Labeling von durchzuschaltenden Wellenlängen. Das kann relativ einfach Implementiert werden und bedeutet eine kompakte Realisierung eines dynamischen Wellenlängenroutings.

Allerdings wird man in größeren Netzwerken mit einer linearen Labelstruktur nicht auskommen, sondern muss im Rahmen einer MPLS/ MPλS-Hierarchie Label Stacking und Label Swapping in einer insgesamt mehrstufigen Arbeitsweise implementieren, wie dies Abb. 6.2.8 zeigt. Abb. 6.2.9 zeigt ein realistisches Beispiel, bei der einer statischen Lambda-Routing-Routine eine dynamische MPLS-Domäne zugeschaltet wird.

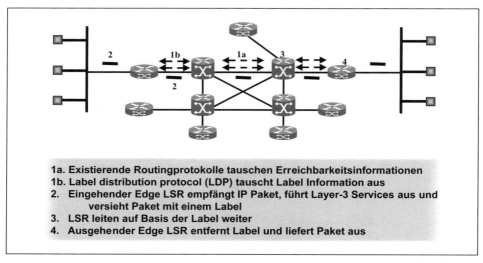

Abb. 6.2.7: MPLS-Arbeitsweise

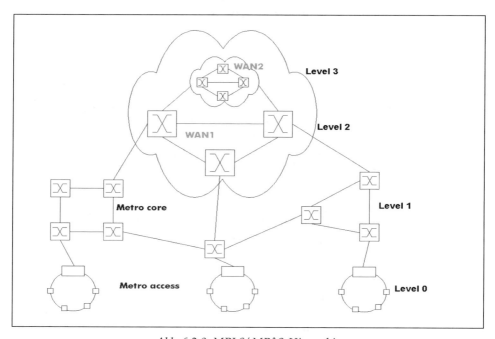

Abb. 6.2.8: MPLS/ MPλS-Hierarchie

Optische Internet-Lösungen: die nächste Generation

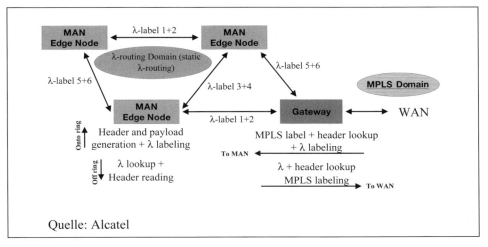

Abb. 6.2.9: MPLS/ MPλS-Hierarchie, Beispiel

6.2.2 Exkurs Layer-2/3-Switching

Das Problem, das sich hier ergibt, nämlich die Schaltung von Wegen mit einer »Logikebene« durch die Steuerung mittels einer anderen, höheren »Logikebene« hatten wir schon einmal, nämlich bei der Diskussion über die Abbildung von IP-Informationen auf ein Layer-2-Kernnetz. Deshalb möchte ich an dieser Stelle nochmals einen kleinen Exkurs in dieses Gebiet machen, zum einen, weil diese Denkweise vielen Lesern vertraut sein wird, zum anderen, weil die damals gemachten Unterscheidungen recht lehrreich sind. Wer damit vertraut ist, kann diesen Exkurs getrost überspringen.

Vor einigen Jahren hatte man mit einem der Situation der langsamen Schaltmatrizen vergleichbaren Problem zu kämpfen, den bezogen auf das LAN-Switching damals verhältnismäßig langsamen konventionellen Router-Konzepten, die auf einer CPU basieren, die alle Pakete einzeln durchsieht, umformuliert und weiterleitet. Dies führt zu einem hohen Aufwand. Außerdem sind die Strukturierungsmöglichkeiten unflexibel. Jeder Routerport erzeugt (praktisch durch die Definition dieser Technik) ein separates Subnetz. Man könnte nun auf den Gedanken kommen, zur Leistungssteigerung der Router einfach Ports parallel zu schalten. Dies ist aber gerade wegen der singulären Subnetzbildung nicht möglich. Neben der Paketbehandlung muss der Router auch permanent irgendwelche Tabellen durchsehen, Filter prüfen, Dienstqualitäten wie Priorisierung realisieren und vieles mehr. Der Marktführer Cisco Systems unterliegt bei den Routern mittlerweile einer Art Host-Dilemma: schwerer, teurer, größer. In der Vergangenheit wurde es versäumt, die Router-Technologie auf die Basis verteilter Systeme zu stellen. So bleibt heute nichts anderes übrig, als die Router immer größer, stärker und schneller zu machen, wohl wissend, dass dennoch die Leistungssteigerung der LAN-Switches nie und nimmer erreicht werden kann. Um die Dienstqualität auch bei überlasteten Systemen aufrechtzuerhalten, müssen immer mehr Zwischenspeicher für die Pakete realisiert werden. Das macht diese natürlich nicht gerade schneller. Im Extremfall bleibt auch einem Router nichts anderes übrig, als Pakete einfach zu verwerfen und nicht weiterzuvermitteln. Bei vielen Unternehmen sind heute die schweren Router genau die gleiche Art kritische Ressource wie der Host: beim kleinsten Anzeichen des Unwohlseins des Routers steht die gesamte Datenverarbeitung auf dem Spiel, neben den hohen Anschaffungskosten sorgen komplexe Bedienfunktionen und die Notwendigkeit sehr speziell ausgebildeten Personals für entsprechende hohe Betriebskosten und eine Skalierbarkeit ist wie bei Host-Systemen teilweise nur durch die Anschaffung eines neuen Modells zu realisieren.

Zur Lösung dieses Problems ist man auf den Gedanken gekommen, Netze zu entwerfen, die nicht mehr auf der Schicht 2, sondern auf der Schicht 3 vermitteln, das Layer-3-Switching. Hier gibt es unterschiedliche Denk- und Produktansätze, die sich im Wesentlichen dadurch unterscheiden, inwieweit man konventionellen Vorstellungen anhängt oder wirklich etwas Neues konstruieren möchte.

Es gibt drei verschiedene Fraktionen:

Routermodell: man lässt alles, wie es jetzt schon ist, versucht aber durch bessere Vorkonfiguration und Tuning die Router schneller zu machen. Außerdem wird die Gruppierung von mehreren Ports in einem Subnetz erlaubt.

Kantenmodell: man stattet ein Netz, welches rein auf Layer 2 switcht, mit zusätzlicher Layer-3-»Intelligenz« an den Netzkanten aus. Dies ist ein Kompromiss.

Kernmodell: man stattet praktisch alle Backbone-Komponenten mit Layer-3-»Intelligenz« aus. Die Layer-3-Switches fällen ihre Entscheidungen anhand der vorliegenden Layer-3-Informationen, wie sie z.B. in IP-Paketen zu finden sind.

Je nach Positionierung kann man nun unterschiedliche Methoden zur Leistungssteigerung einsetzen, vor allem aber mehr Funktionen von der softwarebasierten Realisierung in ASICs bringen. Durch die Wahl von Kompromissen zwischen reinem komplexen Routing und reinem schnellen Bridging trägt man auch der Tatsache Rechnung, dass vor allem unternehmensintern viele Verbindungen zwar über Router betrieben werden müssen, deren komplexe Wegwahl- und sonstige Funktionen aber nur ganz selten benötigen. Mit dem

Layer-3-Switching möchte man auch VLANs und weitere Funktionalitäten so gut wie möglich unterstützen.

Zur Kopplung von Stationen bzw. Subnetzen an Ports gibt es dann vier unterschiedliche Alternativen. Wenn Quell- und Zielknoten am gleichen physischen Subnetz hängen, und dieses mit einem Port am Layer-3-Switch, kommunizieren diese beiden Stationen natürlich wie auch bei einem Layer-2-Switch direkt untereinander, ohne den Switch zu behelligen. Gehören Quell- und Zielknoten zum gleichen logischen Subnetz, sind aber an verschiedenen Ports angeschlossen, erfolgt die Kommunikation mittels konventionellem Layer-2-LAN-Switching. Sind Quell- und Zielknoten zwar am gleichen physischen Subnetz, gehören aber z.B. im Rahmen eines VLAN-Konzeptes zu unterschiedlichen logischen Subnetzen, muss zwischen diesen Stationen tatsächlich geroutet werden. Gehören zwei Stationen zu unterschiedlichen logischen und physischen Subnetzen, die auch an unterschiedliche Ports angeschlossen sind, muss konventionelles »richtiges« Routing durchgeführt werden.

Betrachten wir die einzelnen Modelle und ihre Funktionsweise noch einmal näher.

In Abb. 6.2.10 ist das Kantenmodell dargestellt. Das innere Kommunikations-Subsystem, meist ist dies ein Backbone, wir wollen aber den allgemeineren Begriff verwenden, besteht ausschließlich aus Layer-2-Switches, die sehr schnell schalten können und ggf. mit Gigabit-Leitungen untereinander in Verbindung stehen. Im inneren Kommunikations-Subsystem gibt es keine oder nur wenige Endstationen im herkömmlichen Sinne. An der Kante des Kommunikations-Subsystems befinden sich nun die Layer-3-Switches. Hinter den Layer-3-Switches befinden sich wieder normale Layer-2-Subnetze oder direkt angeschlossene Stationen. Ein Endgerät, welches über dieses Netz hinweg mit einem anderen Endgerät kommunizieren möchte, adressiert dieses normalerweise mit einer IP-, IPX- oder einer sonstigen Adresse der Schicht 3. Der dem Quell-Endgerät nächstgelegene Layer-3-Switch wendet ein Routing-Protokoll an, um festzustellen, welchen Weg das Paket durch das Netz zum Ziel zu gehen hat. Zusammen mit dem Layer-3-Switch, der an der Kante des Kommunikations-Subsystems vor dem Subnetz liegt, an dem das Zielgerät angeschlossen ist, wird der Weg analysiert und festgehalten. Der Ersparniseffekt liegt jetzt vor allem darin, dass der Weg für eine Beziehung zwischen einer Quelle und einem Ziel im Rahmen einer Datenverbindung nur ein einziges Mal gesucht werden muss. Eine Datenverbindung besteht aber vielfach aus mehreren oder sehr vielen Paketen. Für alle dem ersten Paket folgenden Pakete muss der Weg aber nicht wieder neu berechnet werden, sondern sie werden mittels des »voreingestellten« Weges auf der Schicht 2 über das Netz geswitcht. Die Routing-»Intelligenz« ist verteilt.

Kapitel 6

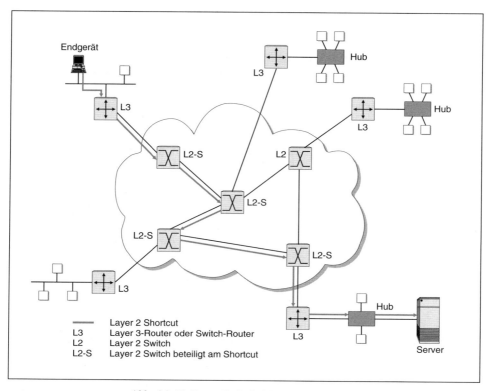

Abb. 6.2.10: Layer-3-Switching: Kantenmodell

Ein Beispiel für das Kantenmodell ist das **Fast IP** von 3Com. Die funktionelle Idee ist hier, dass ausgehend von der Routenberechnung anhand der Angaben im ersten Paket eines Datenstromes durch einen Layer-3-Switch an der Kante die Layer-2-Switches des Kommunikations-Subsystems sozusagen voreingestellt werden. Man erzeugt so genannte Shortcuts. Um dies zu veranlassen, sendet ein Endgerät einen NHRP-Request an das Netz, der vom nächsten Layer-3-Switch bearbeitet wird und als Auflösung die MAC- oder ATM-Adresse des Zielgerätes liefert. Haben die Endgeräte gar keine Möglichkeit zur Behandlung des Protokolls NHRP, so können die Layer-3-Switches an den Netzkanten auch als Proxys agieren und die Informationen erzeugen. Die Fast-IP-Treibersoftware wird von 3Com kostenlos mit den Adapterkarten geliefert oder kann von der 3Com-Homepage heruntergeladen werden. Für Protokolle ungleich IP werden Shortcuts gemäß dem VLAN-Tagging nach IEEE 802.1p oder IEEE 802.1Q angeboten.

Optische Internet-Lösungen: die nächste Generation

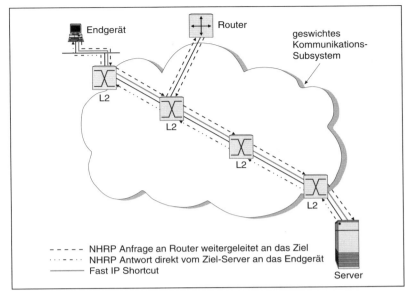

Abb. 6.2.11: 3Com Fast IP

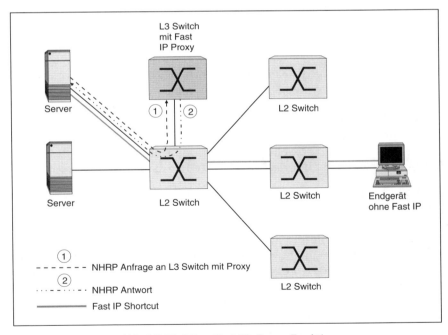

Abb. 6.2.12: 3Com Fast IP, Proxy-Funktion

Kapitel 6

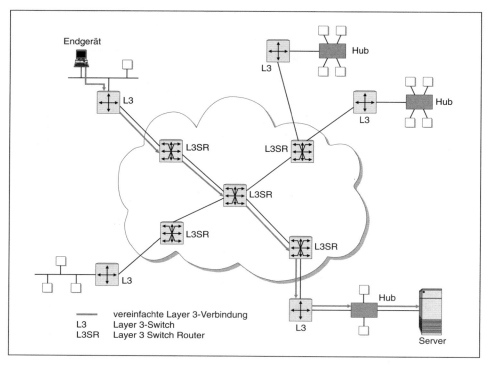

Abb. 6.2.13: Layer-3-Switching: Kernmodell

Das in 6.2.13 dargestellte Kernmodell hingegen hat auch innerhalb des Kommunikations-Subsystems Layer-3-Switches, aber auch hier wird über verschiedene Verfahren eine vereinfachte Layer-3-Behandlung vorgenommen. Eine Möglichkeit ist, dass der dem Quellgerät nächste Layer-3-Switch den Weg des ersten Paketes einer Paketfolge ausrechnet und diese Information entweder in einem speziellen Feld auf das Datenpaket »klebt« oder den Switches unterwegs in anderer Weise mitteilt, z.B. durch Steuerpakete.

Ein Beispiel für die Realisierung des Kernmodells ist das **Tag-Switching** von Cisco Systems. Die Geräte dazu heißen Tag Switch Router, TSR. Das Grundprinzip ist die Etablierung von Datenflüssen über die TSRs hinweg, die mittels der Tags am Anfang und am Ende einer Strecke gekennzeichnet werden. Wenn eine Station mit einer anderen Station einen Datenaustausch vornehmen möchte, muss zunächst eine so genannte Flussklassifizierung vorgenommen werden. Dabei gibt es verschiedene Möglichkeiten. Man kann Datenflüsse nach den IP-Zielen, nach den Routen oder nach den Anwendungen klassifizieren. Möchte man den Durchsatz des Netzes und der Verbindungen optimieren, wird man die erste Alternative wählen. Will man allerdings den

Zugriff auf bestimmte Anwendungen wie SAP R/3 optimieren, ist es besser, die Tags hiernach zu setzen. Das Modell geht davon aus, dass die Datenflüsse in einem Unternehmensnetz mit wenigen Ausnahmen relativ klar und in gewisser Weise statisch sind. Diese Annahme war schon bei SNA erfolgreich. Die Funktionsweise kann man sich am einfachsten so vorstellen, dass nicht zu Beginn einer Verbindung, sondern bei der Definition einer Flussklasse die zu dieser passende Route ausgerechnet wird. Das Ergebnis ist die Liste mit den von der Quelle zum Ziel zu durchlaufenden Routern. Diese Liste wird aber jetzt nicht explizit z.B. in jeden Paketkopf gepackt, dafür ist sie ggf. viel zu lang, sondern über die Router verteilt. Die Tags sind nichts weiter als Kürzel. Wenn ein Router in der Mitte des Kommunikations-Subsystems an einem seiner Ports nun ein getagtes, also mit einem Tag versehenes Paket ankommen sieht, dann hat er in einer entsprechenden Tabelle bereits die Information, man kann es auch Regel nennen, liegen, wohin ein an diesem Port mit dem Tag ankommendes Paket nun weitergeleitet werden soll und wie das Tag dabei geändert werden soll. Er nimmt die Weiterleitung vor und ändert dabei das Tag. Die ganze Funktionsweise ist letztlich der eines ATM-Netzes entliehen, wo auch mit wesentlich verkürzten Teiladressen gearbeitet wird. Die Tags werden bei ATM im Schicht-2-Header aufgenommen und heißen Virtual Channel Identifier. Platz für ein Tag wäre auch im IPv6-Header, am so genannten Flow Label. Leider ist dies nicht mit der RFC 1883 konform. Normalerweise wird man das Tag zwischen die Header der Schichten 2 und 3 packen. Das funktioniert natürlich nur dann reibungslos, wenn man alle Geräte von einem Hersteller bezieht oder es vielleicht noch einen Standard dafür gibt. Wie im alten SNA sorgt ein Bindungs-Prozess für die Berechnung der Routen und die Verteilung der Tags auf den Switches. Ein großer Vorteil des Tag-Switchings ist die recht hohe Unabhängigkeit von Schicht-3-Protokollen, weil von diesen letztlich nur die Adressräume benutzt werden.

Weitere Layer-3-Switching-Verfahren sind IP-Switching von Ipsilon und Secure Fast von Cabletron.

Hier haben wir uns auf die Verfahren konzentriert, die eher mit konventionellen LANs zusammenhängen. Im Umfeld der Verwendung von ATM-Backbones ist die gesamte Thematik ebenfalls aufgerollt wurden und führte zu vergleichbaren Ansätzen unter dem Stichwort Switched Virtual Networks.

Bevor wir die Thematik weiter vertiefen, wollen wir doch noch einmal zusammenfassend einen Blick auf die Bausteine für Optische Netze der nächsten Generation werfen.

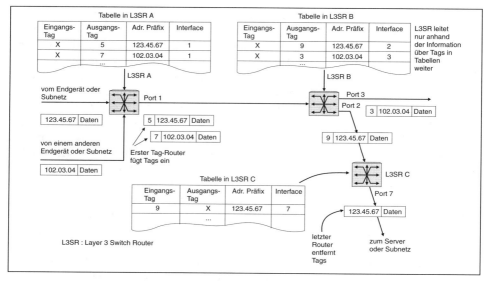

Abb. 6.2.14: Cisco-Tag Switching, Arbeitsweise

6.3 Bausteine für Optische Netze der nächsten Generation

Unterschiedliche Gruppen von Bausteinen haben unterschiedliche Einflüsse auf die Gestaltung von WAN-Systemen mit optischen Kernen. Wir wollen diese systematisch betrachten.

6.3.1 Vergleich von 2,5, 10- und 40-Gb/s-DWDM-Systemen

Verschiedene Parameter bestimmen die optimale Wahl der Kanal-Datenrate von DWDM-Systemen. Die geforderte Transportkapazität, die Wirtschaftlichkeit und physikalische Begrenzungen müssen in Betracht gezogen werden. Die höchste totale Transportkapazität wird mit der höchsten verfügbaren Kanal-Datenrate erreicht, weil üblicherweise die Vervierfachung der Kanal-Datenrate nur die Halbierung der Kanalgitterbreite verlangt, um so auf eine Verdopplung der Gesamtkapaität zu kommen.

Ein Vergleich der Wirtschaftlichkeit einer Lösung mit einer hohen Anzahl Kanäle und einer geringen Datenrate pro Kanal mit einer Lösung der gleichen Gesamtkapazität mit einer geringen Anzahl Kanäle und einer hohen Datenrate pro Kanal zeigt, dass die Lösung mit weniger Kanälen deutlich billiger ist, wenn nicht allzu viele Punkte benötigt werden, an denen das Signal wieder aufgearbeitet werden muss. Deswegen ist es immer nützlich, TDM-Multiplexer in eine Netzwerkstruktur zu integrieren, um die Datenraten von den Kunden zu einer möglichst hohen Datenrate pro Kanal für das Fernnetz zu bündeln. Die Multiplexer verbessern nicht nur die Wirtschaftlichkeit, sondern konsolidieren den gesamten teilnehmenden Verkehr in eine einheitliche Datenrate und führen so zu einer größtmöglichen Ausnutzungder der gelieferten Bandbreite und der physikalischen Möglichkeiten des Fernnetzes. Um maximalen Nutzen zu erzielen, kombinieren neueste Entwicklungen in DWDM-Systemen eine höchstmögliche Kanaldatenrate und die höchstmögliche Kanalzahl mit einer maximalen Leistung hinsichtlich der Ausdehnung des Systems.

Ein weiterer interessanter Punkt ist, dass ein beachtlicher Teil der Netzwerkkosten mit den »bunten« Schnittstellen in Transpondern und Regeneratoren zusammenhängt. Unter einer »bunten« Schnittstelle versteht man eine Schnittstelle, über die eine Reihe von DWDM-Kanälen zusammenläuft. Diese Teilkosten wachsen dramatisch, wenn die Kanalzahl wächst. Diese Tatsache ist die wichtigste Triebfeder für Entwicklungen, bei denen die Vernetzung direkt ohne Transponder funktioniert, und Ultra Long Haul (ULH)-Lösungen, die tausende von Kilometern ohne vollständige Signal-Regeneration überbrücken können. Transponderlose Vernetzung verlangt einen sauber definierten Parametersatz zwischen den bunten Schnittstellen der DWDM-Knoten wie ONNs und NASs. Dies kann heute für Geräte eines Herstellers leicht erreicht werden, Ziel sollte jedoch eine Multivendor-Interoperabilität sein.

Die maximale Leistung hinsichtlich der Überbrückung von Entfernungen wird erreicht durch die Kombination der größtmöglichen Sender-Ausgangsleistung mit leistungsfähigen Algorithmen für die Forward Error Correction. Außerdem setzt man fortschrittliche Kompensationsmethoden wie Dispersions-Vorverstärkung und Polarisations-Modendispersions-Kompensation ein. Bei der Dispersions-Vorverstärkung macht man sich das Wissen über eine Übertragungsstrecke zunutze. Eine Faserstrecke wird ihr Dämpfungsverhalten über die Zeit nur ganz langsam ändern. Also kann man das Verhalten gegenüber einem Strauß von Referenzsignalen ausmessen und dann sehen, wo die Dämpfung stärker und wo sieschwächer ist. Bevor man ein Signal auf die Leitung schickt, hebt man die betreffenden Bereiche an. Das funktioniert genau so wie das Klangregelnetzwerk einer Stereoanlage, mit dem man die musikalische Darbietung den räumlichen Verhältnissen anpasst. Bei der Polarisationsmodendispersion versucht man, ebenfalls durch Vorverstärkung, die Unterschiede bei der Dämpfung in den verschiedenen Polarisationsebenen zu nivellieren.

Die Abb. 6.3.1 zeigt, welche Rekorde bei der Übertragung im Jahr 2000 erreicht werden konnten. Neben den reinen Experimentalsystemen gibt es auch Systeme, die schon im praktsichen Einsatz sind und dennoch bei den Rekordhaltern mitspielen können. In der Grafik habe ich dann darüber hinaus auch noch unterschieden, ob es sich um preiswerte oder teure Systeme handelt.

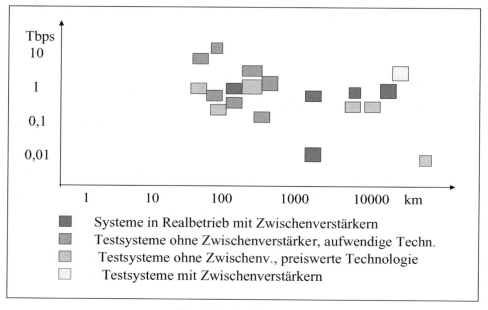

Abb. 6.3.1: Optische Rekorde

Abb. 6.3.2 zeigt, was dabei »herauskommt«, wenn man 180 Kanäle mit jeweils 10 Gb/s pro Kanal über eine Strecke von mehreren tausend Kilometern überträgt, wie das bei Seekabelsystemen gemacht wird. Es ist eigentlich uninteressant, welche Art von Zwischenverstärkung im Einzelnen angewendet wird, aber insgesamt sieht man, welch enorme Anforderungen an die Trennschärfe der Empfänger gestellt werden.

Heutige DWDM-Systeme haben eine Gesamtkapazität von 0,8 Tb/s mit 320 Kanälen bei je 2,5 Gb/s Kanalrate, 1,6 Tb/s mit 160 Kanälen bei je bei 10 Gb/s Kanalrate oder 3,2 Tb/s mit 80 Kanälen bei je 40 Gb/s Kanalrate und überwinden Entfernungen bis zu 1000 km ohne vollständige Signal-Regeneration bei den üblichen Repeater-Abständen (EDFAs). Weiter verbesserte Kompensations- und Link-Kontroll-Verfahren, Raman-Pumpen in und gegen die

Übertragungsrichtung und »Super-FEC«-Algorithmen ermöglichen ULH-(Ultra Long Haul)-) Systeme bis zu 4000 km.

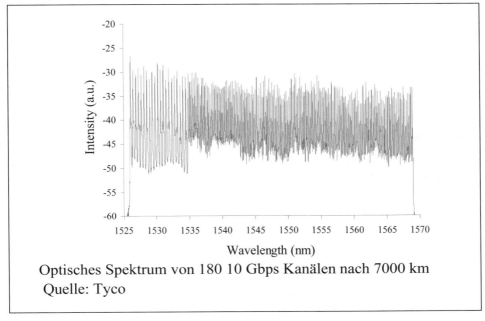

Optisches Spektrum von 180 10 Gbps Kanälen nach 7000 km
Quelle: Tyco

Abb. 6.3.2: Seekabelübertragung

Zusätzliche Kapazitätserweiterungen durch Verengung des Kanalgitters und neue Modulationsverfahren werden in Kürze Systeme mit einer Kanalrate von 160 Gb/s ermöglichen. Die Gesamtkapazität pro Link wird über 10 Tb/s steigen. Die grundsätzliche Möglichkeit hierzu wurde von Alcatel ja bereits demonstriert.

Distanzen von 4000 km und mehr können dann erreicht werden, wenn man die besten bekannten heutigen Technologien miteinander kombiniert. Dabei kann man die übliche Distanz von 100 km zwischen Repeatern einhalten, ohne neue noch dazwischen liegende Repeater mit zusätzlichen Wartungs- und Betriebskosten einführen zu müssen.

6.3.2 Optische Add/Drop-Multiplexer

Neben optischen Cross-Connects (OXCs) werden optische Add/Drop-Multiplexer (OADMs) eingeführt, um flexibles und transparentes Switching in der optischen Netzwerkschicht zu ermöglichen.

3R-Regeneration ist einer der wichtigsten Kostenfaktoren in Optischen Netzen. deshalb ist es bei der Konstruktion von OADMs besonders wichtig, die optisch/elektrisch/optische Konversion (O/E/O) zu vermeiden, wo es geht, und einen unregenerierten Bypass für Verkehr, der lediglich durchgeschleift wird und in diesem OADM weder Informationen abliefert noch aufnimmt, zu schaffen. Um O/E/O wirklich zu minimieren, müssen folgende Designregeln beachtet werden:

- Optisches Switching, welches von Datenraten und Formaten unabhängig ist, muss wo immer möglich angewendet werden.

- Das vollständige Multiplexen und Demultiplexen von DWDM-Signalen muss nach Möglichkeit vermieden werden.

- Die Konstruktion für die Überbrückung von Entfernungen, z.B. hinsichtlich der Beachtung von EDFA-Rauschen, muss besonders sorgfältig gemacht werden.

Dies steht teilweise in starkem Gegensatz zu dem früher im Buch eingeführten einfachen Grundmodell eines Add/Drop-Multiplexers, hat aber in praktischen großen Netzen wirklich seinen Sinn. Wenn man diese Anforderungen beachtet, ist nämlich die Leistungsminderung, die einer DWDM-Strecke durch einen OADM zugefügt wird, fast vernachlässigbar. Der OADM ist dazu da, aus dem DWDM-Spektrum die auf einigen Wellenlängen transportierten Informationen herauszunehmen und andere Informationen hinzuzufügen, ohne die Leistung auf den DWDM-Kanälen zu mindern. Die Einführung zusätzlicher OXCs in komplexe bestehende Optische Netze kann designt werden. Man führt dazu so genannte »Inseln der Transparenz« ein: die OXCs werden an den Interworking-Punkten dieser Inseln lokalisiert und benutzen 3R-Regeneration nur für die optischen Kanäle, die zu einer anderen Insel transferiert werden. Der Hauptunterschied zwischen OXCs und OADMs ist, dass der OADM eine reduzierte Funktionalität hat, aber optimiert für einen möglichst geringen Verlust an Übertragungsleistung ist.

6.3.3 Optische Cross-Connects

Heute sind digitale Cross-Connects basierend auf SONET oder SDH massenhaft installiert. Sie bieten eine Granularität im Switching bis hinunter zu VC-4 (155 Mb/s) oder STS-1 (51 Mb/s). Zusätzlich implementieren sie eine Reihe von Schnittstellen und SDH/SONET-Schutzschemata. Die unglaubliche Entwicklung der Übertragungsraten von DWDM-Systemen bringt diese installierten Knoten schnell an ihren Grenzen.

Optische Cross-Connects werden speziell entworfen, um den Anforderungen für die Verknüpfung Hunderter Wellenlängen mit je 2,5, 10 oder 40 Gb/s Line-Rate zu genügen. Ihre typische Switching-Granularität ist 2,5 Gb/s und höher. Optische Cross-Connects können von Fall zu Fall von digitalen Cross-Connects bei ihrer Arbeit unterstützt werden.

Es gibt drei Hauptanforderungen an optische Cross-Connects:

- Verwaltung und Überwachung eines Netzes mit Gb/s-Datenströmen
- Beschleunigung der Bereitstellung von Ende-zu-Ende-Diensten
- Schnelle und automatische Wiederherstellung von Verbindungen nach Leitungs- und Knotenausfällen

Wir verlassen jetzt das Thema der optischen Cross-Connects, um es weiter unten wieder aufzugreifen, weil wir ja bisher genügend über die Datenebene solcher Switches gesprochen haben, für eine erweiterte Sicht der Kontrollebene aber noch weitere Informationen benötigen.

6.4 Der Weg zu vollständig optischen Netzen

Leider macht eine Schwalbe noch keinen Sommer, und die schönsten DWDM-Systeme, OXCs und OADMs für sich gesehen, bilden noch kein Netz, welches in der Ebene des Datentransportes vollständig optisch arbeitet, und vor allem kein Netz, welches die Anforderungen, die man allgemein an ein WAN stellt, wirklich erfüllt. Wir wollen jetzt einige dieser Anforderungen nennen und sehen, in welcher Weise sie ggf. realisiert werden können.

6.4.1 Garantie von QoS in optischen Transportnetzen

Bis jetzt haben wir die reinen Übertragungsaspekte beleuchtet. Nun sollten wir die unterschiedlichen Übertragungsformate und ihre Möglichkeiten im Hinblick auf die Überwachung der Signale betrachten. Man erwartet von den Transport-Backbones der Zukunft hauptsächlich die Realisierung ultrabreitbandiger Dienste im Gibabit-Bereich. Ultrabreitbandige Dienste kann man am besten mit ultrabreitbandigen Transportnetzen implementieren. SDH-Geräte kommen in zwei Ausprägungen, als Weitband- und als Breitband-Einrichtung. Weitbandeinrichtungen haben eine Switching-Granularität von 2 Mb/s, während Breitbandeinrichtungen eine Switching-Granularität von 155 Mb/s. haben. Obwohl SDH nicht für ultrabreitbandige Dienste entworfen wurde, sind solche Dienste durch die Konkatenationsmöglichkeiten prinzipiell realisierbar. Das ist nicht kostengünstig, weil ja immer eine ganze

Anzahl von VC-4-Verbindungen benutzt werden müssen. Außerdem gibt es keine Transparenz für das Kundensignal. Das bedeutet, dass der Carrier lediglich x-fach konkatenierte VC-4 anbieten kann, also VC-4-Xc. Wenn ein Anbieter von Übertragungsleistung als Carrier von Carriern agieren möchte, was ja bei einer so leistungsfähigen Struktur, wie man sie mit einem optischen Backbone erzielen kann, durchaus ein sinnvolles Geschäftsmodell ist, muss er völlig transparente STM-16/64-Dienste in seinem Dienstleistungsportfolio anbieten. Transparenz ist sowohl für den Carrier wie auch seine Kunden nützlich. Das TMN des Providers wird von der Information über die Zusammensetzung der STM-16/64-Client-Signale entlastet, und der Kunde begrüßt, dass das Provider-Netzwerk ihn durch seine Transparenz in die Lage versetzt, eigene effektive Multiplex-Sektions-Schutzverfahren einzusetzen, DCCR/M für sein DCN zu nutzen oder ein eigenständiges EOW-Netz zu bauen. Es gibt zurzeit drei Ansätze, das Long-Distance-Transportnetz für ultrabreitbandige Dienstleistungen zu optimieren:

- Ultra Broadband SDH
- Voll transponderisierte Optische Netze
- All Optical Networks (AONs)

Alle drei Ansätze werden weiterentwickelt werden, um zu sehen, unter welchen Bedingungen welcher Ansatz optimal ist, und deshalb auch über eine bestimmte Zeit koexistieren und ineinander übergehen.

6.4.1.1 Ultrabreitband-SDH

Die Notwendigkeit für Transportnetze, die für ultrabreitbandigen Verkehr optimiert sind, wird deutlich, wenn man auf die im Rahmen der Bandbreiteexplosion geforderten Bandbreiten schaut. Als Konsequenz muss die existierende synchrone digitale Hierarchie (SDH) so erweitert werden, dass transparente ultrabreitbandige SDH-Dienste effektiver bereitgestellt werden können als bei bisherigem breitbandigen SDH. Gleichzeitig sollten die proprietären Abweichungen vom SDH-Standard auf geräteinterne Implementierungen beschränkt bleiben und nicht mehr nach außen treten. Dazu müssen folgende Designs realisiert werden werden:

- Beibehaltung des SDH Framings
- Entwicklung eines SDH-kompatiblen Multiplexschemas
- Entwicklung transparenter Cross-Connects-Fabrics

Die Framing-Struktur des Ultrabreitband-SDH ist STM-16 oder STM-64. Um STM-16/64-Client-Signale transparent durch das Ultrabreitband-SDH miteinander zu verbinden, müssen weder der Regenerator noch die Multiplex-Sektion verändert werden. Auf der Regenerator-Seite wird nichteingreifendes Trail-Monitoring durchgeführt. Die J0 Section Trace wird verifiziert und das B1-basierte Performance-Monitoring wird in voller Übereinstimmung mit ITU-T G.628 durchgeführt. Alle anderen Overhead-Kanäle der Regenerator- und Multiplex-Sektion, einschließlich DCCR, DCCM, K1/K2, B2 und E1/E2 werden transparent passiert ohne auf sie zu schauen. In den Fällen Signalverlust (Loss Of Signal, LOS) und Frameverlust (Loss of Frame, LOF) wird die gesamte Regeneratorsektion des STM-16/64-Client-Signals auf RS-AIS gesetzt. In den vorigen Abschnitten wurden die Vorzüge von DWDM demonstriert. Um diese Vorzüge nicht zu verlieren, muss Ultrabreitband-SDH STM-16 in STM-64 und STM-64 in STM-256-Signale multiplexen. Das ergibt Unterschiede zu dem AU-4-Verfahren des Standard-Multiplexens, denn RSOH und MSOH müssen genauso gemultiplext werden. Der SOH der Client-Signale wird in unbenutzte SOH-Kanäle des Gesamtsignals gemultiplext. Die Nutzlast des Client-Signals besteht aus irgendeiner Kombination von VC-4-Xc-Wegen. In Standard-SDH-Netzwerken hat der TMN das vollständige Wissen über alle Wege im Netz. Den TMN eines Ultabreitband-SDH in die Lage zu versetzen, die Zusammensetzung der Client-Signale zu kennen, wäre eine schwer wiegende Verletzung der Transparenz. Die AU-4-Pointer der Client-SDH-Signale codieren ihre Multiplexing-Struktur. Ultrabreitband-SDH-Multiplexer interpretieren diese Informationen derart, dass sie in der Lage sind, die Client-VC-4-Xcs autonom in das aggregate STM-64/256-Signal zu multiplexen. Und so benötigen sie keine Path-Information vom TMN. Während des Multiplexens und Demultiplexens werden die AU-4-Pointerwerte und somit die STM-16/64-Client-Signale modifiziert. Um die Richtigkeit der B1/B2-überlappten Parity zu gewährleisten, werden die Werte dieser fehlererkennenden Codes an das leicht modifizierte Client-Signal angepasst. Die Switch-Fabrics der Ultrabreitband-SDH-Cross-Connects müssen für die STM-16/64-Signale transparent sein. Das ist ein Unterschied zu Breitband-SDH-Cross-Connects, die nur VC-4-Xc-Wege miteinander verbinden können. Um zukunftsfest zu sein, sollten die Ultrabreitband-SDH-Cross-Connects Switching-Fabrics benutzen, die transparent für jedes Signalformat und Bitraten bis hin zu 40 Gb/s sind.

6.4.1.2 Voll transponderisierte Optische Netze

Ultrabreitband-SDH hat einige Limitierungen, die heute noch nicht so sehr ins Gewicht fallen, aber in den nächsten Jahren kritisch werden könnten. Ultrabreitband-SDH liefert transparente STM-16/64-Dienste. Signale anderer Bitraten und Formate werden nicht unterstützt oder erfordern zusätzliche Anpassungen. Solange STM-16/64-Dienste von einem einzigen Carrier angeboten werden, benötigt man kein eingebettetes so genanntes Tandem Connection Monitoring (TCM) zwischen den Regeneratoren. Ende-zu-Ende-

Überwachung (Trail Monitoring) an den Eingangs- und Ausgangsknoten des WANs sollten genügen, um die vereinbarte Dienstqualität zu sichern. Wenn es aber zu Multi-Provider-Szenarios kommt, wird TCM ein zentrales Element der Überwachung von Service Level Agreements (SLAs). Außerdem muss es verteilte Schutz- und Wiederaufsetzmechanismen geben, die auf TCM basieren.

Um diese Begrenzungen zu überwinden, standardisiert ITU-T zurzeit ein neues Ultrabreitband-Signalformat in seiner Empfehlung G-709. Das haben wir ja schon in Kap. 2 kennen gelernt, aber wir wollen hier nochmals einige Eigenschaften aus einer etwas anderen Perspektive beleuchten. Die Fähigkeit, den optischen Kanal Ende-zu-Ende zu überwachen, ist ausgesprochen wichtig für die Realisierung von QoS. Das Signalformat dieser Schicht heißt Optical Channel Data Unit (ODU). In der Vergangenheit wurde ODU auch als »Digital Wrapper« bezeichnet. Die Haupteigenschaften der ODU sind:

- Abbildung von Client-Signalen mit beliebigen Bitraten und Formaten
- Optimierte Unterstützung der Ultra-Breitband-Bitraten 2,5 Gb/s (ODU-1), 10 Gb/s (ODU-2) und 40 Gb/s (ODU-3)
- Mehr Bandbreite für DCN
- Erweiterte Kommunikation für automatisches Protection Switching
- Tandem Connection Monitoring und geschachteltes Tandem Connection Monitoring mit bis zu acht Niveaus

ODU-basierter Zeitmultiplex wird von ITU-T G.709 nicht betrachtet, wird aber eine zukünftige Erweiterung darstellen. Für ein voll transponderisiertes Netzwerk nimmt man an, dass alle OXC-Ports Transponder-Ports mit 3-R-Regeneration sind. Daher hat man keinerlei Beschränkungen bei Switching und Routing. Durch die Optical Data Unit (ODU) und ihre geschachtelte Tandem Connection Monitoring-Fähigkeit ist es möglich, jede Verbindung zwischen zwei benachbarten OXCs genauestens zu überwachen. Die Möglichket, Signale pro Link zu überwachen, ist ein starkes Werkzeug für die Lokalisierung von Fehlern. Außerdem liefern die Ergebnisse dieser Überwachungen Input für verteilte Schutz- und Wiederaufsetzschemata.

6.4.1.3 All-optical Networks

Nimmt man ein DWDM-System mit hoher Kanalzahl, ist die 3D-Regeneration für jede der »farbigen« Weitverkehrs-Schnittstellen ein wirklich erheblicher Kostenfaktor. Mit der wachsenden Anzahl von Kanälen muss die Anzahl optoelektrischer Regenerationspunkte auf ein Minimum reduziert werden. Mit der Verfügbarkeit wirksamer Methoden zur Kompensation von Dispersion und Nichtlinearitäten bei der DWDM-Übertragung, Turbo-FEC und optischen Wellenlängenkonvertern, wird es möglich, die Transponder von den auf dem Übertragungsweg liegenden OXCs wegzulassen und nur noch Transponder an den Rändern des Netzes bei den Ein- und Ausgangsknoten zu verwenden. So entsteht ein vollständig optisches Netz (AON). Man kann erwarten, dass ein solches AON viel preisgünstiger sein wird als sein voll transponderisiertes Gegenstück. Unglücklicherweise hat ein vollständig optisches Netz negative Effekte auf das Netzwerk-Management. Obwohl optisches Perfomance Monitoring eine Menge kann, kann es nun Signale überwachen, die auch tatsächlich anwesend sind. In anderen Worten, zurzeit leere Kanäle können nicht überwacht werden. Außer der optischen Leistung übrwacht das Perfomance Monitoring den Qualitätsabfall des Signales seit dem letzten Transponder, der viele OXCs entfernt sein kann. Diese zwei Problembereiche des AON-Monitorings erschweren die Überwachung der Dienstqualität und den Aufbau von voll optischen verteilten Schutz- und Wiederherstellungsmechanismen.

6.4.2 Schutz in optischen Transportnetzen

Wenn man im Zusammenhang mit Optischen Netzen von Schutz spricht, meint man damit nicht den Datenschutz z.B. gegen böse Hacker, sondern Schemata zum Wiederaufsetzen nach Leitungsfehlern oder Ausfällen von Geräten. Das Missverständnis kommt auch daher, dass der in diesem Zusammenhang gemeinte Schutz im Englischen als »Protection« bezeichnet wird, während man den Datenschutz mit Worten wie »Security« beschreibt. Schutz in Optischen Netzen bedeutet insbesondere, die durch SONET gewohnte Qualität neu zu schaffen bzw. nicht zu verlieren oder sogar noch zu verbessern.

Wie wichtig Ersatzschaltungen wirklich sind, sieht man an folgendem Beispiel: wir stellen uns ein gesamteuropäisches Netz vor, in dem z.B. 20.000 km Kabel verlegt sind. Wir gehen von einer mittleren Rate zwischen zwei Fehlern von 1.750.000 Stunden pro Kabelkilometer aus. Das ist kein Wert, der aus der Luft gegriffen ist, sondern der einem guten heutigen Durchschnitt entspricht. Außerdem nehmen wir an, dass es möglich ist, einen Kabelbruch oder sonstigen Fehler in einer mittleren Zeit von 48 Stunden technisch zu beheben. Auch das ist ein Erfahrungswert, denn der Austausch von Komponenten in Technikräumen geht ja relativ schnell, aber wenn man das Kabel erst einmal ausgraben muss, wird es problematisch. Diese Zahlen gelten für terrestrische Systeme auf dem Festland. Kabelbrüche in Seekabelsystemen führen meist zur Auflassung der Ader, falls noch genügend andere Adern vorhanden sind, oder zur Auflassung des gesamten Kabels, wenn es sich um einen wirklich schwer wiegenden Fehler handelt, wie er z.B. bei vulkanischen Tätigkeiten entstehen kann.

Jedenfalls, müsste man unter diesen Voraussetzungen mit **einem Kabelbruch alle vier Tage** rechnen.

Wenn über das Kabel nur eine einzige STM-16-Verbindung mit 2,5 Gb/s läuft, würden durch den Fehler 30.000 Telefonate unterbrochen, bei einer einzelnen STM-64-Verbindung sind es schon 120.000 Telefonate. Ein WDM-System mit 2 Tb/s trägt aber schon 25 Millionen Telefongespräche, und wenn ein ganzes Kabel mit 100 Fasern vollständig bricht und jede dieser Fasern mit DWDM betrieben würde, kämen satte 25 Milliarden Telefonate unter die Räder. Bei Seminaren zeigt bei diesem Vergleich immer jemand auf und behauptet, das sei doch Unsinn, so viel würde ja niemand telefonieren. Natürlich würde man ein 100-»adriges« Glasfaserkabel nicht vollständig mit Telefonaten füllen, aber ich muss ja ein Messäquivalent finden.

Man sieht jetzt deutlich, was intuitiv schon klar war: je mehr man auf einer Leitung überträgt, desto schmerzhafter werden Kabelfehler. Und die Entwicklung der DWDM-Systeme nimmt hierauf keinerlei Rücksicht, sondern es werden nur immer mehr Bits pro Sekunde transportiert. Also ist es bei der Konstruktion eines entsprechenden Gesamtsystems besonders wichtig, auf diesen Punkt zu achten und entsprechende Lösungen zu finden.

Aus dem LAN-Bereich kann man zurzeit noch nicht mit Hilfe rechnen: die meisten Anwender sichern ihre immer schneller werdenden LANs mit Redundanzschaltungen, die mittels des Spanning Tree-Verfahrens gesteuert werden. Das kann aber bis zu 90 Sekunden dauern. Alternativen sind natürlich wesentlich schnellere proprietäre Verfahren, die man sicherlich auch im Metrobereich einsetzen kann, wie dies das Beispiel der Yipes-Netze zeigt, die den Ausfallalgorithmus von Extreme Networks verwenden, einfach weil auch fast alle Knoten von diesem Hersteller kommen.

Für den WAN-Bereich mit seinen vielen unterschiedlichen Herstellern, Domänen und Bedarfen ist das aber sicherlich kein empfehlenswerter Weg.

6.4.2.1 Schutz optischer Multiplex-Sektionen

Ganz klar liegt ein Großteil der Netzwerkkosten in den Transpondern. Eines der Hauptziele der so genannten 1+1 Optical Multiplex Section Protection (OMSP) ist die Minimierung der Anzahl von Transpondern. Das erreicht man dadurch, dass man für den Arbeits- und den Schutzkanal einen gemeinsamen Transponder aufbaut. Die individuellen Kanäle werden in einem DWDM-Terminal gemultiplext und laufen dann unter Verwendung eines optischen Splitters gleichzeitig über den Arbeits- und den Schutzkanal. An der Empfangsseite wird die optische Multiplex-Sektion (OMS) auf Signalverschlechterungen hin überwacht. Da es keinen zuverlässigen Performancewert für die OMS-Schicht gibt, von dem ein Umschaltkriterium abgeleitet werden könnte, misst der OMS-Monitor optisch die individuellen Kanäle. Im Falle eines Fehlers werden die Pumplaser der zwischenliegenden optischen Verstärker ausgeschaltet, sodass der OMS-Monitor schnell den Verlust des Switchingkriteriums auf allen Kanälen bemerkt. Wenn man davon absieht, dass es noch kein kosteneffektives Monitoring optischer Kanäle gibt, ist der hauptsächliche Nachteil von OMSP die Beschränkung auf Punkt-zu-Punkt-DWDM-Strecken. Wenn ein ganzer Knoten ausfällt, geht der Service verloren.

6.4.2.2 Schutz von Subnetzverbindungen optischer Kanäle

Bei der Optical Channel Sub-Network Connection Protection (OCh-SNCP) wird jeder Kanal einzeln auf einer 1+1-Basis überwacht. Das Signal wird am Anfang der Verbindung durch einen optischen Splitter auf zwei Kanäle aufgeteilt. Am Ende wählt der optische Switch entweder den Arbeitskanal oder den Schutzkanal. Die Qualität der beiden Kanäle wird durch jeweilige Transponder auf der Empfangsseite gemessen. Der Hauptvorteil von OCh-SNCP verglichen mit OMSP ist seine Flexibilität. OCh-SNCP kann auf einer Ende-zu-Ende-Basis innerhalb von Ringen oder anderen Subnetzstrukturen eingesetzt werden. OCh-SNCP ist das einfachste Schutzschema, wenn Single Points of Failure den Dienst nicht unterbrechen dürfen. In AONs hat Ende-zu-Ende-OCh-SNCP einen erheblichen Kostenvorteil gegenüber OMSP. Dazu betrachte man z.B. einen Pfad, der sich über fünf OXC-Links erstreckt. Mit OMSP werden zehn Transponder benötigt, zwei für jeden Link. OCh-SNCP beschäftigt hingegen nur vier Transponder, zwei für den Arbeitspfad und zwei für den Schutzpfad. OCh-SNCP kann gleichsam auch auf Ringe mit OQDMs angewendet werden. Ein Ring, der intern mit OCh-SNCP geschützt ist, wird auch als Optical Channel Dedicated Protection Ring (OCh-DPRing) bezeichnet. Üblicherweise nimmt der Arbeitspfad den kurzen Weg über den Ring und der Schutzpfad den langen. So benötigt jeder Service nur eine Wellenlänge auf dem ganzen Ring. Daher entspricht die Anzahl der möglichen Dienste der Anzahl der Wellenlängen.

6.4.2.3 Optical Channel Shared Protection Ring

Sowohl OMSP als auch OCh-SNCP haben eine so genannte 1+1-Architektur. Das bedeutet, dass das Kundensignal auf zwei Kanäle im Hot-Standby gebroadcastet wird. Dies bedeutet mindestens eine Verdopplung der erforderlichen Übertragungsqualität im Vergleich zu ungeschützten Wegen. Es kann auch nachteilig sein, dass in Ringnetzen der Ersatzweg durch die andere Richtung auf dem Ring länger ist. Der Optical Channel Shared Protection Ring (OCh-SPRing) broadcastet das Signal so lange nicht auf den Schutzkanal, wie der Arbeitskanal richtig funktioniert. Das bedeutet, dass man einen Schutzkanal theoretisch auf mehrere Arbeitskanäle aufteilen kann. Im fehlerfreien Fall wird der Verkehr auf den Arbeitskanälen auf dem kurzen Weg im

Ring geroutet. Tritt ein Faserbruch auf, routen die betroffenen Knoten den Verkehr andersherum über den Ring. Das Kriterium für die Umschaltung auf den Ersatzweg ist der Leistungsabfall eines Signals zwischen der Stelle, wo es den Ring betritt, und der Stelle, wo es ihn verlässt. In einem OCh-DPRing gibt es keinen Unterschied, ob der Arbeits- oder der Ersatzweg gewählt wird, solange beide die gleiche Qualität haben. Die Schaltung auf den Ersatzweg wird nur dann ausgelöst, wenn die Signalverschlechterung wirklich aus dem Ring kommt. Dies bedeutet, dass man eine Leistungsmessung zwischen Eintritts- und Austrittspunkten vornehmen muss. Will man auf Nummer Sicher gehen, muss man auch in einem OCh-SPRing 50% der Gesamtkapazität für den Schutz reservieren. Im fehlerfreien Fall können die Ersatzkanäle jedoch auch Verkehr tragen, an den niedrigere Qualitätsanforderungen gestellt werden und der im Fehlerfall zugunsten der umzuleitenden Kanäle vom Netz genommen werden kann.

6.5 Automatisch geswitchte Optische Netze (ASONs)

IP-Netze sind die Haupttriebfeder für das Wachstum des Netzwerkverkehrs. IP-Verkehr ist paketorientiert und verbindungsorientiert. Weil man verbindungsorientierte Netze schlechter überwachen kann als verbindungsorientierte, sind IP-Netze oftmals auf ATM-Netze aufgepfropft worden, da die Betreiber das Traffic Engineering bei ATM-Netzen scheinbar besser durchführen konnten. Dieser Overlay-Ansatz war aber extrem teuer, da im Grunde zwei funktionsfähige Netze aufgebaut und übereinander gelegt werden mussten. Außerdem konnte die ATM-Technik nicht mit dem Wachstum der Optischen Netze Schritt halten. Durch die Einführung des verbindungsorientierten Multi Protocol Label Switchings (MPLS) in den IP-Routern kann die Verkehrssteuerung ohne die ATM-Schicht durchgeführt werden. So können Skalierbarkeit und Funktionsfähigkeit von IP/MPLS-Netzen erheblich verbessert werden. Blickt man auf die für das Internet vorhergesagten Wachstumsraten, kann man sehen, dass sich der IP-Verkehr alle neun bis zwölf Monate verdoppelt. Die paketvermittelnde MPLS-Technologie ist jedoch auf Elektronik angewiesen, die sich an Moore's Law hält und sagt, dass sich die Leistung der Elektronik nur etwa alle 18 Monate verdoppelt. Das bedeutet im Klartext, dass auch der MPLS-Ansatz mit dem Wachstum des Internets nicht Schritt halten kann. Die einzige heute verfügbare Technologie, die tatsächlich mit der IP-Wachstumsrate mithalten kann, ist die optische Vernetzung, speziell die Kombination von DWDM und optischem Switching. IP/MPLS unmittelbar über das optische Transportnetzwerk laufen zu lassen, erscheint der günstigste und wirtschaftlichste Weg zu sein, das Internet der nächsten Generation (NGI) aufzubauen.

Die Anzahl der optischen Kanäle, die durch das optische Transportnetz OTN geliefert werden, wird mehr oder minder mit dem Bedarf des Internes wachsen, sich also ca. alle 9-12 Monate verdoppeln. Die Dienste eines Transportnetzes werden normalerweise durch eine zentrale Steuerung, TMN, geliefert. Wie jedes andere zentrale Software-System wächst TMN jedoch nicht bis ins Unendliche, weil es durch Rechnerleistung, Datenbank-Konsistenz und das Datenkommunikationsnetzwerk beschränkt wird. Deshalb benötigt man einen dezentralen Ansatz. Dies bedeutet in letzter Konsequenz, dass die optischen Netzwerkelemente eine Anzahl von Aufgaben des TMN übernehmen, besonders

- Routing,
- Wiederaufsetzen nach Fehlern,
- Bereitstellung von Dienstleistungen,
- Zugrifskontrolle und
- Accounting.

Daher wird das OTN von einem TMN-kontrollierten Netzwerk in ein automatisch geswitchtes optischen Netz (ASON) übergehen.

6.5.1 ASON-Grundkonzepte

Wie ATM bietet ein ASON drei verschiedene Verbindungstypen an.

Permanente Verbindungen (Permanent Connections (PC)) sind die traditionelle Verbindungsart. Der Wunsch nach Verbindungsaufbau kommt über den TMN herein. Die Netzwerkschicht berechnet den Weg und schickt dann entsprechende Verbindungskommandos an die optischen Cross-Connects. Ein anderer Verbindungstyp sind die semipermanenten Verbindungen (Soft-Permanent Connection (SPC)). Die Anforderung für eine SPC-Verbindung kommt ebenfalls vom TMN. Das Routing des Weges wird aber in diesem Falle von der ASON-Kontrollebene durchgeführt, die Bestandteil der Software der Netzwerkelemente ist. Das entlastet den TMN von der Notwendigkeit des Routings und von der Notwendigkeit, eine vollständig konsistente Sicht aller Wege in seiner Datenbank zu haben. Besonders wenn es zur Desaster Recovery durch Wiederherstellung von Verbindungen kommt, die durch die ASON-Kontrollebene ausgeführt wird, hat die Erfahrung mit SDH-Netzen gezeigt, dass Datenbankkonsistenz in großen Netzen nur schwierig zu erreichen ist. Eine dritte Alternative sind geswitchte Verbindungen (Switched Connections (SC)). Der Connection Request für eine SC kommt über das User Network Interface (UNI). Die Verbindung wird vermöge der ASON-Control Plane durch das Netzwerk geroutet. Im Unterschied zur SPC-Verbindung muss die ASON-Control Plane nicht nur einen Weg finden, sondern auch Zugriffskontrolle, Accounting und eine Art Kundenpflege via UNI durchführen.

6.5.2 Grundeigenschaften eines ASON

Die Grundeigenschaften eines ASON können in vier Kategorien eingeteilt werden: neue Diensttypen, automatische Bereitstellung von Dienstleistungen, vergrößerte Skalierbarkeit des Operation Support-Systems (OSS) und verteiltes Wiederaufsetzen nach Fehlern.

6.5.2.1 Neue Diensttypen

Es gibt grundsätzlich zwei neue Diensttypen: Bandwidth on Demand Services (BODS) und Optical Virtual Private Networks (OVPN). Die Bereitstellung von Bandbreite auf Anforderung wird durch die Switched Connections (SCs) implementiert. Ein Netzwerkelement an der Netzkante des ASON hat bereits verschiedene vorgefertigte Schnittstellen, an die die Kundengerätschaft jederzeit angeschlossen werden kann. Wünscht der Kunde eine neue Verbindung zu irgendeinem seiner anderen am ASON angeschlossenen Geräte, setzt er das passende Connection Request-Kommando über die UNI ab. Dann kann das ASON die neue Verbindung binnen Sekunden bereitstellen, im Gegensatz zu dem Zeitraum von Stunden oder Tagen, den die Bereitstellung mittels des zentralen TMN kostet. Der Bandwidth on Demand-Service ist für Kunden gedacht, die hohe Kapazitätsanforderungen haben und neue Verbindungen oder die Wiederaufnahme alter Verbindungen in einem sehr kurzen Zeitraum benötigen. Der OVPN-Service sollte die Bedarfe on IP-Operateuren oder anderen Carriern treffen. Für jeden OVPN-Kunden wird ein Teil der Netzwerk-Ressourcen reserviert. Über das UNI bekommt er eine gewisse Sichtbarkeit und Kontrolle der reservierten Ressourcen, die sein optisches Privates Virtuelles Netz ausmachen. Dieser Grad von Kontrolle durch den Kunden ermöglicht die Bereitstellung von untergeordneten Dienstleistungen und Debugging auf der Kundenseite. Da er dem Kunden nur begrenzten Zugriff auf die für diesen reservierten Ressorcen gibt, behält der ASON-Operator die volle Kontrolle über alle anderen Ressourcen.

6.5.2.2 Automatische Bereitstellung von Dienstleistungen

Es gibt unterschiedliche Typen der automatischen Bereitstellung von Dienstleistungen, die unter dem Stichwort Automatic Network Provisioning (ANP) zusammengefasst werden. In paketvermittelnden Netzen können zwei Knoten, die über eine Kommunikationsverbindung miteinander verschaltet sind, sich gegenseitig mittels geeigneter Hello-Nachrichten kennen lernen. Dies erlaubt Neighbour Auto Discovery in der Komplexität von Plug & Play. Im Falle von DWDM-Links ist das alles aber nicht so einfach, weil es eine Zeit dauert, eine neue DWDM-Link aufzubauen. Nachbar- und Link-Auto-Discovery werden die Bereitstellungszeit deshalb nicht besonders beschleunigen und gehören deshalb zu den typischen Eigenschaften von paketvermittelnden Netzen, die nicht auf automatische Optische Netze übertragen werden können. Sobald ein Link aufgebaut ist, ist es aus der Perspektive des Debuggings schon nützlich, wenn benachbarte ASON-Knoten die Verfügbarkeit von Wellenlängen und entsprechenden Verbindungen überprüfen können und sich auf ein Nummerierungsschema für die Wellenlängen einigen können. Das nennt man auch Link Connection Auto Discovery.

Sobald ein ASON-kontrollierter OXC seine Link-Connections gelernt hat, wird er diese allen anderen Knoten innerhalb der ASON-Domäne mittels eine Routing-Protokolls anzeigen, z.B. mit OSPF-OE (Open Shortest Path First with Optical Extensions). Auf diese Weise haben alle Knoten in einer Domäne eine konsistente Sicht des Netzes in ihrer Datenbank. Dieser hochzuverlässige Austauschmechanismus heißt Topologie-Auto-Discovery und ist eine essenzielle Eigenschaft eines ASON, ohne die es nicht routen kann.

Hinsichtlich der UNIs gibt es zwei Arten von Automation. Ein OXC an der Netzkante sollte dauernd seine äußeren Schnittstellen daraufhin untersuchen, ob nicht ein Client-Equipment mit ihm Verbindung aufnehmen möchte. Das nennt man Client Auto-Discovery. Natürlich kann ein Client auch durch manuellen Konfiguration »entdeckt« werden. Noch wichtiger als die Client Auto Discovery ist das Client Advertisement durch das Netz, sodass alle anderen Knoten in der ASON-Domäne lernen, zu welcher Schnittstelle sie Verbindungen zu diesem Client lieten sollen. Client Autodiscovery ist eine lokale Angelegenheit. Die manuelle Konfiguration einer Client-Schnittstelle kann nur an der Netzkante geschehen. Möchte man Client Advertisement auch manuell durchführen, setzt dies die korrekte Konfiguration aller Netzwerk-Elemente in der Domäne voraus.

6.5.2.3 Verbesserte Systemskalierbarkeit für Operations Support

In einem vollständig mit einem TMN überwachten Netzwerk muss das Netzwerk-Management-System Echtzeit-Wissen über Existenz und Status aller Netzwerk-Elemente haben. Wann immer Service-Personal irgendetwas im Netzwerk ändert, z.B. im Fall von Link-oder Knotenfehlern, kann die TMN-Datenbank leicht inkonsistent werden und benötigt einige Zeit, um den neuen Status des Netzes aufzunehmen. In kleineren Netzen ist das sicher nicht kritisch. In großen Netzen nationaler und internationaler Carrier ist die Datenbank-Konsistenz ein zentraler Problembereich. Da das ASON in der Lage ist,

Verbindungen automatisch zu routen und nach Fehlern in einer sehr toleranten Weise wiederaufzusetzen, wird die Forderung nach der Konsistenz der TMN-Datenbank unkritischer. Das gilt sowohl für SPCs als auch für SCs. Außerdem entlastet das ASON das TNM-Netz vom Routing. Da die ASON-Kontrollebene über alle Netzwerkelemente verteilt ist, ist dies wesentlich skalierbarer als die Lösung mit einem zentralen TMN. Die SCs erlauben die Dezentralisierung des gesamten Prozesses der Bereitstellung von Dienstleistungen. Daher kann von einem operationellen Standpunkt aus das OTN genauso skalierbar gemacht werden wie ein Sprachnetz. Natürlich muss man darauf achten, dass das verteilte Service-Management Zugangskontrolle, Accounting und Customer Care ermöglicht.

6.5.2.4 Verteiltes Wiederaufsetzen nach Fehlern

In heutigen Transportnetzen ist der Schutz durch die Netzwerk-Elemente der dominante Mechanismus für das Wiederaufsetzen nach Fehlern. Der Schutz kann in weniger als 50 ms wirksam werden und ist aus der Perspektive der Wiederherstellung des Verkehrsflusses nach statistisch vorhersehbaren Ausfällen sehr zuverlässig. Der Hauptnachteil dieser Schutzmechanismen ist die schlechte Auslastung von Netzwerk-Ressourcen (normalerweise werden mehr als 50% der Ressourcen für den Schutz reserviert) und die Unfähigkeit, den Verkehr nach wirklich großen Ausfällen, wie sie z.B. durch Erdbeben oder Sabotage entstehen, wiederherzustellen. Dynamische Restaurationsschemata durch TMN lassen sich praktisch auf jedes Fehlerszenario anwenden und sind so auch in unvorhersehbaren Situationen brauchbar. Wie schon zuvor erwähnt, können TMN-Datenbanken durch die Wiederaufsetzprozesse bei Leitungen und Knoten inkonsistent werden. Das ist einer der Gründe, warum die dynamische Restauration durch TMN nicht besonders schnell ist. Ein weiterer Grund ist, dass die neuen Routen der Verbindungen durch einen Teil der TMN-Software berechnet werden müssen. Die Dezentralisierung der Restauration auf die ASON-kontrollierten OXCs verbessert die Zuverlässigkeit des Wiederaufsetzens auf zwei Arten. Das Update der Netzwerk-Datenbank geschieht praktisch in Echtzeit. Dies erlaubt es, die Restaurationswege präziser zu berechnen. Außerdem wird die Berechnung der Routen und der begleitende Verbindungsaufbau auf alle Randknoten verteilt, die am Ende fehlgeschlagener Verbindungen liegen. Auf diese Weise kann die Restauration von Diensten nach schweren Ausfällen in der Größenordnung von Sekunden erfolgen, viel schneller als die Minuten oder Stunden, die ein TMN-gesteuertes Netz benötigt.

Das Wiederaufsetzen innerhalb von weniger als 50 ms, wie es von Netzwerk-Operatoren für die Beritstellung von Premium-Services verlangt wird, lässt sich nur mit einer bestimmten Mischung aus Hardware und Firmware erzielen. Besonders in großen Netzen kann man Protection kaum auf einer Ende-zu-Ende-Basis durchführen. Doppelfehler, die sowohl den Arbeits- als auch den Ersatzpfad betreffen, treten in großen Netzen mit einer gewissen Wahrscheinlichkeit auf. Arbeiten an Kabeln und Re-Konfiguration können innerhalb administrativer Grenzen durchgeführt werden. Die Koordination der Arbeiten zwischen allen Domänen in dem Sinne, dass Arbeits- und Ersatzpfade nicht gleichermaßen betroffen sind, kann schwierig sein. Daher sollte man Schutz vornehmlich in Subnetzen durchführen. Prinzipiell resultiert dies aber in Single Points of Failure an den Gateway-Knoten, was das SLA für einen Premium-Service verletzt. Der sehr unwahrscheinliche Single Point of Failure in den Gateway-Knoten kann nur durch einen Drop & Continue-Mechanismus vermieden werden, der ein komplexes Design für die Datenwege voraussetzt. Das verteilte Wiederaufsetzen durch die ASON-Kontrollebene kann die Elastizität des Netzes im Falle von Gateway-Ausfällen oder anderen Ausfällen, die den Arbeits- und Ersatzpfad von Premium-Services betreffen, erhöhen. Das bedeutet, dass die ASON-Kontrollebene eine Differenzierung von Dienstleistungsangeboten kennen muss. Economy-Dienste würden dann von der ASON alleine sehr effektiv restauriert. Für die durch Wiederaufsetzen in der Hardware geschützten Premium-Services kann die Service-Restauration in der ASON-Kontrollebene als Backup im Fall sehr unwahrscheinlicher Fehler funktionieren.

6.6 Optische Terabit-Router

Die aktuellen Generation von Produkten für den Einsatz in großen WAN-Backbones hat eine Leistung von 100 bis 800 Gb/s in den WDM-Systemen und 300 bis 500 Gb/s in den Routern bzw. Switches. Dabei ist bei vielen Produkten keine Skalierbarkeit mehr gegeben, sondern die Konstruktion erlaubt einfach keine höhere Leistung. Angesichts der Anforderungen an Bandbreite und zusätzliche logische Fähigkeiten ist dies kein besonders ermutigender Wert. Die Betreiber großer Netze verlangen heute schon Systeme, die jenseits von 1 Tb/s routen und switchen können. In diesem Abschnitt wollen wir uns mit der möglichen Architektur derartiger Systeme befassen.

6.6.1 Grundüberlegungen

In den vorangegangenen Abschnitten haben wir viele Einzelheiten gesehen, die im Rahmen der Konstruktion von optischen WAN-Systemen der nächsten Generation zu berücksichtigen sind. Sies wollen wir jetzt zusammenfassen und dann zur Konstruktion eines optischen Cross-Connects kommen und dies so weit wie möglich auch an einem Produktbeispiel verifizieren.

Dazu blicken wir zunächst auf Abb. 6.6.1, wo die Positionierung eines Gerätes der jetzt zu besprechenden Bauart zu sehen ist.

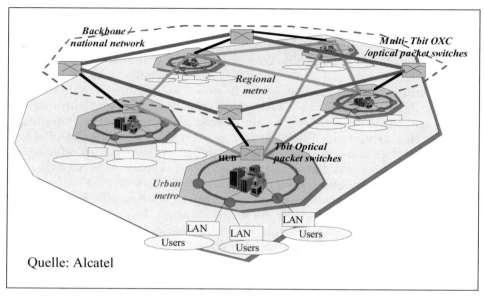

Abb. 6.6.1: Backbone Regional Metro, Urban Metro

Ein Terabit-Switch ist nicht nur ein Kerngerät für das optische WAN-Kernnetz, sondern auch die Schnittstelle zwischen dem optischen WAN-Kernnetz und anderen Zubringernetzen. Auf dem Bild 6.6.1 sehen wir den Terabit-Switch von unten eingebettet in ein Regionalnetz (Urban Metro). Wir werden im nächsten Kapitel solche Regionalnetze noch näher betrachten, aber es gibt im Grunde genommen zwei Ausführungen von optischen Regionalnetzen, nämlich als erweitertes LAN oder als verkleinertes WAN. Neue Regionalnetze wird man als erweitertes LAN konstruieren, z.B. mit Hilfe des 10-Gigabit-Ethernet-Standards, während man im Rahmen eines verkleinerten WAN z.B. eine ältere SONET-Infrastruktur noch etwas Geld verdienen lässt. Die Geschwindigkeit in einem solchen Regionalnetz ist demgemäß 1, 2,5 oder 10 Gb/s pro Wellenlänge bei einer Gesamtzahl von z.B. 32 Wellenlängen. Das Regionalnetz übernimmt Konzentratorfunktionen für den Terabit-Switch. Die »andere Seite« des Terabit-Switches besteht aus DWDM-Verbindungen zu anderen Terabit-Switches.

Wie man an Abb. 6.6.1 sieht, kann es mehrere überlappende Fernnetze geben oder eben ein Fernnetz mit entsprechender Redundanzstruktur. Gleichermaßen wird man ein Regionalnetz nicht wie im Bild zu sehen lediglich über einen Terarouter an eine übergerodnete Backbonestruktur anbinden, sondern mindestens über zwei, weil ja sonst ein Single Point of Failure entsteht. Eine andere Alternative wäre ein Terarouter, der aufgrund seiner Konstruktion ein hohes Maß an Redundanz hat. Dies ist aber weder von Produkten noch aus der Forschung bekannt.

Generell sei nochmals darauf hingewiesen, dass man übergeordnete Backbones in Zukunft nicht mit Punkt-zu-Punkt-WDM-Strecken und elektrischen Switches oder IP-Routern, an denen jeweils für jeden Teilweg eine opto/elektro/optische Umwandlung gemacht werden muss aufbaut, sondern mit optischen Cross-Connects, OPXCs, die ihre Datenströme von den DWDM-Leitungen und von optischen Payload Assemblern/Disassemblern (OPADs) bekommen. Diese OPADs haben die Aufgabe, den gesamten von irgendwelchen Teilnehmerknoten kommenden Verkehr in das im Rahmen des optischen Transportnetzes vorherrschende Format zu bringen bzw. aus diesem Format so auszupacken, dass es von teilnehmenden Stationen verwertet werden kann.

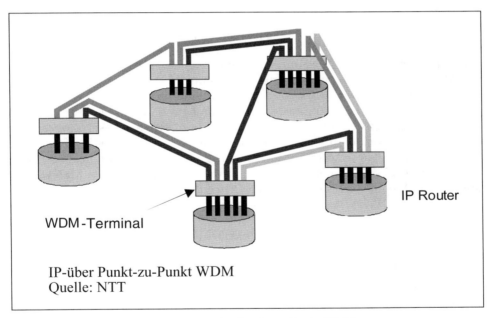

Abb. 6.6.2: IP über Punkt-zu-Punkt-WDM

Kapitel 6

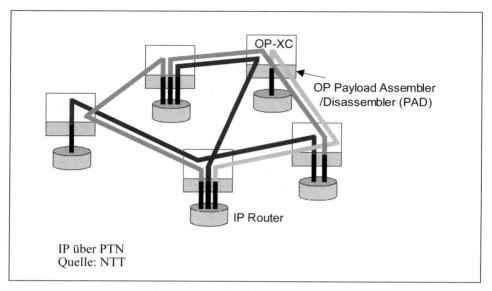

Abb. 6.6.3: IP über Paket-Transportnetz

Die generische Architektur eines solchen OPXC ist in Abb. 6.6.4 zu sehen. In der Mitte sieht man eine vierstufige Anordnung, bestehend aus einer Gruppe von Wellenlängen-Demultiplexern, einer Menge von Raumswitchmatrizen, einer Menge von Wellenlängenkonvertern und einer abschließenden Gruppe von Wellenlängen-Demultiplexern. Die Funktionsweise dieser Anordnung und ihr möglicher detaillierter Aufbau wurden ja bereits im Kap. 4 ausführlich besprochen. Diese Matrix wird nun von zwei Gruppen von Ports genutzt, die hier im Bild die Namen Inter- und Intra-Office Ports haben. Man könnte sie auch anders bezeichnen. Die Inter-Office Ports sind diejenigen, an denen die Backbone-DWDM-Leitungen ankommen und abgehen, die Intra-Office Ports sind diejenigen, die zu den OPADs führen bzw. von ihnen abgehen. Insgesamt ist die dargestellte Architektur nichts anderes als ein optischer Add/Drop-Multiplexer (OADM). Unterhalb der PAD- oder OPAD-Ebene liegt ein elektrischer IP-Router mit entsprechender konventioneller Switching-Fähigkeit.

Das ist ein generelles Merkmal heutiger, erfolgreicher Architekturen: alle Funktionen, die nicht ursächlich mit dem optischen Switchen zu tun haben, werden auch aus der optischen Ebene verbannt. Jede Art von Vorverarbeitung geschieht rein elektronisch. Mir sind sogar Produkte und Muster bekannt, bei denen im 19-Zoll-Rack fröhlich ein sehr guter Switchrouter steht, den man einfach fertig wie er ist genommen und auf die Bedarfe der Benutzung innerhalb des OPXC angepasst hat. Das ist eine äußerst wirtschaftliche Lösung.

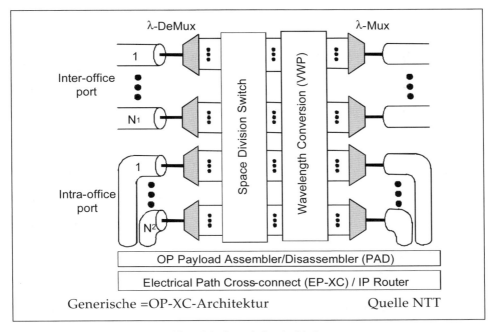

Abb. 6.6.4: Generische Architektur

Ältere Untersuchungen von NTT Docomo haben ja gezeigt, dass die Struktur mit OPXCs wesentlich wirtschaftlicher ist als die mit Punkt-zu-Punkt-DWDM-Leitungen. Das haben sie an einem eigenen, in Japan aufgebauten und betriebenen Netzwerk gemessen und durchgerechnet. In Bild 6.6.5 sehen wir zunächst einmal die Systemskalierbarkeit für optische Cross-Connects. Auf den linken zwei Skalen stehen die Tb/s als Geamtleistung des Systems und die Anzahl der untereinander verbundenen Wellen, während die rechten zwei Skalen die Maximalzahl von notwendigen Switchports für 8 und für 16 Wellenlängen zeigt. Es ist klar, dass man bezogen auf eine nominale Gesamtleistung eines Netzes bei symmetrischer Strukturierung mit einer der bekannten Topologien bei doppelt so vielen Wellenlängen nur halb so viele Switchports benötigt. Das kann man allerdings nur so lange betreiben, wie es topologisch sinnvoll ist.

Die Wertdiagramme zeigen dann, wie viele Knoten man mit oder ohne Schutz bei 8 oder 16 Wellenlängen pro Fiber benötigt. NTT hat in seinem Netz eine annähernde Ringstruktur aufgebaut. Deshalb ist das Ergebnis, nämlich ein lineares Wachstum mit der Gesamtkapazität und der Nummer von Knoten, absolut nicht überraschend.

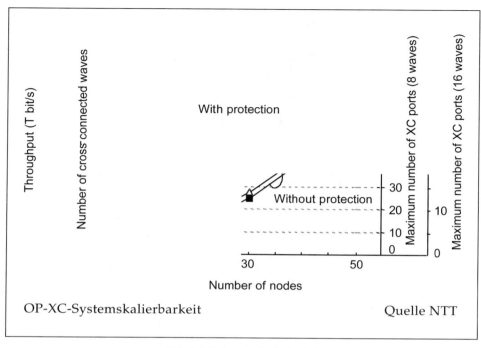

Abb. 6.6.5: Systemskalierbarkeit

Schon auf den ersten Blick überraschend ist der Unterschied in den Kosten zwischen den Alternativen IP über DWDM-Punkt-zu-Punkt und IP über OPXC-PTN (Pakettransportnetz), die man in Abb. 6.6.6 sieht. Auf der X-Achse ist die Anzahl der bidirektionalen Wege und in Klammern die Anzahl der Knoten in einem Ring aufgezeichnet, während die Y-Achse die totalen Netzwerkkosten (normiert, nicht in Yen J) darstellt. Ab ca. 80 bidirektionalen Wegen, was lediglich ca. 13 Knoten entspricht, kostet die OADM-Lösung nur noch die Hälfte. Je mehr Wege und Knoten es gibt, desto deutlicher wird der wirtschaftliche Vorsprung der OADM-Lösung. Das liegt hauptsächlich daran, dass bei DWDM-Punkt-zu-Punkt-Verbindungen die Anzahl der Verbindungen mit der Anzahl der notwendigen bidirektionalen Wege linear wächst, aber die notwendige Anzahl der Verbindungen bzw. Ports in quadratischer Größenordnung zur Anzahl der Knoten wächst. Dies führt übrigens dazu, dass man Netze mit wesentlich höherer Knotenzahl gar nicht mehr so aufbauen kann. Man kann sich das auch leicht vorstellen: es gebe N Knoten, diese haben bis jetzt M Punkt-zu-Punkt-Verbindungen untereinander, wobei wir M gar nicht weiter spezifizieren. Fügen wir jetzt den Knoten N+1 hinzu, benötigen wir N einzelne Punkt-zu-Punkt-Verbindungen zu den bisherigen N Knoten. Dadurch haben wir insgesamt M+N Verbindungen und der neue Knoten benötigt N Ports und in allen alten Knoten müssen wir jeweils einen neuen Port nachrüsten. Der neue Knoten kostet uns also N x (N-1) neue Ports. Also wächst, wie behauptet, die Portzahl in quadratischer Größenordnung. Solange man jetzt immer mehr Wellenlängen auf eine Faser packen kann, mag das ja noch angehen, aber eigentlich ist das nicht die gewünschte Lösung, weil man ja in den Knoten auf der Grundlage der Wellenlängenbündel vermitteln können möchte. Eine pure Steigerung der möglichen Wellenlängen führt also an dieser Stelle überhaupt nicht systematisch weiter. Manchmal hört man die Vision von »Switchless« Networks, die mit tausenden Wellenlängen arbeiten, die immer direkt von den Quellen zu den Zielen geschaltet sind. Abgesehen davon, dass diese Visionen eher aus den höheren Etagen der Brokerhäuser kommen, führen sie auch nicht zu einer realistischen Perspektive.

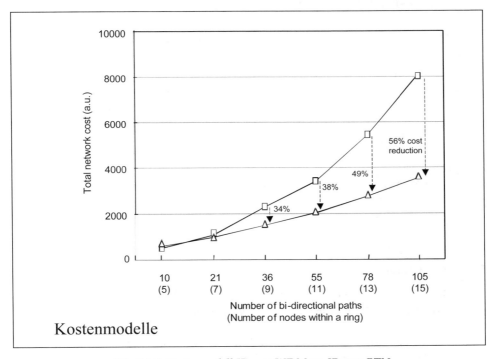

Abb. 6.6.6: Kostenmodell IP over WDM vs. IP over PTN

6.6.2 Konstruktive Alternativen

Optische Switchrouter mit der genannten Positionierung lassen sich auf drei grundsätzliche Weisen strukturieren, die sich auf die bereitgestellten Funktionalitäten und deren Anordnung beziehen. Ia Abb. 6.6.7 sind diese

Alternativen gegenübergestellt. Dabei setzen wir voraus, dass die WDM-Übertragung mit Label-Switching gesteuert wird. Obwohl es sicherlich ursprünglich besonders von Cisco vorangetrieben wurde, scheint es sich zurzeit auch mangels anderer Alternativen gegenüber anderen Methoden durchzusetzen um die Lücke zu schließen, die durch die im Vergleich zur Datenrate langsame Reaktionszeit der optischen Switchmatrizen entsteht. In der Literatur gehen die Bezeichnungen schon einmal etwas durcheinander, weil sich eine allgemeine Terminologie noch nicht so festgesetzt hat. Wir unterscheiden hier in Anlehnung an Darstellungen der Fa. Alacatel nach T-Routern, Optical Cross-Connects (OXC) und Optical Burst Routern (OBR).

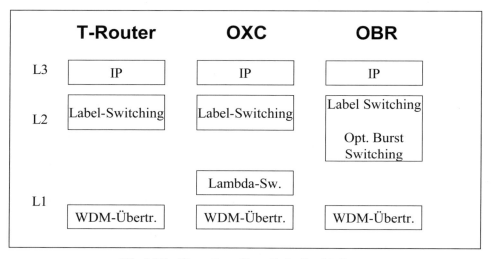

Abb. 6.6.7: Alternativen für optische Terabit-Router

6.6.2.1 T-Router

Der T-Router ist seiner Konstruktion nach ein IP-Router und ersetzt bzw. ergänzt Switches und sieht sowohl Add/Drop als auch Transitverkehr. Der T-Router ist mit anderen T-Routern über DWDM-Strecken verbunden. Damit ist der Durchsatz der Knoten unmittelbar mit der Übertragungskapazität der DWDM-Strecken gekoppelt. Im T-Router werden eine oder mehrere Multiplex-Layer benötigt, um den ankommenden »Kundenverkehr« mit ATM, SDH oder sonstigen Formaten auf das Format des optischen Transportnetzes umzusetzen. Der T-Router orientiert sich damit sehr stark an der klassischen WAN-Welt mit ihren verbindungsorientierten Protokollen. Deren Flexibilität für den Einsatz in IP-Umgebungen kann jedoch mit Fug und Recht bezweifelt werden. Er hat auf der Schicht 3 IP-Funktionalität und arbeitet auf der Schicht 2 mit Label-Switching, welches unmittelbar auf die WDM-Übertragung in der Schicht 1 aufgesetzt wird. Der T-Router skaliert mit der Übertragungskapazität und arbeitet direkt mit WDM-Systemen zusammen. Mit diesem Konzept erzielt man eine gute Flexibilität für den Datenverkehr und das System lässt sich sehr gut in bestehende IP-Backbone-Infrastrukturen integrieren. Mit einem T-Router erzielt man eine flache Netzstruktur, was sicherlich eine gute weil einfache und übersichtliche Einstiegsstrategie ist. Die Kosten eines Routerports sind aber potenziell wesentlich höher als die eines Cross-Connect-Ports, weil Letzterer ja nur eine sehr übersichtliche Switching-Funtionalität hat, während der Router-Port auch noch »denken« muss. Während dieser Denkzeit muss er die Daten potenziell zwischenspeichern und zwar in wesentlich höherem Maße als ein Port in einem Cross-Connect. Abgesehen davon, dass die integrierte optische Speichertechnologie noch nicht so weit entwickelt ist, wie wir das begrüßen würden und gerne hätten, entstehen für die portweisen großen Speicher erhebliche Kosten. Insgesamt kann man bei diesem Konzept auch Technologieengpässe befürchten, denn die IP-Routingfunktionalität wird ja im Kern elektronisch berechnet, bevor die entsprechenden Weiterleitungskommandos auf die optische Switching-Matrix gelangen. Man sieht zwar bei elekronischen Switches momentan keine große Geschwindigkeitsdifferenz hinsichtlich des Switches auf der Grundlage von Layer-2-, Layer-3- oder Layer-4-7-Informationen (Load Sharer) aber immerhin ist es ja so, dass diese Switches alle mit elektronischen Switchmatrizen arbeiten und das Missverhältnis zwischen Datenrate und Switch-Reaktionsgeschwindigkeit nicht in diesem Maße verkraften müssen. T-Router haben, wenn sie sich lediglich an den IP-Standards orientieren, Probleme hinsichtlich der Geschwindigkeit beim Wiederaufsetzen nach Fehlern und insgesamt auch aus der Perspektive der rein mathematischen Betrachtung von Zuverlässigkeit problematischer Wiederaufsetztechniken, die in Grenzsituationen zu nichtdeterministischem Verhalten neigen können. Dadurch wird auch das Management komplexer und langsamer. Das wichtigste Argument gegen diese Konstruktion ist aber die technologische Begrenzung des maximalen Durchsatzes elektronischer Router. Man benötigt letztlich riesige mehrstufige Anordnungen mit erheblicher Parallelität auf den Datenleitungen und innerhalb der switchenden und berechnenden Einheiten. Dies ist von der Konstruktion her sehr aufwendig und es gibt noch eine andere Grenze: die Taktrate der Elektronik. Auf diese Problem sind wir ja bereits im Zusammenhang mit 10-Gigabit-Ethernet gestoßen: »normale«, preiswerte Elektronik hat momentan eine Grenze bei ca. 3 Gigahertz Taktrate. Also muss man schnellere Datensignale entweder weiträumig verteilen und braucht dann billige Elektronik in entsprechender Vielzahl oder man weicht auf teurere Logikfamilien aus, die aber meist auch einen geringeren Integrationsgrad haben. Schließlich möchte man ein Produkt mit einem marktfähigen Preis/Leistungsverhältnis erzeugen.

6.6.2.2 Optical Cross-Connect (OXC)

Ein OXC liefert flexible Konnektivität von IP-Teraroutern auf der Ebene der Wellenlängenkanäle. Auf dem Layer 3 hat auch er zunächst IP-Funktionalität, die auf dem Layer 2 durch Label-Switching umgesetzt wird. Diese wird ihrerseits im Layer 2 auf Wellenlängenswitching umgesetzt, welches seinerseits die WDM-Übertragung »füttert«. Der OXC erweitert sozusagen das Konzept des T-Routers auf der Basis rekonfigurierbar miteinander verbundener Wellenlängenkanäle. So entkoppelt man zunächst den Router-Durchsatz von der Leistung der Übrtragungssrecken und erzielt damit eine größere Skalierbarkeit. Der OXC managt die WDM-Übertragung und die im Rahmen dieser Übertragung zur Verfügung stehenden schnellen Restaurationsschemata. Außerdem kann er dies mit den Möglichkeiten in der IP-Schicht koppeln und kann IP-Techniken zur Steigerung der Effizienz und dynamischen Wellenlängenzuordnung hinzuziehen. Insgesamt ergibt dies eine gute Skalierbarkeit, eine hohe Effizienz und gute Restaurationsschemata. Man kommt mit einer recht einfachen Management-Software aus. Im Gegensatz zu einem reinen IP-Terarouter kann das Gerät auch gut für gemischten Sprach-Datenverkehr eingesetzt werden. Allerdings muss man auch sehen, dass in großen netzen mit sehr vielen Knoten die Granularität eines WDM-Kanals mit Bitraten von 40 und mehr Gb/s zu Problemen mit der Effizienz führt, da die Multiprotokoll-Lambda-Switching-Technik an Grenzen stößt, die noch niemand wirklich erforscht hat und für die es auch keine mathematischen Beweise des deterministischen Gesamtverhaltens gibt. In einem leistungsfähigen OXC muss es Verfahren geben, die die Konzentration von Nachrichten auf einem WDM-Kanal erlauben, denn innerhalb der Switches entstehen ja immer neue Verkehrsmischungen, die es effizient abzubilden gilt. Man spricht davon, in diesem Zusammenhang so genannte Multihopping-Verfahren anzuwenden, um die Effizienz bei der WDM-Kanalbelegung zu verbessern. Schließlich wird man auch nicht darum herumkommen, Multiplexhierarchien einzubinden, sodass man nicht wirklich mit einer Vereinfachung der Protokollschichten in der Konstruktion rechnen darf.

6.6.2.3 Optical Burst Router (OBR)

Der OBR geht viele Probleme ganz anders an und findet vor allem seine eigene Methode, mit den starken Unterschieden in der Datenübertragungsgeschwindigkeit und Reaktionszeit der Switching-Matrix umzugehen. Der OBR basiert völlig auf dem Konzept rein optischer Paketvermittlung. Man unterscheidet hier zwischen einer Netzkante und einem Netzkern. IP-Pakete werden an den Kantenknoten zu optischen Paketen oder Bursts zusammengefasst und dann als Jumbo-Pakete durch die rein optischen Router im Netzkern geleitet. Die Router im Netzkern sind Paket-Router, die die Burst-Pakete optisch vermitteln. So erhält man eine bessere Leistung und eine bessere

Skalierbarkeit als bei IP-Routern und eine höhere Flexibilität als bei der Verwendung einfacher Cross-Connects. Im Schichtenmodell haben wir unter dem IP-Layer auf der Schicht 2 die unmittelbare Umsetzung vom Label Switching auf das optische Burst Switching. Eine solche Anordnung ist für das Switching und Forwarding auf der Schicht 2 optimiert und kann auch Cross-Connect-Funktionen der Schicht 1 übernehmen. Es entsteht ein einstufiges Netz unter der konsequenten Nutzung von IP-Routing und -Forwarding. Nur mit einem solchen Ansatz kann man die Multiplex-Hierarchien und Übermittlungsprotokolle wirklich wesentlich vereinfachen, denn der Optical Burst Layer kann direkt auf den WDM-Layern aufsetzen und SDH, ATM usf. ersetzen. Allerdings gibt es auch Nebenwirkungen, die hier nicht verschwiegen werden sollen. Zunächst einmal wird ein neues Übertragungsformat, der so genannte optische Burst eingeführt, der bislang noch nicht standardisiert ist. Wir werden das gleich noch weiter diskutieren, aber auch der Standard G-709 ist hierfür nicht alleine geeignet. Mit der heutigen Technologie wird die Implementierung auch teurer sein als eine langsame WDM-Cross-Connect-Anordnung. Die optische Paketvermittlung erfordert eine gewisse Mindestanzahl von WDM-Kanälen pro Router-Port für die effektive Auflösung von Kollisionen. Das ist ein Problem, das wir bislang gepflegt verschwiegen haben: bei optischem Routen kann es vorkommen, dass zwei oder mehr Paketströme auf Eingangskanälen auf einen einzigen Ausgangskanal geschaltet werden sollen. Bei elektrischem Switching packt man in einer solchen Situation die Pakete in Zwischenspeicher, die man so schnell es geht abarbeitet, und hofft, dass der Überlastzustand nicht allzu lange anhält, sodass man alle Informationen zwischenspeichern und anschließend abarbeiten kann. Bei dieser Alternative nimmt man ggf. hohe Variationen in der Latenz in Kauf. Man hat allerdings auch keine anderen Alternativen, weil die abgehenden Leitungen aus einem elektrischen Switch-Router nun einmal nur eine einzige feste Datenrate haben. Im Fall von DWDM-Systemen steht natürlich in einem solchen Fall die Möglichkeit offen, mehrere Lambda-Kanäle statt einem zu benutzen, die dann zusammen entlang des gewünschten Weges geschaltet werden. Das ist auch gut so, weil die optische Speichertechnologie längst nicht so duldsam ist wie ihr rein elektronisches Äquivalent und weil die auftretenden Datenraten ja in ganz anderen Dimensionen liegen, nämlich Vielfache von 40 Gb/s sein können.

6.6.3 Realisierungsbeispiel eines optischen Burst Routers

Weil es momentan eine der schnellsten und wichtigsten Entwicklungen ist, stellen wir hier den von der Fa. Alcatel in verschiedenen wissenschaftlichen Berichten vorgestellten Ansatz für einen optischen Burst Routing-Knoten vor.

Ein optischer Burst besteht aus einem Header, der Routing- und Steuerungsinformationen enthält, und der Payload. Er transportiert also eine Sammlung von IP- und anderen Datenpaketen und reduziert so die Geschwindigkeit, mit der Routing-Entscheidungen getroffen werden müssen, auf die Verhältnisse, die durch die Anwendung relativ langsam umschaltender Switchmatrizen in Terabit-Netzen gegeben sind.

Abb. 6.6.8: Optical Burst

Beim von Alcatel beschriebenen Konzept werden der Header und die Payload auf getrennten Wellenlängen transportiert. Im Header-Kanal können noch mehr Header für weitere Payload-Kanäle übertragen werden. Durch diesen Trick wird die Verarbeitung des Headers von der Bitrate der Übertragungsstrecke völlig entkoppelt. Die sonst notwendige Erkennung und Extraktion eines Headers aus einem Paket entfallen bzw. werden wesentlich vereinfacht.

So erhalten wir für den optischen Burst Router eine prinzipielle Struktur, wie sie in Abb. 6.6.10 dargestellt ist.

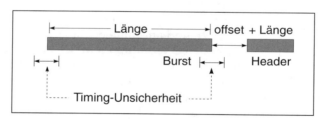

Abb. 6.6.9: Getrennte Implementierung

Die Payload des Bursts wird in einer optischen Matrix transparent durchgeschaltet, wobei für die Auflösung von Kollisionen auch in begrenztem Maße Faserverzögerungsleitungen zum Einsatz kommen können, die wir ja in Kap. 3 als Speicheralternative betrachtet und dort respektlos Röllchenspeicher genannt hatten. Für das Routing wird hauptsächlich die Wellenlängen-Domäne benutzt, wobei pro Port z.B. 32 Wellenlängen vorgesehen sind. Die Effektivität der Auflösung von Kollisionen in der Wellenlängen-Domäne wurde schon mehrfach mathematisch behandelt und nachgewiesen.

Optische Internet-Lösungen: die nächste Generation

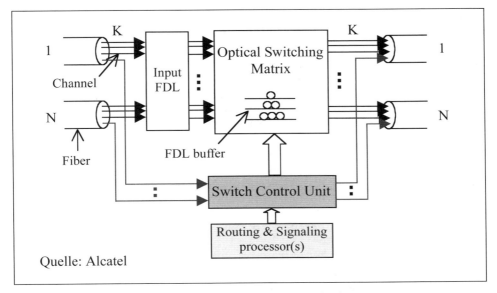

Abb. 6.6.10: Core Burst Router-Architektur

Die relativ kleinen Header-Informationen werden separat in einem rein elektronischen Router behandelt. Dazu werden sie natürlich optoelektronisch umgewandelt. Man erspart sich aber durch diese Trennung eine Menge Probleme.

Der optische Ansatz erlaubt die Skalierung für höhere Übertragungsbitraten und für Multi-Terabit-Durchsatz. Weiterhin ergeben sich drastische Einsparungen bei den kostenintensiven elektrooptischen Wandlern dadurch, dass die typischerweise 60-70% des Verkehrs, die als Transitverkehr einen Backbone-Knoten lediglich durchqueren, ohne weitere komplexe Routing-Funktionen optisch (rransparent) durchgeschaltet werden können. Die derzeitigen elektronischen Router stoßen mit steigendem Durchsatz im Multi-Terabit-Bereich an Grenzen der Komplexität bei der Signalverarbeitung sowie bei den internen Schnittstellen im Koppelfeld, während optische Matrizen auch weiter skalierbar sind.

Die für die Implementierung benötigten optischen Technologien haben schon einen recht hohen Reifegrad erreicht, es stehen z.B. InP-Komponenten für WDM-Signalquellen, Raumschalter, Wellenlängenumsetzer, Wellenlängenselektoren usw. zur Vefügung, wie wir das in Kap. 4 ja schon ausführlich dargestellt haben. Schlüsselkomponenten für die Paketverarbeitung sind dabei schnelle Halbleiterverstärker (SOA), die diekt als Schalter eingesetzt werden.

Trotz aller Fortschritte bleiben auch in einem optischen Burst Router Funktionen wie komplexe Signalverarbeitung und Speicherung »übrig«, die rein optisch in absehbarer Zeit nicht darstellbar sind. Bei Bitraten von 10 und 40 Gb/s wird für Synchronisation, Headerverarbeitung, Speicherung usw. Hochgeschwindigkeitselektronik für den asynchronen Paket-Betrieb benötigt, die zum einen mit neuester elektronischer Technologie (SiGe, InP, GaAs) realisiert werden muss, zum anderen werden aber auch hoch komplexe CMOS-Schaltungen benötigt, die die gedemutiplexten Paketdaten weiterverarbeiten sollen. Die Architektur eines optischen Burst Routers wird somit durch die Optimierung des Einsatzes optischer Technologien für die transparente Durchschaltung von Hochgeschwindigkeitssignalen und elektronischen Technologien für komplexere Signalverarbeitung, Speicherung und Steuerung bestimmt.

Wir betrachten jetzt die innere Struktur eines OBRs näher (Abb. 6.6.11).

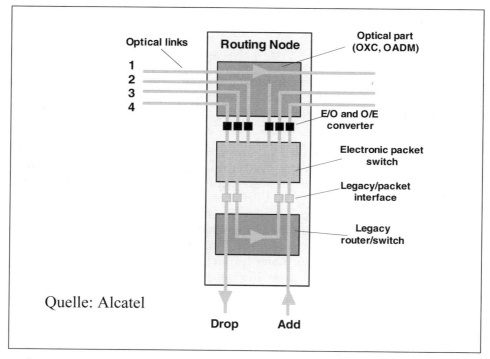

Abb. 6.6.11: Funktionale Knotenarchitektur

Zunächst kann man sagen, dass es vier Klassen von Verkehrsflüssen zu unterscheiden gibt:

- Optischer Transitverkehr: wird optisch transparent im optischen Teil des Knotens ohne optoelektrische oder elektrooptische Wandlung durchgeschaltet.

- Burst-Transitverkehr: einzelne Bursts werden zum Teil geroutet und in einem elektronischen Paketswitch durchgeschaltet, wobei komplexere Signalverarbeitung, Speicherung usf. vorgenommen werden kann und natürlich sowohl optoelektrische als auch elektrooptische Wandlung stattfindet.

- Elektronischer Transitverkehr: wenn Routing auf der Ebene der Client-Signale (IP-Routing, SDH Cross-Connect usf.) erforderlich ist, wird die Payload des Bursts ausgepackt, z.B. in einzelne IP-Pakete extrahiert, von einem herkömmlichen IP-Router behandelt, wieder in einen neuen Burst verpackt und ausgesendet.

- Add/Drop-Verkehr: das ist Verkehr, der in diesem Knoten erzeugt wird bzw. hier terminiert, z.B. durch den direkten Anschluss von Kundenleitungen und Kundenschnittstellen an den Knoten, aber auch für die Zwecke des Netzwerkmanagements.

Aus dieser funktionalen Architektur folgt unmittelbar eine direkt implementierbare Struktur, die diesen Multilayer-Ansatz widerspiegelt, siehe Abb. 6-BM. Die von Aalcatel vorgestellte Core Burst Router-Architektur hat folgende Grundeigenschaften:

- Trennung von Daten- und Kontrollinformation
- Transparente optische Zwischenspeicherung
- Feste oder variable Paketlänge
- Multi-Channel Trunking (Multiplexing und Switching) zur Verbesserung sowohl logischer als auch physischer Leistung
- Funktionalität des Kontrollsystems ähnlich wie bei konventionellen Routern, einschließlich Routing und Signalisierung
- Verbesserung des Übertragungssicherheit durch Forward Error Correction in Optical Bursts.

Der optische Teil besteht aus einem optischen Cross-Connect (OXC) oder optischem Add/Drop-Multiplexer (OADM), der auf Burst-Ebene schaltet, aber auch ganze WDM-Signale transparent durchschalten kann. Im mittleren Layer der Struktur finden wir einen elektronischen Hochgeschwindigkeits-Label-Switch der zum einen die Bursts in Echtzeit schalten und verarbeiten kann, aber auch über entsprechende Schnittstellen mit den langsamen her-

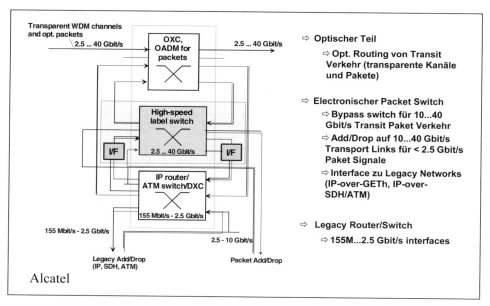

Abb. 6.6.12: Generische Knotenstruktur

kömmlichen IP-Routern, SDH-Knoten o.Ä. des unteren Layers kommuniziert und dabei für die Protokoll-, Format- und Bitratenwandlung sorgt. Mit Hilfe solcher optoelektronischer Burst Routing-Knoten, die im gewissen Umfang schnelle Signalverarbeitungsfunktionen zur Verfügung stellen, lassen sich auf einfache Weise die MPLS- und MPλS-Verfahren auf der Ebene der optischen Bursts realisieren, einfach indem man zusammengelabelte Pakete in einen Burst wirft. So kann man verschiedene vertikale Hierarchieebenen und/oder horizontale Domänen darstellen und alle Möglichkeiten des Label Stacking und Label Swapping anwenden. MPLS- und MPλS-Prinzipien können auch gemischt in verschiedenen Ebenen eingesetzt werden. Somit sind auch in optischen Burstnetzen die Möglichkeiten der Verkehrslenkung und Qualitätssicherung analog zu den MPLS-basierten elektronischen Netzen wie auch in den herkömmlichen SDH-Netzen möglich.

Die Implementierung von optischen Burst Routing-Knoten basiert für den optischen Teil aus integrierten schnellen optischen Schaltern mit Halbleiterverstärkern. Diese Technik wurde ja in Kap. 4 bereits ausführlich vorgestellt. Die Abb. 6.6.13 zeigt eine optische Switch-Matrix für 2,5 oder 10 Gb/s In der ersten Stufe sehen wir Wellenlängenmultiplexer und Verstärker, in der zweiten Stufe findet sich ein Interconnection Shuffle-Netz, das nach den Ergebnissen für die Konstruktion blockierungsfreier Switchmatrizen konstruiert wurde und in der letzten Stufe sehen wir ein sehr geschicktes Raum- und

Wellenlängenswitching mit integrierten SOAs. Mit dieser Konstruktion kann man eine Matrix mit 256 oder 1000 Ports bei 10 Gb/s aufbauen, wobei die 40 Gb/s-Datenrate noch attraktiver ist. Eine ganz wichtige Eigenschaft dieser und vergleichbarer Konstruktionen ist es, dass den Schaltelementen die Datenrate in einem weiten Bereich gleichgültig ist. Lediglich die Bitfehlerrate verschlechtert sich etwas. Für den gleichen Durchsatz benötigt man aber bei 40 Gb/s nur ein Viertel der Ports, bei quadratischer Komplexität der Switchmatrix bedeutet dies eine Reduktione der Komponentenzahl um etwa den Faktor 16. Es besteht lediglich das Problem, die eigentlich zu übertragenden Daten hinreichend auf so schnelle Kanäle zu konzentrieren. Mit 1000 Ports à 10 Gb/s skaliert diese Konstruktion also bis 10 Tb/s Mit einer Weiterentwicklung der integrierten optischen Komponenten und einer Erhöhung der Packungsdichte werden noch höhere aggregate Gesamtleistungen möglich. Bei 40 Gb/s-Ports käme man schon auf 40 Tb/s, bei einer Erhöhung der Packungsdichte um den Faktor 4 könnte man 2000 Ports bedienen und käme auf eine aggregate Gesamtleistung von 80 Tb/s

Momentan schafft das Testmuster mit 256 Ports einen Gesamtdurchsatz von 2,5 Tb/s, wobei mehr als 32 Wellenlängen pro Port verarbeitet werden können. Man kann bis zu acht Add/Drop-Ports realisieren und im Rahmen einer gemischten elektrooptischen Implementierung kann man Shared Buffer einsetzen. Allerdings arbeitet das System insgesamt getaktet, weil man eine asynchrone Arbeitsweise momentan nicht realisieren könnte.

Eine sehr wichtige Funktion hat allerdings auch die Hochgeschwindigkeitselektronik, die für die Erzeugung und den Empfang der optischen Bursts bei Bitraten von 2,5, 10 oder mehr Gb/s zuständig ist. Besonders kritisch ist nach Angaben des Herstellers bei einem solchen Burst Mode Transceiver die Takt- und Datenrückgewinnung.

Die optischen Bursts sind nur durch Guardbands voneinander getrennt und werden asynchron übertragen. Deshalb sind diese Operationen für jeden Burst einzeln durchzuführen. Dazu müssen die Schwankungen der optischen Leistung, die von Burst zu Burst mehrere Dezibel betragen können, ausgeglichen werden und der korrekte Abtasttakt für das Einlesen der gesamten Payload muss aus dem Eingangssignal zurückgewonnen werden. Aus dem Ethernet hat man sich dazu die Idee der Präambel geliehen, die zu Beginn eines jeden Bursts für die Dauer einiger weniger Nanosekunden steht. Mittlerweile ist man in der Lage, für Takt- und Datenrückgewinnung SiGe-Chips zu bauen, die Datenraten bis zu 10 Gb/s vertragen.

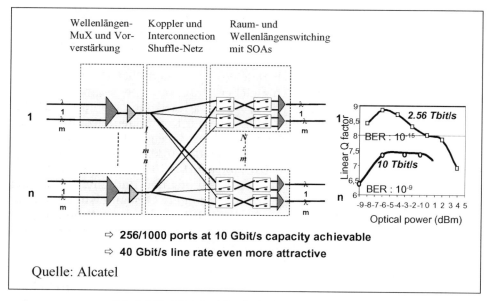

Abb. 6.6.13: SOA-2,5/10-Tbit/s-Optical Switch-Matrix

In Abb. 6.6.14 schließlich sehen wir eine erweiterte Darstellung des Optical Bursts-Switches.

Die Bedeutung der »Synchro«-Kästchen haben wir ja gerade erklärt. Um einen solchen Switch auf dem Markt verkaufen zu können, muss es möglich sein, auch auf der untersten Ebene direkt bei den Wellenlängen Priorisierungen durchzuführen, um bestimmte Signalwege von anderen zu differenzieren und ihnen im Zweifelsfall nach irgendeiner Entscheidungsmethodik Vorrang zu geben. So werden Carrier z.B. dem internen Steuerungsverkehr aus nachvollziehbaren Gründen einen wesentlichen Vorrang vor den auch noch so hoch priorisierten Kundendaten einräumen. Eine Prioritätssteuerung muss direkt am Eingang eingreifen und die in den Bursts enthaltenen Kontrollinformationen auswählen.

Weiter links auf der Switchmatrix sehen wir noch eine Jitter-Extraktion und eine 3R-Regeneration. Auf diese wird man vielleicht später einmal verzichten können, heute muss man aber davon ausgehen, dass die Signale von DWDM-Strecken kommen, die bis an die Grenze ihrer Ausdehnungsfähigkeit belastet sind und diesen Signalen dann eine entsprechende Vorverstärkung gönnen, bevor man sie in die Switching-Matrix schickt. Das macht man ggf. auch noch einmal am Ende der Switch-Matrix, da, wie wir in Kap. 4 ausführlich besprochen haben, in einer solchen Matrix je nach Konstruktion viel verloren gehen kann.

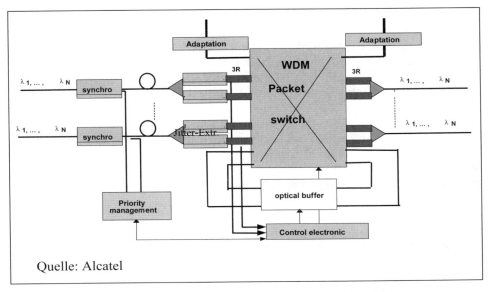

Abb. 6.6.14: *Optical Burst Switch-Realisierungsbeispiel*

6.7 Zusammenfassung

Wir haben gesehen, dass der Weg zu 10-Terabit-Netzen durchaus gangbar ist und nur noch übersichtliche Hindernisse auf ihm liegen.

Die abschließende Grafik 6.7.1, ebenfalls aus dem Hause Alcatel, verdeutlicht die Entwicklung sehr übersichtlich. In 2001 befinden wir uns in einer Phase, in der die einzelnen Ports mit 10 Gb/s betrieben werden und die Gesamtleistung der Switches im Bereich eines halben Tb/s liegt. Im Grunde genommen werden semipermanente TDM-Netze aufgebaut, die gemischten Verkehr tragen. Diese Netze sind vor allem in keiner Weise dynamisch, sondern es werden Punkt-zu-Punkt-WDM-Strecken unterstützt. Benötigt man einen IP-Service, so liegen die Reaktionszeiten des Netzes in der Größenordnung von Minuten. Im Jahr 2002 werden wir zwar bei einer Portrate von 10 Gb/s bleiben, aber die Gesamtleistung der Switches wird in den Tb/s-Bereich vorstoßen und die Reaktionszeiten werden kürzer und in den Bereich von Sekunden fallen. Langsam führt man Dynamik bei den Netzen ein, z.B. durch die Verwendung von optischem Routen mit MPLS/MPλS. Für die Jahre 2003 bis 2004 erwartet man dann den Schritt auf Ports mit 40 Gb/s und die Einführung von Packet oder Burst Switching Networks. Die Switchrouter in diesen Netzen haben dann eine Gesamtkapazität von bis zu 5 Tb/s und können sofort auf Verkehrsanforderungen reagieren.

Selbst wenn man dieser Zeittafel nicht so zustimmt, wird sich die Entwicklung aber in genau diesen Schritten vollziehen. Die Geschwindigkeit wird letztlich vom Bedarf durch das Verkehrsaufkommen im Internet gesteuert. Wir normieren den Bedarf Mitte 2001 mit 1. Nach der Theorie, die man für das Wachstum aufgestellt hat, ist dieser im Verkehr dramatischsten Szenario bis März 2002 auf 2, bis Ende 2002 auf 4, und bis Herbst 2003 auf 8 angewachsen, sodass wir Mitte 2004 eine maximale Steigerung bis auf den Faktor 16 mitmachen, ein Faktor 10 scheint mir in diesem Zusammenhang realistischer. Und die Core Burst Router sind in der Lage, mit diesem Wachstum Schritt zu halten, nicht mehr und nicht weniger. Parallel dazu müssen die Steuerungsmöglichkeiten weiterentwickelt werden, aber sie alleine würden ja auch nichts nützen, wenn der Kern nicht die geforderte Leistung erbringen kann.

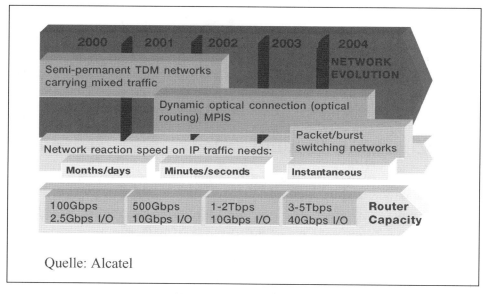

Abb. 6.7.1: Markt-Entwicklung

Regional- und Metronetze 7

In den vorangegangenen Kapiteln haben wir neben der eigentlichen Übertragungstechnologie zwei wichtige Netztypen ausführlich dargestellt, nämlich optische LANs in Form von 10-Gigabit-Ethernet und optische WANs.

Sie unterscheiden sich in verschiedenen Charakteristika. Ein LAN muss einfach aufzubauen und mit preiswerter Technologie realisierbar sein. Zwischen zwei LAN-Stationen oder einer LAN-Station und einem Switch gibt es keine Zwischenverstärker. Ein LAN benutzt als Wellenlängenmultiplexverfahren wenn überhaupt CWDM, was aber nur der übertragungstechnischen Vereinfachung dient und keinerlei Differenzierung der Kanäle nach außen zulässt. Das LAN bietet eine undifferenzierte Gesamtleistung an, die ggf. mit einfachen Maßnahmen außerhalb der Übertragungsebene grob untergliedert werden kann. Das LAN wird normalerweise ausschließlich von seinem Besitzer benutzt. Die Verantwortung für die Stabilität im Betrieb und die Bereitstellung der Dienstleistungen liegen ausschließlich beim Eigentümer. Wie ausfallsicher ein LAN ist, hängt im Grunde genommen von der initialen Investitionsbereitschaft seines Besitzers ab. Insgesamt ist ein LAN vergleichsweise übersichtlich und kompakt, auch wenn das manchen LAN-Administratoren nicht so erscheint.

Ein WAN wird mit relativ teurer und komplexer Technologie aufgebaut. Sowohl in der Übertragungsbandbreite als auch hinsichtlich seiner Ausdehnung bewegt es sich zum Zeitpunkt seiner Installation am Rande des technisch/wirtschaftlich Vertretbaren. Bei WANs gibt es eine ausgeprägte Unterscheidung zwischen infrastrukturellen Einheiten (Kommunikations-Subsystem) und Nutzung. Zwischen zwei IMPs kann es nicht nur einen, sondern eine Kette von Zwischenverstärkern geben. Als Wellenlängenmultiplexverfahren wird DWDM benutzt. Die einzelnen Kanäle werden differenziert. Diese Differenzierung kann auch außerhalb des Kommunikations-Subsystems sichtbar werden. Das WAN bietet eine hochdifferenzierbare Gesamtleistung an, die aus abertausenden virtuellen Kanälen besteht, die nach außen hin sozusagen einzeln vermarktet werden. Ein WAN kann verschiedene, untereinander verwobene Besitzer haben. Es ist sogar möglich, dass eine Gesellschaft die Kabel, eine andere die IMPs besitzt und eine dritte das Netz betreibt. Das WAN wird üblicherweise von Organisationen und Privatleuten benutzt, die es aber nicht besitzen. Die Verantwortung für die Stabilität im Betrieb und die Bereitstellung von Dienstleistungen liegt bei demjenigen Besitzer, der als Service Provider nach außen tritt, wobei dieser verschiedene Bereiche unterkontraktieren kann; wir erinnern uns an das Beispiel von Ciena mit dem ringgeschützten »Platin«-Service und dem maschengeschützten »Economy«-Service. Durch diese Trennung entstehen ganz viele unterschiedliche Geschäftsmodelle, die auch die Weiterentwicklung der WANs erheblich beeinflussen. Den Endbenutzern gegenüber tritt das WAN in Form eines Teilnehmeranschlusses und eines Service-Contracts in Erscheinung. Der simpelste Fall ist eine Telefondose mit einer monatlichen Telefonrechnung. Wie ausfallsicher ein WAN ist, hängt davon ab, welcher Grad an redundantem Ausbau durch die Geschäftsmodelle möglich und durch die Dienstleistungskontrakte gefordert ist. Ein WAN ist in jedem Falle groß und komplex und man benötigt speziell geschultes Bedienpersonal.

Diese beiden Konzepte liegen, wie man leicht sieht, weit auseinander. Die Verwendung optischer Übertragungstechnik schafft jedoch in Einklang mit der internationalen Standardisierung und den Bemühungen verschiedener Hersteller auch große Gemeinsamkeiten. Die Ausdehnung des ursprünglichen LAN-Standards »Ethernet« auf eine erheblich höhere Datenrate und eine wesentlich größere Reichweite zusammen mit einer möglichen Differenzierung der Bandbreite durch die IEEE-802- und IETF-Standards sowie die Anwendung von Ethernet auf der »First Mile« schlagen vor allem dann Brücken zwischen den Konzepten, wenn man sich ohnehin auf die Verwendung des Standardprotokolls IP einigt.

Dadurch entsteht aber die Möglichkeit des Aufbaus einer neuen, faszinierenden Struktur: des Metropolitan Area Netzes (MAN), manchmal auch als Regionalnetz bezeichnet. Die Idee ist schon älter, bislang mangelte es aber an Möglichkeiten für eine wirklich wirtschaftlichen Nutzung.

Ein MAN ist schlicht und ergreifend technisch ein großes LAN, welches sich über einen überschaubaren Bereich erstreckt, z.B. eine Fläche mit einem Radius von 100 km. Die Vorgabe des Standards für 10-Gigabit-Ethernet erlaubt eine Distanz von 40 km auf Singlemodefaser ohne Zwischenverstärker. Dies ist schon völlig ausreichend. Wie man jetzt die LAN-Transportkapazität anreichert und was man damit macht, hängt von dem Geschäftsmodell ab, welches man sich vorstellt.

Im einfachsten Fall gehört auch das MAN seinem Benutzer. Das wären z.B. Stadtwerke, die bereits so viele Glasfaserleitungen besitzen, dass sie eine vollständige Netzstruktur aufbauen können, und die dann das MAN einfach zur Kopplung ihrer bestehenden LANs benutzen. Das MAN ist dann nichts weiter als ein Backbone und kann mit den LANs mitbetrieben werden. Diese Form des MANs ist die sicherlich einfachste und führt auch zu den preiswertesten Komponenten, man benötigt nämlich nur reine LAN-Switches, die man mit entsprechenden Schnittstellenkarten für die Fernübertragung ausstattet.

Ähnlich einfach liegt die Sache, wenn der Benutzer zwar eine Reihe von Glasfasern hat, andere aber anmieten muss. Wobei sich grundsätzlich die Alternativen Mieten einer Faser, Mieten eines virtuellen Kanals oder Mieten einer Wellenlänge anbieten. Um es einfach zu sagen: welche Möglichkeit verwendet wird, hängt von der Dummheit des Vermieters ab: in einer Zeit des Wellenlängenmultiplexes vermietet man besser keine Fasern exklusiv. Auch hier ist der Betrieb des Netzes vergleichbar mit einem einfachen LAN-Backbone, wobei lediglich einige Punkt-zu-Punkt-Verbindungen außerhalb des Handlungsbereiches des Besitzers liegen.

Viele Unternehmen bauen zurzeit Regionalnetze oder MANs nach diesen Gesichtspunkten auf. Die Leistung von 10 Gb/s ist normalerweise in diesen Fällen hinreichend.

Allerdings wird man schnell merken, dass man mit einem derart simplen Aufbau auch eine Menge von Möglichkeiten vergibt. Mit wenig mehr Aufwand kann man ein MAN nämlich so gestalten, dass es auch Dienstleistungen nach außen bereitstellen kann. Dazu müsste man eigentlich nur von der seriellen Übertragung oder der CWDM-Technik mit 10 Gb/s auf eine Technik mit höherer Kanaldichte gehen. Es muss nicht gerade so viel sein wie bei WAN-DWDM. Das käme zu teuer. Vielleicht eher 32 oder 64 Kanäle. Ein wenig aufwendiger als die LAN-Technologie, aber nicht so teuer wie WAN-DWDM. Allgemein ist der Begriff WWDM (Wide Wave Division Multiplex) dabei, sich für eine solche Technik mit mittlerer Kanaldichte zu etablieren. Missverständnisse kommen hierbei vor allem von IEEE 802, die für die WAN-Schnittstelle des 10 GbE abwechselnd von DWDM oder WWDM reden, sich aber nicht recht einig werden. Leider fehlt eine allgemeine Definition, die es ja nur für die Differenzierung von CWDM (bis zu acht Kanäle) und DWDM (über acht Kanäle) gibt. Ich bin es lange Jahre gewohnt, Texte über Technologien mit noch nicht ganz festgelegter Terminologie zu schreiben. Für die Bedarfe dieses Kapitels reden wir ab jetzt von WWDM, wenn wir ein Wellenlängenmultiplexsystem mit mehr als 8, aber weniger als 65 Kanälen meinen.

Bevor wir uns weiter der Technik widmen, wollen wir noch einige Betrachtungen zum Zugangsbereich anstellen, der letztlich für »öffentliche MANs« eine ganz entscheidende Rolle spielt. Diese Überlegungen sind nicht aus der Luft gegriffen, sondern kommen von dem schwedischen Netzbetreiber TELIA, der mittlerweile dabei ist, ganz Schweden mit einem flächendeckenden Ethernet zu überziehen und dabei vor allem wirtschaftliche Erwägungen ins Feld führt, die wirklich sehr interessant sind.

Ein sehr erfolgreiches und mittlerweile mehrfach preisgekröntes Konzept sind die Yipes-Netze in den USA, an denen man eigentlich alles sehen kann, was ein gutes Regionalnetz ausmacht.

Spannend ist nun, dass TELIA und Yipes konträre betriebswirtschaftliche Ansätze verfolgen: TELIA möchte eine möglichst einfache Struktur aufbauen und in diese so wenig wie möglich sekundäre Dinstleistungen einbauen, während Yipes zwar technisch auch mit IP über Ethernet arbeitet, dann aber sehr großen Wert auf Service Level Agreements und weitere Dienstleistungen legt. Beide Alternativen funktionieren, auch betriebswirtschaftlich. Man kann daraus jetzt unterschiedliche Schlüsse ziehen, vor allem aber den, dass die Einführung einer durchgängigen Ethernet-Technologie gegenüber dem heute noch üblichen Gewusel von ATM, SONET und anderen alten Technologien wirtschaftlich so günstig ist, dass man damit in jedem Fall nur gewinnen kann, gleichgültig, welches Versorgungsmodell man darauf betreibt.

Wir schließen das Kapitel mit weiteren Überlegungen zum Aufbau von Metro- und Regionalnetzen.

7.1 Grundüberlegungen zur wirtschaftlichen Struktur moderner Netze

Die Grundidee beim Einsatz von paketvermittelnden Netzen auch im Zugangsbereich individueller Endteilnehmer ist einfach: man verwendet für Zugänge, die Datenkommunikation betreiben wollen, auch eine Datenkommunikationstechnologie, statt eine bestehende Telekommunikationsstruktur, die für die Vermittlung von Telefongesprächen geschaffen wurde, mit der Datenkommunikation zu überlagern. Hier greifen wir nochmal die Sicht auf, die wir auch schon bei den Überlegungen hinsichtlich der Restrukturierung von Carrier-Netzen hatten. Die Struktur eines Datennetzes unterscheidet sich erheblich von der eines traditionellen Telekommunikationsnetzes. Gründe finden wir in der Technologie, aber auch in den Betreiberstrukturen. Um die Technolologien effektiv einsetzen zu können, muss man diese Unterschiede verstehen. Ein herkömmliches Telekommunikationsnetz hat einen hochperformanten Kern mit komplexen technischen Einrichtungen. Je weiter wir uns von diesem Kern entfernen, desto einfacher und weniger leistungsfähig werden die Einrichtungen. Aus der Perspektive der Leistung und der Steuerung haben wir ein kernzentriertes Netz mit geringwertiger Peripherie.

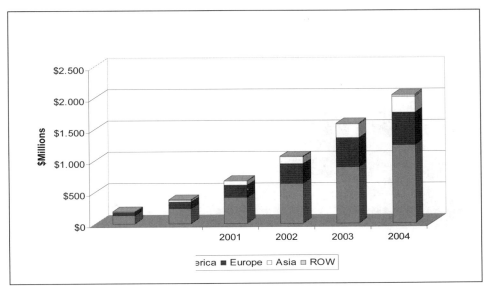

Abb. 7.1.1: Metro DWDM: Markt-Forecast

Ein Datennetz ist im Grunde genommen genau anders aufgebaut. Die Basiskomponente ist das LAN. Das LAN ist auch mit einer leistungsfähigen Technologie aufgebaut, die aber bei kurzen Distanzen billig ist. Das Low End bei LANs liegt heute bei 10 Mb/s. Wenn man nun LANs mit einem Datennetz untereinander verbindet, wird die Leistung teurer, weil größere Distanzen überwunden werden müssen und damit teurere Technik benötigt wird. Das bedeutet, dass die Peripherie eines solchen Netzes aus der Perspektive der Leistung und der Steuerung im Gegensatz zum klassischen Telekommunikationsnetz ein sehr starker, leistungsfähiger Teil des Netzes ist, sodass man dieses Netz auch als »peripheriezentrisch« bezeichnen könnte. Dieser Begriff scheint zunächst paradox zu sein, aber es geht ja um die relative Bedeutung einer Teilsystemgruppe.

Diese zwei Typen von Netzen haben jeweils gegensätzliche Charakteristika, die sich letztlich auf strukturkorellierte Eigenschaften niederschlagen. Wird z.B. ein Telekom-Netz durch eine Kombination von zentraler Kontrolle und Ende-zu-Ende-Kontrolle charakterisiert, so ist ein Netz für die Datenkommunikation seiner Natur nach dezentralisiert. Stärke im Kern steht gegen Stärke in der Peripherie. Man spricht im Zusammenhang mit klassischen Telekommunikationsnetzen vom »Problem der letzten Meile«, weil man die Benutzer mit vergleichsweise breitbandigen Diensten versorgen muss. Im Gegensatz dazu ergibt sich beim Datennetz eine »Chance der ersten Meile«, weil hier ja schon von sich aus Bandbreite vorhanden ist. Man kann als

Daumenregel sagen, dass eine strukturell bedingte Eigenschaft in einem Telekommunikationsnetz in einem Datennetz genau entgegengesetzt ist.

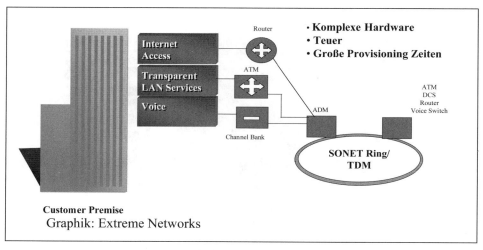

Abb. 7.1.2: Breitbandsysteme heute

Diese Tendenz gilt auch für wirtschaftliche Überlegungen. Dazu sollten wir erst grob die Kostenstrukturen in den zwei Netztypen betrachten. Bei einem Telefongespräch entstehen ca. 80% der Kosten im Zugangsbereich und der Rest im Netzkern. Das liegt vor allem daran, dass der Telefonverkehr seiner Natur nach als verbindungsorientiertes Circuit-Switching durchgeführt wird, was dazu führt, dass der Endbenutzer seine letzte Meile mit niemand anderem teilt, sondern sie für sich alleine benutzt. Der größte Teil der Kosten im Zugriffsbereich ist also darüber hinaus noch von der eigentlichen Nutzung unabhängig. Eine Leitung verschwindet nicht, wenn man nicht auf ihr telefoniert. Das ist z.B. ein starkes Argument für Flatrates.

In Datennetzen ist das genau anders. Typisch wären z.B. 20% Kosten für den Zugang und 80% Kosten für den Kern. Und die »symmetrische« Erklärung ist, dass es hier genau andersherum funktioniert: bei paketvermittelnden Datennetzen verwendet man Packet Switching mit virtuellen Kanälen. Der Zugriff auf ein Datennetz wird unter der Menge der Benutzer aufgeteilt. Gleichzeitig ergibt sich dadurch eine Begründungen für Tarifierungen, die von der Distanz, dem Volumen oder der Dauer der Übertragung abhängen.

Wir können diese Kostenüberlegungen durch Überlegungen hinsichtlich relativer Investments vervollständigen. Natürlich hängt hier viel von den tatsächlichen Gegebenheiten ab, aber man kann grob Folgendes sagen: wenn wir den relativen Investitionswert für den Zugriffsbereich eines Datenkommunikationsnetzes mit dem Wert 1 annehmen, so kostet der Kern eines solchen Datenkommunikationsnetzes 2-3. Der Kern eines Telekommunikationsnetzes kann etwa mit den Kosten 5-6 angenommen werden, und der Zugriffsbereich schlägt mit Kosten 20-25 nieder. Kritisch an dieser Betrachtung ist, dass die Kosten des Kerns eines Datenkommunikationsnetzes als Basisnorm angenommen werden, und diese realiter in einem weiten Bereich schwanken können. Allerdings, was hier etwas grob ausgedrückt wird, bestätigt sich bei allen, auch noch so detaillierten Planungen und Berechnungen und ist letztlich auch der Grund für die großen Probleme traditioneller Betreiber. So gibt z.B. British Telecom BT an, dass die Ausrüstung von 75% der Teilnehmeranschlüsse mit xDSL-Technik »ruinös« sei, weil man die Kosten nie wieder durch Tarifierungsmodelle hereinholen kann. Gerade die xDSL-Technik bietet in der flächigen Anwendung zuweilen teure Überraschungen. Auch US-amerikanische und europäische Wirtschaftsinstitute und Beratungsgesellschaften kommen in teilweise sehr unterschiedlichen Berechnungsmodellen immer wieder auf die gleichen Verhältnisse.

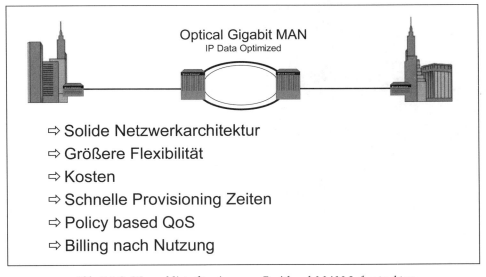

Abb. 7.1.3: Wunschliste für eine neue Breitband-MAN-Infrastruktur

Will man nun aus diesen Erkenntnissen einen Gewinn ziehen, so muss man vor allem den Zugangsbereich nochmals näher unter die Lupe nehmen. Die Berichte von TELIA sind vor allem deshalb so wichtig, weil es sich bei ihnen nicht um Modellrechnungen, sondern um praktische Erfahrungen in Europa handelt. Ähnliche, teilweise noch dramatisch bessere Erfahrungen liegen mit Metronetzen in den USA vor, z.B. der Yipes-Netzen, auf die wir gleich noch kommen werden. Bleiben wir aber zunächst bei TELIA.

Für die IP-Telefonie ist es heute Standard, ein herkömmliches Telefon zu nehmen, um ein Gateway in das IP oder Internet zu erreichen. Dann benutzt man das Internet für Fernverbindungen, um letztlich wieder ein Gateway zu erreichen, welches dann über ein fremdes Telekommunikationsnetz zum Ziel-Telefon verbunden wird. Blickt man auf die weiter oben diskutierten Zusammenhänge, werden auf diese Weise jeweils die schlechtesten Eigenschaften der beteiligten Netze kombiniert. Wenn man daraus noch ein profitables Geschäftsmodell ableiten kann, zeigt das nicht die Überlegenheit einer Technologie, sondern die Unverschämtheit eines Geschäftsmodells. Ein Wählzugang zum Internet ist genauso schlimm. Der normale Wähldienst und die Infrastruktur des Telekommunikationsnetzes werden als Überlagerungskonzentrator für den IP-Kern benutzt. Das bedeutet, dass man fast alles außer dem guten Kern der Datenkommunikationsstruktur benutzt.

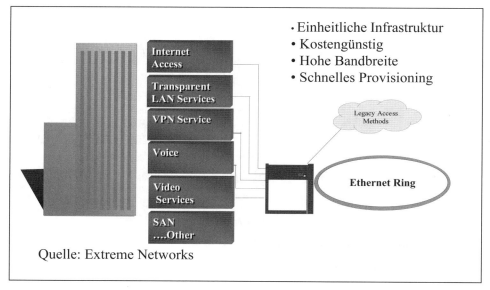

Abb. 7.1.4: *Broadband Multi-Tenat Units (MTUs)*

Um rational zu handeln, muss man die verschiedenen Eigenschaften von Telekommunikations- und Datennetzen verstehen. Heute wird vielfach noch der weite Bereich von Erfahrungen, die man mit Telekommunikationsnetzen hat, dazu benutzt, Datenkommunikationsnetze aufzubauen und zu betreiben. Dadurch erzeugt man letztlich unwirtschaftliche technische Strukturen, da man Eigenschaften annimmt, die einfach nicht da sind. So werden viele von ihrer bisherigen Erfahrung in die Irre geleitet, mit dem Effekt, dass man keinen wirkungsvollen Gebrauch von der neuen Technologie machen kann.

Ein anderer komplementärer und wichtiger Blickwinkel sind die Infrastrukturen. Welche Typen von Diensten sollten unterstützt werden und welche unterstützende Infrastruktur sollte deswegen aufgebaut werden? Dies sind fundamentale Fragen, um eine langfristig dauerhafte Business-Strategie aufzubauen. Heute neigt man dazu, das Business-Potenzial von Infrastrukturen zu übersehen. Normalerweise sehen wir Strategien, die darauf abzielen, in der Wertschöpfungskette höher zu steigen, indem man sich auf Dienste und Inhalte usw. fokussiert. So kommt man zu der Einstellung, dass Infrastrukturen nur notwendige Übel sind, »nonprofit«-Einrichtungen, die man mit gewinnbringenden Diensten und Inhalten beschäftigen muss. Das ist ein »rekurrentes Mantra«, das sich gegen Zahlen richtet, die eindeutig belegen, dass Infrastrukturen wenigstens genauso profitabel (oder noch profitabler) sein können als Dienste. Wenn man das Potenzial der Infrastrukturen nicht erkennt, kann man auch kein Geld verdienen.

Eine der ersten Beobachtungen, die man hinsichtlich der Infrastrukturen machen kann, ist, dass die IP-Infrastrukturen, die wir sehen, offene Strukturen sind, wie es die Telekommunikationsnetze niemals waren. Der Effekt dessen ist die strikte Trennung zwischen der Infrastruktur und den Diensten, die auf ihr laufen. Also auch in diesem Zusammenhang sind Datenkommunikations- und Telekommunikationsstrukturen sehr unterschiedlich, was dazu führt, dass man für sie auch unterschiedliche Strategien benötigt.

In Business-Studien arbeitet man gerne mit einfachen Matrix-Darstellungen, um Charakterisierungen auf den Punkt zu bringen. Das kann man für die Differenzierung zwischen Telekom-Netz und IP-Netz auch machen. Man kann z.B. die Ökonomie der Größe mit der Ökonomie des Sichtbereichs vergleichen. Die konventionelle Telekommunikation ist durch einen Kombination eines hohen Grades von Kontrolle (z.B. Überwachung von Ende-zu-Ende-Verbindungen) mit der Ökonomie der Größe gekennzeichnet. Die Datenkommunikation ist eher durch eine generelle Anwendbarkeit (Ökonomie des Sichtbereiches) und einen geringen Grad von Kontrolle gekennzeichnet; schematisch betrachtet also genau das Gegenteil voneinander. Um die Implikationen, die dies mit sich bringt, zu verstehen, kann man andere Beispiele von Infrastrukturen in die entsprechenden Ecken des Schemas packen. In der Telekom-Ecke findet man dann Strukturen wie das Eisenbahnsystem und in der Datenkommunikationsecke generelle Utilities wie die Stromversorgung. Bezieht man dies auf das Internet, welches speziell eine enorme Anwendungsbreite hat, ist die Ökonomie des Sichtbereiches die Triebfeder der Dynamik, und in diesem Zusammenhang hat eine Infrastruktur umso mehr Wert, je einfacher und generischer sie ist. Es ist ganz besonders wichtig, sich immer daran zu erinnern, da es auch einen starken Trend zur Verkomplizierung von IP-Netzen gibt, mit Priorisierung, QoS-Hierarchiebildung und strengerer Kontrolle, die aus dieser Perspektive den Wert der Infrastruktur senken und somit kontraproduktiv wirken. Eine Lösung dieses Problems könnte darin bestehen, dass man eigenständige QoS-Netze aufbaut und das Internet so gut arbeiten lässt, wie es gerade kann. Der aus den ökonomischen Überlegungen herzuleitende neue Typ von IP-Netzen hat im Grunde genommen mehr mit Stromversorgungen als mit Telekommunikationsnetzen gemein.

Das erste, was wir von dieser neuen Business-Arena sehen, ist eine strikte Trennung zwischen Infrastruktur und Anwendungen. Wie schon weiter oben diskutiert, ist dies ein Ergebnis der Offenheit und weiten Anwendbarkeit einer IP-Infrastruktur. Eine unmittelbare Auswirkung ist, dass das Bündeln von Anwendungen und Infrastruktur keine brauchbare Strategie mehr ist, Offenheit bedeutet in diesem Zusammenhang das Weggeben von Geschäftsmöglichkeiten. Das Gleiche gilt für Quersubventionierungen. Wenn der Plan darin besteht, die Infrastruktur mit Profit aus Diensten quer zu subventionieren, bedeutet die Offenheit, dass jeder andere Dienstleistungsanbieter die quer subventionierte Infrastruktur dazu benutzen kann, sich die Rosinen herauszupicken. Will man also eine fruchtbare Öffnung herbeiführen, ist diese Trennung notwendig. Ein wesentlicher Effekt in diesem Zusammenhang ist aber, dass die integrierte Wertschöpfungskette, wie wir sie heute noch kennen und benutzen, überflüssig wird. So müssen wir nach einer völlig neuen Business-Lösung suchen – für den Service-Level wie für den Infrastruktur-Level.

Die natürliche Entwicklung auf dem Service-Level ist die bilateraler Dienstleister-Dienstnehmer-Relationen für jeden Service. Bei der Etablierung dieser Relationen kann es Mediatoren geben, die eine transiente Rolle spielen. Der Trend geht aber auch hier zur Vereinfachung. Wir wollen auf die allgemeine Problematik der Service Level aber an dieser Stelle nicht mehr weiter eingehen. Für die Geschäfte auf dem Infrastrukturbereich kann man die einfache Struktur angeben, die im Bild zu sehen ist. Es ist eine versorgungsorientierte Struktur. Wir sehen eine Trennung zwischen lokalem Geschäft, dann müssen wir das lokale Geschäft bündeln und fächern (Local Interconnector), und Backbone-Betreibern. Diese verschiedenen Geschäftsbereiche sind in dem Sinne differenzierbar, dass sie unabhängig voneinander sind, unterschiedliche Aktionsträger, unterschiedlichen Fokus und unterschiedliche Geschäftsmodelle haben.

Das lokale Geschäft ist Teil der Haustechnik. Datenkommunikation wird genauso integraler Bestandteil der Haustechnik wie Versorgung mit Strom, Wasser und Wärme. Der Eigner eines Hauses wird zum Mediator und die Datenkonnektivität Teil des Mietvertrages. Das ist die Perspektive z.B. für ein Mehrfamilienhaus. Diese kann man für Burohäuser ausbauen und kommt zum Begriff der Multi Tenant Units, die verschiedene Mietergruppen im Bürohaus systematisch versorgen. Darauf kommen wir noch später in diesem Kapitel zu sprechen. Der Local Interconnector arbeitet ähnlich wie andere lokale Versorger und wird oft mit ihnen kombiniert. Viele Versorger für Strom, Wasser und Heizung haben nämlich bereits ausgeprägte leistungsfähige Glasfaserstrukturen, die immer zu marginalen Kosten »mitverlegt« wurden, wenn Strom-, Wasser- und Gasleitungen verlegt wurden. So kann Sammlung und Verteilung von Datenverkehr für diese Anbieter ein lukratives Zusatzgeschäft werden. Traditionelle Telekomanbieter werden natürlich auch weiterhin auf diesem Feld arbeiten, aber vermutlich nicht so erfolgreich. Die Backbonebetreiber ersetzen heutige Telekom-Betreiber und ISPs. Das führt natürlich zu einer weniger kontrollierten Welt, als wir sie heute haben. Bestehende Oligopole werden versuchen, sich diesem Dahinschwinden von Macht und Einfluss zu entziehen. Aber schon lange sehen wir Tendenzen, die Kartellen und anderen Feinden des freien Wettbewerbs entgegenwirken.

Technisch gesehen haben wir im peripheren Bereich durch die LANs eine Technologie, die gemessen an ihrer Leistung besonders preiswert ist. Je näher wir dem Netzkern kommen, desto teurer wird es. Die Verfügbarkeit billiger Bandbreite im lokalen Bereich wird sich auf die Nutzungsmuster auswirken. Für die meisten Business-Cases gibt es einen signifikanten Vorteil im lokalen Bereich. Und in der Konsequenz hat der lokale Betreiber eine Menge von Vorteilen gegenüber dem mehr zentralistisch orientierten Anbieter. Diese Verschiebung von Leistungs- und Einflussmöglichkeiten innerhalb der Netzwerkindustrie ist besonders bedeutsam.

7.2 Ergebnisse von TELIA

Angeregt von diesen Grundüberlegungen wurden einige Experimente großflächig angelegt. In 1996-97 wurde eine Wohngegend in Stockholm mit ca. 350 Wohnungen für den ersten Versuch ausgesucht. Man hat in die Appartementhäuser preiswerte LAN-Switches gesetzt und mit Glasfaser an den IP-Backbone angeschlossen. Diese Struktur wurde neben einer bestehenden Telefonverkabelung aufgebaut, die nicht angetastet wurde. Jedes Appartement wurde mit einer dauerhaften »Always ON«-IP-Verbindung, einem hochperformanten lokalen Netz und einer gesharten Verbindung zum Backbone ausgerüstet. Da jetzt keine weiteren Dienste oder Inhalte angeboten wurden, musste man einen »Webton« einrichten, der die Verfügbarkeit des Anschlusses in Analogie zum Telefongrundton anzeige. Dieser erste Versuch bestätigte die bislang gemachten Annahmen. Die Etablierung einer neuen Struktur für die Datenkommunikation kostete nach den Preisen von 1997 nur 20% des Aufbaus einer xDSL-Overlaystruktur über das bestehende Telefonnetz. Kombiniert mit der höheren Leistung (10 Mb/s bei Ethernet vs. ca. 1 Mb/s bei xDSL) kommt man auf ein Preis/Leistungsverhältnis, welches um den Faktor 50 besser ist als bei xDSL. Es zeigte sich, dass diese pure Infrastuktur eine hohe Akzeptanz fand. Nahmen zu Beginn nur ca. 30% der möglichen Teilnehmer das Angebot an, so wurden es binnen zwei Jahren über 50%.

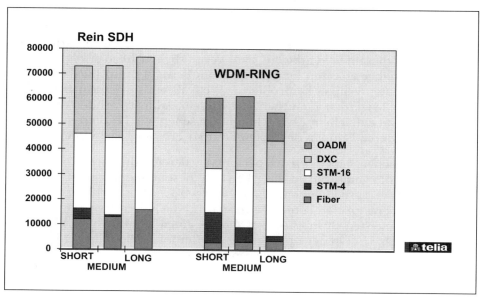

Abb. 7.2.1: Modellrechnung

Der Hauptvorteil dieses Ansatzes ist die Einfachheit und ein Schlüsselfaktor, um diese zu erreichen, ist der kollektive Ansatz, mit dem man auf lokale und dichte Gruppen von Haushalten zielt, die Bandbreite und Gemeinkosten unter sich aufteilen. Ein Mediator für diesen Shared Service könnte z.B. der Bürgermeister sein. Die Kunden können den Service als »Flat Free Online Connection« für weniger als 25 € pro Monat beziehen, was mittlerweile im schwedischen Markt zur Preisnorm geworden ist. Der Leser vergleiche das bitte mit der TDSL-Rate unter dem Gesichtspunkt der wesentlich höheren Performance der schwedischen Lösung (« ... entdecke die Möglichkeiten«). Dem Preismodell liegt eine durchschaubare klare Kalkulation zugrunde. Was man hat, sind die 25 € als Festbetrag. Wir ziehen einen vernünftigen Profit von 5-10%, die Abschreibung für die lokale Installation von 5-10% und 20% dieses Betrages für die Kosten der Glasfaser auf dem Weg zum Backbone ab. So können also mindestens 60% aufgewendet werden, um Bandbreite im Fernbereich einzukaufen.

Der Effekt der hohen Kosten für die Bandbreite im Fernbereich führt dazu dass »Breitband« ein lokales Konzept wird. Flatrates auf traditionellen Strukturen können dem Benutzer, wenn man sie nicht subventioniert, für den weltweiten Verkehr höchstens eine durchschnittliche Bandbreite von vielleicht 5 Kb/s bieten, sonst muss der Betreiber draufzahlen. Dieser Effekt ändert sich nicht wesentlich für xDSL-Anschlüsse, weil diese ja in der Anschaffung für den Betreiber sehr teuer sind, der Markt aber keine wesentlichen Preisaufschläge akzeptiert. Das ist auch der innere Grund für Aktionen wie die Rücknahme der Flatrate bei T-Online. In einer ersten Welle wird der private Benutzer einfach den Verkehr wieder zurücknehmen, aber das hält nicht lange an und er wird schnell unzufrieden.

Verkehrsaggregierung gibt dem Benutzer Shared Access auf Multimegabit Pipes, und die Preise halbieren sich jährlich. Aber auch TELIA ist noch weit davon entfernt, den Kunden für die 25 € im Monat globale Breitbandigkeit anzubieten.

Andererseits sehen wir einen stabilen Trend, dass die Internet-Benutzung immer lokaler wird, je mehr Zielgruppendurchdringung vorliegt. Das ist ein Effekt, der ja schon am Anfang des Buches beim »Local Internet« von Nortel Networks basierend auf Untersuchungen der Kinsey Group genannt wurde. Man kann in der Zwischenzeit Folgendes beobachten: wenn die Durchdringung der Haushalte von 30% auf 50% ansteigt, fällt das Verhältnis von externem zu lokalem Verkehr von 80% auf 40%. Insgesamt kann man sogar sagen, dass ab einer gewissen Schwelle die Verdopplung der angeschlossenen Haushalte zu keiner weiteren Steigerung des Fernverkehrs führt. Das ist ein ganz besonders interessantes Ergebnis. Es ist wahrscheinlich, dass der LAN-basierte Gruppenzugriff diese Entwicklung noch weiter beschleunigt. Die Verfügbarkeit billiger lokaler Bandbreite gibt vor allem lokalen Diensten und lokaler Benutzung einen Vorteil.

Die hier beschriebene Zugangstechnologie ist natürlich umso nützlicher, je dichter das abzudeckende Gebiet bevölkert ist. Die Wirtschaftlichkeit wird umso besser, je mehr Benutzer von einem LAN bedient werden können, je größer also die Gruppe für den Gruppenzugriff ist. Für ein dünn besiedeltes Land wie Schweden könnte es Probleme geben, aber man erwartet dennoch, ca 90% der Bevölkerung mit Gruppenzugriffslösungen versorgen zu können. Der Grund dafür ist folgender: selbst in dünn besiedelten ländlichen Regionen neigen die Leute dazu, in Ansammlungen zu leben und zu arbeiten. So ist der Aufbau einer LAN-Struktur ganz natürlich, auch wenn sich dabei keine konventionellen Ethernet-Domänen ergeben. Außerdem besteht ein adaptierbares Kostenmodell, welches in einem weiten Bereich den Gegebenheiten angepasst werden kann. Und die Strategie ist es, aus den Teilen, die man hat, das Beste zu machen. Auf dem schwedischen Markt war es möglich, den meisten Haushalten unter diesen Gegebenheiten ein vernünftiges kostendeckendes Angebot zu machen.

Die Marktsituation in Schweden ist zurzeit dadurch gekennzeichnet, dass es eine Reihe von unabhängigen Nachahmern des Konzeptes gibt. Der resultierende Wettbewerb hat die Nachfrage erheblich gestärkt. Heute kann man eine erhebliche Steigerung der Nachfrage sehen. Sobald sich eine Gruppe von mindestens 100 Benutzern zusammenfindet, kann man aus einer Reihe von Angeboten auswählen. Die heute verbundenen Gruppen haben eine Größe zwischen 100 und 40.000 Benutzern. Verschiedene Anbieter haben aber das neue ökonomische Modell noch nicht richtig verstanden und versuchen immer noch, Content und andere Dinge zu bündeln. Damit werden sie mittelfristig scheitern und es wird eine Marktbereinigung geben.

Seit den ersten Versuchen wurde eine Reihe weiterer Experimente mit verschiedenen Zielgruppen, Populationsgrößen und Technologien durchgeführt, und zwar nicht nur von TELIA, sondern auch von den Mitbewerbern. Es ist eine generelle Erfahrung, dass die initiale Anschlußrate bei ca. 10-20% liegt und danach langsam bis zur tatsächlichen Durchdringungsrate der Haushalte mit Computern ansteigt. Die meisten Player planen einen Break Even bei 20%. Der Hype um den Begriff »Breitband« schürt offensichtlich unrealistische Erwartungen. Der Hype dreht sich um Kapazität, während die Haupteigenschaften »Online« und »Flatrate« sind. Das kann schon mal zu roten Zahlen führen. Eine andere interessante Erfahrung ist, wie sich Benutzer die gemeinsame Zugriffsresource teilen. Unabhängig von der Größe der Gruppe und der technischen Reife der Teilnehmer gibt es immer ein paar Benutzer, die dazu neigen, die gesamte Bandbreite für sich zu vereinnahmen. Heute geschieht das mit MP3-Dateien, morgen wird es etwas anderes sein. Die Behandlung dieses Fehlverhaltens liegt in der Kompetenz der Gruppe. Diese scheitert aber meist damit und fragt nach automatischen, technischen Lösungen für die fairere Verteilung von Ressourcen.

Außerdem tritt Sicherheit als neuer Aspekt beim Übergang vom Telefonwählnetz auf das IP-Netz auf. Der Besitz einer festen und sichtbaren IP Adresse birgt Risiken. Auch hier verlangt man nach technischen Lösungen, allerdings wird man mittelfristig nicht umhin kommen, das Sicherheitsbewusstsein und das Wissen der Benutzer zu erhöhen. Verfahren wie Napster und Gnutella zeigen darüber hinaus, dass auch das klassische Client/Server-Paradigma nicht mehr unantastbar ist, sondern auch Strukturen mit leistungsfähiger Peer-to-Peer-Kommunikation entstehen, die zu symmetrischen Verkehrsmustern führen. Die Implikation hiervon ist die Senkung der Hierarchiestufen im Backbone.

Zusammenfassend gesehen ist die Ökonomie des Datenkommunikationszugangs in Gruppen so überzeugend, dass kein Weg daran vorbeiführt, dies zur allgemeinen Zugangstechnik zu machen. Die Frage ist nur, wo und wann.

7.3 Yipes

Die Anforderungen an Netze und Dienstleistungen werden von der Kundenseite her immer anspruchsvoller. Nicht nur nackte Leistung ist gefragt, sondern Zuverlässigkeit des Netzes, physikalische und logische Sicherheit, Verfügbarkeit der Ressourcen, Flexibilität bei der Netzwerkkonfiguration, Verfügbarkeit von und Verwaltungsmöglichkeiten für Serviceprofile und anwendungsbezogene QoS-Netzwerkelemente werden als die Grundlage für Echtzeit-Business-Anwendungen betrachtet. Um solchen Anforderungen Rechnung tragen zu können, sollte die zugrunde liegende Netzwerkplattform vilefältige Eigenschaften und Funktionalitäten haben. Die Kapazität des Transportnetzes sollte nicht nur groß genug sein, um zukünftiges Wachstum zu gewährleisten, sondern auch flexibel genug, um auf einer dynamischen nachfragegesteuerten Basis an die Benutzer verteilt werden zu können. Die Plattform sollte Layer-2-Switching und Layer-3-Routing unterstützen, um verschiedene Netzwerkarchitekturen und Protokolle bei den Kunden zu unterstützen. In Anbetracht dieser Anforderungen wurde von Yipes eine neue Vision entwickelt, die alle diese Features hat und auf IP via Ethernet über Fiber Optic basiert. Diese Kombination bietet gegenüber kupferbasierten Lösungen ein enormes Wachstums- und Einsparungspotenzial. Yipes ist ein Anagramm aus »Yes IP«, dem technischen Grundprinzip dieses Dienstleistungsanbieters.

Yipes ist der erste Managed Optical-IP-Serviceprovider, der Internet- und Business-to-Business-Lösungen mit Gigabit-Ethernet über Glasfaser im Regionalbereich zur Verfügung stellt. Die Vision von Yipes ist es, einen »Quantensprung« gegenüber allen bisher verfügbaren Dienstleistungen und Bandbreiten der lokalen Exchange Carrier hinsichtlich Dienstleistungsspektrum und Übertragungskapazität zu machen. Yipes kann dieses Ziel nur mit einer völlig neuen Glasfaser-Infrastruktur erreichen, die keine Rücksicht auf bestehende Lösungen oder Infrastrukturen nehmen muss. Durch die ausschließliche Verwendung der Gigabit-Ethernet-Technologie im Regionalbereich hat Yipes völliges Neuland betreten. Das Ergebnis ist ein Preis/Leistungsverhältnis und ein Spektrum von Dienstleistungen, das von anderen Betreibern mit herkömmlicher Technologie nicht erreicht werden kann. Die Yipes-Netze passen auch gut zu den IP-Standardisierungsbestrebungen, wie sie von großen Anwendern durchgeführt werden, die ihre Netze generell nur noch auf eine Kombination von Ethernet und IP stützen wollen. In den USA gehören dazu z.B. General Motors oder BP Amoco.

Um die Gigabit-Ethernet-Technologie zum Kunden zu bringen, muss der Bandbreiteengpass im Zugangsbereich (First Mile) überwunden werden. Die meisten Interessenten können damit nicht warten, bis es einen allgemeinen Ethernet-Zugriffstandard gibt (EFM). Für die Übermittlung der Geschwindigkeit bzw. Bandbreite von Gigabit-Ethernet ist die lokale Kupferverkabelung technisch ungeeignet. Auch xDSL oder Koaxialkabelnetze haben erhebliche technische Limitierungen. Am besten ist es, eine Glasfaser direkt zum Kunden zu bingen und damit eine Art »optischen Wählton« zu realisieren. Hier setzt eine wesentliche Arbeit von Yipes an. Für eine Anzahl von US-Städten wurden Pläne entwickelt, die bestehenden optischen Trunks für diese Anwendungen zu nutzen. Yipes versieht die vielen Besitzer und Betreiber von Glasfaserstrecken mit der notwendigen Hardware für die Netzwerkverbindungen und die Verbindungen zum Kunden. Beim Kunden selbst wird ein RJ-45-Ethernet-Port hingestellt. Der Kunde kann sich dann einen Dienst mit einer Datenrate zwischen 1 Mb/s und 1 Gb/s aussuchen. Yipes bietet tatsächlich eine Granularität in Stufen von 1 Mb/s an. Das kann zurzeit kein anderer Provider. Dieser Dienst kann verschiedene Gestalten haben: Internet-Zugriff, Punkt-zu-Punkt- oder Punkt-zu-Mehrpunkt-Verbindungen oder auch Voice over IP Services. Die alten Grenzen zwischen WAN und LAN verschwinden damit völlig. Das LAN wird nur noch im Rahmen einer Organisationssturktur definiert, aber nicht mehr im Rahmen geografischer Begrenzungen.

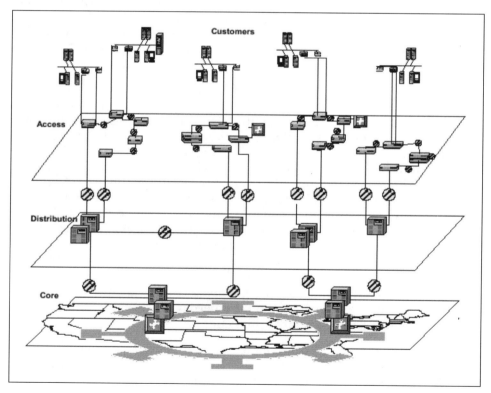

Abb. 7.3.1: Yipes, dreilagige Struktur

Die Yipes-Netzwerkarchitektur besteht aus einem dreilagigen Ring, wie dies in der Abb. 7.3.1 dargestellt ist.

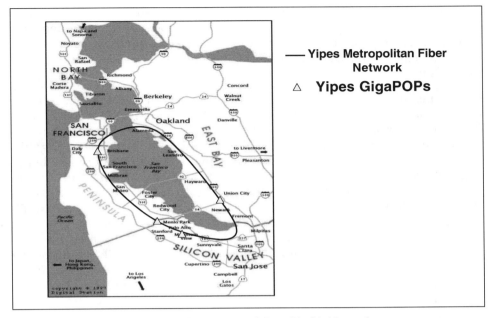

Abb. 7.3.2: Yipes Regional Area Gigabit Network

Die Abb. 7.3.2. zeigt ein Bespiel für die Yipes-Architektur in der Bay Area. Hier sieht man, in welcher Art und Dimension ein Gigabit-Ethernet-Ring aufgebaut werden kann.

Die Abb. 7.3.3 ist eine andere Darstellung von 7.3.1. Hier sieht man genauer, wie die Yipes-Netze aufgebaut werden. Im Zugangsbereich stehen Ethernet-Ringe. Diese Architektur ist praktisch, denn wenn einmal eine Leitung zwischen zwei Knoten ausfällt oder zerstört wird, kann man Nachrichten auf beiden Seiten des Ringes bis zu den Knoten bringen, die links und rechts an der Schadstelle sitzen. Ohne weitere Maßnahmen würde diese Architektur allerdings keinen weiteren Ausfall vertragen. Yipes arbeitet auf dieser Ebene mit den Geräten von Extreme Networks, die für Recovery-Zwecke ein eigenes Verfahren haben. Man könnte auch Spanning Tree benutzen, aber das ist einfach zu langsam. Wenn man ohnehin nur Systeme eines Herstellers einsetzt, kann man an dieser Stelle auch ein proprietäres Verfahren verwenden. Bei IEEE ist alerdings auch ein standardisiertes Verfahren für derartige Aufgaben in Arbeit, der so genannte Fast Spanning Tree. Die Access-Ringe werden in der mittleren Ebene der Architektur konzentriert. Die Konzentratoren dieser Ebene sind für eine Lokation untereinander redundant verschaltet und besitzen Uplinks zu nationalen Carriern. Die Konzentratoren werden ebenfalls von Extreme Networks geliefert und harmonisieren deshalb natürlich gut mit den Knoten im Access-Bereich. Der Verkehr mit den nationalen Carriern wird über Systeme von Juniper Networks abgewickelt. In den USA gibt es für die Fernstecken meist eine Auswahl zwischen unterschiedlichen Carriern. Yipes nutzt das für die Verkehrssteuerung, Lastbalancierung und die Redundanz.

In der obersten Schicht des Architekturmodells ist der Kundenzugang realisiert. Lokale Fiber Optic-Ringe in den Städten werden dazu benutzt, CPE (Customer Premises Environment)-Einrichtungen bei den Kunden mit den Verteilpunkten zu verbinden. Die Verteilpunkte bestehen aus Gigabit-Ethernet-Switches, die in den Bürogebäuden stehen. Normalerweise befinden sich in einem großen Bürogebäude verschiedene Mieter (Multi Tenant Units). Diese Mieter werden mittels Kat.-5-Kabel für den Zugang mit 10 oder 100 Mb/s oder Fiber Optic für den Zugang mit den Verfahren 100 Base FX oder 1000 Base SX angeschlossen.Der Access Level besteht aus Fiber-Ringen, die mit 1 Gb/s Full Duplex arbeiten und Layer-2-Switching oder Layer-3-Switching mit dem OSPF-Routing-Protokoll benutzen. Dies bietet Redundanz im Fehlerfall. In der mittleren Schicht der Architektur befindet sich die Metropolitan Distribution Tier, die regionale Verteilebene. Diese Ebene verbindet verschiedene Glasfaserringe mit einem Yipes PoP, an dem sich ein aggregierender Gigabit-Router befindet, der sog. GigaPoP. Auf dieser Ebene werden auch im Regionalbereich befindliche GigaPoPs untereinander verbunden, um eine regionale Infrastruktur zu bilden. Sowohl die Switches bei den Kunden als auch die Switches im Regionalbereich sind nichtblockierende Gigabit-Geräte. Deshalb erreicht man auch für alle Verbindungen im Regionlabereich Latenzzeiten von wenigen Millisekunden oder weniger. Diese architekturelle Stufe bildet den Kern der »Managed IP over Fiber«-Netzwerk-Services. Der Fiber Backbone zwischen den Giga-POPs besteht aus einem oder mehreren Gigabit-Links, je nachdem, wie es das Verkehrsaufkommen verlangt. Und auch hier sorgt die Ringstruktur für Redundanz. Diese Technologie hebt die Beschränkung auf eine einzelne Stadt auf und führt zu einem Konzept für die regionale Vernetzung. Viele Gebäude in einer City oder in einem Regionalbereich können mit dieser Technik verbunden werden und schaffen virtuelle private Verbindungen zwischen Gebäuden einer Körperschaft oder ein Extranet zwischen Handelspartnern. Besonders einfach ist dabei die Verbindung von Kunden zum Regionalnetz, die dieses Netz letztlich einfach als natürliche Erweiterung des eigenen Ethernets betrachten. Da die Verzögerungszeiten im Bereich weniger Millisekunden liegen, kann auch für delaysensitiven Verkehr eine exzellente Dienstqualität erreicht werden. Die dritte Ebene der Yipes-Architektur besteht aus der landesweiten

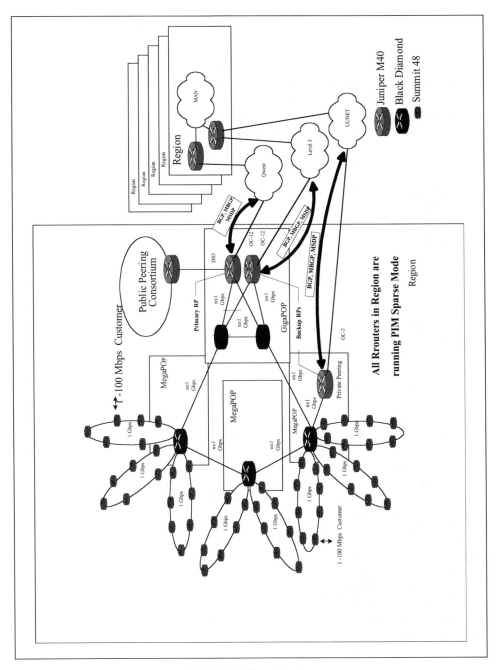

Abb. 7.3.3: Yipes-Struktur

und in einer späteren Ausbaustufe sicherlich weltweiten Verbindung der Regionalbereiche über die Nation hinweg. Dies wird auch als »Core« bezeichnet. Wie schon erwähnt, benutzt man unterschiedliche IP-Carrier gleichzeitig, und die Regionalbereiche werden an diese Carrier mit äußerst leistungsfähigen Routern angeschlossen. Technisch werden neben Gigabit-Ethernet auch OC-12- oder OC-48-Links benutzt. Auf diesem Niveau verwendet Yipes vorzugsweise das BGP4-Protokoll, um den Verkehr über den effektivsten Weg zu leiten. Für die Verkehrsleitung zwischen den regionalen privaten Yipes-Bereichen über die nationalen Backbones verwendet man spezifische Service Level Agreements. Dies stellt sicher, dass die Service Level Agreements zwischen Yipes und den Endkunden auch beim Verkehr über die regionalen Grenzen hinweg sichergestellt werden können. Eine Ausnahme von dieser Regel bildet der Internet-Verkehr. Er wird zum nächsten oder für eine Anwendungssession effektivsten Carrier durchgeschaltet. Um parallele Wege und vollständige Redundanz im Regionalbreich aufrechtzuerhalten, werden verschiedene Co-Lokationen aufgebaut.

Verbindungspartner für IP-Fernverbindungen sind z.B. Level 3, Quest oder UUNET. Yipes repliziert sein Modell in allen wichtigen Städten der USA. Das Resultat ist eine skalierbare, redundante Architektur, die in höchstem Maße für Traffic Management, QoS und sofortige Bereitstellung von Dienstleistungen geeignet ist. Das Design einer IP-basierenden physikalischen Struktur trägt den schnellen Änderungen im Markt der Fiber und Netzwerk-Provider Hardware Rechnung. Yipes kann neue Technologien relativ schnell in seinen Netzen einsetzen, wenn sie dafür geeignet erscheinen. Dies wird durch die Fixierung auf wirklich elementare Standards erreicht. Wenn die Benutzer Schnittstellen oberhalb von 1 Gb/s verlangen, kann man dies mit dem 10-Gigabit-Ethernet-Standard erzielen, sofern die Verkabelung dies zulässt, was aber wegen der verteilten Struktur eigentlich nur in selteneren Fällen zu Problemen führen sollte, Im Regionalbereich kann die Datenrate praktisch beliebig gesteigert werden, zuerst durch den Einsatz von Trunking, dann durch 10-Gigabit-Ethernet und schließlich durch DWDM, bei dem jeder Kanal 10 Gigabit tragen kann. Auch wenn sich die Leistungen der Fernbereichsprovider ändern, kann Yipes Verbesserungen in technischer und betriebswirtschaftlicher Hinsicht durchführen, ohne dass die Kunden dies überhaupt merken. Die Weiterentwicklung in der Software wird gekennzeichnet durch neue Verfahren aus dem IP-Universum, welches sozusagen täglich wächst. Ein ganz wesentlicher Faktor aber ist der folgende: weil Yipes die Fiber Optic- und PoP-Infrastruktur bereits installiert hat, können zukünftige Verbesserungen in der Technologie mit minimalem physikalischem und wirtschaftlichem Aufwand durchgeführt werden.

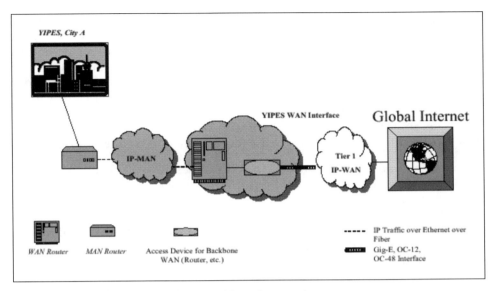

Abb. 7.3.4: Yipes: Internet Access

Ein konstruktiver Kernpunkt der Yipes-Netze sind die »Managed Bandwidth Services«. Das alte Modell der Auslieferung von Daten »so gut es eben geht«, ist nicht länger adäquat. Bandbreitekontrolle und -Verwaltung sind eine absolute Anforderung für geschäftskritische Anwendungen, bei denen die Verfügbarkeit der Bandbreite garantiert sein muss. Bislang haben Provider die Bandbreite vor allem durch Überdimensionierung ihrer Netze garantiert und dabei nach einem statistischen Modell gehandelt. In einer Ethernet-Umgebung kann man Datenraten effizienter und flexibler bereitstellen und kontrollieren. Ein Kunde kann z.B. eine minimale garantierte Bandbreite bekommen, aber er kann darüber hinaus auch höhere Datenraten verwenden, die aber nicht mehr vollständig garantiert werden, aber meistens doch verfügbar sind. Yipes verwaltet die individuelle Bandbreite für Kunden an der Netzkante und stellt durch entsprechende Auslegung des Kerns sicher, dass alle Interface-Raten immer bedient werden können. Außerdem kann Yipes den Kunden jederzeit zusätzliche Bandrbeite zur Verfügung stellen, ohne die Netztopologie, die Protokolle oder die Hardware wesentlich ändern zu müssen. Dies kann man übrigens nicht nur für die Anbindung von Körperschaften an das Netz nutzen, sondern auch für die Bereitstellung von Verbindungen für Privathaushalte. Generell sind heutige Anschlussalternativen, die über xDSL hinausgehen, sowohl für Privathaushalte aus auch für kleine, mittlere und große Firmen nur sehr kompliziert zu erweitern, weil man auf eine nur schlecht abgestufte Leistungsskala mit T-1- oder DS-3-Schaltkreisen angewiesen ist. Jede wesentliche Erweiterung geht mit vielfältigen Änderungen und ggf. erheblichen Investitionen einher. Die Erhöhung der Bandbreite eines Yipes-Anschlusses ist hingegen besonders einfach, weil nur ein paar Parameter verändert werden müssen. Nur in ganz seltenen Fällen kann es auch notwendig werden, die Hardware an der Netzkante auszutauschen oder aufzuwerten. Die meisten Aufgaben können an einer zentralen Stelle in der Region schnell erledigt werden. Das notwendige Upgrade von Hardware in Multi Tenant Units ist meist länger vorhersehbar, sodass hier in gewisser Weise vorausschauend gehandelt werden kann, was der Kunde normalerweise gar nicht merkt. So kann die Bandbreite leicht erweitert werden.

Beim Design und der Verwaltung eines IP-Netzes muss QoS auf zwei unterschiedlichen überlappenden Ebenen gewährleistet werden: im physikalischen Netz und in der es umgebenden Organisation. Auf dem Netzwerk-Level muss QoS schon bei der Architektur berücksichtigt und in der Netzwerk-Hardware implementiert werden. Unterschiedliche Kunden haben unterschiedliche Verkahrscharakteristika mit unterschiedlichen Anforderungen. Netzwerk QoS garantiert, dass ein Netzwerk eine Mixtur aus latenzsensitivem Verkehr, LAN-zu-LAN-Verkehr und Internet-Verkehr trägt und in der Lage ist, Konflikte beim Zugriff auf gemeinsam benutzte Betriebsmittel gemäß der Anforderungen der Kunden zu lösen. So muss man z.B. dafür sorgen, dass ein Kunde, der eine latenzsensitive Anwendung wie Voice oder IP betreibt, keinen Konflikt mit einem Kunden bekommt, der bandbreiteintensiven IP-Verkehr nutzt. Eine regional orientierte IP-Architektur kann dies durch die Benutzung von Hardware-QoS-Profilen realisieren. Man kann diese Profile nach Bandbreite, Latenzsensitivität oder Empfindlichkeit gegenüber Bitfehlern oder einer Kombination aus all diesem organisieren. Jedes Profil wird dann auf die aggregate Bandbreite abgebildet, sodass alle Verkehrsklassen mit der geeigneten Priorität behandelt werden. Um QoS zu realisieren, müssen diese Profile aber auch in einer geeigneten Organisationsstruktur Niederschlag finden. Das Netzwerk muss in einer auch für die Kunden nachvollziehbaren Art und Weise verwaltet werden. Die Formalisierung der Anforderungen geschieht durch Service Level Agreements (SLA). Jedes SLA definiert die Bedingungen und Parameter für die Messung von QoS. Sowohl der Kunde als auch der Betreiber besitzen mit einem SLA ein wesentliches Instrument für die Festlegung ihrer Geschäftsbeziehungen. Der Kunde kann die Einhaltung eines SLAs nicht nur fordern, sondern auch überwachen. Der Betreiber kann mittels des SLAs seine Netzstruktur auslegen und auch ein entsprechendes Pricing festlegen. Yipes gibt jedem Kunden ein SLA, welches Leistungsmetriken für den Service, den der Kunde erhält, festlegt. Für den fall, dass die Metrik nicht eingehalten werden kann, werden entsprechende Kompensationen festgelegt. SLA-Metriken gibt es auf den Bereichen:

- Netzwerk-Verfügbarkeit
- LatenMinimale Datenrate
- Time-to-Report
- Time-to-Respond
- Bereitstellungszeit für Services

Yipes verwendet verschiedene Prozesse, die die Einhaltung der SLAs überwachen. Diese umfassen laufendes Testen und Verifikation der Netzwerkverzögerung, kontinuierliche Überwachung des Verkehrs auf dem Netzwerk und des Zustandes des Netzes und ein Customer Experience Center, um die Kommunikation zwischen Kunden auf verschiedenen technischen Niveaus innerhalb Yipes auf einer 24 x 7-Basis zu ermöglichen.

Für die Verwaltung eines hochdynamischen IP-Netzes benötigt man einen intelligenten Kundenservice und eine spezielle Operation Support System (OSS) -Plattform. Yipes hat ein entsprechendes OSS mit dem Network Care Center von Lucent Technologies aufgebaut, mit dem man Kunden in einem breiten Bereich unterschiedlicher technischer Ebenen versorgen kann.

Die primären Funktionen des Netzwerk-Betriebs sind:

- Fehler-Management
- Konfigurations-Management
- Performance Management.

Fehlermanagement besteht aus der Sammlung, Analyse und Reaktion auf Alarme, die von irgendeinem Gerät aus dem Netzwerk empfangen werden. Das macht man sowohl mit Pollen als auch durch selbstständige Initiierung. Das NOC ist der zentrale Empfänger für alle Alarm- und Zustandsinformation. Insgesamt verwendet man SNMP mit privaten Erweiterungen. Alarme müssen in folgenden Bereichen behandelt werden:

- Alarm-Filterung
- Alarm-Schwellwerte
- Alarm-Korrelation
- Alarm-Unterdrückung

Das Konfigurationsmanagement besteht aus den Prozeduren, die dazu benötigt werden, Dienstleistungen im Rahmen der Kundenwünsche und SLAs bereitzustellen und zu ändern. Das NOC ist die Stelle, an der diese Dienste tatsächlich verfügbar gemacht werden. Dieser Prozess umfasst übrigens auch Vertrieb und Organisation, denn man möchte, dass die Dienstleistungen auch zu den Zeitpunkten bereitgestellt werden, für die sie verkauft und zugesagt wurden. Performance Management schließlich kann in folgende Bereiche unterteilt werden:

- Leistungsmessung
- Leistungsüberwachung
- Leistungsanalyse und Reporting.

Yipes verwendet für diese Funktionen Open View von HP und NETCOOL/OMNIbus von Micromuse.

Neben der Bandbreite und der Quality of Service kann der Kunde noch eine Reihe weiterer Dienstleistungen von Yipes beziehen, die sich vor allem auf den Bereich der Sicherheit erstrecken. So gibt es Managed Firewall Services oder sichere private virtuelle Verbindungen und Netze mit IPsec. Es ist sehr ungewöhnlich, dass ein Provider dies als Dienstleistung bereitstellt.

Im September 2001 hat Yipes den Interop Infrastruktur Award als bester Local Exchange Carrier gewonnen. Dieser Preis wird von den Industriejournalen Inter@ctive Week und The Net Economy sowie von Probe Research vergeben. Der Preis ging vor allem deshalb an Yipes, weil nicht nur ein reiner Gigabit-Ethernet-Service bereitgestellt wird, sondern dieser durch vielfältige Zusatzangebote aufgewertet werden kann. So kann der Kunde eine Dienstleistung bekommen, die ihm wirklich nützt und nicht immer weiter neue, nachgelagerte Probleme aufwirft.

Yipes wird von mehr als 30 Venture Capital-Investoren getragen, darunter Norwest Venture Partners, New Enterprise Aassociates, The Spout Group, Credit First Swiss Boston, Charter Growth Capital, JP Morgan Partners, Banc Boston, Focus Capital und Intel Capital. Zum Zeitpunkt der Manuskripterstellung ist Yipes in 21 Städten vertreten.

Die Weiterentwicklung von Yipes wird daduch gekennzeichnet sein, dass man in einem ersten Schritt Verbindungen zu Telefongesellschaften herstellt, um den Kunden neben den Punkt-zu-Punkt-Verbindungen für ihre VoIP-Anlagen auch den wahlfreien Zugriff auf bestehende Telefonnetze zu ermöglichen. Außerdem möchte man in Richtung Directory Enabled Networking (DEN) gehen, bei dem die Menge der Anwendungen die Menge anderer vernetzter Anwendungen oder sonstiger Betriebsmittel so wahlfrei benutzen kann wie heute ein Prozess in einem Rechner ein peripheres Gerät. Das führt zu einer IT-Umgebung, in der alle Betriebsmittel wie Systeme, Anwendungen, Netze und Benutzer, gleichgültig ob zentralisiert, oder verteilt mit gleichartigen logischen Strukturen und Schnittstellen verwaltet werden können. Sobald sich DEN-Strukturen und -Standards verfestigen, wird Yipes sie in seine Diensteistungspalette einbauen. Mit der DWDM-Technologie stehen hardwareseitig alle Wachstumspfade offen.

7.4 Konstruktive Überlegungen

Metro- und Regionalnetze werden in den nächsten Jahren auch in Europa wesentlich an Boden gewinnen. Allerdings liegen in Europa vielfach andere organisatorische Voraussetzungen vor. In den USA gibt es eine traditionell bedingte deutliche Trennung zwischen Betreibern von Fernnetzen und Betreibern von örtlichen Vermittlungsnetzen, den so genannten Local Exchange Carriers (LECs), während dies in Europa oft in einer Hand liegt. In den letzten Jahren haben aber Bemühungen um örtlich eigenständige Netze wie NetCologne in Köln oder ISIS in Düsseldorf deutlich an Boden gewonnen. Entscheidend ist hierfür die Trägerstruktur, da das Füllhorn der Venture Capitalists in Europa noch nicht so weit ausgeschüttet wird. Gerade im Regional - oder Citybereich ergeben sich aber eine Menge von Chancen für mittelständische Träger auf der Grundlage bereits bestehender Glasfaserverkabelungen. In den letzten Jahren war allerdings für solche Interessenten und mögliche Betreiber wie Stadtwerke, Stadtverwaltungen oder Stadtsparkassen zwar ein eigenes relativ vollständiges Leitungsnetz vorhanden, es fehlte aber an einer geeigneten billigen Übertragungstechnologie für den Anschluss an diese Systeme. Manche haben es mit SONET Equipment versucht, aber das waren aufwendige und teure Versuche, die nicht immer zur Zufriedenheit der Betreiber ausgegangen sind. SONET passt genauso wenig zu den bestehenden gewüschten Datendiensten wie zu den bestehenden Nebenstellenanlagen.

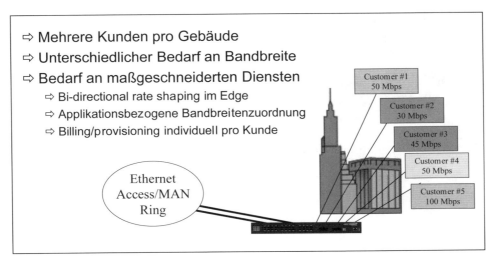

Abb. 7.4.1: Multi Tenant Units (MTUs)

Mit der erfolgreichen Einführung von Ethernet und IP im Regionalbereich stehen nach dem Muster von Yipes jetzt allerdings alle Türen offen. Die Welt hat sich einfach zu Gunsten derartiger Technologien bewegt, vor allem mit VoIP wurde eine bedeutsame Lücke geschlossen.

Es ist jetzt also für verschiedene Besitzer von Kabelsystemen durchaus im Rahmen des Erreichbaren, ein eigenes Metronetz aufzubauen, entweder für den Eigenbedarf oder für den Weiterverkauf. Der Bedarf an privaten Metro- oder Regionalnetzen ist sehr hoch, viele Unternehmen und andere Körperschaften haben über eine Region verstreute Niederlassungen oder Dienstellen, die systematisch leistungsfähig vernetzt werden müssen, was mit dem bisherigen Dienstleistungsangebot der bekannten Carrier zwar möglich, aber teuer ist.

Bevor wir nochmals auf betriebswirtschaftliche Probleme eingehen, müssen wir nochmals die Unterschiede zwischen einer Metro- und einer Backbone-Kernarchitektur verdeutlichen.

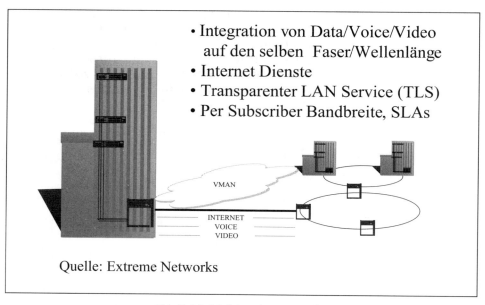

Abb. 7.4.2: Multiservices over Fiber

Ein Metronetzwerk verbindet Kunden mit Services. Dazu benutzt es meist physikalische Ringe, weil diese Redundanz und Ausfallsicherheit am einfachsten implementieren. Logisch ist das Metronetz meist ein Sternnetz mit einem gedachten Zentralpunkt, zu dem alle Kommunikation in Punkt-zu-Punkt-Verbindungen läuft. Wir haben einen fragmentierten Markt zu betrachten, weil die Investitionen für ein Metronetz gering sein können, wenn man die Kabel hat. Über einen Service PoP wird das Metro-Netzwerk mit dem Kern-Backbone-Netz verbunden. Das Backbone-Netz verbindet also PoPs untereinander und keine individuellen Kunden. Das Kernnetz besteht aus physikalischen Punkt-zu-Punkt-Verbindungen zwischen Interface Message Processors, hat also die bereits diskutierte WAN-Grundstruktur. Wir haben ein logisches Peering zwischen verschiedenen Anbietern. Der Markt ist etabliert, und langsam aber sicher werden zusätzliche Strukturen in den WANs eingeführt, wie z.B. die intelligenten optischen Netze, DWDM oder optische Vermittlung.

Die grundsätzlichen notwendigen Anforderungen an ein Metronetz können wie folgt zusammengefasst werden:

- Internet-Verbindungen hoher Kapazität
- Schnelle Reaktionszeiten auf neuen Bedarf
- Automatische Schutzschemata nach Bedarf
- Schnelles und einfaches Bereitstellen von Leistungen
- Einfache Verwaltung der Gesamtlösung
- Kostenkontrolle
- Flexibles Abrechnungswesen
- Schnelle Time-to-Market bei neuen Dienstleistungsangeboten
- 100% Abstützung auf Standards

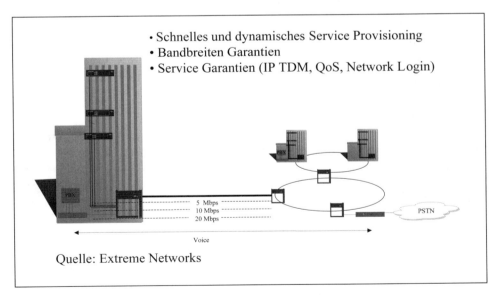

Abb. 7.4.3: Services Provisioning

Diese notwendigen Anforderungen sind in vielen Fällen aber nicht hinreichend, und zwar genau dann, wenn Service Level Agreements für QoS sorgen müssen. Dies ist nicht nur im Verhältnis zu fremden Kunden interessant, sondern auch innerhalb einer Körperschaft, bei der Anbieter von Netzwerkdienstleistungen im Unternehmen ein eigenes Profit Center bildet, eine Organisationsform, die sich mehr und mehr durchsetzt. Letztlich muss man dann zu einer Struktur kommen, wie sie Yipes hat.

Bei der Besprechung von Yipes kamen noch die so genannten Multi Tenant Units zur Sprache. Dazu sind einige Worte zu sagen. Eine Eigenheit des US-Marktes ist es, dass die Bürohäuser normalerweise nicht den Firmen gehören, die sie benutzen, sondern eigenständigen Fonds, die z.B. als geschlossene Immobilienfonds die Gelder ihrer Kunden verwalten. Ein solcher geschlossener Immobilienfonds wird z.B. von einer Kanzlei und ein paar Fondsmanagern verwaltet. Das sind natürlich alles keine Techniker. Die Mieter der Gebäude verlangen aber in zunehmendem Maße die Versorgung mit Netzwerk-Dienstleistung als Commodity, was nichts anderes bedeutet, als dass Netzwerkleistung genauso vom Vermieter bereitzustellen ist wie Wasser, Strom, Wärme und Telefon. In einem größeren Bürohochhaus sind verschiedene Mieter zu finden, wobei diese nicht immer ganze Etagen mieten, sondern die Grenze zwischen zwei Mietern auch einmal mitten durch ein Stockwerk gehen kann. Die Mieter sind in zunehmendem Maße nicht damit zufrieden, einfache Telefondosen vorzufinden, sondern wünschen eine 100 Mb/s-Verkabelung zu jedem Arbeitsplatz. Das Verlegen der Kabel bei der allfälligen inneren Runderneuerung des Bürohauses ist sicher nicht so ein großes Problem. Vielmehr suchen die Immobilienfonds nach einer Lösung für die komplette Netzwerk-Dienstleistung, genauso wie sie Wasser beim Wasserwerk und Strom beim E-Werk beziehen bzw. als Contract-Mittler zwischen Mieter und Commodity Provider auftreten. Man sucht also nach einem »N-Werk« für Netzwerkdienstleistungen bis ins Haus. Yipes ist letztlich so ein N-Werk und auch TELIA gibt eine ähnliche Struktur vor. Bestehende Lösungen sind oft eine sehr teure Mischung aus Nebenstellenanlagen, ATM-Switches, SONET Untervermittlern und einer Menge anderem Elektronikkrempel. Der Metronetzbetreiber sollte also letztlich in der Lage sein, dem Mieter Dienstleistungen zu bringen und somit den Fonds von diesen Aufgaben zu entlasten. Dafür steht ihm natürlich auch eine Gebühr zu. Dieses Geschäftsmodell ist leider auf Europa nur bedingt übertragbar, auch wegen einer viel geringeren Dichte von Bürohochhäusern. Nichtsdestotrotz sollte man aber diese Beziehungen kennen, um letztlich vielleicht doch auch über den Gedanken der Commodity zu einem vernünftigen betriebswirtschaftliche Konzept für ein Metronetz zu finden.

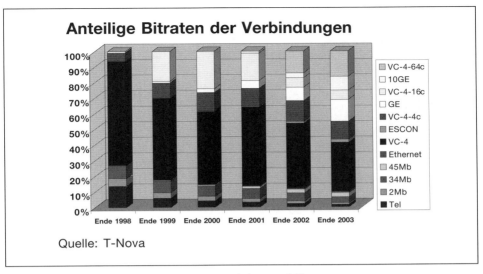

Abb. 7.4.4: Verkehrsentwicklung

Weitere, in die Zukunft gerichtete Anwendungen für Metronetze wären:

- Anbindung von Datencentern, typisch mit 50-200 x ESCON
- Anbindung von Storage Area Networks
- Metropolitan Gigabit-Ethernet Connection
- D1-Video mit 270 Mb/s pro Kanal für Production Level
- Medizinische Bildverarbeitung
- Ablösung/Migration/Verbindung bestehender SONET-Infrastrukturen

Schließlich spielen in Europa natürlich auch die klassischen PTTs weiterhin eine wichtige Rolle, auch bei den Regionlanetzen. Sie haben allerdings andere Geschäftsmodelle. Ein neuer Metro-Provider baut im Citybereich einen Backbone auf und versucht dann, die Bandbreite zu verkaufen. Eine klassische PTT wird anders vorgehen und im Regionalbereich zunächst Kunden für Dienstleistungen sammeln und ihnen versprechen, dass der Dienst kommen wird, wenn ihn nur genügend Kunden nehmen. So ist das ja mit TDSL gelaufen. Finden sich dann genug Kunden, wird die Infrastruktur aufgebaut bzw. die bestehende Infrastruktur erweitert. Dieses konservative Geschäftsmodell schließt allerdings nicht aus, dass beim Ausbau die modernste Technologie benutzt wird. Lokale Herausforderer können also nicht grundsätzlich sicher sein, dass nur sie wirtschaftlich arbeiten.

Literaturverzeichnis

[BAL 79]   Bar-Lev; Semiconductors and Electronic Devices; Prentice Hall 1979

[BCG 00]   Giampaolo Bendelli, Carlo Cavazzoni, Raffaele Girardi, Roberto Lano; Optical performance monitoring techniques; ECOC 2000, Munich

[BEN 65]   V.E. Benes; Mathematical Theory of Connecting Networks and Telephone Traffic; Academic Press, New York, 1965

[BER 00]   Neal S. Bergano; Ultra long distance Submarine DWDM Systems; ECOC 2000, Munich

[BIG 00]   S. Bigo, E. Lach, Y. Frignac, D. Hamoir, P. Sillard, W. Idler, S. Gauchard, A. Bertaina, S. Borne, L. Lorcy, N. Torabi, B. Franz, P. Nouchi, P. Guénot, L. Fleury, G. Wien, G. Le Ber, R. Fritschi, B. Junginger, M. Kaiser, D. Bayart, G. Veith, J.-P. Hamaide, J.-L. Beylat; 1.28 Tbit/s WDM Transmission of 32 ETDM Channels at 40 Gbit/s over 3x100 km Distance; ECOC 2000, Munich

[BRA 00-1]   G. Brambilla, V. Pruneri, L. Reekie, C. Contardi, D. Milanese, M. Ferraris Photosensitivity in tin CO-doped Silica Optical Fibers; ECOC 2000, Munich

[BRA 00-2]   E. Brandon, J.-P. Blondel, F. Boubal, L. Buet, V. Havard, A. Hugbart, L. Labrunie, P. Le Roux, D. Toullier, R. Uhel; 1.28 Tbit/s (32 x 40 Gbit/s) Unrepeatered Transmission over 250 km; ECOC 2000, Munich

[BRA 01]   R.-P. Braun; WDM Metronetze; 2. ITG Fachtagung Photonische Netze, Dresden 2001

[BRO 00]   O. Brox, A. Kilk, C. Caspar, D. Hoffmann, M. Möhrle, G. Sahin and B. Sartorius; Q-Switched Laser Module for Regenerative Wavelength Conversion; ECOC 2000, Munich

[BÜL 00]   H. Bülow, F. Buchali, G. Thielecke; Electronically Enhanced Optical PMD Compensation; ECOC 2000, Munich

[BUR 00]   J.-R. Burie, F. Dumont, O. le Gouezigou, S. Lamy, D. Cornec, P. André; 50 Gb/s capability of a new zero loss integrated SOA/EA modulator; ECOC 2000, Munich

[CAP 00]   José Capmany, Daniel Pastor, Salvador Sales, Beatriz Ortega, Pascual Muñoz; Impact of Fibre Bragg Grating Dispersion in WDM-SCM Communication Systems; ECOC 2000, Munich

[CAS 00]   Gerardo Castanon; Design Model for Transparent WDM Packet Switched Irregular Networks; ECOC 2000, Munich

[CHI 00]	D. Chiaroni, A. Jourdan, T. Zami, N. Le Sauze, E. Dotaro, J.Y. Emery, L. Tancevski; Towards 10Tbit/s optical packet routers for the backbone; ECOC 2000, Munich
[CHO 00]	Joseph C. Chon, Chi-hung Huang, and Jerry R. Bautista; Ultra Small Dispersion, Low Loss, Flat-Top, and All-Fiber DWDM and NWDM Devices for High Speed Optical Network Applications; ECOC 2000, Munich
[DEN 00]	Kung-Li Deng and Dennis T. K. Tong; A Rapidly Re-configurable Optical Channel Selector using A RF Digital Phase Shifter for Ultrafast OTDM Networks; ECOC 2000, Munich
[DIA 00]	E.M.Dianov, I.A.Bufetov, M.M.Bubnov, V.B.Neustruev, S.A.Vasiliev, V.M.Mashinsky, O.I.Medvedkov, S.L.Semjonov, A.V.Shubin, V.M.Paramonov, M.V.Grekov; 1500 nm distributed and discrete Raman fiber amplifiers; ECOC 2000, Munich
[EIE 01]	B. Edmaier, A. Iselt, C. Epple; Entwicklung des optischen Netzes bei der VIAG Interkom; 2. ITG Fachtagung Photonische Netze, Dresden 2001
[EIL 01]	Optische Paketnetze - Alles optisch, oder?; G. Eilenberger; 2. ITG Fachtagung Photonische Netze, Dresden 2001
[EMO 00]	Yoshihiro Emori, Shun-ichi Matsushita and Shu Namiki; 1-THz-spaced multi-wavelength pumping for broadband Raman amplifiers; ECOC 2000, Munich
[GOV 95]	J. Gowar; Optical Communication Systems 2nd Ed.; Prentice Hall International Hemel Hempstead 1995
[GRO 01]	K. Grobe; Applications of Switch Matrices in metro optical networking; 2. ITG Fachtagung Photonische Netze, Dresden 2001
[GUE 90]	R.D. Guenther; Modern Optics; John Wiley Toronto 1990
[HAR 00]	M. Harumoto, M. Shigehara, H. Suganuma; Compact Long-Perion Grating Module for Wide-Band Gain Flattening Filters; ECOC 2000, Munich
[HAN 00]	Jonas Hansryd and Peter A. Andrekson; O-TDM Demultiplexer with 42 dB Gain Based on a Fiber Optical Parametric Amplifier; ECOC 2000, Munich
[HIN 93]	H.S. Hinton; An Introduction to Photonic Switching Fabrics; New York Plenum Press 1993
[HUI 90]	J.Y Hui; Switching and Trafic Theory for Integrated Broadband Networks; Kluwer Academic Publishers 1990
[IBS 00]	Morten Ibsen, Ricardo Feced, Periklis Petropoulos, Michalis N. Zervas; High Reflectivity Linear-Phase Fibre Bragg-Gratings; ECOC 2000, Munich

[ISH 00]	K. Ishikawa, K. Watanabe, H. Chiba, H. Suzuki, R. Takeyari, K. Ohhata ,T. Tanoue, K. Hirata, T. Masuda, R. Hayami, K. Washio, and T. Harada; 40-Gbit/s Optical Transmitter and Receiver using InP HBT and SiGe HBT ICs; ECOC 2000, Munich
[JAN 00]	C. Janz, B. Dagens, J.-Y. Emery, M. Renaud & B. Lavigne; Integrated SOA-based interferometers for all-optical signal processing; ECOC 2000, Munich
[JOU 00]	A. Jourdan , G. Aicklen , D. Chiaroni , G. Eilenberger , C. Janz, F. Masetti , M. Renaud , L. Tancevski , M. Vandenhoute, Y. Xiong; Optical IP Terarouter; ECOC 2000, Munich
[KAL 00]	M. Kalyvas , C. Bintjas , K. Zoiros , T. Houbavlis , H. Avramopoulos , L. Occhi , L. Schares , G. Guekos , S. Hansmann and R. Dall'Ara; 20 Gb/s Data Packet Write/Store Memory; ECOC 2000, Munich
[KAR 00]	M. Karlsson, H. Sunnerud, P.A. Andrekson; A comparison of different PMD-compensation techniques; ECOC 2000, Munich
[KAU 01]	F.-J. Kauffels; E-Business, 2. Auflage 2001; MITP-Verlag Bonn
[KAU 02]	F.-J. Kauffels; Lokale Netze, 14. Auflage 2002; MITP-Verlag Bonn
[KIT 76]	C.Kittel; Introduction to Solid State Physics; John Wiley NY 1976
[KRU 00]	P. M. Krummrich, E. Gottwald, A. Schöpflin, C.-J. Weiske, K. Kotten, G. Fischer; 40 Gb/s ETDM for long haul WDM transmission; ECOC 2000, Munich
[LAN 00]	K.-D. Langer, J. Vathke , G. Walf, U. Broniecki, L. Dembeck , G. Eilenberger R.-P. Braun, A. Gladisch, S. Szuppa ,H. Bock , P. Leisching , A. Richter , W. Grupp; Transparent Interconnection of Multi-Vendor Metropolitan Sub-Networks; ECOC 2000, Munich
[LAN 01]	K.-D. Langer, J. Vathke; KomNet - Optische Transport- und Netztechniken für das Breitband-Internet; 2. ITG Fachtagung Photonische Netze Dresden 2001
[LEC 00]	Olivier Leclerc (1) and Emmanuel Desurvire (2); Fundamental limits of optical regeneration by synchronous intensity modulation; ECOC 2000, Munich
[LEE 00]	S. Lee, Y. Xie, O. H. Adamczyk, and A. E. Willner; Penalty Distribution Comparison for Different Data Formats under High PMD Values; ECOC 2000, Munich
[LEU 00]	J. Leuthold, B. Mikkelsen, G. Raybon, C.H. Joyner, J.L. Pleumeekers, B.I. Miller, K. Dreyer, C.A. Burrus; All-Optical Wavelength Conversion up to 100 Gbit/s with SOA Delayed-Interference Configuration; ECOC 2000, Munich
[LIH 00]	Lih Y. Lin , Evan L. Goldstein; MEMS for Optical Networking; ECOC 2000, Munich

[MAR 01]   A. Mettheus, J. Röse; Digital Wrapper/Optical Channel - Stand und Ausblicke; 2. ITG Fachtagung Photonische Netze Dresden 2001

[MEC 00]   A. Mecozzi, M. Shtaif, J. A. Nagel; Frequency Autocorrelation of the Differential Group Delay in Optical Fibers; ECOC 2000, Munich

[MED 00]   F. Mederer, M. Kicherer, R. Jäger, H. Unold, and K.J. Ebeling; 5 Gbit/s data transmission with single-mode GaAs VCSELs over a 0°C to 80°C temperature range; ECOC 2000, Munich

[MER 00]   F. Merlaud and S. K. Turitsyn; Intra-Channel Four Wave Mixing And Ghost Pulses Generation: Time Domain Approach; ECOC 2000, Munich

[MIC 00]   R. Michalzik, G. Giaretta, K.W. Goossen, J.A. Walker, and M.C. Nuss; 40 Gb/s Coarse WDM Data Transmission with 825 nm Wavelength VCSELs Over 310 m Of High-Performance Multimode Fiber; ECOC 2000, Munich

[MIK 00]   V. Mikhailov and M. Zirngibl; 160 Gbit/s WDM Transmission using an Electronically compensated Semiconductor Optical Amplifier; ECOC 2000, Munich

[MOR 00-1]   Marie Morin, Jacques Chauvin, Daniel Hui Bon Hoa, Luc Berthelon, Olivia Rofidal; Pan-European LIgthwave Core and Access Network (ACTS Pelican project); ECOC 2000, Munich

[MOR 00-2]   Ken Morito, Mitsuru Ekawa, Takayuki Watanabe, Takuya Fujii and Yuji Kotaki; High Saturation Output Power (+17 dBm) 1550 nm Polarization Insensitive Semiconductor Optical Amplifier; ECOC 2000, Munich

[NAG 00-1]   Naohide Nagatsu; Design Issues to create Photonic IP Netwerks; ECOC 2000, Munich

[NCG 00]   J.A.Nagel, M.W.Chbat, L.D.Garrett, J.P. Soigné, N.A.Weaver, B.M. Desthieux, H. Bülow, A.R. McCormick, and R. M. Derosier; Long-term PMD mitigation at 10 Gb/s and time dynamics over high-PMD installed fiber; ECOC 2000 Munich

[NEI 01]   St. Neidlinger; Next Generation Optical Internet Solutions; 2. ITG Fachtagung Photonische Netze, Dresden 2001

[NYH 00]   H. Nishizawa (1), Y. Yamada (1), K. Habara (1) and Y. Akahori (2); Packet-by-packet power-fluctuation and packet-arrival timing-jitter tolerance of a 10-Gbit/s burst-mode optical packet receiver; ECOC 2000 Munich

[OBM 01]   K. Obermann; Photonische Netze - Status und weitere Entwicklung aus Sicht eines Netzbetreibers; 2. ITG Fachtagung Photonische Netze, Dresden 2001

[OLL 00]   Wang-Yuhl Oh, Sang-Soo Lee, Hyunjai Lee, and Wanseok Seo; 16-Channel C-Band Hybrid Fiber Amplifier Comprising an EDFA and a Single Diode Laser Pumped Dispersion Compensating Raman Amplifier; ECOC 2000 Munich

[OTN 00]	Toshiaki Okuno, Tetsufumi Tsuzaki, and Masayuki Nishimura; Novel Lossless Optical Transmission Line with Distributed Raman Amplification; ECOC 2000 Munich
[PFE 00]	Thomas Pfeiffer; Highspeed optically MODULATED broadband light source; ECOC 2000 Munich
[PSD 00]	Thomas Pfeiffer (1), Harald Schmuck (1),; Bernhard Deppisch (1),; TDM/CDM/WDM APPROACH FOR METRO NETWORKS WITH 200 OPTICAL CHANNELS; ECOC 2000 Munich
[PBR 00]	Joachim Piprek, Staffan Bjorlin, Bertrand Riou, Patrick Abraham, Yi-Jen Chiu, and John E. Bowers; Performance Optimisation of 1.3 mm Vertical-Cavity Semiconductor Optical Amplifiers; ECOC 2000 Munich
[PCB 00]	H. N. Poulsen, A. T. Clausen, A. Buxens, L. Oxenloewe, C. Peucheret, C. Rasmussen, F. Liu, J. Yu, A. Kloch, T. Fjelde, D. Wolfson, P. Jeppesen; Ultra fast all-optical signal processing in semiconductor and fiber based devices; ECOC 2000 Munich
[PMY 00]	A. R. Pratt, H. Murai, H.T. Yamada and Y. Ozeki; 8 x 40 Gbit/s electrical TDM-transmission over 640 km of large effective area nonzero-dispersion shifted fiber; ECOC 2000 Munich
[PMY 00]	A. R. Pratt, H. Murai, H.T. Yamada and Y. Ozeki; 40 Gbit/s single channel transmission over 3120 km of dispersion managed standard fibre; ECOC 2000 Munich
[QYP 00]	Y. Qian(1), J. Yu(1), J. H. Povlsen(1) and S. N. Knudsen(1,2); Design, characterisation and evaluation of 10GHz wavelength and time-width tunable, transform-limited picosecond short pulse generation from M-Z modulated CW laser; ECOC 2000 Munich
[RIB 00]	K. C. Reichmann, P. P. Iannone, M. Birk, N. J. Frigo, and C. F. Lam; Simultaneous Delivery of 1280 Video Channels over a WDM Passive Optical Network; ECOC 2000 Munich
[ROC]	Rockis; Experience gained introducing broadband infrastructure to subscribers in Swedish urban areas; ECOC 2000, Munich
[RUW 93]	M.N. Rudden and J.Wilson; Elements of Solid State Physics 2nd Ed; John Wiley Chichester 1993
[SAF 01]	D. Schupke, A. Autenrieth, T. Fischer, M. Jäger, F.-J. Westphal et al; TransiNet - Innvovative Transport Networks for the Broadband Internet; 2. ITG Fachtagung Photonische Netze Dresden 2001
[SCF 00]	N. Le Sauze (1), D. Chiaroni (1), N. Fontecha (1), A. Jourdan (1); Modular optical packet switching node for future multi-QoS metro networks; ECOC 2000 Munich
[SHM 00]	W. Shieh, H. Haunstein, B. Mckay, D. Fishman, A. Golubchik, J. Diubaldi, C. Martell, V. Arya, R. Lee, H. Choudhury; Dynamic Polarization-Mode-Dispersion Compensation in WDM Systems; ECOC 2000 Munich

[SII 00] M. Shirai, K. Watanabe, T. Ido, K. Ishikawa, H. Suzuki, R. Takeyari; LOW DRIVING VOLTAGE OPTICAL MODULATORS FOR 40-Gbit/s APPLICATIONS; ECOC 2000 Munich

[SPS 00] Michael J. Spencer and Mark A. Summerfield; WRAP: A Media Access Control Protocol for Wavelength-Routed Passive Optical Networks; ECOC 2000 Munich

[SHD 00] L.H. Spiekman, G.N. van den Hoven, T. van Dongen,; M.J.H. Sander-Jochem, J.H.H.M. Kemperman, J.J.M. Binsma; RECENT ADVANCES IN WDM APPLICATIONS OF SEMICONDUCTOR OPTICAL AMPLIFIERS; ECOC 2000 Munich

[SLA 00] Henrik Sunnerud, Jie Li, Peter A. Andrekson and Chongjin Xie; Experimental Quantification of Soliton Robustness to Polarization-Mode Dispersion; ECOC 2000 Munich

[SOW 79] L. Solymar and D.Walsh; Lectures on the Electrical Properties of Materials 2nd Ed; Oxford University Press Oxford 1979

[SPA 01] U. Spalthoff; Photonische Netze zwischen Vision und Realität; 2. ITG Fachtagung Photonische Netze Dresden 2001

[STB 99] Thomas E. Stern und Krishna Bala; Multiwavelength Optical Networks; Addison-Wesley Reading Mass. 1999

[STR 80] B.G. Streetman; Solid State Electronic Devices 2nd Ed; Prentice Hall Englewood Cliffs 1980

[THW 00] Atsushi Takada, Jin Hun Park, Wataru Imajuku and Yoshiaki Yamabayashi[*]; ULTRAFAST PACKET RING NETWORK EMPLOYING OPTICAL LABEL SWITCHING; ECOC 2000 Munich

[TSB 00] T. Tekin, M. Schlak, W. Brinker, B. Maul, R. Molt; Monolithically integrated MZI comprising band gap shifted SOAs: a new switching scheme for generic all-optical signal processing; ECOC 2000 Munich

[TWP 00] E.J.Tyler, M.Webster, R.V.Penty, I.H.White; PENALTY FREE SUBCARRIER MULTIPLEXED MULTIMODE FIBRE LINKS FOR GIGABIT ETHERNET APPLICATIONS BEYOND THE BANDWIDTH LIMIT; ECOC 2000 Munich

[UNH 00] Y. Ueno, S. Nakamura, H. Hatakeyama, T. Tamanuki, T. Sasaki, and K. Tajima; 168-Gb/s OTDM WAVELENGTH CONVERSION USING AN SMZ-TYPE ALL-OPTICAL SWITCH; ECOC 2000 Munich

[VPS 00] G. Vareille, F. Pitel, O. Ait Sab and J-F. Marcerou; 1 Tbit/s WDM C+L Band Transmission over 4000km of Non-Zero Dispersion Shifted Fiber; ECOC 2000 Munich

[WOK 00] Atsushi Watanabe, Satoru Okamoto, Takeshi Kawai, Masafumi Koga, Ken-ichi Sato, Kenji Kawai, Osamu Ishida, Haruhiko Ichino; PHOTONIC TRANSPORT NETWORK TESTBED OF NTT; ECOC 2000 Munich

[WOO 94]	D. Wood; Optoelectronic Semiconductor Devices; Prentice Hall International Hemel Hepstead 1994
[WFB 00]	J.E.A.Whiteaway, A.Fielding, T.Bricheno, M.E.Haywood, S.Day,; T.V.Clapp, S.M.Ojha and P.J.Ayliffe; Novel AWG interleaved filters with a 50 GHz channel spacing exhibiting high 'Figure of Merit' passbands, and low loss, cross-talk, dispersion, and polarisation sensitivity; ECOC 2000 Munich
[WIZ 00]	Theo Wiesmann, Herwig Zech; OPTICAL SPACE COMMUNICATIONS SYSTEMS; ECOC 2000 Munich
[WILL 98]	John Wilson, John Hawkes; Optoelectronics: an Introduction 3rd Ed.; Prentice Hall Europe, London 1998
[WGN 00]	S. L. Woodward, A. H. Gnauck, J. A. Nagel, C. F. Lam; PMD Mitigation via Single-Sideband Modulation and Principal-State Launch; ECOC 2000 Munich
[XCG 00]	W. Xin (1), G. K. Chang (2), T. T. Gibbons (3); TRANSPORT OF GIGABIT ETHERNET DIRECTLY OVER WDM FOR 1062 KM IN THE MONET WASHINGTON DC NETWORK; ECOC 2000 Munich
[YMP 00]	H.T. Yamada, H. Murai, A. R. Pratt and Y. Ozeki; Scaleable 80 Gbit/s OTDM using a modular architecture based on EA modulators; ECOC 2000 Munich
[YLX 00]	Qian Yu, Lianshan Yan, Sanggeon Lee, Yong Xie, Michelle Hauer, Zhongqi Pan, and Alan E. Willner; Enhanced Higher-Order PMD Compensation Using a Variable Time Delay Between Polarizations; ECOC 2000 Munich
[YUP 00]	Jianjun Yu and Palle Jeppesen; 40 Gb/s Wavelength Conversion in a Cascade of an SOA and a NOLM and Demonstration of Extinction Ratio Improvement; ECOC 2000 Munich
[ZCZ 00]	Y. Zhao J. H. Chen X. J. Zhao F. S. Choa; Intraband-Crosstalk Free Add/Drop Modules for Wavelength-Division-Multiplexed Ring Networks; ECOC 2000 Munich
[ZHL 00]	B. Zhu*, P.B.Hansen, L.Leng, S.Stulz, T.N.Nielsen, C.Doerr, A.J.Stentz, Z.J.Chen, D.W.Peckham, E. F. Rice, L. Hsu, C. K. Kan, A.F. Judy, L.Gruner-Nielsen; 800 Gb/s NRZ Transmission over 3200 km of Truewave® Fiber with 100-km Amplified Spans Employing Distributed Raman Amplification; ECOC 2000 Munich
[ZOM 00]	Evi Zouganeli (1), André F. Mlonyeni (1), Aasmund Sudbø (2), Ole-Petter Røstad (1), Torodd Olsen (1); Wavelength routed network using widely tunable laser transmitters; ECOC 2000 Munich

Literaturverzeichnis

Fiber Optics Web Site Directory

Optical Society of America	www.osa.org
Int. Soc. For Optical Engineering	www.spie.org
Opt. Fiber Information Center by Corning	www.usa.net/corning-fiber
Tate Web Optics and Photonic Ressources	www.tateweb.com
Fiber and Electrooptics Research Center	www.ee.vt.edu/ee
Fiber Optics On-line	www.fiberopticsonline.com
CERN´s Fibre Channel Standards Page	www.cern.ch
IEEE 802 Standards	www.stdsbbs.ieee.org/products
ITU	www.itu.org
Telecomm. Industry Associations TIA	www.industry.net/tia
Fiber Optics Association	www.std.com/&#126foa
1394 Trade Association	www.1394ta.org
Plastic Optical Fiber Interest Group	www.pofig.com
International Engineerng Consortium	www.iec.org
The Fiber Optic Marketplace	www.fiberoptic.com

Im Buch wurden Unterlagen folgender Hersteller verwendet

- Adva Optical
- Advanced Fibre
- Agilent
- Alcatel
- Artel
- Avici
- Blaze Net Products
- Broadband Technology
- Centerpoint
- Ciena CIEN
- Cisco Systems CSCO
- Coris
- Cyras
- Digital Lightwave DIGL

- Ericsson
- Extreme Networks EXTR
- Finisar Corp.
- Foundry Networks
- Fujitsu
- General Instuments
- Harmonic Lightwave HLIT
- Hitachi
- Ignitus Comm
- Juniper JNPR
- Lucent LU
- Marconi
- NEC
- Nexabit

Literaturverzeichnis

- Nortel NT
- Optical Network
- Optical Sulutions
- Packet Engines
- Pirelli
- Qeyton
- Quantum
- Siara Systems
- Siemens
- Sycamore SCMR
- Telabs
- Tellium
- Unisphere

Die Hersteller selbst erreichen Sie mit www.herstellername.com, wenn Sie etwas über die Hersteller wissen möchten, gehen Sie über www.quicken.com und gene Sie das Tickersymbol ein, welches Sie dort oder bei www.nasdaq.com finden können, falls es hier nicht angegeben wurde.

Stichwortverzeichnis

Symbole

10-Gigabit-Ethernet 22
10-Gigabit-Media Independent Interface 295
1000 BASE-CX 306
10GbE 22
11801 294
14B/15B 300
3R-Regeneration 368
64/66 321
8B/10B-Codierung 300
8B/10B-NRZ-Codierung 327

A

Access-Ebene 26
Access-Links 105, 108, 109
Add/Drop 388
Add/Drop-Mulitplexer 245
Add/Drop-Multiplexer 22, 32, 37, 135, 242, 347, 367, 395
Add/Drop-Ports 397
ADM 134, 138
ADSL 47, 63
aktiver Sternkoppler 227
Akzeptanzwinkel 198
All Optical Networks 347, 370
Always ON 411
American National Standards Institute 113
ANP 378
ANSI 113
AON 347, 370
APD 214
APON 339
Applets 57
Application Service Providing 69
APS 124
Arrayed Waveguide Gratings 229
ASON 378, 379, 380
asynchron 25, 114, 115
asynchrone Netze 25
Asynchrones Multiplexing 116
ATM 42, 43, 83, 85, 92, 102, 141, 339, 360, 376, 388, 391

ATM-PON 339
ATM-Zellen 26
AU-4-Pointer 371
Ausbreitungswinkel 40
Auto Discovery 379
Automatic Network Provisioning 378
Automatic Protection Switching 124
Avalanche-Dioden 214
Avalanche-Photodiode 27, 180

B

B2B 24, 45
B2C 45
B2E 45
Bandbreiten-Längenprodukt 200
Bandwidth on Demand Services 378
Basisübertragungrate 91
Benes-Fabric 262
Benes-Switch 261
bidirektional 33
bikonische Koppler 31
Bindungsenergie 161
Bit-Stuffing 117
Bitraten-Längenprodukt 200
BODS 378
Bohrsche Atommodell 160
Breakout-Kabel 217
Brechungsindex 40, 197
Brechzahl 197
Breitband-WDM 31, 38
Breitbandverstärker 107
Brewster-Winkel 168
Business-to-Business-E-Commerce 24
Busy Idle 323

C

Carrier Backbones 91
Cat5/Cat6-UTP-Kabel 33
CATV 333
chromatische Dispersion 39, 40, 203
Client/Server-Technologie 52

Stichwortverzeichnis

Clock Stretching 323
Clos-Netz 260
Coarse Division Multiplex 86
Coarse Wavelength Division Multiplex 99
Coarse WDM 33
Common Object Request Broker Architecture 51
Conditioned Launch 168
Connection Request 377
Content-Networking 74
CORBA 51
Cost of Ownership 56
Coulomb-Kraft 160
CPE Equipment 340
Cross-Connect 135, 138, 367
Cross-Connect-Ports 389
Cross-Connect-Systeme 117
Cross-Connects-Fabrics 370
Crossbarswitch 265
CSMA/CD 292
CWDM 33, 86, 99, 103, 188, 242, 403
CWDM-Multiplex 101
CWDM-Ringe 273

D

Dämpfung 186, 191
Dämpfungsmaxima 191
Dämpfungsminima 186, 191
Dämpfungsverhalten 31
Datenebene 350
Datenendeinrichtung 102
Datenübertragungseinrichtung 102
DCCM 371
DCCR 371
DEE 102
Demodulator 97
Demultiplex 97
Demultiplexer 138
Dense Division Multiplex 86
Dense Wave Division Multiplex 22
Dense WDM 99
DGD 205
DGD/PMD-optimierte Fasern 205
Differential Group Delays 205
DiffServ 85
Digital Loop Carrier 136
Digital Wrapper 145
Digital-Cross-Connect 136
Digital-Video 333
direkte Modulation 195

Dispersion Shifted Fibers 204
Dispersions-Abschwächung 36
Divider-Combiner 265
Dotierung 174
DS-1 91, 118, 135
DS-1-Container 93
DS-1-Signale 117, 121
DS-3 91, 118, 135
DS-3-Datencontainer 91
DÜE 102
DWDM 22, 32, 33, 34, 43, 67, 75, 83, 86, 99, 101, 103, 108, 188, 316, 346, 351, 365, 366, 368, 371, 376, 379, 382, 386, 388
DWDM-Punkt-zu-Punkt 91
DWDM-Switchrouter 96
DWDM-System 260
DWDM-WAN 103, 105

E

E-Commerce 50
E1/E2 371
EBF-LAN 51
ECSA 113
EDFA 366
EFM 415
elektro-optische Umsetzer 31
Elektron-Loch-Paare 173
Empfänger 97
Ende-zu-Ende-Routing 80
Energiebänder 170
EPON 333
Erbium 32, 107
ETDM 36
ETDM-Equipment 346
Ethernet 286
Ethernet-Frame-Format 294
Exchange Carriers Standards Association 113
externe Modulation 195

F

Fast IP 360
FEC 146
Fenster 191
Fermi-Dirac-Statistik 178
Fernbereich 26
Fiber Bragg-Filter 244
Fiber Bragg-Gitter 35
Fiber Layer 105

Fiber Link   105, 107
Fiber Link Sublayer   107
Fiber Section   105
Fiber Section Sublayer   107
Fiber Switch   44
Fiber-to-the-Home   340
Fibre Channel   288
Filtertechnologien   36
Flächenemitter-Dioden   192
Forward Error Control   306
Fototransistor   27
Four Wave Mixing   206
Frame based   323
Frame Relay   102
Frequenzdifferenzen   117
FTTH   340

G

G.709   140
G.709-Paket   352
G.983 für APON   339
Gain-Switching-Technologie   36
General Packet Radio System   63
Gigabit-Ethernet   60, 103
GigaPoP   418
Glasfaser-Übertragungssystem   27
GPRS   63
Gradientenprofilfaser   208
Guardbands   397

H

Halbleiter-Laser   193
Hamming-Distanz   294
Hauptquantenzahl   164
HDTV   333
Hohladerkonstruktionen   217
HomePNA 2.0   338

I

IEEE   84
IEEE 802   26, 403
IEEE 802.1   292
IEEE 802.1D   312
IEEE 802.1p   85, 360
IEEE 802.1Q   360
IEEE 802.3 MAC   292
IMP   102
Inline-Verstärker   107

Inter Domain Interface   149
Inter Frame Gap   351
Interconnection Shuffle-Netz   396
Interface Message Processor   101
intermodale Dispersion   203
intrinsic   176
Ionisierung   162
IP   30, 39, 43, 68, 83, 84, 90, 93, 102,
   141, 289, 297, 333, 351, 359, 360,
   376, 386, 396, 411, 415, 422
IP-Router   384, 388
IP-Zeitmultiplex   85
IrDI   149
ISDN   47, 63, 118, 135
ISO 11801   293, 300
ISO-OSI-Referenzmodell   97
ISO-OSI-Schichten   89
ITU-T G.628   371
ITU-T G.652   213
ITU-T G.653   213
ITU-T G.655   213
ITU-T G.709   90

J

Jitter   85, 115
Jumbo-Pakete   390

K

K1/K2   371
Kanaldichte   103
Kantenemitter   193
Kantenemitter-Dioden   192
Kantenmodell   358, 359
Kernmodell   358
Kernnetz   101
Kernrouter   346
kohärentes momochromatisches Licht   40
Kommunikations-Subsystem   101
Kontrollebene   350
Kreuzschienenverteiler   37

L

Label-Switching   389
Lambda Channel   105
Lambda-Channel Sublayer   110
Lambda-Kanal   265
LAN MAC PLS   323
LAN-PHY   293, 294, 297, 307, 320

Laser 27, 40
Laser-Modulatoren 36
Laserdioden 22
Lawinen-Photo-Dioden 214
Layer-3-Switch 359
Layer-2-Subnetz 359
Layer-Konvergenz 39
LED 191
Leitfähigkeit 171
Leitungsband 170
letzte Meile 39
Leuchtdiode 27
Lichtbogenspleiß 220
Light Emitting Diode 191
Line Overhead 118, 121, 123, 318
Link-Redundanz 41
LLC 105, 292
Load Sharer 389
Löcher 172
Logical Connection Sublayer 105
Logical Layer 105
Logical Link Control 105
Logical Path Sublayer 105
LOS 371
Loss Of Signal 371
LTE 123, 308
LWL 197
LX-WWDM 305

M

MAC 105, 300
MAC Control Layer 295
MAC/PHY 300
MAC/PLS 294
Mach-Zehnder-Interferometer 195
MAN 105, 316
Mantel 197
Mapping 131
Maschenrestauration 80
Maschenschutz 81
Media Independent Interfaces 294
Medium Access Control 105
Mehrstufenmehrfachverbindungsnetzwerke 244
Merchant-Server 49
Metro-Ring 83
Metropolitan Area 38
MII 294
Modendispersion 39
Modulation 40

Modulator 97, 186
Monomodefaser 207, 212
MP3 63
MPLS 353, 355, 376, 396
MSOH 371
Multilevel-Codierung 300
Multimode 294
Multimodefaser 27, 207
Multiplex 97
Multiplex-Schema 115
Multiplexer 26, 35
Multiplexhierarchien 390
Multiplexing 131
Multiprotokoll-Lambda-Switching 390
Multiwellenlängenempfänger 249
Multiwellenlängentransmitter 249

N

NAS 67, 103, 105, 108, 110, 365
NC 57
Nebenquantenzahl 164
Network Access Station 103
Network Attached Storage 67
Network Link 105, 108
NGI 376
NHRP 360
nichtblockierend 263
Non Dispersion Shifted Fibers 204
NPE 44
Numerische Apertur 198
Nyquist-Bedingungen 302

O

OA 107
OADM 43, 347, 367, 368, 384, 386
OAM&P 121
OAM&P-Netz 92
Object Management Group 51
OBLSR 43, 44
OBR 390
OC-1 91
OC-192 33, 91
OC-192c 293, 294
OC-3 25, 29, 91
OC-4 26
OC-48 33, 36
OC-768 36
OC-Level 114
OC-N 116

444

OC-N-Signal 117
OCh-SNCP 375
OCh-SPRing 375
ODU 145
OH-Ionen 199
OMG 51
OMS 147, 374
OMSP 374
One-to-One-Marketing 48
ONN 103, 105, 108, 109, 110, 112, 365
OPAD 383
Open Loop 323
Open Shortest Path First with Optical Extensions 379
Operation Support System 423
Operations, Administration Maintenance & Provision 121
Operations And Maintenance & Provisioning 92
OPS 147
OPS0 147
Optical Add/Drop-Multiplexer 43
Optical Amplifier 107
Optical Carrier-Level 114
Optical Carrier-Level N 116
Optical Channel 25, 91, 147
Optical Channel Data Unit-k 146
Optical Channel Payload Unit-k 146
Optical Channel Sub-Network Connection Protection 375
Optical Connection 105
Optical Connection Sublayer 111
Optical Data Unit 145
Optical Data Units 147
Optical Fiber 197
Optical Layer 30, 105
Optical Multiplex Section 147
Optical Multiplex Section Protection 374
Optical Network Nodes 103
Optical Signal-to-Noise Ratio 147
Optical Supervisory Channel 147
Optical Time Division Multiplexing 36
Optical Transmission Section 147
Optical Transport Unit 145
Optical Virtual Private Networks 378
Optical/Waveband Path 105, 108
optische Multiplex-Sektion 374
optische Multiplexer 29, 37
Optische Netze 89
Optische Netzknoten 108

optische Payload Assembler/Disassemblern 383
Optische Ringe 41
Optische Speicher 249
Optische Switches 22, 249
optische Switching-Matrix 389
optische Verstärker 249
Optische Virtuelle Private Netze 347
optischer Add/Drop-Multiplexer 384
Optischer Cross-Connect 257
optischer Cross-Connect 395
optischer Kreuzverteiler 44
optischer Sternkoppler 226
optisches Signal/Rauschverhältnis 39
OPUk 146
OPXC 383
OPXC-PTN 386
OSC 147
OSI 292
OSNR 39, 147
OSPF-OE 379
OSS 423
OTDM 36
OTN 140
OTN-NNI 145
OTS 147
OTU 145
Overlay 112
OVPN 347, 378
OXC 44, 273, 347, 367, 368, 379, 380, 390

P

P802.3ad-Link-Aggregation 294
Packet Delineation 307, 320
PAM-5 302, 306
PAM-5 x 5 300
passiver reflexiver Sternkoppler 227
passives optisches Multiplexen 97
Path Monitoring Overhead 146
Path Overhead 318
Path-Level Overhead 121
Pauli-Prinzip 165
Payload Overhead 119
PC 377
PCS 307, 323
PCS-Dienstschnittstelle 296
PCS/PMA 303
Permanent Connections 377

Stichwortverzeichnis

Permutationsswitches 257
Phasar 188
Phasendifferenzen 115
Photodetektoren 214
photoelektrischer Effekt 165
Photonen 159
Physical Layer 105
Pigtail 219
PIN-Diode 176, 214
Planck´sche Konstante 160
plesiochron 114
PMA 303, 312
PMA-Subschicht 316
PMD 204, 303, 307, 312
PMD Interface 316
PMOH 146
POH 118
Polarisations-Mode 36
Polarisations-Moden-Dispersion 204
Polarisations-Modendispersions-Kompensation 365
Policy 84
PPP 102
Präambel 303
PRC 115
Premium-Services 380
primäre Trägerwellen 40
primäre Zeichenschwingung 186
Prisma 97
Provider 30, 48
PSBT 36
PTE 308
Pulsamplitudenmodulation 302
Punkt-zu-Punkt-Verbindungen 112

Q

QoS 85, 333, 422
QoS-Stufen 289
Qualität 59
Quantenmechanik 165
Quantensprung 163

R

Raman-Pumpen 366
Raman-Streuung 206
Ratenanpassung 293
Raum-Switches 244
Raummultiplex 101

Rayleigh-Streuung 199
Reaktionszeit 59
Reconcilliation Sublayer 295, 296
Redundanzschaltung 30
Regenerator 133
Regionalbereich 26
Rekonfiguration 41
Repeater 232
RFC 1577 93
Ring-Architektur 138
Ringnetz 242
Road Warriors 75
Router 32, 389
Routermodell 358
Routingverfahren 80
RSOH 371

S

SAN 22, 67, 289, 306
Schaltmatrizen 245
Schmalband-Transmitter 36
Schmitt-Trigger 30
Scrambler 318
Scrambling 300
SDH 80, 141, 346, 368, 370, 371, 388, 391, 396
SDH Framings 370
SDH Muxes 351
SDH-Ring 26
Section Overhead 118, 121, 318
SEED 254
Semiconductor Optical Amplifiers 32
Serialisierer/Deserialisierer 321
Service Level Agreements 422
Service-Fähigkeit 59
Service-Provider 68
Services Layer 30
Servlets 57
Shop-Server 48
Single Mode Fibers 212
Singlemodefasern 27
Skalierbarkeit 293
SLA 422
SMF 294
SNMP 292
SOA 32, 242, 250, 397
Soft-Permanent Connection 377
SOH 371

SONET 25, 29, 34, 39, 41, 42, 80, 90, 113, 297, 303, 308, 312, 316, 368, 382
SONET-Layer 30
SONET-Multiplexer 137, 265
SONET-OC 192-C 91
SONET-Regeneratoren 308
SONET-Ring 308
SONET/SDH 27
Spanning Tree 85
SPC 377
SPE 117, 123
Speicherservice-Provider 72
Spektrallinien 164
Spektralpartitionierung 97, 188
Spin 164
STM-16 371
STM-16/64-Dienste 371
STM-256 371
STM-64 371
Storage Area Network 22, 288
Strahlungsempfänger 186
strukturierte Verkabelung 294
STS 114
STS-1 117, 119, 121, 123
STS-1-Payload 118
STS-1-POH 118
STS-1-Signal 116
STS-1-SPE 119
STS-12 117
STS-3 117
STS-N 120, 121, 123
STS-N-Signal 116
STS-Payload Pointer 123
STS-POH 119
Stufenprofilfaser 208
Stuffing 116, 131
Sublayer 108
Super-FEC 367
SUPI 316
Switch-Infrastruktur 109
Switched Virtual Networks 363
Switches 32, 109
Switching Fabric 263
Switching-Matrix 351
SX-WWDM 305
synchron 25, 114, 115
Synchronous Payload Envelope 117, 119

T

T-Router 388, 389
Tag Switch Router 362
Tag-Switching 362
Tandem Connection Monitoring Overhead 146
TCMOH 146
TCP/IP 42
TDM-Kanäle 101
TDM-Signale 30
TDSL 63
Tera-POP 316
Terminal-Multiplexer 133
Time Division Multiplexing 36
TMN 371, 377, 380
Topologie Discovery 80
Traffic Engineering 80
Trail Monitoring 372
Transaktionen 50
Transaktionssysteme 57
Transceiver 33
Transmission Channel 105
Transmission Channel Sublayer 112
transmissiver passiver optischer Sternkoppler 227
Transparenz 42
Trellis-Codierung 302
TSR 362
Twinax-Kabel 306

U

Ultra Broadband SDH 370
UMTS 22, 45, 63, 66
UNI 377, 379
unidirektional 33
UniPHY 320
Universal Mobile Telecommunication System 63
UNIX 50
User Network Interface 377

V

Valenzband 170
Value Added Services 68
VC-4 371
VC-4-Verbindungen 370
VCSEL 34, 97, 185, 193, 302
VDSL 338
Vertikalemitter 193

Vertikalemitter-Laserdioden 34
Virtual Tributary 117
Virtual Wavelength Paths 40
VLAN 62
VLAN-Tagging 360
VOD 333
Voice oder IP 422
Volladerkonstruktion 217
Vollduplex 292, 294
VPN 74, 333
VT 117, 135
VT-1.5-Signale 117
VT-Path Overhead 125
VT-SPE 125
VWP 41

W

W-DCS 135
WAN Interface Sublayer 307
WAN-Bereich 27
WAN-Carrier 297
WAN-DWDM 403
WAN-Grundstruktur 101
WAN-PHY 90, 293, 294, 297, 307, 312, 320
WAN-Zugang 66
WAP 63
Wave Division Multiplex 86
Waveband Selective Switch 266
Wavelength Division Multiplexing 29
Wavelength Paths 40
Wavelength Switch 44
WDM 31, 86, 103, 188, 390, 391
WDM-System 30
WDM-Systeme 29
WDM-Technik 29, 30
Weg-Redundanz 41
Wellenband 265
Wellenlänge 40
Wellenlängen-Demultiplexer 29, 188
Wellenlängen-Konverter 44, 232, 245
Wellenlängen-Multiplexer 187, 266
Wellenlängen-Switches 39
Wellenlängenbänder 107
Wellenlängenkanäle 29
Wellenlängenmultiplex 101
Wellenlängenrouter 350
Wellenlängenswitches 37
Wide Wave Division Multiplex 299
Wiederaufsetzen 380
WIS 307, 316
Word Hold 323
WP 40
WSS 266
WWDM 188, 299, 305, 307, 316, 403
WWW 57

X

X.25 102
XAUI 296, 316, 323
XAUI/XGXS 303
xDSL 39, 63
xDSL-Technik 407
XGMII 295, 323
XGXS 295, 323
XMGII Extender Sublayer 295
XML 64
XRM 66

Z

Zeichenschwingung 40, 97
Zeitmultiplex 101
Zentripetalbeschleunigung 161
Zertifizierung 50
Zubringernetz 101
Zugriffsknoten 109
Zuverlässigkeit 59